suhrkamp taschenbuch 2108

Die spanische Literatur des 20. Jahrhunderts ist bislang nur wenig bekannt und übersetzt. Mit Ausnahme von García Lorca konnte kaum ein Autor internationale Anerkennung erwerben, obwohl das reichhaltige Angebot bei näherer Betrachtung für viele Überraschungen sorgt. Ein Meisterwerk der europäischen Romankunst, *Die Präsidentin* von Clarín, erschien erst mit hundertjähriger Verspätung in Deutschland. Von Pérez Galdós, dem »spanischen Balzac«, liegen nur sieben Romane in deutscher Sprache vor. Und die Liste dieser Beispiele ließe sich beliebig verlängern.

Seit dem Tode Francos ist die spanische Literaturszene lebendig geworden, und mehrere der jungen Romanciers wurden zu Lieblingen der Publikumsgunst. In den nächsten Jahren werden viele ihrer Bücher auch deutsch publiziert vorliegen, wie auch Übersetzungen »klassischer« Werke dieses Jahrhunderts angekündigt sind. Damit könnte eine Erkundung der spanischen Literatur ihren Anfang nehmen.

In achtzehn Aufsätzen, alle eigens für diese Ausgabe geschrieben, werden die wichtigsten Autoren – Romanciers und Lyriker – sowie einige literarische Gruppen vorgestellt: Clarín, Unamuno, Valle-Inclán, Gómez de la Serna, Antonio Machado, Juan Ramón Jiménez, die Generation von 27, der Roman des Exils, der Roman heute usw. Ein Ausblick auf die Literaturen Galiciens, des Baskenlandes und Kataloniens erweitert das Panorama, so daß der neugierige Leser seine Entdeckung spanischer Literatur beginnen kann.

# Spanische Literatur

*Herausgegeben*
*von Michi Strausfeld*

Aus dem Spanischen
übersetzt von
Viktor von Ow

suhrkamp taschenbuch
materialien

Suhrkamp

Umschlagabbildung: Pablo Picasso.
Ausstellungsplakat Vallauris 1956.
© VG Bild-Kunst, Bonn, 1991.
Die Übersetzung wurde gefördert aus Mitteln
der Dirección General del Libro y Bibliotecas
des spanischen Kulturministeriums.

suhrkamp taschenbuch 2108
Erste Auflage 1991
© Suhrkamp Verlag Frankfurt am Main 1991
Suhrkamp Taschenbuch Verlag
Alle Rechte vorbehalten,
insbesondere das der Übersetzung,
des öffentlichen Vortrags
sowie der Übertragung durch Rundfunk und Fernsehen,
auch einzelner Teile.
Satz: IBV, Berlin
Druck: Nomos Verlagsgesellschaft, Baden-Baden
Umschlagentwurf Willy Fleckhaus
Printed in Germany

1 2 3 4 5 6 – 96 95 94 93 92 91

# Inhalt

# Hundert Jahre spanische Literatur und ihre Rezeption in Deutschland

Im Jahre 1884 erschien der erste und im folgenden der zweite Band des Romans *Die Präsidentin* von Leopoldo Alas (genannt Clarín), der heute neben *Lazarillo de Tormes* und *Don Quijote* als eines der größten Prosawerke der spanischen Literatur gilt. Dies war die bedeutendste literarische Publikation seit fast zwei Jahrhunderten, dem legendären Goldenen Zeitalter *(Siglo de Oro)*, obwohl das kaum ein Zeitgenosse Claríns zu erkennen vermochte. In jener weit zurückliegenden glorreichen Epoche, die das 16. und 17. Jahrhundert umfaßte, war eine Vielzahl von herausragenden Dramatikern, Lyrikern und Erzählern tätig gewesen – man denke an Fernando de Rojas, Lope de Vega, Calderón, Tirso de Molina, Cervantes, Quevedo, Gracián, Góngora oder die Verfasser der Schelmenromane –, desgleichen die großartigen Maler Velázquez, Zurbarán, El Greco, Ribera, Valdés Leal oder Claudio Coello. Nach dem Tode Calderóns, 1681, der allgemein als ihr Endpunkt gilt, war der Glanz der spanischen Literatur unaufhaltsam verblaßt. Im 18. Jahrhundert fehlen die großen Namen, die kräftigen Stimmen, die phantasievollen Texte. Der Niedergang Spaniens betraf sowohl Politik wie Wirtschaft, und Dekadenz und Mittelmäßigkeit der Kultur waren unübersehbar. Nur ein Künstler vermochte die Monotonie genial zu durchbrechen: Francisco de Goya. Sein Werk fängt die deprimierenden Zustände der Epoche mit bösem Blick ein, und seine »schwarzen Bilder« wecken noch heute Alpträume, die von der Modernität seiner Visionen zeugen.

Im Jahr 1868 fand ein politischer Einbruch statt: Die Septemberrevolution, genannt ›La Gloriosa‹, führte zum Sturz der Monarchie (Isabella II.) und zur Errichtung der Ersten Spanischen Republik, die sich allerdings nur ein Jahr lang behaupten konnte. Es folgte die Restauration der Monarchie (1874) mit der Regentschaft von Alfonso XII., dem Sohn Isabellas. Die Wirren der Karlistenkriege, verbunden mit starken sozialen Spannungen, die Machtstellung der katholischen Kirche und ihr Einfluß auf das gesamte Leben erschwerten eine Modernisierung des Landes und auch die Verbreitung der im restlichen Europa bereits omnipräsenten aufklärerischen Ideen. – In der Literatur ragen im 19. Jahrhundert drei Namen heraus: die galicische Lyrikerin Rosalía de Castro, der Romantiker Gustavo Adolfo Bécquer und Mariano José de Larra, dessen satirische Sittenbilder der spanischen Gesellschaft, die er unter dem Pseudonym »El pobrecito hablador« (Der armselige Erzähler) publizierte, auch heute noch faszinieren.

Ein weiteres einschneidendes Datum war 1898, als Spanien Krieg mit den Vereinigten Staaten führte. Er endete für Spanien mit einer schmachvollen Niederlage und dem Verlust der letzten Kolonien in Übersee – Cuba, Puerto Rico, die Philippinen. Das bedeutete zugleich das Scheitern des Regimes der Restauration und das Ende des Spanischen Imperiums, in dem vier Jahrhunderte lang »die Sonne nicht unterging«. In der Folge kam es zu einer nationalen Krise, die das politische und intellektuelle Leben des Landes nachhaltig erschütterte. Die Autoren der sogenannten »Generation von 98« – Azorín, Unamuno, Antonio Machado, Pío Baroja und andere – bemühten sich nach dieser politischen Katastrophe um eine Rückbesinnung auf Spanien, insbesondere Kastilien. In vielen Werken, wie z. B. *Auf den Spuren Don Quijotes* oder *Castilla* (Azorín), *Die Agonie des Christentums* oder *Vom tragischen Lebensgefühl* (Unamuno), untersuchten die Verfasser die nationalen Vorstellungen und Wirklichkeiten, und ihre Sorge um die urspanischen Werte sowie ihr bohrendes Nachdenken über den Ausweg aus dieser Krise beeinflußten die Intellektuellen über Jahrzehnte, bis die Jahre der Zweiten Republik und dann der Ausbruch des Bürgerkrieges zu einer weiteren Umwälzung der Gesellschaft und zu weiteren Konflikten führten.

»Hundert Jahre spanische Literatur« beginnen üblicherweise mit Autoren der »Generation von 98«, obwohl die Veröffentlichung von Claríns *Präsidentin* 1884/5 das korrektere Datum wäre, da dieser Roman das erste moderne Werk Spaniens ist und eine Zäsur im literarischen und gesellschaftlichen Leben bedeutet. Die Rezeption spiegelt die turbulenten Zustände der Zeit, und Claríns bissige Schilderungen sorgten sogleich für Aufregung und böse Polemik, da sich die gehobenen Kreise Vetustas (so der Name der Stadt Oviedo im Roman) verunglimpft fühlten und heftige Attacken gegen den Autor führten. Rezensenten bezeichneten den Roman gerne als Schlafmittel oder empfahlen, ihm den zutreffenderen Titel »Das Geschwätz von Vetusta« zu geben. Selbstverständlich galt das Werk als unmoralisch und wurde in der Kirche öffentlich gebrandmarkt. Der Widerstand dauerte Jahrzehnte, und auch im 20. Jahrhundert wurden Werk und Autor noch lange weitgehend ignoriert. Während der Franco-Zeit konnte man in den Literaturgeschichten nur wenige Zeilen über Clarín finden. Erst in der Mitte der 70er Jahre kam es zu einer wirklichen Anerkennung und seitdem zu einer kontinuierlichen Aufwertung – innerhalb und außerhalb Spaniens.

In den Jahren zwischen 1898 und 1936 erschienen viele Texte spanischer Autoren, deren exzellentes Niveau unbestritten ist: so z. B. von Clarín, Pérez Galdós, Pío Baroja, Valle-Inclán, Gómez de la Serna, Antonio Machado, Juan Ramón Jiménez oder Ortega y Gasset. Zwei literarische Strömungen trafen jetzt aufeinander: die »Generation von 1898« mit ihrer Rückbesinnung auf das Wesen Spaniens kontrastierte mit dem Modernismus, der sich vor allem der Ästhetik sowie dem Kosmopolitismus verpflichtet fühlte und neueste Tendenzen und Schulen wie Parnasse und Symbolismus nach Spanien brachte. Valle-Inclán zeigte seine meisterhafte Beherrschung des modernistischen Stils in den *Sonaten.* Aber vor allem seine Erfindung des *esperpento,* die bewußte Deformierung der Wirklichkeit, die er in den Theaterstücken vorstellte, bleibt überraschend modern. Auch Gómez de la Serna, Exzentriker wie Valle-Inclán, schuf eine eigene und unverwechselbare literarische Form, die *greguería,* eine Sonderform des Aphorismus, die Pedro Salinas wie folgt definiert hat: »eine plötzliche Offenbarung, die uns vermöge einer ungewöhnlichen Ideenverbindung blitzartig eine neue Sicht von irgendwas gibt«. Der Modernismus und die »Generation von 98« legten gemeinsam das Fundament für die moderne Literatur Spaniens.

In den dreißiger Jahren, insbesondere während der Zweiten Spanischen Republik, blühte das Kulturleben auf: die Intellektuellen bezogen einen festen Platz in der Gesellschaft, äußerten sich regelmäßig über brisante Themen in der Tagespresse sowie in Zeitschriften und übten so direkten Einfluß auf die politischen und gesellschaftlichen Vorgänge aus. Ihr Wunsch war es, auf diese Weise zu einer Erneuerung des verstaubten Wertekanons beizutragen. Die Maler (Dalí, Miró), Musiker (Manuel de Falla), Cineasten (Luis Buñuel) und die Dichter der »Generation von 27« (Alberti, Aleixandre, Cernuda, Diego, Guillén, Lorca und Salinas, um nur die wichtigsten zu nennen) bildeten eine Freundesgruppe, die das künstlerische Leben vitalisierte und erstaunliche Kreativität und Originalität bewies. Es waren große, euphorische Jahre, obwohl die Schatten des politischen Konflikts unübersehbar näher rückten. Die »Generation von 27« unterstützte engagiert die Zweite Republik, und ihre intellektuelle Brillanz und moralische Integrität trugen viel zum positiven Bild der Spanischen Republik im Ausland bei. Erinnert sei hier an den Ersten antifaschistischen Kongreß, der die bedeutendsten Intellektuellen aus Europa und Amerika 1937 in Valencia zusammenführte. Der Sieg Francos, »Nullstunde der Hoffnungen«, das Drama des Exils und die vom Regime praktizierte Isolierung des Landes zeitigten dann Langzeitschäden und Traumata, die die Entwicklung der Kultur und Literatur nicht nur abrupt unterbrachen, sondern sogar zu einem vorübergehenden Stillstand führten, bevor dann Mitte der 40er Jahre zaghafte neue Vorstöße – trotz der allgegenwärtigen Zensur – unternommen wurden, um die Apathie zu überwinden.

Als erstes erschienen nach mehrjährigem Schweigen zwei Gedichtbände von den im Lande verbliebenen Lyrikern der »Generation von 27«: *Schatten des Paradieses* von Vicente Aleixandre und *Söhne des Zorns* von Dámaso Alonso. Die Dichter blieben den ästhetischen Prämissen ihrer Generation treu, reflektierten jedoch das Thema der Ungerechtigkeit. Ansonsten ist die spanische Dichtung der Nachkriegszeit eine »Insel ästhetischen Rückschritts in ihrer Sprache«, wie der katalanische Lyriker und Essayist Pere Gimferrer urteilt.

Die Prosaschriftsteller versuchten vor allem, ihre so graue Wirklichkeit in realistischen und sozialkritischen Werken einzufangen. Drei bahnbrechende Romane der fünfziger und sechziger Jahre seien hier erwähnt: Die Publikation von Camilo José Celas *Der Bienenkorb* 1951 (zunächst in Buenos Aires publiziert) wurde zum Prüfstein, welche Kürzungen die Zensoren von einem Text verlangten, der das Leben in Madrid nach dem Bürgerkrieg thematisierte, die vielen hungrigen Menschen zeigte, die Arbeitslosen, die skrupellosen Schwarzhändler und abgefeimten Gauner, die frömmlerische und geschäftstüchtige Wirtin. Cela beschönigte nicht, verschleierte nicht und gab so ein dokumentarisch genaues Bild des geschädigten Landes. Auch der Roman *Am Jarama* von Rafael Sánchez Ferlosio (1955) lieferte eine Bestandsaufnahme der tristen Wirklichkeit. Die Beschreibung eines gewöhnlichen, langweiligen Sonntagnachmittags am Jarama-Fluß außerhalb Madrids und eines Unfalls entlarvte die Hohlheit der Lebensformen. Die neuen Ausdrucksformen, die jedem aufmerksamen Leser auffielen, hinterfragten zugleich den Stillstand des Landes. 1961 erschien dann *Schweigen über Madrid* von Luis Martín Santos. Schauplatz des Romans ist wiederum Madrid, und Pedro, der Protagonist, sieht sich in seinem Verlangen, wissenschaftliche Studien ernsthaft zu betreiben, von allen Seiten eingeengt. Rings um sich erlebt er nur Heuchelei und Unverständnis. Das herrschende System interessiert sich nicht für Forschung, und profitsüchtige Mitmenschen verhindern jede Aktivität, die dem Fortschritt dient. Es ist eine ›Zeit des Schweigens‹. Der Roman wirkte wie eine Bombe, die erst Jahre später explodierte und deren Folgen lange Jahre sichtbar blieben. Der frühe Tod des Autors verhinderte die Weiterentwicklung dieses in jeder Hinsicht innovatorischen Werkes.

Neben diesen drei Schlüsselromanen der Literatur der Nachkriegszeit stehen die zahlreichen Arbeiten der Vertreter des »objektiven Realismus« wie Ana María Matute, Luis Goytisolo, Miguel Delibes, Jesús Fernández Santos, Juan García Hortelano und Juan Goytisolo, die sich alle politisch progressiv verhielten. Ihre guten Absichten standen außer Zweifel, aber dennoch forderte das Publikum immer nachdrücklicher wieder rein literarische Texte: den Roman als Kunstwerk. Daher gewährten die Autoren ästhetischen Kriterien allmählich mehr Spielraum und erkannten ihre Unverzichtbarkeit an. Vor allem aber beeinflußte der neue lateinamerikanische Roman in den sechziger und siebziger Jahren das literarische Schaffen der iberischen Schriftsteller. Cortázar, Carpentier, Rulfo, García Márquez, Fuentes, Cabrera Infante und viele andere bewiesen ihren Kollegen, wie flexibel man die gemeinsame Sprache handhaben konnte, welche schier unerschöpflichen Möglichkeiten sie bot, wie viele formale oder linguistische Experimente möglich waren, welche Kraft dem Erzählen innewohnte. Der Einbruch dieser großartigen Romane entsprach einer literarischen Revolution. Langsam lockerte sich auch die Zensur im Franco-Spanien, vor allem durch die nach dem damaligen Minister Fraga Iribarne genannte ›Lex Fraga‹ 1962; nach und nach wurden die Werke der Exilautoren wieder in Spanien publiziert, und man strebte vorsichtig, mit Schrittchen nach vorn und zurück, eine »Normalisierung« an, sprachlich (in den sogenannten autonomen Gebieten) und kulturell – hier sei an die wichtige Funktion der katalanischen Liedermacher erinnert, deren Protestlieder vom Publikum begeistert gesungen wurden. Endlich, 1975, starb Franco nach langer Agonie, fast vierzig Jahre nach seinem Putsch.

Wiederum veränderte sich die spanische Gesellschaft radikal, und dies mit einer Schnelligkeit, die kaum jemand für möglich gehalten hätte. Mit der Demokratie begann auch ein Aufschwung des literarischen Lebens, der in den achtziger Jahren vor allem zu einer Vielfalt von neuen Romanen geführt hat. Diese zeugen vom ästhetischen Niveau ihrer Verfasser und ihrer veränderten Sensibilität. Die Autoren sind in keiner Schule zusammenzufassen, geben in ihren Werken aber ein Bild vom modernen Spanien, das nichts mehr mit den Klischees gemein hat, die seit der Romantik hartnäckig im Ausland zirkulieren. Dieses so ganz andere Bild wird jetzt auch jenseits der Pyrenäen zur Kenntnis genommen – langsam, aber doch unaufhaltsam.

Hundert Jahre nach Erscheinen der *Präsidentin* spricht man inzwischen vom 20. Jahrhundert als einem »Silbernen Zeitalter« *(Edad de Plata)* – so lautet z. B. der Titel einer Anthologie spanischer Erzähler *(Narraciones de la edad de plata,* dt. unter dem Titel *Wie Felix Muriel auf die Welt kam).* Dieses Lob gründet vor allem auf der Dichtkunst der »Generation von 27«, die inzwischen zu Recht als ein Höhepunkt der Lyrik aller Zeiten und Kulturen gilt. Aber auch die Romanciers wie Pérez Galdós oder Pío Baroja, die Lyriker Antonio Machado oder Juan Ramón Jiménez, die Exzentriker und Multitalente wie Valle-Inclán oder Gómez de la Serna, Autoren des Exils wie Ramón J. Sender, Max Aub und viele andere, Katalanen, Galicier und Basken, schließlich die wichtigen Schriftsteller der Nachkriegszeit bis zum vielstimmigen Chor zeitgenössischer Autoren – sie alle haben dazu beigetragen, daß die spanische Literatur des 20. Jahrhunderts tatsächlich als »Silbernes Zeitalter« bezeichnet werden kann.

*

Die Fülle und Brillanz der spanischen Literatur der letzten hundert Jahre ist in Deutschland weitgehend unbekannt geblieben. Sicherlich hat die vierzigjährige Diktatur Francos bewirkt, daß der europäische Leser wenig Interessantes aus Spanien erwartete und sich bestenfalls für das eine oder andere Werk eines Autors aus dem Exil interessierte. Die notorischen Sprachprobleme – in Deutschland lehrt man noch heute kaum Spanisch als Pflichtfach an den Schulen, mit Ausnahme weniger Bundesländer – erschweren

Kenntnis, Übersetzung und Rezeption der spanischen Literatur, die zudem in den 60er und 70er Jahren gänzlich (und verständlicherweise) im Schatten des lateinamerikanischen Romans stand: *Hundert Jahre Einsamkeit, Rayuela, Das grüne Haus, Drei traurige Tiger, Explosion in der Kathedrale* oder *Pedro Páramo* feierten Triumphe. Der vielzitierte »Boom« der Erzählkunst eines ganzen Kontinents zog weltweite Bewunderung auf sich; Spaniens Literatur konnte sich damit nicht vergleichen.

Aber wie stand es denn früher um die Rezeption spanischer Literatur in Deutschland? Obwohl viele der klassischen Werke – das *Cid*-Epos, die *Romancero*-Dichtung oder der *Quijote* – bekannt waren, begeisterten sich die Deutschen erst seit Lessing für die Literatur Spaniens, und viele Autoren übertrugen trotz mangelnder Sprachkenntnisse wichtige Werke. Lessing übersetzte Juan Huartes *Prüfung der Köpfe zu den Wissenschaften,* Herder dichtete den *Cid* nach und behauptete: »Die Geschichte Cids ist in ihren Romanzen so reich an treffenden Szenen, an hohen Empfindungen und Lehren, als – wage ich's zu sagen – als Homer selbst.« Schopenhauer übertrug Graciáns *Handorakel und Kunst der Weltklugheit,* Grillparzer lernte Spanisch im Selbststudium und schrieb unter dem Einfluß Calderóns sein Stück *Der Traum ein Leben.* Die Romantiker intensivierten ihre Beschäftigung mit der spanischen Literatur und Kultur: Eichendorff übersetzte den *Grafen Lucanor,* Tieck den *Don Quijote* und August Wilhelm Schlegel mehrere Komödien von Calderón, u. a. *Der standhafte Prinz* oder *Die Dame Kobold.* Clemens von Brentano dichtete: »Nach Sevilla, nach Sevilla! / Wo die hohen Prachtgebäude / In den breiten Straßen stehn, / Aus den Fenstern reiche Leute, / Schön geputzte Frauen sehn, / Dahin sehnt mein Herz sich nicht! // Nach Sevilla, nach Sevilla! / Wo die letzten Häuser stehn, / Sich die Nachbarn freundlich grüßen, / Mädchen aus dem Fenster sehn, / Ihre Blumen zu begießen, / Ach! da sehnt mein Herz sich hin!« Diese Sehnsucht nach Spanien, insbesondere Andalusien, teilten die Deutschen mit den Franzosen: die Reise in den Süden gehörte zu den festen Wunschvorstellungen eines jeden jungen Mädchens aus gutem Hause. Prosper Mérimée, Charles Didier, George Sand, Théophile Gautier, Victor Hugo oder Alexandre Dumas verbrachten längere oder kürzere Zeit in Spanien; Mérimée schuf sein Werk *Carmen* – unverwüstlicher Archetyp des spanischen Wesens, der immer wieder neu inszeniert und belebt werden kann, wie es scheint. Spanien wurde zu einem Symbol der romantischen Sehnsucht, des Verlangens nach »Seele« und »Gemüt« – zu einem Klischee.

Erstaunlich ist, wie hartnäckig sich die romantischen Vorstellungen am Leben erhalten, sind sie doch auch heute noch überall spürbar. Vermutlich liegt dies nicht zuletzt daran, daß kein deutscher Romantiker (im Gegensatz zu Franzosen und Engländern) aus eigener Anschauung über Spanien berichtete. Rilke ist der erste Autor, der die Pyrenäen überquerte und über Madrid bis nach Ronda kam.

Erst in den dreißiger Jahren reisten deutsche Intellektuelle nach Spanien, wenngleich aus tristem Anlaß. Viele schlossen sich den Internationalen Brigaden an, um im Bürgerkrieg die republikanische Front zu verteidigen, so Gustav Regler, Egon Erwin Kisch, Willy Brandt, Walter Janka. Und natürlich kam auch die faschistische Blaue Division, bombardierten deutsche Flieger Guernica. Die berühmtesten Dokumente über die Schrecken des Bürgerkrieges, die vereitelten Hoffnungen, die verzweifelte Trauer oder Wut verfaßten André Malraux, Ernest Hemingway, George Orwell, Pablo Neruda, César Vallejo und Octavio Paz.

Nach Ende des Bürgerkriegs, so schien es jahrzehntelang, fand Spanien keinen Platz mehr im Bewußtsein der europäischen Intellektuellen, die sich bewußt vom Franco-Regime distanzieren wollten. Die Millionen von Touristen, die jedes Jahr ans Mittelmeer strömten, gaben sich mit Sonne und Meer zufrieden und stellten keine Fragen. Dieses generelle Ignorieren Spaniens seitens Europas belastete die spanischen Intellektuellen sehr, versuchten sie doch, die politische Mündigkeit, die Franco ihnen entzogen hatte, in zähem Nahkampf zurückzugewinnen. Hilfe von außen wurde ihnen dabei kaum zuteil.

Juan Goytisolo empört sich noch 1984 gegen die »Macht der Klischees«, wenn er schreibt:

»Die Vorstellungen im Ausland von dem, was ›spanisch‹ ist, beziehen sich seit eineinhalb Jahrhunderten, d. h. seit der Romantik, auf das Spanien der Tamburinspieler, Tänzer und Toreros, wie Mérimée es dargestellt hat, und auf das Spanien Goyas und seiner grotesken Deformationen, zu dem eine unglückselige Geschichte von Revolten, Gemetzel, Bürgerkriegen und Haudegenregierungen das Land verurteilt zu haben scheint – bis hin zu den Bildern universalen Abscheus nach Ausbruch des Bürgerkriegs von 1936, der doppelten, faschistischen Intervention, der berüchtigten Million Toter, Ruin unserer alten Träume und Hoffnungen. (…) Sagen wir es ganz deutlich: das heutige demokratische Spanien, mit einer vom Volk gebilligten Verfassung, mit einem rechtschaffenen König und einer Gesellschaft, deren Bräuche, Normen und Wünsche sich jeden Tag weniger von denen anderer Industrieländer unterscheiden; dieses Spanien, das meilenweit entfernt ist von jenem, das 1936 mit sich selbst Krieg führte; dieses Spanien besitzt literarisch kein Bild im Ausland. (...) Der Kampf unserer Literatur gegen das alt gewordene Klischee des Hispanischen wird mühsam sein, aber ich bin davon überzeugt, daß die neuen literarischen Wirklichkeiten sich dennoch früher oder später durchsetzen werden.«*

»Hundert Jahre spanische Literatur« sind auch heute noch, nach Wiedereinführung der Demokratie und dem Beitritt Spaniens zum Europäischen Markt, Terra incognita in Deutschland. Von den 77 Romanen Pérez Galdós' sind bisher nur sieben übersetzt worden, Pío Baroja scheint fast gänzlich vergessen, das Werk von Valle-Inclán ist nach wie vor Geheimtip für die Theater, Lorcas Rezeption krankt weiterhin an den unzureichenden »Nachdichtungen« von Enrique Beck, die großen Lyriker wie Machado, Jiménez oder die »Generation von 27« zirkulieren in spärlichen Auswahlbänden und kleinsten Auflagen. Die fünf Literatur-Nobelpreise, die Spaniern in diesem Jahrhundert zuerkannt wurden – dem Dramatiker José Echegaray 1904 (heute zu Recht in Vergessenheit geraten), dem Dramatiker Jacinto Benavente 1922 (zu Lebzeiten überschätzt, heute weitgehend unbeachtet), dem Lyriker Juan Ramón Jiménez 1956, dem Lyriker Vicente Aleixandre 1977 und zuletzt dem Romancier Camilo José Cela 1989 –, haben der Verbreitung der spanischen Literatur nur wenig geholfen, sind sie doch in zwei Fällen mehr als anfechtbar und sehr umstritten in einem dritten: Idealerweise hätte Pérez Galdós 1904 den Nobelpreis erhalten, Valle-Inclán 1922. Die beiden Lyriker sind unangefochten, während die Verleihung an Camilo José Cela verständlicherweise wieder für Polemik sorgte, bieten Autor und Werk doch häufig Anlaß zum Ärgernis, besonders für viele der jüngeren Autoren, die sich diesem Schriftsteller keineswegs verbunden fühlen.

Genau einhundert Jahre nach der Erstpublikation der *Präsidentin* erschien die Übersetzung in Westdeutschland. Diese Verspätung verdeutlicht eindringlich, welche Lücken es noch in der Rezeption der spanischen Literatur dieses Jahrhunderts zu füllen gilt, auch wenn in den letzten Jahren die Neugier deutscher Verlage gestiegen ist, sich mit den Werken der zeitgenössischen Auto-

* Juan Goytisolo, *Die Macht der Klischees*, FAZ, 7. 1. 1984.

ren der Iberischen Halbinsel zu beschäftigen und sie zu publizieren. Eine Normalität – wie sie in der Rezeption anderer europäischer Literaturen existiert – ist allerdings auf Jahre hinaus noch nicht in Sicht.

*

Anliegen des vorliegenden Buches mit Materialien zur spanischen Literatur ist es, einige erste Informationen über Autoren und Werke eines »Silbernen Zeitalters« anzubieten, damit vielleicht Faszination oder Bewunderung an die Stelle der aktuellen Uninformiertheit treten. Selbstverständlich gibt es Lücken: es fehlt ein Beitrag über Ortega y Gasset und die wichtigen Essayisten (wie Gregorio Marañón, Américo Castro und andere); es fehlen Aufsätze über das Theater der Vor- und Nachkriegszeit (Lorca; Buero Vallejo, Alfonso Sastre); die Memoirenliteratur hätte sicher auch eine eigene Untersuchung verdient. Aber die Beschränkung des Bandes, der sich als Einführung versteht und vornehmlich Neugier auf Bücher und Autoren wecken möchte, entschuldigt vielleicht diese und andere Mängel.

Abschließend möchte ich allen Autoren herzlich dafür danken, daß sie sich so bereitwillig zeigten, eigens Aufsätze für diesen Band zu schreiben. Ebenfalls danke ich meinen spanischen Freunden, die mitgeholfen haben, den roten Faden zu ziehen, die immer wieder Rat erteilten und mir die zahllosen Schätze der spanischen Literatur entdecken halfen: von *Die Präsidentin* bis zu Mercè Rodoreda oder Alvaro Cunqueiro. Desgleichen danke ich dem Spanischen Kulturministerium, das diesen Materialienband von Anfang an bereitwillig unterstützt hat.

*Michi Strausfeld*

# Juan Goytisolo
## Clarín: »Die Präsidentin«
### Annäherungen

### I

In Spanien war das wichtigste literarische Ereignis von europäischem Rang in den letzten Jahren zweifellos die teils erstaunte, teils freudige Entdeckung von *Die Präsidentin.* »Wie ist es möglich«, bin ich dutzendmal auf meinen Reisen in verschiedene Länder gefragt worden, »daß ein so bedeutendes Werk vom breiten Publikum unentdeckt geblieben und nicht einmal übersetzt worden ist?« Die Antwort ist nicht einfach, und ich möchte mich beim Leser für meine Weitschweifigkeit entschuldigen, wenn ich jetzt versuche, sie mit einleuchtenden Argumenten zu erklären.

Als erstes habe ich meinen Gesprächspartnern sagen müssen, daß sich unser Verständnis fremder Kulturen im allgemeinen nicht auf die Realität derselben gründet, sondern auf das Bild, das sie von sich selbst vermitteln. Je schärfer und deutlicher dieses ist, desto mehr glauben wir, es genau zu kennen: es erscheint uns dann lediglich als eine äußere Bestätigung des Wissens, das wir schon vorher besaßen. Deshalb neigen wir dazu, diejenigen literarischen und künstlerischen Ausdrucksformen zu fördern, die anstatt gegen den Strom zu schwimmen, um uns etwas Neues zu offenbaren, sich vielmehr im Malstrom des gültig Geprägten und Gewußten mitziehen lassen: Bilder, welche sich aufgrund häufiger Wiederholung in Klischees verwandeln, die unserer Wahrnehmung der Dinge vorgelagert sind und schließlich zu Mythen werden.

Wie ich bei anderer Gelegenheit bemerkt habe, hat sich das Interesse an deutscher, französischer, nordamerikanischer, italienischer oder russischer Literatur vorzugsweise solchen Werken zugewandt, die bereits festgefügten Vorstellungsbildern entsprechen. Der Autor, der über sie arbeitet – diese Serie kultureller Leitfiguren vom Typ Stendhal, Tolstoi, Mann, Proust oder Hemingway –, wird draußen mit einer schnellen Rezeption seiner Arbeit belohnt, während nur der zeitliche Abstand zur Kenntnis jener Autoren führt, die nicht in das bekannte nationale Repertoire passen: jener, wie ich schrieb, unbequemen und exzentrischen Autoren, deren Koordinaten sich nicht mit denjenigen decken, die wir besitzen oder zu besitzen glauben, wie z. B. bei dem Russen Andrei Biely, dem Italiener Italo Svevo oder dem Deutschen Arno Schmidt, um nur einige wenige und berühmte Beispiele zu zitieren.

Die Vorstellung des Spanischen kam seit mehr als anderthalb Jahrhunderten, d. h. seit der Romantik, einer Sammlung unbeweglicher Fotos gleich: einerseits denjenigen eines Spanien der Tamburine und der Blechmusik, wie es von Mérimée gezeichnet worden war, und dazu den Goyaschen und Esperpentischen*, zu denen uns eine unglückliche Geschichte voller Staatsstreiche, Blutvergießen, Bürgerkriege und Militärdiktaturen zu verurteilen schien; andererseits denjenigen der gewaltigen, weltweiten Erschütterung, die durch den Revolutionsausbruch des Jahres 1936, durch die gleichzeitig stattfindende faschistische und sowjetische Intervention, die Millionen Todesopfer sowie den Ruin unserer Träume und Hoffnungen hervorgerufen worden ist. Während jener Autor, den man einer dieser Koordinaten zuordnen konnte, auf internationale Anerkennung hoffen durfte, stieß jener andere, der außerhalb dieses Systems stand und arbeitete, bis vor kurzem kaum auf irgendwelches Interesse. Nur die willkürliche Reduktion des Spanischen auf eine Handvoll gleichbleibender Fotos macht es erklärlich, daß, obwohl das europäische und nordamerikanische Interesse an unserer vermeintlichen kulturellen Identität nach wie vor wach ist – man braucht nur an die Vielzahl der Filme und Ballette zum Carmen-Mythos zu erinnern – nichtsdestoweniger literarische Werke von bester Qualität, die aber von Struktur und Inhalt her jenen Fotografien nicht zugeordnet werden können, ungerechtfertigterweise in die Rumpelkammer des Atypischen abgewandert und folglich auch nicht übersetzt worden sind. Daß ein Dichter wie Cernuda oder ein Schriftsteller wie Valle-Inclán immer noch auf das kleine Ghetto der spanischsprachigen Welt beschränkt sind, verdeutlicht eindrucksvoll die Unterdrückung der wahren Werte durch die Macht der Stereotype.

Dennoch ist die Unkenntnis der *Präsidentin* außerhalb unserer Grenzen nicht nur auf ihre offenkundige Unangepaßtheit an die identifizierbaren Klischees zurückzuführen. Die Schuld liegt vor allem bei uns selbst: abgelehnt von den intellektuellen Kreisen Spa-

---

* A. d. Ü.: *Esperpento:* Schauerposse. Systematisch verzerrte Ästhetik im Sinne von Valle-Inclán.

niens, heruntergemacht von der Kirche und den konservativen Kräften, die Leopoldo Alas (Clarín) einer heftigen Kritik unterzogen, wurde das Werk von unseren kulturellen Institutionen bewußt totgeschwiegen. Zwischen 1908 und 1963 wurde es in Spanien nicht wieder aufgelegt, und der Name seines Verfassers findet sich nicht einmal in einer Literaturgeschichte unter der Rubrik Roman. Wenn wir das Vorwort von Galdós zur zweiten Auflage des Werkes, das kurz vor Claríns Tod geschrieben wurde, sowie die Rezensionen einer Handvoll weitsichtiger Kritiker einmal außer acht lassen, so müssen wir feststellen, daß der beste spanische Roman des 19. Jahrhunderts – der einzige, der heute mit den großen europäischen Schöpfungen dieses Genres konkurrieren kann – schon bei seinem Erscheinen mit unserer sprichwörtlichen Feindseligkeit gegenüber allem, was auch nur von ferne den Geruch des Neuartigen trägt, zusammengestoßen ist.

Schauen wir uns kurz einige der Urteile an, die über das Werk gefällt worden sind. »Man muß es laut verkünden. Clarín ist einer der inkompetentesten und unspanischsten Schriftsteller (…) sein Stil krankt fast immer an schweren Mängeln der Syntax oder der Konstruktion.« »Als Roman ist es das Schwerfälligste, was je in christlichen Jahrhunderten geschrieben wurde (…), was vorliegt ist ein aufgeschwollenes Romanwerk, das den Titel »Das Geschwätz von Vetusta« verdient hätte. (…) Das alles natürlich in einem grauenhaften Stil, der von Gallizismen und anderen sprachlichen Mängeln strotzt.« »Eine unförmige Erzählung, die sich über zwei todlangweilige Bände hinzieht (…); in ihrer Form offenbart sie eine gewaltsame und müde Schwerfälligkeit, die eines blutigen Anfängers würdig wäre.« »Die meisten Kapitel von *Die Präsidentin* versetzen in einen sofortigen, ruhigen und erholsamen Schlaf. Die hartnäckigste Schlaflosigkeit weicht nach ein paar Kapiteln, welche dann aber auch die zulässige Höchstdosis darstellen…«, etc., etc. Bonafoux, Siboni, Dionisio de las Heras, der Pater Blanco García begnügen sich nicht damit, sein »unmögliches Spanisch« und seine »plumpe Prosa« anzugreifen, sondern sie kritisieren in einem wirren Durcheinander auch seine angebliche Vulgarität und seinen Zynismus, seine Untergrabung der Moral und des sozialen Verantwortungsgefühls sowie seine langweilige Romankonstruktion. Mit einem Wust derartiger Urteile überschüttet, muß sich der heutige Leser notgedrungen fragen, worauf ein solches Übermaß an Galle zurückzuführen ist: die angeblich kritischen Urteile vermitteln natürlich in keiner Weise ein Bild des inkriminierten Romans; sie reflektieren vielmehr auf pathetische Weise die Vorurteile und die Kurzsichtigkeit ihrer Verfasser. Aber die Abneigung, die Clarín hervorrief – der von einem Zeitgenossen als derjenige Schriftsteller bezeichnet wurde, der »heute in Spanien die meisten Feinde hat« – verlangt nach einer Erklärung, die über das sehr menschliche Gefühl des Neides hinausgeht.

Zu der Abneigung gegenüber allem Neuartigen, die wir bereits erwähnt haben und auf die wir später noch zurückkommen werden, traten in seinem Fall die Empfindlichkeiten hinzu, die durch seine »hygienische Kritik« in den *Paliques* erregt worden waren. In einem Land, in dem sich, wie zu Zeiten Larras, die Kritik im allgemeinen auf eine Serie hohler Belobigungen reduzierte, an die weder der Autor noch der Empfänger noch auch das Publikum, das sie las, glaubten – jenes alte System des Tauschhandels, das die Franzosen mit den Worten ›se renvoyer l'ascenseur‹ bezeichnen – stand seine ungeschminkte Kritik am spanischen literarischen Milieu und seinen provinziellen Gewohnheiten auf einer Ebene mit derjenigen, die vor ihm Blanco White geübt hatte und die später Cernuda formulieren sollte. »Die Literatur führt ein Außenseiterdasein«, sagt er, »der herrschende Geschmack ist armselig und anämisch, alles klingt hohl, niemand kümmert sich um die wirkliche Literatur: Es wird immer weniger gedacht, gelesen und gefühlt; man vegetiert dahin (…) Das Schlechte wird bejubelt, Intrigen werden gesponnen und absurde Reputationen in kurzer Zeit aufgebaut; es ist nutzlos, ernsthaft zu arbeiten (…). Keiner sieht, keiner hört, keiner versteht etwas; und diejenigen, die sehen, hören und verstehen könnten, legen die Hände in den Schoß…« Sein Kommentar zu dem Schicksal eines der besten Romane von Galdós, der von der Kritik mit hörbarem Schweigen aufgenommen wurde, während ein gewaltiger Reklamerummel um literarische Zwerge und Möchtegerne veranstaltet wurde, liest sich aus heutiger Sicht wie eine melancholische Elegie in eigener Sache. »Wenn Herr Galdós, der vorher etwa dreißig Romane verfaßt hat, die zum Besten zählen, was in diesem Jahrhundert in Spanien geschrieben worden ist, statt dessen eine mittelmäßige, eine gute und eine schlechte Komödie veröffentlicht hätte und dann zum Herzog von La Torre gegangen wäre und danach zu Cánovas und danach zu Sagasta oder zum Teufel persönlich, wenn er Politiker geworden wäre, hätte ihn eine völlig andere Kritik in den Himmel erhoben, und er hätte zusehen können, wie bei ein paar Versen von seiner Hand die gesamte Presse augenblicklich vor Bewunderung und Begeisterung erstarrt wäre (...), aber niemand hat zu *La desheredada* gesagt: »Da wirst du verfaulen.«

Wie andere Erzähler auch, war Clarín in seinen Romanen ein vorzüglicher, praktizierender Kritiker, der die technischen Verfahren, die Themen und stilistischen Mittel der großen Romanciers seines Jahrhunderts meisterhaft zu handhaben verstand, aber gleichzeitig war er auch ein begabter Theoretiker, beschwert mit dem Ballast eines theoretischen Gepäcks, welches, anstatt sein Werk zu erhellen, dasselbe vielmehr mit den Argumenten einer inzwischen veralteten Polemik vernebelte. Seine leidenschaftliche Verteidigung des Naturalismus Zolas und die Darlegung seiner eigenen Ideen zur Gattung des Romans dürfen nicht als der Maßstab gesehen werden, nach welchem sein literarisches Meisterwerk zu beurteilen wäre. *Die Präsidentin* entzieht sich glücklicherweise reduktiven Schemata, an denen Clarín selbst mit seiner Kritik an positivistisch, hegelianisch, krausisch oder scholastisch orientierten Universitätsgelehrten Anstoß genommen hatte, die, ebenso wie heutzutage gewisse Psychoanalytiker oder Marxisten, versuchten, einseitige und verarmende Deutungen von Werken durchzusetzen, welche eine bessere Behandlung verdient gehabt hätten. »Um zu theoretisieren, bedarf es einer großen Naivität«, schrieb T. S. Eliot, »um nicht zu theoretisieren, einer großen Aufrichtigkeit.« Obwohl aufrichtig, verfiel Clarín gelegentlich in große Naivität, und im Unterschied zu *Die Präsidentin* tragen seine theoretischen Essays über die Kunst des Romans den Stempel der Epoche, in der sie geschrieben wurden. Immerhin ermöglichte es ihm seine Tätigkeit als praktizierender Literaturkritiker, sich von jenen glücklosen Theoretikern zu distanzieren, die dazu neigen, »die größten literarischen Schönheiten zu übersehen, wenn sie ihnen in Werken begegnen, die nicht in die Kästchen des Schemas passen, das sie für richtig halten«. Der Roman, sagt er hellsichtig, wobei er seine eigenen ersten Gehversuche verdrängt, ist eine Gattung ohne Grenzen, die alles in sich aufnimmt, »weil sie *die freie Form der freien Literatur ist*«, obwohl viele, befangen in den Formeln ihrer ästhetischen Algebra, »den Bannfluch gegen jede Kühnheit schleudern, die den Roman aus den Kästchen ihres Schemas herausreißt«.

Es ändern sich die Zeiten und die ideologischen Schemata, es ändern sich die Methoden, nach denen der literarische Text beurteilt wird, aber das Unverständnis, ja die Abneigung gegenüber dem innovativen Werk bleibt bestehen. Das Lob, mit dem »das aufdringliche Geschwätz der Imitatoren, der geisteswissenschaftlichen Söldner«, das Clarín so zuwider war, überschüttet wurde, war schon vor ihm Gegenstand der bitteren Reflexion Flauberts, der, wie wir wissen, ebenfalls von den Wortführern der literarischen Kritik gekreuzigt worden ist. Aber beide Autoren haben nicht begriffen, daß diese Ungerechtigkeit kaum vermeidbar ist. Jedes gewichtige Werk benötigt einen unbestimmten Zeitraum – Jahre, Jahrzehnte, Jahrhunderte – um seinen Weg zu machen und sich sein Publikum zu schaffen, und man muß dankbar erkennen, daß lediglich die Nichteinmischung jener Gilde von Mittlern zwischen dem Schaffenden und seinen Lesern, Schriftstellern wie Delicado, San Juan de la Cruz oder Lautréamont den Ärger und die Enttäuschungen erspart hat, die Flaubert und Clarín bis ins Grab begleiteten. Was hätte denn beispielsweise der durchschnittliche Rezensent des heutigen Feuilletons, wenn er an die literarischen Normen der Renaissance gewöhnt gewesen wäre, über ein so schreckliches, unförmiges, riesiges Ungetüm wie *La lozana andaluza*[*] gesagt? Wahrscheinlich denselben Unsinn, wie ihn noch Jahrhunderte später ein so ernsthafter Literaturwissenschaftler wie Menéndez y Pelayo schrieb. Der Schöpfer neuer literarischer Welten darf nichts Unmögliches verlangen und nicht den Beifall erwarten, der im allgemeinen nur dem schon Bekannten zuteil wird. Der Prozeß der Ausarbeitung seines Werkes endet nicht mit der Niederschrift, sondern setzt sich fort bis in das Finden oder das Erfinden seines Publikums. Eine wirkliche Beziehung stellt sich erst mit Lesern späterer Zeiten ein, wie George Sand Flaubert gegenüber aus gegebenem Anlaß bemerkte.

Aber diese Parallele zwischen Flaubert und Clarín, die sich auch im Thematischen offenbart, endet hier. Denn während die Verbissenheit der französischen Kritik angesichts des hohen Bildungsniveaus im Lande nicht verhindern konnte, daß eine wachsende Zahl von Lesern mit Begeisterung zur *Éducation sentimentale* und zu *Bouvard et Pécuchet* griffen, führte der kombinierte Angriff der

---

[*] A. d. Ü. *Lozana die Andalusierin* (Ü: Alfred Semerau; Die andere Bibliothek, Nördlingen 1989), Werk des Schriftstellers Francisco Delicado, Rom 1528. Vgl. Juan Goytisolo, »Bemerkungen zu La lozana andaluza«, in: Juan Goytisolo, *Dissidenten* (edition suhrkamp 1224), Frankfurt am Main 1984, S. 33-55.

Kritik und der sogenannten »lebendigen Kräfte« der traditionellen spanischen Gesellschaft, wie sie in ›Vetusta‹ gezeichnet ist, dazu, daß unsere Leser ein einzigartiges Werk mehr als ein halbes Jahrhundert lang unbeachtet ließen, und verhinderte darüber hinaus die Verbreitung von *Die Präsidentin* im Ausland. Die gewaltige Macht der politisch-ästhetisch-moralischen Zensur des Franco-Regimes begünstigte in Verbindung mit der geringen literarischen Bildung des breiten Publikums das Totschweigen des Verfassers dieses Werkes und beraubte unsere ohnehin magere und schwache Literatur des 19. Jahrhunderts ihres substantiellsten und lebendigsten Romans.

## II

Seit seinem Erscheinen ist Claríns Roman ständig ein Streitobjekt zwischen den Verteidigern seiner makellosen Originalität und denjenigen gewesen, die diese Originalität fast immer böswillig in Zweifel zogen. Aus heutiger Sicht sind der plumpe Plagiatsvorwurf von Bonafoux bezüglich *Madame Bovary* ebenso wie die Antwort von Alas ohne jede Substanz. Wenn der Romancier zu seiner Verteidigung behauptete, daß »er immer dasjenige kopieren werde, was er sehe, aber nicht das, was er lese«, so sagte er nur die halbe Wahrheit. Wie Vargas Llosa stolz feststellte, ist der große Schriftsteller – und es besteht kein Zweifel, daß Leopoldo Alas zu ihnen zählt – ein gieriges und räuberisches Geschöpf, das alles plündert, was in seiner Reichweite liegt, das sich aller Dinge bemächtigt, die es interessieren, das jede Art von Material für die Ausstattung und Zusammensetzung der eigenen Schöpfung verwendet, umwandelt und ineinanderfügt. Alles, aber auch wirklich alles, beeinflußt ihn: ein zufällig gelesenes oder durchgearbeitetes Buch, ein Zeitungsausschnitt, eine Straßenreklame, ein im Café aufgeschnappter Satz, eine bekannte Anekdote, die Betrachtung eines Gesichtes, einer Graphik oder einer Photographie. Wenn einerseits die minuziöse Rekonstruktion der Topographie von Oviedo, die der von ›Vetusta‹ zum Vorbild diente, und die Zeichnung einiger seiner Hauptfiguren unserem Autor recht geben, so finden sich doch andererseits in seinem Roman deutliche Spuren seiner französischen Lektüre, von Stendhal bis Zola: Wie Dickens, Balzac oder Tolstoi ließ sich Clarín sowohl vom Leben als auch von der Literatur inspirieren.

Die besten Kritiker des Werkes von Alas – Gonzalo Sobejano, Martínez Cachero, John Rutherford, Sergio Beser – haben die Übereinstimmung oder Ähnlichkeit der Personen und Situationen aus der *Präsidentin* mit ihren angeblichen Vorbildern schärfer und gründlicher analysiert: die so sehr strapazierten Analogien und Differenzen zwischen Ana Ozores und der Heldin Flauberts, die möglichen Berührungspunkte zwischen dem Generalvikar und Julien Sorel, zwei mittellosen jungen Männern aus der Provinz, deren gesellschaftlicher Ehrgeiz schließlich einen Ausweg in den Machtmechanismen der Kirche findet; die Ähnlichkeit des ersteren schließlich mit irgendeinem Geistlichen aus dem Werk Balzacs oder Zolas. Da es sich um eine so komplexe, reiche und substantielle literarische Schöpfung wie diejenige Claríns handelt, erscheint mir das gesamte Problem jedoch zweitrangig. Für den Interpreten eines Werkes wie *Die Präsidentin* ist das Wesentliche nicht das Problem seiner eventuellen Quellen, sondern das der Einfügung und Funktion dieser Quellen in die Gesamtkonstruktion des Buches: im Gegensatz zur Moral rechtfertigt in der Kunst der Zweck die Mittel. Wenn wir diesen analytischen Standpunkt einnehmen, erscheinen das Genie und die Originalität von Alas ohne Makel: der mögliche Einfluß der unglücklichen Heldin Flauberts auf die Ausarbeitung des Textes ist ein bloßes Ingredienz seines Herstellungsprozesses und transzendiert in seiner anekdotischen Beschaffenheit nicht das Endresultat des Werkes; ihre Funktion als Modell oder vielleicht auch nur als Popanz war nicht bedeutender als die der Persönlichkeiten aus Fleisch und Blut, von denen sich Clarín inspirieren ließ und deren Identifizierung einen derartigen Skandal bei den Bewohnern seiner Heimatstadt auslöste. Kurz gesagt, wenn jedes Werk in einer Welt erscheint, die bereits von Werken bevölkert ist, deren Existenz es dann weiterführt oder modifiziert, wie seinerzeit die russischen Formalisten verkündeten, dann sticht *Die Präsidentin* von der Pléiade ihrer Vorläuferinnen durch ihre unbezweifelbare Unterschiedlichkeit ab.

Der bedeutendste Roman Claríns zeigt nicht nur die Erfahrung und Gewandtheit des Autors in der Handhabung der erzählerischen Techniken, wie sie von den Meistern des Genres im 19. Jahrhundert verwendet wurden, er öffnet auch, wie wir sehen werden, den Weg für neue Verfahrensweisen von überraschender Modernität. Obwohl der allwissende Erzähler – ein wahrer Deus ex machina – kunstvoll versteckt ist und seinen Figuren scheinbar völlige Bewegungsfreiheit läßt, findet der Kritiker, daran gewöhnt, seine »Handschrift« zu erkennen, reichlich Beispiele für sein Wirken hinter den Kulissen. Die Hinweise – vom Typ »Persönlichkeit, die weiter hinten zu finden ist«, »davon wird noch bei Gelegenheit die Rede sein«, »aber von diesem neuesten geselligen Zirkel müssen wir später noch sprechen, denn an ihm nahmen bedeutende Persönlichkeiten unserer Geschichte teil« – sind Markierungsbojen oder Ecksteine eines sorgfältig ausgearbeiteten Plans, die niemand beseitigen oder verrücken wird. Als sie ihre Kindheit in die Erinnerung zurückruft, sagt Ana Ozores: »ich erinnere mich an alles, wie es geschrieben steht«, womit Clarín, ohne die Lehren Flauberts zu beachten, uns unfreiwillig an die Materialität der Schrift erinnert. Tatsächlich scheint der Roman des 19. Jahrhunderts insgesamt verwickelt zu sein in den Widerspruch zwischen der gewollten Abwesenheit des Autors und seinen häufigen und unangebrachten Eingriffen. Dennoch lassen sich die zutreffenden Vorwürfe, die Sartre an die Romankunst Mauriacs richtet, nur ausnahmsweise auf die von Leopoldo Alas anwenden: Seine Definitionen und endgültigen Festlegungen der Persönlichkeiten sind rar und tauchen vor allem in den letzten Kapiteln des Buches auf, wo sich Clarín entgegen den Ratschlägen Gides von dem bis dahin gewonnenen Schwung der Erzählungen tragen läßt und mit fliegender Feder vorwärtseilt. Im allgemeinen gewährt der Autor der *Präsidentin* seinen Helden weitgehende Autonomie, mal dringt er in das Heiligtum ihres Bewußtseins ein, mal beschränkt er sich darauf, sie von außen zu zeichnen. Während er den Zugang von außen vor allem bei den Nebenfiguren wählt, benutzt er bei den Hauptpersonen, besonders bei Ana Ozores und dem Generalvikar, häufig die erlebte Rede, die es ihm erlaubt, ihren Gefühlen und Reflexionen zu folgen, ohne beständig auf einen inneren Monolog zurückgreifen zu müssen.

Der erzählerische Rhythmus des Werkes schwankt ebenfalls zwischen dem schwungvollen Bericht der Tatsachen und ihrer getragenen, szenischen Darstellung. Während sich die Handlung der ersten fünf Kapitel in drei Tagen abspielt, umfaßt die der restlichen Kapitel einen Zeitraum von fast drei Jahren. Aufgrund dieser zeitlichen Gliederung überwiegen die szenischen Darstellungen im ersten Teil, obwohl einige der bemerkenswertesten sich auch in der

Schlußphase finden. Der Stil Claríns paßt sich geschmeidig seinen erzählerischen Absichten an, vom langsamen Tempo einiger szenischer Darstellungen bis hin zum stürmischen Rhythmus anderer Passagen. Manchmal handhabt er mit außerordentlichem Geschick den Zeitenwechsel, indem er vom gewöhnlichen, erzählenden Imperfekt ins Präsens überwechselt, von der Benaventeschen Kategorie der Geschichte zu jener der Rede, oder er greift geschickt zum Stilmittel der Ellipse, wie bei der Ankunft des Generalvikars und Petras in der Hütte des Holzfällers oder bei dem Besuch des ersteren im Hause der Präsidentin an dem Tag, an dem diese ihn kniefällig um Verzeihung bittet und gelobt, barfüßig wie die Nazarener an der Karfreitagsprozession teilzunehmen. Die Vielfalt der Fragestellungen Claríns gibt dem Handlungsverlauf des Romans ebenfalls eine anmutige Beweglichkeit: wenn der Generalvikar in Nachahmung des *Diablo Cojuelo*\* die Stadt Vetusta durch sein Fernrohr betrachtet, wird der heutige Leser Zeuge der Anfänge einer cinematographischen Sichtweise, die von den nordamerikanischen Romanciers später systematisch entwickelt wurde. Als ein Meister in der Gestaltung des »suspense« und der Handhabung von Symbolen – »jenes moralischen Tiergartens«, von dem Gonzalo Sobejano klug spricht, als er die wiederholte Erscheinung der Kröte im Leben Anas interpretiert – agiert Clarín ebenfalls wie ein erfahrener Regisseur: der Handschuh, den der Generalvikar im Garten der Ozores vergessen hat oder Petras Strumpfband in der Hütte des Holzfällers – mit der daraus folgenden komischen Verwirrung von Quintanar und der Verlegenheit Don Fermíns – dramatisieren die Handlung und beziehen den Leser in dieselbe ein, indem sie auf subtile Weise an seine mitforschende Komplizenschaft appellieren.

## III

Vetusta ist zweifellos die eigentliche Hauptfigur der *Präsidentin*: seine Topographie – maßstabsgetreu der Oviedos nachgebildet, wo Clarín den größten Teil seines Lebens als Professor verbrachte –, sein Klima – dieses unentwegte Regenwetter, das die Sensibilität

---

\* A. d. Ü.: *Diablo cojuelo (Der hinkende Teufel)*, satirischer Sitten- und Schelmenroman von Luis Vélez de Guevara, erschienen 1641.

und Intelligenz seiner Einwohner einzuschläfern und abzustumpfen scheint –, seine verschiedenen sozialen Komponenten – von den Spitzen der Aristokratie bis hin zu den Fabrikarbeitern, die anläßlich der laizistischen Bestattung von Santos Barinaga kurz am Rande auftauchen –, alle diese Elemente werden im Verlauf des Romans mit einer minuziösen Genauigkeit geschildert, wie wir sie in der Geschichte des Romans bis zu diesem Zeitpunkt vergeblich suchen und auch später nicht mehr finden werden. Während der Blick durch das Fernrohr des Generalvikars uns gleich zu Beginn den Plan der Stadt nahebringt mit ihren Kirchen, Klöstern, alten Villen, die sich für Palais ausgeben, aristokratischen Vierteln, Handelszentren, alten und verfallenen Zonen, in denen dichtgedrängt der »vetustanische Pöbel« haust, begleiten der verhangene Himmel und die kurzlebigen und trügerischen Sonneneinbrüche den Leser auf seiner Fahrt durch die ruhigen oder bewegten Wasser des Romans und verleihen der urbanen Landschaft physische Konsistenz und eine gleichsam moralische Färbung.

Der Ton, den der allwissende Erzähler auf der ersten Seite anschlägt, liefert uns den Schlüssel für seine strafende und ablehnende Haltung gegenüber der Gesellschaft, die er beschreibt.

Die heldenhafte Stadt hielt Mittagsruhe… Vetusta, die altehrwürdige, königstreue Stadt, in fernen Jahrhunderten Sitz des Hofes, verdaute ihren *cido*[*], ihre *olla podrida*[**], ruhte und vernahm dabei im Halbschlaf das eintönige, vertraute Schlagen der Chorglocke, die hoch oben auf dem schlanken Turm der heiligen Basilika dröhnte.

Der moralische Verfall und der Konformismus, die in Vetusta vorherrschen, die engstirnige Ablehnung aller Reformversuche sowie die allgemeine Aversion gegen Kultur und Intelligenz helfen uns so, das Drama der Persönlichkeiten zu verstehen, die, wie die Präsidentin, eine bessere und freiere Welt herbeisehnen und in der sie umgebenden, gegenwärtigen nicht atmen zu können glauben. Wenn die Literatur »der größte und lächerlichste Defekt war, den eine junge Frau in Vetusta aufweisen konnte«, was konnte Ana Ozores dann anderes tun als sich zu schwören, niemals eine Literatin zu werden, »so ein hybrides und scheußliches Wesen, von dem man in Vetusta wie von den schrecklichsten Ungeheuern sprach«. In der Provinzhauptstadt »wurde fast niemand vom Wissen erleuchtet«, wie uns der Erzähler sagt, »und wenn etwas Konventio-

---

* A. d. Ü.: *cido*, spanisches Eintopfgericht.
** A. d. Ü.: *olla podrida*, spanisches Eintopfgericht.

nelles ausgesprochen wurde, war es unmöglich, daß der gegenteilige Gedanke zum Zuge kam«. Das Gemälde der Mitglieder des Casinos, in dem sich ein großer Teil der männlichen Figuren des Romans trifft, bietet ein aussagekräftiges Beispiel für die geistige Sklerose und Leere, in denen die Gesellschaft von Vetusta vor sich hin vegetiert: die vorübergehende Abwesenheit eines der Mitglieder löst sofort den allgemeinen Klatsch unter den übrigen aus, als ob sie den Befehl »Feuer frei!« erhalten hätten; »die alten Mitglieder betrachteten die Bibliothek, als ob sie lediglich auf die Wände aufgemalt wäre«, das Wörterbuch der Akademie dient lediglich dazu, unter einigen Eifrigen den heftigen Streit über die Bedeutung oder Schreibweise eines einzelnen Wortes beizulegen; der Weizenhändler, der täglich über der Lektüre der »Times« einnickt, versteht kein einziges Wort Englisch. Was die Dürftigkeit des Theaters anbetrifft – »Die Bühnenausstattung war nach und nach zu Bruch gegangen, und die Stadtverwaltung, in der die Kunstfeinde die Überzahl hatten, dachte nicht daran, sie zu ersetzen« –, so erwecken die jährlichen Aufführungen des *Tenorio* oder anderer abgedroschener Dramen und Komödien nicht das geringste Interesse beim breiten Publikum:

Im allgemeinen ist nach Ansicht der Vetustenser Dame die dramatische Kunst ein Vorwand, jeden zweiten Tag drei Stunden lang die Garderobe ihrer Nachbarinnen und Freundinnen einer kritischen Musterung zu unterziehen. Sie hören, sehen und verstehen nicht, was auf der Bühne vorgeht. Einzig, wenn die Schauspieler viel Radau machen, möglichst mit Feuerwaffen, oder bei einer dieser Wiedererkennungsszenen mit dem nachfolgenden Geflenn – nur dann wendet die Dame aus Vetusta den Kopf, um zu sehen, ob dort unten nicht wirklich ein Unglück passiert ist.

Nach diesem markigen Abschnitt fügt Clarín milde an:

Viel aufmerksamer und empfänglicher ist auch der Rest des gebildeten Publikums aus dieser feinsinnigen Provinzhauptstadt nicht.

Messen, Novenen, karitative Nachtwachen, weltliche Veranstaltungen, die von den Aufsehern über die soziale und moralische Ordnung organisiert werden, gliedern den Jahresablauf streng im Rahmen der Anerkennung der etablierten Ordnung. Einzig das Geld, Blaublütigkeit und soziale Erfolge erfahren eine geheiligte Anerkennung: Arbeit, Intelligenz und Wissen zählen nicht. »Aus Vetusta und einzig aus Vetusta« – schreibt Clarín bissig, indem er auf seine Weise den unaufhaltsamen Aufstieg einiger seiner Landsleute würdigt – »kamen jene berühmten Tresillospieler, die, als sie

einmal in den höchsten Sphären angelangt waren, ihren Flug fort-
setzten und herausragende Stellungen in der Staatsverwaltung erlangten, welche sie einzig ihren Taschenspielertricks zu verdanken
hatten.« Wie ein zeitgenössischer Interpret Claríns beobachtet hat,
bringen seine Anklage gegen die Routine und die Ignoranz Vetustas, diese Abneigung gegen Platitüden und Gemeinplätze sowie
die Unfähigkeit dieselben zu ertragen, unseren Autor wieder in die
Nähe Flauberts und seines Monsieur Homais, des *Dictionnaire des
idées reçues* und des quichotesken Kampfes von *Bouvard et Pécuchet* gegen die »universelle Idiotie«. Um die Wahrheit zu sagen
konnte Leopoldo Alas wie niemand sonst in Spanien die Armselig-
keit, geistige Enge und Unkultiviertheit seiner Zeitgenossen darstellen: Die Galerie der zweitrangigen Persönlichkeiten aus *Die
Präsidentin* bietet uns ein ebenso überzeugendes wie unvergeßli-
ches Repertoire der provinziellen Mittelmäßigkeit, in der er selbst
lebte und gegen die er mit den schwachen Waffen der Ehrenhaftig-
keit und Ironie ankämpfte. Seine offenkundige Sympathie für die
Figur der Ana Ozores beruht auf einer ganz anders gearteten Affinität als die berühmte Selbstidentifikation Flauberts mit Emma
Bovary. Hellsichtig und pessimistisch zugleich, will Clarín die Gesellschaft, die er beschreibt, nicht verändern: sein Zeugnis gegen
diese ist gleichzeitig der verlorene Kampf einer unheilbar romantischen Seele.

Das vernichtende Gemälde von Vetusta erklärt die feindselige
Rezeption des Romans durch seine Landsleute und den Groll, der
seinen Verfasser bis zum Tode verfolgte, ja der darüber hinaus
noch in den rachsüchtigen Vergeltungsmaßnahmen fortwirkte, die
der spanische National-Katholizismus aus Anlaß der militärischen
Erhebung von 1936 an seinem Sohn verübte. *Die Präsidentin* ist
nämlich vor allem eine treffende und oft grausame Verwerfung der
spanischen Gesellschaft der Restaurationszeit, die in der behaglichen Wärme ihrer lächerlichen Selbstgenügsamkeit dahindäm-
mert. Vetusta ist nicht nur Vetusta: es ist ein Kompendium des
gesamten Spaniens, und die Pfeile Claríns zielen auf die Rückkehr
eines korrupten, inkompetenten und unglaubwürdigen Regie-
rungssystems nach dem Zusammenbruch der republikanischen
Hoffnungen und dem Putsch (›Pronunciamiento‹) des Militärs.
Der geregelte periodische Machtwechsel zwischen den beiden Re-
gierungsparteien, den Anhängern Cánovas und Sagastas –, der von
unserer Geschichtsschreibung als ein Modell des friedlichen Zu-

sammenlebens gepriesen wird – erfährt bei Clarín folgende Beschreibung, die es verdient, etwas ausführlicher wiedergegeben zu werden:

Wie ein Schachspieler, der mit sich selbst spielt und dem Schwarz und Weiß gleichermaßen am Herzen liegt, kümmerte sich Don Alvaro um die Geschäfte der Konservativen ebenso wie um die der Liberalen. Er zog aus beiden Seiten Nutzen. Waren die Leute des Marqués an der Macht, verteilte Don Alvaro Konzessionen für Monopolläden, Aufträge, Jagdgenehmigungen, dann und wann auch fettere Bissen, ganz so, als ob die Seinen am Ruder gewesen wären. Kamen dann die Liberalen dran, sprach der Marqués de Vegallana dank Mesía weiterhin oft das letzte Wort und verteilte seinerseits Monopolläden, Ämter und selbst Pfründen. So sah die friedliche Ordnung in Vetusta trotz des äußeren Scheins erbitterter Fehden aus. Das gemeine Fußvolk, wie man es nannte, raufte sich draußen in den Dörfern, die Chefs jedoch verstanden sich, sie waren ein Herz und eine Seele. Die Gewecktesten ahnten zwar etwas, aber man ging nicht dagegen an, versuchte vielmehr, das Geheimnis ausnützend, auf beiden Seiten seinen Schnitt zu machen.

Also keine Hoffnung und keine Aussicht auf Änderung. Die »lebendigen Kräfte«, Träger einer tödlichen Sklerose, sind solide verankert, und die repressive soziale Pyramide erscheint nicht nur in den Gedanken des Marqués Vegallana wie ein Werk der Natur selbst. Das Porträt des Vaters von Ana Ozores – sein Einsatz für die Gewissensfreiheit, Teilnahme an Verschwörungen, Exil und resignierte Rückkehr in sein Vaterland – erinnert uns an das Bild von Tausenden von Spaniern späterer Generationen, die ebenfalls Opfer nicht nur der hartnäckigen Intoleranz Spaniens, sondern auch seiner Widersprüche und Apriorîs waren. »Obwohl Ozores lauthals die Emanzipation der Frau forderte und jedesmal Beifall spendete, wenn eine Dame in Paris ihrem Liebhaber das Gesicht mit Vitriol verätzte«, schreibt Clarín, »so betrachtete er doch im Grunde seines Herzens das Weib als ein inferiores Wesen, vergleichbar einem braven Haustier«. Die Freidenker, die wie Don Pompeyo Guimarán im Roman erscheinen, werden nicht besser behandelt und sind ebenfalls Gegenstand respektloser Ironie. Schließlich müssen wir noch anfügen, daß das Mißtrauen, welches Alas allen sozialen Patentrezepten gegenüber hegt, ihn vor dem Fehler seiner positiven Helden, der Träger seiner Ideen, bewahrt und ihn daran hindert, simplizistische Thesen zu propagieren, die bei aller guten Absicht nur der literarischen Qualität des Romans geschadet hätten.

Wenn wir uns an die Konzeption der Figuren halten, wie sie dem Roman des neunzehnten Jahrhunderts entspricht, wage ich zu behaupten, daß Ana Ozores, die Präsidentin, und Don Fermín de Pas, der Generalvikar, die besten Schöpfungen dieser Art im Bereich unserer Literatur sind. Trotz meiner Bewunderung für die Kunst von Galdós mit ihrem breiten Spektrum tief empfundener und exzentrischer Helden, die fast immer ein wenig überlebensgroß gestaltet sind, bin ich der Meinung, daß keiner von ihnen die Tiefe und Lebensnähe der Hauptfiguren von *Die Präsidentin* erreicht. Die übrigen Gestalten, die sie umgeben – Geistliche, Adlige, Bürger, Mitglieder des Casinos, Dienstmädchen –, sind mit sicherer Hand gezeichnet, und Clarín motiviert sorgfältig von Fall zu Fall ihre Rolle im Fortgang der Handlung. Don Víctor, der Gemahl Anas, wird gleichzeitig ironisch und liebevoll dargestellt: sein Enthusiasmus für die Dramen mit Ehrenhändeln und sein »übertriebenes, antiquiertes Ehrgefühl«, die ausschließlich väterliche Liebe zu seiner jungen Ehefrau und seine zeitraubende Jagdleidenschaft lassen uns schon in den ersten Kapiteln die Situation der Präsidentin und die Versuchungen, denen sie ausgesetzt ist, verstehen. Der attraktive und elegante Don Alvaro, Präsident des Casinos und berüchtigter Frauenheld, wird uns im allgemeinen aus der Außensicht geschildert, so als ob der Glanz, mit dem er Ana blendet, eine bloße Äußerlichkeit wäre – jene Schönheit ohne Verstand, die im nachhinein ihren tragischen Treuebruch noch lächerlicher erscheinen läßt.

Seit ihrem Eintritt in den Mikrokosmos des Romans schwankt Ana Ozores zwischen der Rebellion gegen die Monotonie und Fadheit ihrer Existenz einerseits und der Hinnahme ihres Opfers für einen impotenten und gütigen Ehemann andererseits: obwohl das Bild Don Alvaros sie quält, zeigt sie eine tiefe Dankbarkeit gegenüber Don Víctor und sucht geistlichen Beistand in der Kirche. Ihre Lebenssituation als Frau »ohne Kinder, ohne Liebe, die einem Mann ewige Treue geschworen hatte, der einen prächtigen Fasan höher bewertete als alle ehelichen Zärtlichkeiten« macht sie empfindsam und reizbar. Der Generalvikar bemüht sich, ihre mystischen Neigungen und ihre Wünsche nach einem nützlicheren und authentischeren Leben für seine Zwecke einzuspannen, indem er eine ideale Gemeinschaft herzustellen sucht, die das Spiel der Zwillingsseelen und seine Rolle als älterer Bruder begünstigen soll. Das Hin und Her Anas zwischen einem Leben gemäß den Anweisungen des Generalvikars und dem Vorbild der heiligen Teresa und dem Aufruhr ihrer frustrierten Weiblichkeit im Spannungsfeld von Don Fermín, ihrem Beschützer und Freund, und Don Alvaro, dem Verführer, dessen Werben ihr schmeichelt, führt zu Zickzackbewegungen, die immer heftiger werden, je weiter die Handlung des Romans voranschreitet: Ana wechselt von dem frommen Leben mit Doña Petronila und der Gruppe der seligen Anhängerinnen des Generalvikars zu den weltlichen Vergnügungen, zu denen sie ihr Gemahl und seine Freunde drängen, von der Ohnmacht in den Armen Don Alvaros auf einem Ball zu dem Schwur, die Sklavin Don Fermíns zu werden und es vor der ganzen Stadt Vetusta zu beweisen. Die wachsende Verliebtheit des Generalvikars und seine Hilflosigkeit angesichts der brüsken Stimmungswechsel der Präsidentin bescheren dem Leser eine Reihe bewunderungswürdiger Szenen, die in unserer Literatur nicht ihresgleichen finden: diejenige der Begegnung des Trios in der Baumschule, die haßerfüllten Blicke, die zwischen Don Alvaro und dem Generalvikar gewechselt werden, das flüchtige Glücksgefühl Anas inmitten der beiden Rivalen, die Szene mit der Schaukel, an der Obdulia hängenbleibt – die vergeblichen Versuche Don Alvaros, sie loszumachen und das strafende und erfolgreiche Eingreifen des Generalvikars –, Szenen, die mit einer Kunstfertigkeit und einem Detailreichtum gezeichnet sind, die mich an das Tretboot und die effektvolle Demütigung des Helden in dem Roman *Tender is the Night* von Scott Fitzgerald erinnern. Als weitere Szenen seien angeführt das Gespräch zwischen Ana und dem Generalvikar in dem Salon Doña Petronilas nach dem Zwischenfall während des Balls; dann der Platzregen in dem Garten, als Don Fermín mit dem guten Don Víctor im Schlepptau davonstürzt, um Ana am Ort ihrer Sünden aufzusuchen, wo er sie in den Armen seines Rivalen zu finden hofft…

Wenn Ana Ozores, rebellisch und unterwürfig zugleich, melancholisch und exaltiert, eine romantische Heldin ist, deren innere Kraft und deren Freiheitsstreben, auch wenn sie durch die Trägheit Vetustas vereitelt werden, unsere Sympathie gewinnen, so zeigt Don Fermín de Pas eine Vielzahl von Widersprüchen und einen Reichtum an charakterlichen Schattierungen, die ihn ungeachtet seiner Fehler und abstoßenden Eigenschaften zu einer faszinierenden Persönlichkeit machen: seine Machtgier, das Bild geheuchelter Demut, Wutanfälle, fleischliche Begierden, das Tolerieren des Geizes und der simonischen Geschäfte seiner Mutter tun seiner Größe und der Achtung, die ihm der Leser widerwillig entgegenbringt, keinen Abbruch. Seine platonische Liebe zur Präsidentin, die sich unter dem Einfluß der Wünsche und Begierden Anas allmählich in eine Leidenschaft verwandelt, die nicht beim Namen genannt werden darf, kollidiert mit dem absoluten Hinderungsgrund seiner Gelübde und der tausendjährigen Tradition der Kirche und versetzt ihn so in ein noch dramatischeres Dilemma als das seiner Geliebten, denn er weiß, daß selbst wenn er seinen Wünschen nachgäbe, sie ihn voller Entsetzen zurückweisen würde. An dem Tag, an dem er vom Turm der Basilika aus mit seinem Fernrohr Ana und ihren Liebhaber beim Spaziergang im Garten Quintanars überrascht, und, anstatt sich vom Turm herabzustürzen »wie er es getan hätte, wenn er hätte fliegen können«, sich gezwungen sieht, zu seinen Sakramenten zurückzukehren, vergleicht sich Don Fermín, wie Clarín schreibt, in der Enge seines Beichtstuhls »mit einem Häftling, der in den Stock geschlossen worden ist«. Im Gespräch mit Ana, die er bestellt hat, um ihr die Wahrheit über ihre Ohnmacht in den Armen Don Alvaros zu sagen, fühlt sich der Generalvikar in Ketten gelegt, ein lächerliches Wesen in der verhaßten Soutane, ein armer, gefangener Teufel. Und dann, in dem Augenblick, als der Geistliche die grausame Wahrheit des Ehebruchs aus dem Munde Petras erfährt, wiederholt Clarín, ohne daß es ihm bewußt wird, die bedrückenden Passagen aus der Autobiographie von Blanco White: die Situation eines Mannes, der durch den Druck der Mutter in eine ausweglose Falle geraten ist, gebeugt unter das Joch von Dogmen, an die zu glauben er längst aufgehört hat:

Dem Generalvikar war, als sei die eiskalte Scheibe, an die er seine Stirn preßte, ein Messer, das sich langsam in sein Gehirn bohrte. Er dachte daran, daß ihn seine Mutter, indem sie ihn in eine Soutane gesteckt hatte, so unglücklich und elend gemacht habe, daß er als einziger auf der ganzen Welt Mitleid verdiene (…) ihm waren durch einen schmachvollen Fetzen Stoff die Füße gebunden wie einen Sträfling, wie einer Ziege oder einem Gaul, die frei auf der Wiese weiden. Er, der jämmerliche Priester, das Spottbild eines Mannes, als geschlechtsloses Wesen verkleidet, er mußte schweigen, sich auf die Zunge beißen, seinen Händen, seiner Seele Gewalt antun, nur sich selbst, nicht dem anderen, dem Schurken, dem Feigling, der ihm ins

Gesicht höhnen würde, weil ihm die Hände gebunden waren. Wer hielt ihn nieder? Die ganze Welt. Zwanzig Jahrhunderte Religion, Millionen blinder, dumpfer Geister, die den Wahnwitz nicht sahen, weil er sie nicht schmerzte, die Größe, Entsagung, Tugend nannten, was eine ungerechte, barbarische, dumme und vor allem grausame, ja, grausame Marter war. Hunderte von Päpsten, Dutzende von Konzilien, Tausende von Städten, Millionen von Steinen in den Kathedralen, von Kreuzen und Klöstern, die ganze Geschichte, die ganze Zivilisation, eine Welt von Blei lastete auf ihm, auf seinen Armen, seinen Beinen.

Es ist unmöglich, diese Passagen zu lesen, ohne, ebenso wie in dem Text von Blanco White, an den realen, und imaginierten Leiden einer Persönlichkeit Anteil zu nehmen, die Clarín mit außerordentlicher Frömmigkeit und künstlerischer Meisterschaft zu einer Inkarnation und zum Symbol jener bedrückenden Stadt Vetusta gebildet hat, die wie das Kastilien, von dem Hernán Pérez de Guzmán viereinhalb Jahrhunderte früher schrieb, ihre Menschen prägte und sie zerstörte.

# Ricardo Gullón
## Benito Pérez Galdós

Das literarische Schaffen von Benito Pérez Galdós, geboren am 10. Mai 1843 in Las Palmas de Gran Canaria, gestorben am 4. Januar 1920 in Madrid, erstreckt sich über mehr als ein halbes Jahrhundert, von *La Fontana de oro* (1867-68) bis zu *Santa Juana de Castilla* (1918). Der Autor schrieb 77 Romane, 22 Dramen und Komödien und eine bedeutende Anzahl von Zeitungsartikeln, die bisher in nicht weniger als 17 Bänden gesammelt worden sind.

Ein so umfangreiches und weitgefächertes Werk würde schon als solches Aufmerksamkeit erheischen, und tut dies um so mehr, als seine Romane, zumindest die bedeutendsten unter ihnen, ohne Abstriche einem Vergleich mit den Werken von Dickens, Balzac und Tolstoi standhalten. In den achtziger und neunziger Jahren erschienen die ästhetisch vollendetsten Romane, die er die »zeitgenössischen« nannte, um sie von den sieben ersten zu unterscheiden.

Ab 1873 schrieb er, verteilt auf fünf Serien zu je zehn Bänden (wobei er die letzte nicht mehr zu Ende führen konnte), insgesamt 46 historische Romane – die *Episodios nacionales.* Die ersten beiden Serien, entstanden zwischen 1873 und 1879, bieten ein einzigartiges Zeugnis seiner Schaffenskraft: die dritte und vierte folgte mit zwanzig Jahren Abstand, von 1898-1907, und die sechs Bände der fünften Serie entstanden in der Zeit zwischen 1908 und 1912, dem Jahr, in welchem ihn Alter und Blindheit zwangen, die Feder aus der Hand zu legen.

Kaum hatte er begonnen, in Madrid Jurisprudenz zu studieren, da verließ er die Universität schon wieder und ging zur Zeitung. Im Februar 1865 erhielt er eine Anstellung bei »La Nación«, und hier veröffentlichte er hundertachtundzwanzig Artikel sowie seine Übersetzung der *Pickwick Papers* von Dickens. Seine Liebe zur Musik ließ ihn vorzügliche Rezensionen verfassen, vor allem über Opernaufführungen, für die er ein besonderes Faible hatte. Während dieser Lehrjahre entstanden zwei Theaterstücke, *La expulsion de los moriscos* und *Un joven de provecho;* daneben steigerte sich seine Mitarbeit in Zeitungen und Zeitschriften.

Im Jahre 1867 fuhr er zum ersten Mal ins Ausland, nach Paris, damals obligatorisches Reiseziel für die Spanier, und von diesem Zeitpunkt an unternahm er regelmäßig Reisen, sowohl innerhalb als auch außerhalb Spaniens. Entscheidendes Bildungserlebnis seines Pariser Aufenthalts wurde seine Begeisterung für Balzac, die damals ihren Anfang nahm. Weitere Reiseziele bildeten Portugal, Deutschland, Belgien, Italien und England, dem seine besondere Zuneigung gehörte, sowohl wegen der liberalen Haltung seiner Einwohner als auch wegen seiner politischen Ausgeglichenheit, die Freiheit und Ordnung in Einklang zu bringen wußte – ein Zustand, den er in seiner eigenen Heimat schmerzlich vermißte.

Er war kein Politiker, nahm aber nichtsdestoweniger aktiven Anteil an der Politik und wurde verschiedentlich zum Abgeordneten gewählt: zunächst als monarchistischer Liberaler unter der Regierung Sagasta, und später, 1907 und 1910, als republikanisch-sozialistischer Kandidat für den Wahlkreis Madrid. Seine Unzufriedenheit mit den ständigen internen Streitigkeiten entfremdete ihn auf Dauer den Republikanern, und schließlich billigte er sogar eine Audienz bei König Alfons XIII., die für ihn arrangiert wurde.

Galdós blieb Junggeselle, obwohl er sich weiblichen Reizen keineswegs abhold zeigte. In früher Jugend verliebte er sich in seine Nichte Sisita, deren Andenken er bis in den Tod bewahrte; später hatte er verschiedene Geliebte, unter ihnen die Schriftstellerin Emilia Pardo Bazán und die Schauspielerin Concha Ruiz Morell, welche später unter dem Namen Ruth zum Judentum konvertierte. Alt und blind, besuchte er dennoch regelmäßig eine seiner alten Freundinnen, ähnlich wie Don Evaristo Feijó in dem Roman *Fortunata y Jacinta* der Titelheldin Fortunata seine Besuche abstattet.

Die Literaturkritiker pflegen Galdós als den wichtigsten spanischen Romancier nach Cervantes zu betrachten, womit sie wahrscheinlich recht haben. Die Romane von Leopoldo Alas (Clarín) sind ausgezeichnet, aber es sind eben nur zwei, während das so umfangreiche Werk von Galdós, ohne dem seines Freundes an Intensität nachzustehen, ein umfassendes Panorama der zeitgenössischen Gesellschaft und darüber hinaus eine so reiche und weitgefächerte Galerie von Persönlichkeiten gestaltet, wie sie sich der anspruchsvollste Psychologe oder Soziologe nur wünschen könnte.

# I. Die ersten Romane

Galdós fand über das Feuilleton zum Roman, genauer gesagt über das politische Feuilleton. Der Stoff von *La Fontana de Oro* (1867-1868) nimmt Bezug auf den Gegensatz zwischen Liberalen und Absolutisten, der in Spanien den größten Teil des 19. Jahrhunderts mit blutigen Auseinandersetzungen erfüllte, und zwar vom Ende des Unabhängigkeitskrieges bis zur Restauration, und er bezeugt die Vorliebe des Autors für einen Romantyp, in dem das Kollektive und das Individuelle im Einklang stehen, ja gelegentlich sogar zusammenfallen.

Die Eigenart des Feuilletons tritt im Text deutlich zutage und bestimmt seine Wesenszüge: Verschwörungen, Spione und Spitzel des Königs, Geheimtüren, entführte Jungfrau und betrogener Galan etc. Verhinderte Liebesbeziehungen, ein Schwarz-Weiß-Kontrast zwischen dem Opfer, der Unschuldigen, und dem Schurken. *La Fontana,* ein Madrider Café, in dem sich die progressiven Kräfte treffen, stellt das politische Zentrum der Handlung dar, und es wird minuziös beschrieben von einem Erzähler, der, wie man wohl sagen darf, streitbar Stellung bezieht.

Weder *La sombra* (1870) noch *El audaz* (1871) brachten ihn viel weiter, auch wenn in ersterem Werk eine Neigung, das Wirkliche und das Phantastische zu vermischen, zutage tritt, die sich in den Jahren der Reife verstärken sollte. Man muß bis zum Erscheinen von *Doña Perfecta* (1876) warten, um auf einen Text zu stoßen, der mit der Energie und Leidenschaft geschrieben ist, die wenig vorher in den historischen Romanen zutage getreten sind. Es sei daran erinnert, daß dreizehn *Episodios* in der Zeit vom Januar 1873 bis Januar 1876 entstanden sind, und daß der Roman, von dem wir sprechen, drei Monate später beendet wurde. Die Maschinerie, die durch die kontinuierliche Arbeit warmgelaufen war, funktionierte von Tag zu Tag mit größerer Präzision.

*Doña Perfecta* gehört zusammen mit *Gloria* (1877) und *La familia de León Roch* (1878) zu den Werken, die ich als Romane über die Intoleranz bezeichnet habe; die didaktische Intention, die für ein Kunstwerk so schädlich zu sein pflegt, überschattet ein wenig die Eleganz einer Konstruktion, in der die Gegenüberstellung des liberal denkenden Helden und seiner Gegenspielerin, der traditionalistisch gesonnenen Dame, etwas von dem Aufeinanderprallen der Kräfte des Guten und des Bösen hat. Der schneidende Gegensatz wird durch die Symbolhaftigkeit der Namen noch unterstrichen: die unvollkommene Hausherrin und der quijoteske Kavalier, der auf politische Reformen und auf die Liebe setzt.

Zur Intoleranz tritt die Heuchelei, vor allem im Falle der Dame, die ihre Feindseligkeit gegenüber dem Neffen verbirgt, der ins Haus gekommen ist, um seine Cousine zu heiraten, welche von den Freunden ihrer Mutter und besonders von dem Unhold mit Namen Caballuco bewacht wird, wobei schon die Namensgebung auf seinen bestialischen Charakter hindeutet.

Eine Struktur, die aus vier konzentrischen Kreisen gebildet wird – der Familie, der Stadt, Spanien und dem Universum –, wobei die Titelheldin im Mittelpunkt steht, weist auf die Funktion der Protagonistin als Achse hin, um die sich die Handlung dreht, die in allen vier Kreisen gleichzeitig vonstatten geht: die im engeren Sinne romanhafte Handlung im ersten Kreis, die historische im zweiten und dritten und schließlich die symbolische und theologische Handlung im vierten Kreis. Die historische Handlung, die gekonnt mit der romanhaften verknüpft ist, bildet ein Spiegelbild dessen, was auf der symbolischen Ebene geschieht. Pepe Rey und das Heer repräsentieren die Freiheit, Doña Perfecta die Intoleranz und die Heuchelei; die Heldin gehört zu den Organisatoren des Bürgerkriegs. Sie ist unerbittlich ihren Feinden und besonders ihrem Neffen gegenüber, den sie für einen Gotteslästerer, Frevler, Atheisten und Demagogen hält ebenso wie alle diejenigen, die auf seiner Seite stehen, diese ganze »teuflische Bande«.

Die Dialektik der Beweisführung entfaltet ihre Möglichkeiten im Wechsel des erzählerischen Rhythmus, der Tonlage und der Wortwahl: erste Begegnung, wachsende Leidenschaft der Liebenden und parallel dazu die wachsende Zwietracht zwischen Tante und Neffen. Dies sind die Ursachen für die Akzeleration des Rhythmus, wodurch die Auseinandersetzung zwischen den Handelnden offengelegt und die tieferen Motive ihrer Verhaltensweise akzentuiert werden.

Der Erzähler, der sich fast durchgängig der Ironie bedient – in den Namen der Personen und Orte, bei der Charakterisierung der Figuren –, zeigt sich gleichzeitig unsicher und schwankend hinsichtlich der Beurteilung von Fakten und Ideen. Er mischt sich in den Handlungsverlauf ein und verzichtet nicht darauf, sein persönliches Urteil kundzutun, wobei er einseitig die Gewichte zuungunsten der Titelheldin verteilt. Diese Übertreibungen und vor allem die Schwarz-Weiß-Malerei offenbaren einen Mangel an Objektivität auf seiten Galdós', den man ihm nicht zu Unrecht vorgeworfen hat:

»Die Intoleranz fand sich nicht nur dort, wo er sie wahrnahm; in beiden Lagern, in ›den beiden Spanien‹, ließ sie sich in gleicher Weise beobachten.«

Als er *Gloria* (1877) verfaßte, nahm er sich vor, objektiv und neutral zu bleiben, zu zeigen, wie die Intoleranz mit gleicher Stärke in Figuren mit unterschiedlichen Glaubensbekenntnissen oder entgegengesetzten Ideologien auftreten kann. Seine Absicht bestand weiterhin darin, ein nationales Gebrechen zu bekämpfen, wobei er seine didaktischen Intentionen diesmal eher auf indirekte Weise zum Ausdruck brachte, was ihrer Wirksamkeit jedoch keinen Abbruch tat; er verschmähte dabei die lehrhafte These nicht, sofern sie sich mit der Gesamtstruktur vereinbaren ließ; auch zögerte er nicht, erbärmliches Verhalten oder bösartige Handlungsweisen bloßzustellen, wenn er damit die Abartigkeit des Fanatismus verdeutlichen konnte. Er bemühte sich, nicht in den Fehler der einseitigen Parteinahme zu verfallen und unterzog beide Kontrahenten der Kritik. Auch erschien ihm diesmal das eigentlich romanhafte Geschehen – die Liebe zwischen Gloria und Daniel – ausreichend. (Der Lärm der Geschichte ertönt nur in der Ferne, wie eine gedämpfte Hintergrundmusik).

Der Konflikt ist rein religiöser Natur: der Held, Daniel Norton, ist Ausländer, gleichgültig gegenüber der Regierungsform und den Regierungspersönlichkeiten des spanischen Staates. Er ist Jude, sie Katholikin und aus alter Familie, wodurch sie in der Tradition verankert ist; die Liebe reicht nicht aus, um den Religionsunterschied zu überbrücken. Dabei ist es nicht die Religion, die zum Zusammenprall führt, sondern die Unerbittlichkeit zweier Fanatikerinnen, die sich trotz der verschiedenartigen Formen ihrer Grausamkeit sehr ähnlich verhalten: überlegt und knochenhart die Jüdin, ränkevoll und hinterhältig die Christin.

Möglicherweise ein wenig erschöpft von solch leidenschaftlichen Handlungsentwürfen, machte sich der Romancier vor der Rückkehr zu seiner eigentlichen Aufgabe an die Ausarbeitung von *Marianela* (1878), die ich eine »schwarze Idylle« nennen würde, wenn dies Oxymoron nur nicht zu gewagt erschiene. »Idylle«, wegen der lyrischen Stillage und wegen des dörflichen Rahmens, in dem der erste Teil spielt, »schwarz« wegen des tragischen Ausgangs, des Selbstmords der Titelheldin.

Es ist ein lyrischer Roman, der das Zusammenleben von Pablo und Marianela schildert, einem häßlichen und mißgestalteten Mädchen, das dem blinden Jungen Begleiterin und Freundin ist. Die Blindheit hat in diesem Roman – wie auch in anderen des Autors, z. B. *Torquemada en la cruz* und *Misericordia* – eine festumschriebene Funktion: wer das Äußere nicht sieht, dringt tiefer in die Wirklichkeit der Seele ein, die sich ihm eröffnet und erhellt.

Eine zunächst offene Idylle, eine Idylle in armseligen Verhältnissen, spielt sich vor den Augen des Lesers ab. Er, der im Gegensatz zu Pablo über die mangelnde äußere Schönheit Marianelas unterrichtet ist, ahnt im voraus, was passieren wird, wenn es dem Augenarzt gelingt, dem Blinden das Sehvermögen wiederzugeben. So geschieht es denn auch, und als Pablo nach der Operation aufwacht, sieht er eine bildschöne Frau vor sich: »Marianela«. Aber es ist nicht sie selbst, sondern das Wunschbild seiner Träume. Das tragische Ende wird durch den Gang der Ereignisse, der von einem unerbittlichen Schicksal gelenkt wird, unausweichlich.

Mit *La familia de León Roch* (1878), dem letzten und umfangreichsten Roman der ersten Phase, reicht Galdós fast an die großen Schöpfungen der folgenden Dekade heran. Es ist ein weiterer Roman über die Intoleranz, erzählt von einem Verfasser, der wie im Falle von *Doña Perfecta* parteiisch und streitbar ist; im Helden des Romans präsentiert er uns eine Seele von bemerkenswerter moralischer Qualität. León Roch, ein liberaler Agnostiker, geht eine Liebesheirat mit Maria Sudre ein, die sehr religiös ist und unter dem Einfluß ihres Beichtvaters und eines Bruders steht, der in der Familie als »Heiliger« gilt.

Dieser Handlungsentwurf stimmt mit den anderen Werken derselben Kategorie überein, aber sowohl bei Rosario, der Tochter von Doña Perfecta, wie bei Gloria ist das Gefühl absolut vorherrschend; sie sind keine Fanatikerinnen, obwohl sie in einem Milieu leben, das vom Fanatismus geprägt ist. Maria Sudre dagegen ist, wie Esther Norton und Doña Perfecta, selbst von Fanatismus erfüllt: sie möchte ihren Ehemann »bekehren«, ihn auf den »rechten Weg« zurückführen. Der Ehemann ist (wie schon sein Name andeutet) ein steinerner Löwe, unerbittlich und ebenso fest von seinen Ideen überzeugt, wie seine Frau von den ihrigen. Ein inneres Drama, ein Seelendrama: Maria und León, zwei in gleicher Weise von ihren Ideen beherrschte, unnachgiebige und charakterfeste Figuren, stoßen aufeinander. Es vollzieht sich ein Kampf, und Maria erweist sich als Verliererin, wobei jedoch der Tod mit der zweideutigen Sprache der Tatsachen auch den wahren Charakter ihres männlichen Widerparts bloßstellt.

## II. Galdós' »zeitgenössische« Romane

*La desheredada*, an der Galdós seit Januar des Jahres 1881 schrieb, wird als naturalistischer Roman bezeichnet. Er entstand, nachdem der Dichter die zweite Serie der *Episodios Nacionales* beendet hatte, die von Eduardo Gómez de Baquero als die beste unter den fünfen angesehen wird.

Der Naturalismus ist zu diesem Zeitpunkt weltweit vorherrschend, wobei er sich in Frankreich dank der Werke Émile Zolas fast widerstandslos durchgesetzt hat. Die Anwendung der experimentellen Methode und der Theorien von Claude Bernard nebst der genauen und detaillierten Beobachtung der Realität und einer Vorliebe für düstere Milieus und erblich belastete oder gesellschaftlich benachteiligte Persönlichkeiten beherrschten das Schaffen der Romanciers, die sich der Illusion hingaben, die letzten Überreste der Romantik zu beseitigen, ohne sich darüber klar zu werden, daß diese in ihren Werken weiterlebte, allerdings, wie Menéndez y Pelayo feststellt, in pervertierter Form: die Verherrlichung des Häßlichen ist an die Stelle der Verherrlichung des Schönen getreten.

Es läßt sich mit guten Gründen argumentieren, daß *La desheredada* naturalistische Züge aufweist: da sich der Roman mit dem proletarischen Milieu und den Degenerationserscheinungen einiger Hauptfiguren befaßt, scheint er den Forderungen der Theorie gerecht zu werden. Dennoch sind es andere Qualitäten, die aus diesem Werk ein bedeutendes Buch machen: eine Struktur, die auf die dunkle Herkunft der Hauptfigur gegründet ist, sowie die Gestalt der Heldin, Isidora, einer Frau von quijotesken Zügen, die in einem Größenwahn befangen ist, für den ihr geistesgestörter Vater die Verantwortung trägt. Er ist nicht der erste aus der Reihe von anormalen Persönlichkeiten der Galdósschen Romanwelt, aber er gestaltet zum ersten Mal die Wirklichkeit entsprechend seiner geistigen Abartigkeit um. Später werden wir noch auf ähnliche Fälle stoßen.

Isidora lebt gleichzeitig zwei Leben: das imaginäre einer verkannten Aristokratin und das alltägliche einer jungen Frau, die von einem nichtsnutzigen Galan verführt wird. Auch wenn sie sich dem verkommenen Don Juan hingibt, verliert sie deshalb nicht das Bewußtsein ihrer höheren Bestimmung, ja sie braucht diese Phantasie zum Überleben nötiger denn je zuvor. Der Erzähler spricht von der »krankhaften Arbeit der geistigen Konstruktion ihres zweiten Lebens«, dem sie sich hingibt, wenn sie alleine ist, und zwar »automatisch, ohne es zu bemerken oder zu wollen, ja ohne auch nur an die Möglichkeit zu denken, davon loszukommen.« Als schließlich die Enttäuschung eintritt – eine doppelte Enttäuschung, denn die Liebe ihres Verführers erkaltet, und sie erkennt, daß sie nicht zur Welt des Adels gehört – stürzt sie sich in das finstere Milieu der Prostitution, in einer Art von Selbstmord, der sich zwangsläufig aus der Auflösung der Illusion ergibt, die allein ihr Leben trug.

*El amigo Manso* (1882) habe ich *nívola* genannt – nach einem Ausdruck von Unamuno[*] – wegen seines Charakters eines psychologischen Romans fern von allen sozialen Gegebenheiten. Was in dem Roman geschieht, ist nicht persönlich und aus dem Herzen kommend, aber dennoch eng verbunden mit dem Abspulen der Gefühle und Gedanken von Máximo Manso (wieder ein symbolischer Name). Erzähler und Hauptfigur in einer Person, deklariert Manso gleich zu Beginn das Fehlen seiner Existenz, und der Roman besteht in der Konstruktion seines Ichs. Der »Feder-Phallus«, der ihn zeugt, wird ihn am Ende ins Nichts zurückschleudern, nachdem er ihn mit Hilfe der Liebe hat leben lassen und ihn in der Enttäuschung unterwiesen hat. Manso, ein Professor, empfängt die Lektion von seinem Schüler, einem aufgeweckten Jungen, der nicht so begabt ist wie er selbst, aber über die nötige Gerissenheit verfügt, um ihm die alte Weisheit beizubringen: daß die Zeit für die Liebe mit der Jugend zu Ende geht. Keine Bitterkeit, kaum eine vage Melancholie bleibt in dem Helden zurück, als er in das Nichts heimkehrt, aus dem er entstanden ist, um sich für einen Augenblick in der Phantasie zu realisieren.

*El doctor Centeno* (1883) ist kein so gelungener Roman wie der ihm vorausgehende oder der nachfolgende. Die Gestalt des kleinen Felipe Centeno, den der Leser schon kurz in *Marianela* kennengelernt hat, erscheint anziehend und jener Ausarbeitung würdig, die

[*] A. d. Ü.: Wortschöpfung Unamunos aus *niebla* und *novela* (Nebel und Roman).

ihr später in *Tormento* (1884) zuteil wird, einer unabhängigen Fortsetzung des hier angesprochenen Werkes. Von besonderem Interesse ist die Teilnahme Centenos und des Feuilletonisten Ido de Sagrario an der Entwicklung und Lösung der Fabel.

Inhaltlich Neues bringt der Roman *La de Bringas* (1884), der die Struktur einer Sanduhr (E. M. Forster) aufweist, innerhalb deren sich die Position der Figuren im Verlauf der Erzählung radikal umkehrt; am Anfang nimmt der Ehemann den oberen Teil der Uhr ein, während am Schluß seine Frau Rosalia diesen Bereich besetzt und ihren Ehemann in den unteren Teil verweist. Einmal an der Macht, behauptet sie ihre Position mit Hilfe der Reize, welche ihre Schönheit ihrem Ehrgeiz zur Verfügung stellt. Der soziale Aufstieg wird begleitet von dem gleichzeitigen moralischen Niedergang.

In der Welt dieses Werkes fallen das Persönliche und das Historische ineinander – das obere Stockwerk des königlichen Palastes, wo die Bringas mit der übrigen Dienerschaft der Krone lebt –, was die Integration beider Ebenen erleichtert. In diesem Raum verliert sich der Erzähler, der von einer anderen Figur geleitet werden muß. Besagter Erzähler, Freund von allen, endet als Gelegenheitsliebhaber von Rosalía, nachdem sie zur Stütze der Familie geworden ist. Ihre Verwandlung wird durch die Leidenschaft für den Luxus bewirkt. Der wirtschaftliche Aufstieg des Bürgertums ermöglicht einer neuen Klasse den Zugriff auf Luxusgüter, die in früheren Zeiten den Königen und den Angehörigen des Hochadels vorbehalten waren.

Máximo Manso diagnostiziert die Krankheit, von der die Frauen des Mittelstandes ergriffen wurden, folgendermaßen:

Die Schlange hat sie gebissen und das Gift einer sinnlosen Gier in ihre Adern gespritzt. Weißt du welches? – Das Gift des Luxus. Luxus ist das, was man früher den Dämon, die Schlange, den gefallenen Engel genannt hat, denn der Luxus war gleichzeitig ein Cherubin, war Kunst, Großzügigkeit, Königtum, und jetzt ist er ein mittelmäßiges Laster im Leben der Bourgeoisie, denn mit der Industrie und dem Maschinenwesen ist es ihm gelungen, die gesamte Menschheit ohne Unterschied der Klasse zu korrumpieren.

Einem naiven Wesen wie Isabelita Bringas begegnet die Wahrheit im Schlaf: in einem Alptraum durchlebt sie noch einmal die Zeremonie, an der sie Stunden zuvor teilgenommen hat, und sieht ihre Eltern, die Herrschaften und die Dienerschar in veränderter Ge-

stalt: es sind Puppen, Roben, Dreispitze... Parabeln der Sinnent-
leertheit ihrer Welt.

Ein weiterer Roman, dem Naturalismus nahestehend, ist *Lo
prohibido* (1885), eine Studie über den charakterlichen Verfall des
Helden, Bueno de Guzmán, der seinem Namen keine Ehre macht:
Guzmán, genannt »el Bueno«, opfert lieber seinen Sohn, als daß
er die Stadt, deren Verteidigung ihm anvertraut worden ist, dem
Feind ausliefert. Er stellt seinen Nichten Maria Juana, Elisa und
Camila nach; die beiden Älteren erliegen seinem Werben, Camila
nicht. Dieses Geschehen, für die damalige Zeit höchst anstößig, erlaubt dem Autor, seinen psychologischen Scharfsinn im Hinblick
auf Figuren zu entfalten, die bei aller Verschiedenheit doch gleiche
Erbanlagen sowie gleiche Erziehung und Bildung aufweisen.
Ohne die Möglichkeit von der Hand zu weisen, daß die Schöpfung
von festgelegten Typen ausgeht, fallen doch die erfinderisch variierten Charaktere auf.

Nach *Lo prohibido* folgte *Fortunata y Jacinta* (1887), der um-
fangreichste und am besten durchkomponierte Roman des Verfassers: zwei Geschichten verheirateter Frauen, deren Namen im
Titel enthalten sind. Der Roman weist eine zugleich traditionelle
wie neuartige Struktur auf: traditionell ist die Anordnung der
Handelnden in der Dreiecksform – Ehemann, Ehefrau, Geliebte;
neuartig ist der Gebrauch einer Serie wechselnder Dreiecksforma-
tionen, die in horizontaler Polarität einander zugeordnet sind, wobei sie von Motiven gekreuzt werden, die die ursprünglichen
Strukturlinien bereichern und verstärken.

Die Polarität oder das Grundmuster tritt in zwei Persönlichkeiten zutage: Mauricia und Guillermina, die Teufelin und der Engel,
die im Verlauf des Romans zueinander in Beziehung treten, wobei
das Engelhafte und das Teuflische einander durchdringen: weder
ist Mauricia so teuflisch, wie sie erscheint, noch Guillermina so
heilig, wie man glaubt; das jedenfalls ergibt sich aus einzelnen Szenen, in denen die eine oder die andere die Hauptrolle spielt. Dabei
stehen die Dreiecksstrukturen in direkter Beziehung zum Aussa-
gewert des Geschehens. Während des Handlungsablaufs konzentriert sich die erzählerische Perspektive auf zwei der Dreiecks-
punkte, während der dritte im Dunkel bleibt. Das erste Dreieck
wird gebildet von Juan, seiner Frau Jacinta und seiner Geliebten
Fortunata; dann wird Jacinta ausgeblendet, und im zweiten Dreieck agieren Juan, Fortunata und ihr Ehemann Maximiliano; später

entschwindet Juan aus dem Blickfeld, und das Dreieck wird geformt von Fortunata, Maximiliano und Feijoo, dem neuen Liebhaber der leichtfertigen Frau. Als der Verführer wieder auf der Bildfläche erscheint, agieren als Figuren Juan und Aurora, zu diesem Zeitpunkt die Geliebte des Señoritos; schließlich stellt sich das ursprüngliche Dreieck mit umgekehrter Rangfolge wieder her: Fortunata, Jacinta und Juan.

Die Schlüsselfigur, um die sich die Handlung dreht, heißt Fortunata, und es ist nur natürlich, daß sie den invariablen Eckpunkt der aufeinander folgenden strukturellen Dreiecke bildet. Sie repräsentiert die Verkörperung der Liebe als Leidenschaft, des »loco amor«, der kein anderes Gesetz kennt, als das Gefühl, das ihn leitet. Diese Liebe drückt sich häufig ohne Worte aus, durch eine Geste, einen Ausruf, wodurch sie zu erkennen gibt, wie wenig sie der ruhigen Überlegung zugänglich ist. Als Gegenspielerin Fortunatas fungiert bis zum Zeitpunkt ihrer beider Weiterentwicklung Juanita; sie ist eine gebildete Frau aus einer wohlhabenden Kaufmannsfamilie, wähend Fortunata aus dem einfachen Volk stammt und nicht nach Höherem strebt. Die Unterschiede in der Erziehung und im Charakter führen zu gegensätzlichen Verhaltensweisen. Juan seinerseits trägt im Namen ein Markenzeichen, das schon zu Zeiten Galdós' nicht mehr den Beigeschmack des Satanischen besaß, Wesensmerkmal des barocken Don Juan. Juan ist der Erbe (der Erzähler nennt ihn den Dauphin), der einzige Sohn, verwöhnt und letztendlich eine Vorwegnahme des »señorito satisfecho«, wie ihn Ortega y Gasset in *La rebelión de las masas (Der Aufstand der Massen)* gezeichnet hat. Sympathisch und von gewinnendem Äußeren, erobert er die Frauen mit Leichtigkeit und verläßt sie ohne Skrupel, wenn er ihrer überdrüssig geworden ist. Im Gegensatz zu seiner Leichtfertigkeit steht die Liebe Maxis zu Fortunata: der Abnorme, der durch seine psychische Komplexität gewissen Figuren Dostojewskis nahesteht, ist treu und beständig, aber körperlich schwächlich und als Ehemann unzulänglich.

Ergänzungen der genannten Struktur bilden die Motive, die, wie ich erwähnte, die Polarität und die Dreiecke in der Vertikalen durchkreuzen. Als zwei der bedeutendsten möchte ich das der Vögel und das der Ernährung nennen. Agnes M. Gullón hat das erste Motiv ausgiebig untersucht: aus ihrer Studie möchte ich in Erinnerung rufen, daß der Erzähler Fortunata »das Vögelchen« nennt, und als der Leser ihr zum ersten Mal begegnet, schlürft sie gerade ein rohes Ei, wodurch sich das Vogelmotiv mit der Lieblingsnahrung des Mädchens trifft. Während sie das Natürliche, die »Rohkost«, benötigt, ernährt sich Jacinta von Gekochtem, wobei diese Vorliebe ihre Bedeutung durch den Kontext gewinnt; keine frische Milch, kein Verzehr von Orangen, sondern von »gebratenem Geflügel«. Die Betonung dessen, was die einen und die anderen verzehren, begründet einen zusätzlichen Unterschied und nimmt Bezug auf ein strukturelles Dreieck, das bisher noch nicht erwähnt wurde: das soziale Dreieck, bestehend aus Großbürgertum, Kleinbürgertum und »der Welt der Armut«.

Die gastronomische Metapher dient im Text auch dazu, zwei verschiedene Romantheorien deutlich werden zu lassen. In einem Dialog zwischen zwei Nebenfiguren behauptet die eine, daß die Geschichte der Fortunata in sich einen Roman darstelle; sein Freund widerspricht ihm mit der Bemerkung, daß das künstlerische Gewebe nicht zutage träte, wenn nicht einige Fäden eingezogen würden, die unbedingt nötig seien, um die Vulgarität des Lebens in ästhetisches Material zu verwandeln. Schließlich stimmen sie beide darin überein, daß rohes Obst, sofern es reif sei, eine köstliche Nahrung böte, daß aber auch die Kompotte (das »gekochte« Obst), sofern der Küchenmeister über gute Zutaten verfüge, nicht zu verachten seien.

Raum und Zeit streben in die Breite, ersterer, damit er die Geschichte und das Privatleben, die geselligen Zirkel, den Handel und Wandel, den Wohlstand und die Armut, und darüber hinaus die Geräusche, die Musik, den Geruch der Straßen und Plätze in sich aufnehmen kann. Die chronologische Zeit wird durch die politischen Ereignisse einiger bewegter Jahre angezeigt, wobei sie gleichzeitig gradlinig und kreisförmig im Hinblick auf die Handlung verläuft und sich weit gespannt im Bewußtsein der Figuren erstreckt, deren Erinnerungen vom Anfang des Jahrhunderts bis zum Zeitpunkt des Romangeschehens reichen können.

Der Roman *Miau* handelt von einer Figur, die schon im vorhergehenden Roman flüchtig aufgetaucht ist: Don Ramón Villaamil, einem Finanzbeamten, der von seinem Minister wenige Monate, bevor er mit bescheidenen, aber sicheren Einkünften hätte in Pension gehen können, entlassen wird. Die Thematik könnte nicht spanischer sein: es geht schlicht um den Hunger, der seit *Lazarillo de Tormes* immer wieder von Dichtern wie Quevedo, Mateo Alemán und Valle-Inclán dargestellt worden ist. Im vorliegenden Roman wird ein Bürokrat Opfer des Hungers, wird sein Leben wegen des Hungers zur Hölle.

Das Strukturgefüge der Höllenwanderung ist der Entwicklung der Handlung und des Helden angepaßt. Diesen sieht der Leser zum Hades hinabsteigen, begleitet von einem grotesken Vergil, der ihn durch die infernalischen Irrgänge des Finanzministeriums führt. Höllisch ist auch das Leben, das der Protagonist zu Hause führt, wo ihn lediglich sein kleiner Enkelsohn tröstet und versteht. Während das tägliche Leben die Hölle ist, existiert der Himmel nur in der Welt des Traums.

Noch in den achtziger Jahren folgen aus der Feder Galdós' der Briefroman *La incógnita* und der »gesprochene« Roman *Realidad* (beide von 1889). Es sind Tafeln eines Diptychons: auf der einen berichtet der Erzähler-Held die Handlung von außen, auf der anderen werden die Ereignisse in dramatischer Form von innen her präsentiert: die Dialogform gestattet dem Leser, den einzelnen Szenen beizuwohnen und unmittelbar an den Gewissenskonflikten der Person teilzunehmen.

Die Romane *Angel Guerra* (1891) und *Tristana* (1892) schildern verschiedenartige Welten: der erste spiritualistische Tendenzen, der zweite die vulgäre Tragödie einer jungen Frau, die von dem reifen Mann verführt wird, in dessen Obhut sie lebt; ihr Name erinnert ironischerweise an den Archetyp des romantischen Liebhabers. Ein feministischer Roman? Eher ist es der Roman einer Auflehnung, die an der Feigheit und Gleichgültigkeit eines Mannes scheitert, der unfähig ist, die edleren Gefühle Tristanas zu begreifen, welche schließlich resigniert die Ehe und das alltägliche Einerlei als Lebensform akzeptiert.

*Torquemada en la hoguera* (1889), *Torquemada en la cruz* (1893), *Torquemada en el purgatorio* (1894) und *Torquemada y San Pedro* (1895) sind die Titel der großen Tetralogie von Galdós. Der erste Band der Folge unterscheidet sich in der Tonlage von den übrigen dank eines persönlichen Erzählers, der zwar anonym bleibt, aber die Figuren kennt, mit ihnen verkehrt, empfindet und leidet. Er berichtet, wie der Wucherer Torquemada (so nannte sich der bekannteste der spanischen Inquisitoren) »zum Scheiterhaufen geht«, als sein einziger Sohn erkrankt und stirbt. Feindselig am Anfang, wechselt der Erzähler zu einer Haltung der Neutralität, ja fast der Sympathie, je mehr sich die Geschichte ihrer Lösung nähert. Das Leiden des Protagonisten verändert die Haltung des Erzählers und seine Erzählweise: das Ungeheuer, der Andersartige wird schließlich zum Mitmenschen. Die Lebhaftigkeit der Erzählweise entspricht der Notwendigkeit, den Rhythmus dem Druck der Ereignisse anzupassen und die Unruhe zum Ausdruck zu bringen, die den Berichterstatter beim Erzählen des Hin und Her, der Kapriolen und Volten eines vom Unglück überwältigten Vaters erfaßt.

Einen Roman über den Geiz und den Wucher zu schreiben, heißt auch, sich mit deren Lebenselement, dem Geld, auseinanderzusetzen, zu zeigen, wie es erworben, erhalten und vermehrt wird. Wer vom Wucherer zum Bankier aufsteigt, wird zur Respektsperson und zu einer Stütze der Gesellschaft. Davon handeln die zentralen Werke der Tetralogie. In *Torquemada en la cruz* beginnt die Verwandlung des Helden unter dem Einfluß einer Frau, Cruz del Aguila, die ihn mit ihrer Schwester Fidelia verheiratet. Der Stammhalter, der aus der Ehe hervorgeht und der ihm eigentlich seinen ersten, verstorbenen Sohn ersetzen sollte, leidet an Schwachsinn.

Frau Cruz bringt ihren Schwager in die Politik. Der Reichtum öffnet ihm alle Türen. Er wird Senator, man hört ihm andächtig zu und applaudiert ihm, wenn er eine Rede hält, allein, weil er so gewaltigen Reichtum erworben hat. In *Torquemada y San Pedro* erleben wir den letzten Kampf des Wucherers, der sich zu einem Spottpreis auch noch einen guten Platz im Himmel sichern möchte.

## III. Träume, Halluzinationen, Delirien

Träume und Träumende sind Bestandteile der Tetralogie wie der meisten Texte von Galdós, wobei ihre Funktion von der Vorbedeutung (Isidora, in *La desheredada;* Torquemada in *Torquemada en la cruz;* Fortunata in *Fortunata y Jacinta*) bis zur Enthüllung der Wahrheit reicht (Isabelita in *La de Bringas;* Luisito in *Miau*...)

Neben den Träumen dienen auch die Halluzinationen dazu, die Figur und den Leser mit Bewußtseinsschichten in Kontakt zu bringen, zu denen in wachem Zustand kein Zugang besteht. (Die deutschen Romantiker kannten diese verborgenen Wirklichkeiten, und von ihnen ging die Intuition auf die Surrealisten über). Das Phantastische verschafft sich Eingang in die Träume von Almudena in *Misericordia;* in die Víctors in *Miau,* und auf weniger greifbare Weise in das »Aufstampfen des Teufels«, das sich in das »Auffliegen von Engeln« verwandelt, wie es Beatriz in *Nazarín* erlebt.

Die Halluzinationen, die die gleichen Funktionen ausüben, sind Bestandteil einer geheimnisvollen Sprache, deren Vokabular deutlich wird, wenn man vom Verständnis der dunklen Bereiche der Existenz ausgeht. Vielleicht helfen die Halluzinationen, die Botschaften unklarer Bedeutung zu verstehen, die der Mensch empfängt, ohne sie rational zu verarbeiten. Der Leser, der fähig ist, die Halluzinationen korrekt zu definieren und ihren tieferen Sinn zu entdecken (eine moderne literaturwissenschaftliche Richtung würde sagen, daß die Leser fähig sein müssen, die Halluzinationen selbst hervorzubringen), kann über seine eigene Illumination den Text erhellen.

Die so schwierige Frage nach »der Wirklichkeit« stellt sich auch bei den Halluzinationen von Viera und Orozco in dem Roman, der bezeichnenderweise den Titel *Realidad* trägt. Viera kann das Wirkliche nicht vom Vorgestellten unterscheiden, beides bildet in seiner Person ein Kontinuum unscharfer Wahrnehmungen. Bei einem dieser Tagesanbrüche, in denen das Morgengrauen plötzlich von einem Lichtstrahl erhellt werden kann, fühlt Manolo Infante in *La incógnita,* wie sich »das Rätsel« auflöst, wie er unvermittelt die Antwort auf die Frage, die ihn so sehr quält, in Händen hält: Augusta ist ihm nicht treu. *Angel Guerra* ist ein Roman der Halluzination; Mauricia la Dura in *Fortunata y Jacinta* oder der Graf Albrit aus *La sombra* offenbaren im Zustand der Halluzination eine Klarsicht, die sie bei normalem Bewußtsein nicht erreichen.

Auch die Schlaflosigkeit, ein psychischer Zustand, von dem man sagen würde, daß er dem Schlaf entgegengesetzt ist, zeitigt bei ihrem Auftreten überraschend ähnliche Wirkungen. Die Schlaflosigkeit ist nicht einfach eine Verlängerung des Wachzustandes, sondern rührt von einer Unruhe her, die den Schlaf verscheucht, wobei sich das Gehirn in einem überreizten Zustand befindet, weil es ständig Sorgen wälzt, die nicht einmal von Bedeutung zu sein brauchen: Isidora wird in den Stunden der Schlaflosigkeit von ihren Phantasien und Sorgen heimgesucht, welche sich schließlich zu Obsessionen entwickeln, die sich dem Denken aufprägen und es nicht zur Ruhe kommen lassen, wobei sie das Wesen der Dinge und das Ausmaß der Probleme, mit denen sie tagsüber fertig werden muß, in andere Proportionen rücken.

Die Schlaflosigkeit Orozcos – in *Realidad* – schärft die Wahrnehmungskraft und begünstigt seine Halluzinationen; die von Moreno Isla ist so intensiv, daß der Schlaflose mit großer Deutlichkeit die Gegenwart des Bettlers wahrnimmt, der ihn noch am selben Morgen bei seinem Spaziergang durch die Stadt belästigen wird. Aus Furcht vor dem Tod seiner Tochter findet Angel Guerra in seiner Schlaflosigkeit zum verlorenen Glauben zurück; Torquemada spricht nicht nur im Traum mit seinem verstorbenen Sohn, sondern »beginnt ein Gespräch« mit dem Jungen auch dann, wenn er von Schlaflosigkeit gequält wird.

Diese Bereiche der Tiefenpsychologie werden vom Romancier gründlich ausgeschöpft. Das Interesse an der Erforschung des Außergewöhnlichen und wie immer gearteten Anormalen findet seine Parallele in der Erschaffung von Figuren, die in mehr als einer Hinsicht aus dem Rahmen des als normal Akzeptierten fallen. Ich will mich darauf beschränken, einige Beispiele anzuführen.

In *La sombra* tauchen ständig unterschiedliche, geistig verwirrte Gestalten auf, angefangen mit Don Anselmo, der sich als Rivalen des Homerischen Paris sieht, bis hin zum halbverrückten Grafen Albrit; einige von ihnen stehen an der Grenze des Schwachsinns, andere schwelgen im Delirium, und zwei oder drei bewegen sich mehr oder weniger weit entfernt von der Gefahrenzone.

Völlig geisteskrank und in einer Irrenanstalt interniert ist Rufete, der Vater von Isidora, der die größenwahnsinnigen Träume begründet und genährt hat, an denen das junge Mädchen schließlich zugrunde geht. Doña Catalina (in *Angel Guerra*) verschmilzt ihre alltäglichen Nachnamen, Alonso und Castro, zu dem neuen Namen Alencastre, den sie in ihrer Vorstellung mit der englischen Königssippe der Lancaster verbindet. In Vorwegnahme der Erkenntnisse der modernen Psychiatrie gebraucht Maximiliano Rubín den Wahnsinn als Bollwerk, um sich gegen die Widrigkeiten des Schicksals zu schützen und sich gegen die Wahrheit zu verteidigen. Ist der Ärmste etwa ein Simulant? Als er das Prinzip der göttlichen Verantwortung proklamiert, tut er das, um nach der Auslieferung Fortunatas an Santa Cruz unangreifbar zu bleiben. Die Nachforschungen, die er anstellt, um seine Frau und das Kind zu finden, dessen Existenz er vermutet, verlaufen allerdings mit logischer Systematik und völliger Klarheit. Sein Verhalten wirkt zwar durch seine Geheimnistuerei höchst eigenartig, aber diese

Vorsichtsmaßnahme läßt sich auch erklären, ohne ihm den gesunden Menschenverstand abzusprechen.

Restlos wahnsinnig, berufen zum Wahnsinn des Erhabenen, ist Don Patricio Sarmiento, der liberale Lehrer, der in *El terror de 1824* freiwillig das Schafott besteigt, indem er die Schergen des Königs durch Wort und Tat zwingt, ihn zu verurteilen und hinzurichten. So soll die Verworfenheit des Todes von General Riego kompensiert werden.

## IV. Spiritualisierung. Dramatisierung. Das Phantastische

Drei Romane gehören zur spiritualistischen Phase von Galdós: *Nazarín* (1894), *Halma* (1895) und *Misericordia* (1897). Nazarín ist eine originelle Persönlichkeit von cervantinischem Zuschnitt, ein quijotesker Priester und Wanderprediger mit zwei Frauen aus dem einfachen Volk, die ihn als Apostel auf seinen Wanderungen begleiten und zu der schlechten Meinung beitragen, die die »Wohlanständigen« von ihm haben. Don Nazarín ist kein mystischer Peripatetiker, sondern ein Mann, der im Einklang mit den Lehren Christi leben möchte; weil er aber versucht, sie konkret in die Praxis umzusetzen, wird er als sittenloser Mensch und gefährlicher Häretiker verfolgt und eingekerkert.

Caritas und Undankbarkeit sind Thema von *Misericordia*. Die Heldin, Benina, unterstützt eine verarmte Frau mit den Almosen, die sie an der Tür einer Kirche erhält. Ein anderer Bettler, Almudena, ein marokkanischer Jude und blinder Seher, nimmt die Häßlichkeit Beninas nicht wahr, da er nur auf die Schönheit der Seele schaut, die sich in ihrem Verhalten offenbart. Er erkennt die wahre Beschaffenheit dieser Seele, die ihn begleitet und tröstet, wie niemand sonst sie erkennt. Die Heldin ist sich ihrer eigenen »Heiligkeit« nicht bewußt, und um ihrer Herrin eine Erklärung für die Geldbeträge geben zu können, die sie herbeischafft, verbirgt sie ihr die näheren Umstände des Erwerbs und sagt ihr, daß sie für einen Priester arbeite. Diese nichtvorhandene Figur tritt schließlich wie ein Deus ex machina in dem Roman auf und verkündet der völlig verarmten Alten, daß sie eine Erbschaft gemacht habe.

Der Wunsch, sich im dramatischen Genre zu üben, veranlaßt Galdós, weitere Romane in Dialogform zu schreiben: *La loca de la casa* (1892), *El abuelo* (1897) und *Casandra* (1905). Der Held des

Romans *El abuelo*, alt und blind und an Shakespeares König Lear erinnernd, ist eine Figur von einzigartiger Intensität und ein Exempel dramatischer Ironie. Hartnäckig in seine Idee von der Bedeutung der Blutsverwandtschaft verrannt, wird er durch die Realität eines Besseren belehrt: seine vermeintliche Enkelin, die in Wirklichkeit gar nicht mit ihm verwandt ist, beträgt sich so, als ob sie es wäre, und wird für den verlassenen Herrn zu einer zweiten Cordelia.

In *Casandra* verhelfen die phantastischen Elemente, wie immer im Werk von Galdós latent vorhanden (in *Realidad* unterhalten sich die Menschen mit den Schatten), Doña Juana, dieser Verkörperung des Fanatismus, die vor keinem Mittel zurückschreckt, um ihre Ziele zu verwirklichen, zur Wiederauferstehung. Nach ihrer Ermordung durch Casandra erscheint sie wieder, um symbolisch die Unvergänglichkeit ihres Lasters zu dokumentieren.

Eine erneute Wendung zum Phantastischen erfolgt im Roman *El caballero encantado* (1909), den Galdós schrieb, während er an der letzten Folge der *Episodios* arbeitete, die reich an Phantasie und Humor sind. Der Identitätswechsel zweier Figuren bewirkt ihre moralische Verwandlung und ihre Identifikation mit der Wirklichkeit des ihnen bis dahin unbekannten Landes. Die Mutter (Spanien) realisiert die Verwandlung, weist die Aufgaben zu und vollbringt im gegebenen Augenblick Wunder (von noch größerem Ausmaß als die Beninas). Im Jahre 1915 endet mit dem kurzen Werk *La razón de la sinrazón* das Romanschaffen Galdós'.


## V. »*Episodios nacionales*«


Die *Episodios nacionales* variieren historische Themen. Die Berichte der ersten beiden Serien wurden Anlaß zu Veränderungen im Rededuktus und in der Anordnung des Materials. Die erste Serie handelt vom Kampf der Spanier gegen die französischen Invasoren und weist, wenn auch nicht durchgehend, Charakteristika des heroischen Epos auf.

Der junge Galdós wollte von einem breiten Publikum gelesen werden, das dem Feuilleton und den melodramatischen Effekten verhaftet war, wie sie in den volkstümlichen Fortsetzungsromanen vorherrschten. Diese Stilmerkmale und die einheitliche Figur des Helden sollten beibehalten werden, damit das Interesse des Lesers nicht durch Unterbrechungen des Handlungsflusses erlahmte und das Schicksal des Helden immer im Vordergrund der einzelnen Episode stünde. Galdós veröffentlichte die ersten elf Bände in wenig mehr als zwei Jahren und behielt als Protagonisten die Figur des Gabriel Araceli bei (mit Ausnahme von *Gerona*).

Das individuelle Abenteuer und das geschichtliche Ereignis verschmelzen miteinander und machen aus dem Titelhelden eine historische Persönlichkeit. Seine soziale Stellung und sein Charakter entwickeln sich durch die Teilhabe am Heroismus seiner Landsleute (in *Trafalgar*, 1873); verschiedene Wechselfälle des Schicksals lassen ihn von einer ganz einfachen Herkunft zum Edelmann aufsteigen.

Ein zweiter, kollektiver Protagonist verstärkt die Einheit der Serie: das spanische Volk. Wie die historisch Bewanderten wissen, erhob es sich in Waffen, als die sozialen Schichten, die zur Verteidigung des Vaterlandes aufgerufen waren, sich der französischen Übermacht unterwarfen. *El 19 de marzo y el 2 de mayo* (1873) und *Bailén* (aus demselben Jahr) beschreiben neben anderen Ereignissen die Schlacht, in der General Castaños zum ersten Mal die Truppen Napoleons besiegte.

Wer nun glaubt, Galdós, als Spanier und Patriot, hätte sich in der Schmähung und der Beschreibung der Grausamkeiten der Invasionstruppen gefallen, würde seine künstlerische Gewissenhaftigkeit unterschätzen, die ihm Objektivität und nicht Parteilichkeit auferlegte. Die Schrecken des Krieges finden sich im Text, weil sie sich in der Realität ereigneten und weil es gegen das Gebot der Wahrhaftigkeit und die pädagogische Absicht der Werke verstoßen hätte, sie zu verschweigen. Denn wenn Galdós auch in erster Linie Kunstwerke verfassen wollte, so beabsichtigte er doch, in diesem Zusammenhang und ohne Schaden für die Kunst seine Landsleute über ihre Vorzüge und Fehler aufzuklären.

Die Regelmäßigkeit des Erscheinens und der thematische Zusammenhang der *Episodios*, in der Araceli die Hauptrolle spielt, gestatten es, sie als Fortsetzungsroman zu lesen, so wie sie seinerzeit tatsächlich rezipiert worden sind. Auch wenn es deshalb nicht leicht ist, einen der Romane besonders hervorzuheben, ließe sich vielleicht *Gerona* (1874) nennen, da er den in sich geschlossensten Text bietet und in der spartanischen Gestalt des Don Mariano Alvarez de Castro mit seinem unbeugsamen Widerstandswillen am reinsten den Heroismus dieses Befreiungskrieges verkörpert.

Der Held der zweiten Serie ist ein franzosenfreundlicher Liberaler, Salvador Monsalud. Jetzt geht es nicht mehr darum, nach außen hin Krieg zu führen. Nach der Wiedereinsetzung König Ferdinands und einer absolutistischen und grausamen Regierung beginnt der Kampf um die Freiheit, die durch die königliche Tyrannei zerstört wird.

Diese *Episodios* weisen die gleiche einfache Handlungsstruktur und den anschaulichen Erzählstil auf wie die vorhergehenden. In einigen befinden sich Szenen von beachtlicher dramatischer Stärke; in den letzten steigert sich die Intensität der Auseinandersetzung, wobei man den Eindruck gewinnt, daß der Haß der Parteien in den brudermörderischen Kämpfen immer glühender wird. Die Menschen werden von einem Fanatismus getrieben, den sie nicht mehr zu steuern vermögen.

Neunzehn Jahre später nimmt Galdós die Arbeit an den *Episodios* wieder auf. Er hat inzwischen fast die gesamten »novelas contemporáneas« geschrieben und seinen Stil in einer Weise weiterentwickelt, die es ihm erlaubt, seine Gedanken mit Stringenz vorzutragen und seine Einfälle künstlerisch auszugestalten und mit einer Fülle von Details zu bereichern. Dabei entfernt seine Leidenschaftslosigkeit ihn immer weiter von jeglicher Parteinahme. Die Veröffentlichungen von *Zumalacarreguí* und *Mendizábal* (1889) fallen mit der spanischen Niederlage im Krieg gegen die Vereinigten Staaten zusammen. Spanien steht am Rande des Zusammenbruchs, als Galdós in diesen Bänden zwei einander völlig entgegengesetzte Figuren präsentiert: den traditionsbewußten Militär und den reformfreudigen Politiker, wobei beide mit gleicher Objektivität behandelt werden. Galdós sieht im Gegner nicht mehr den Feind, sondern den Menschen, und der Mensch steht im Mittelpunkt des Werkes.

Ähnlich verhält es sich mit dem Roman über den Konservativen *Montes de Oca* (1900), den Urheber einer Verschwörung gegen die Herrschaft Isabels II. Montes de Oca wurde gefaßt, zum Tode verurteilt und hingerichtet. Der Erzähler Galdós, der nicht zögerte, bis zur offenen Schmähung zu gehen, um die Charakterlosigkeit König Ferdinands und die Feigheit Riegos bloßzustellen, gebraucht eine andere Sprache, um die Geschichte dieses unglücklichen Helden zu erzählen. Vom Krieg auf offenem Feld sind das Land und der Erzähler übergewechselt zum Krieg in geschlossenen Räumen: Salons und Hinterzimmer, Ministerien und Redaktionsstuben. Der Heroismus verliert seinen Sinn, und an seine Stelle tritt die Intrige als der gegebene Weg zum Aufstieg in einer Gesellschaft, in der Ideale nurmehr bei einer Minderheit anzutreffen sind.

*La estafeta romántica* (1898) führt eine Veränderung in der Erzählweise ein. Wie bei *La incógnita* handelt es sich um einen Briefroman, und zwar mit mehreren Briefschreibern, um die Fakten mit Hilfe verschiedener Figuren und aus verschiedenen Perspektiven präsentieren zu können. Es handelt sich um ein »romantisches« Zwischenspiel, bei dem man trotz der Verschiedenheit in Ton und Akzent immer wieder den Verfasser hinter den einzelnen Sprechern ausmachen kann.

Gegen Ende der dritten Serie und in der gesamten vierten dringt die Politik in das Werk ein und bestimmt weitgehend den Sprachstil. Der Autor begegnet dem Politischen mit Humor, wenn nicht gar mit Ironie, bemüht sich in jedem Fall um Objektivität, obwohl Schriftsteller oft unfähig scheinen, Militärs und Politiker mit einem Mindestmaß an Großherzigkeit darzustellen. In *Narváez* (1902) schwankt der Autor zwischen Unbehagen und Verachtung. Der General wird wohl in Wahrheit liberaler und weniger reaktionär gewesen sein, als er in diesem Werk erscheint.

Ich habe bereits auf das Auftauchen des Phantastischen in den *Episodios* der letzten Serie hingewiesen: des Phantastischen und des Komischen. Tito Liviano, der Erzähler, ist eine komische Figur, und komisch sind auch seine Erlebnisse, ja sogar seine Blindheit, ebenso wie seine Beziehung zu Fabelwesen – den Ephomeren – und zu Marie-Clio, der Muse der Geschichtswissenschaft, die hier als Pförtnerin der Akademie erscheint und dem Schüler die »Zauberfeder« aushändigt, die es ihm ermöglicht, die Phantasmagorien der bourbonischen Restauration aufzuzeichnen.

Jahrzehntelang hat man die Werke der fünften Serie wenig beachtet und ihren Wert für gering gehalten. Heute herrscht die Tendenz vor, sie neu zu bewerten, als Texte, die sich zwar von denjenigen der vorhergehenden Serien unterscheiden, ihnen aber an Bedeutung nicht nachstehen. Die Phantasie ist dem Kunstwerk selten abträglich, und ihr starkes Wirken in *Cánovas* (1912) verändert erneut die Kompositionsprinzipien des Autors und rückt ihn in die Nähe der Moderne.

## VI. Das Theater

Abschließend sei mit einigen Zeilen die Leidenschaft Galdós' für das Theater in Erinnerung gerufen. Vielleicht hat er darunter gelitten, mit dem Drama nicht dieselben Erfolge erzielt zu haben wie mit seinen Romanen. Die Umarbeitungen von *Realidad* und *Doña Perfecta* für das Theater entfalten auf der Bühne die gleiche Lebenskraft wie bei der Lektüre. Wichtige Forschungsarbeiten zum Drama Galdós' sind im Gange und werden, wie ich glaube, zu einer Neubewertung seines Bühnenwerks führen.

## Luciano G. Egido
## Miguel de Unamuno

Miguel de Unamuno wurde am 29. September 1864 in Bilbao, der
Hauptstadt der Provinz Vizcaya, geboren. Nach der Schulzeit in
seiner Heimatstadt und dem Studium in Madrid ging er 1891 nach
Salamanca, an dessen berühmter Universität er auf Lebenszeit Professor für griechische Sprache und Literatur und später für Geschichte der spanischen Sprache wurde. Seine literarische Laufbahn begann mit Artikeln in den Zeitungen von Bilbao. Später
entfaltete Unamuno eine intensive schriftstellerische Tätigkeit,
ohne die Mitarbeit in Zeitungen und Zeitschriften jemals ganz auf-
zugeben. Seine zahlreichen Bücher begründeten seinen Ruhm als
ernsthafter Denker, kühner Polemiker und origineller Literat, dessen Meinungen nationale Anerkennung fanden. Er pflegte alle literarischen Gattungen und schuf ein monumentales Werk von großer stilistischer Einheitlichkeit und intellektueller Anziehungskraft. 1897 geriet er in eine schwere seelische Krise, deren Folgen
sein gesamtes weiteres Leben überschatteten. Im Jahr 1900 wurde
er zum Rektor der Universität von Salamanca ernannt, bis er 1914
unerwartet und willkürlich entlassen wurde. Er hatte sich schon
immer für Politik interessiert, und seine Einstellung entwickelte
sich von einem vorsichtigen jugendlichen Sozialismus zu liberalen
und antimonarchistischen Positionen in späteren Jahren. Nach seiner Entlassung als Rektor verstrickte er sich immer tiefer in die politischen Auseinandersetzungen, bis er 1924 wegen der heftigen
Artikel, die er gegen den König und gegen den Diktator Primo de
Rivera verfaßt hatte, auf die Insel Fuerteventura verbannt wurde.
Nach langem Aufenthalt in Paris und Hendaye, wohin er von den
Kanarischen Inseln geflüchtet war, kehrte er 1930 aus der Verbannung zurück und wirkte mit an der Errichtung der Zweiten Republik. Er wurde zum Abgeordneten der ›Cortes‹ gewählt, zeigte
sich jedoch schon bald enttäuscht von der politischen Entwicklung
und kritisierte den demokratischen Staat, der ihn nichtsdestoweniger mit Ehren überhäufte und ihn zum Ehrenbürger und Rektor
auf Lebenszeit ernannte. Mehrfach wurde er für den Nobelpreis
vorgeschlagen und erhielt die Ehrendoktorwürde der Universitä-

ten von Oxford und Grenoble. Im Jahre 1936 unterstützte er anfänglich die militärische Erhebung General Francos, im Glauben, daß es diesem darum ginge, die Auswüchse der Republik zu beschneiden. Als er aber den antidemokratischen Charakter der militärischen Erhebung erkannte, griff er das faschistische Regime, das durch den Bürgerkrieg an die Macht kommen wollte, heftig an. Unter Hausarrest gestellt, starb er am 31. Dezember 1936 in Salamanca, einsam, voller Angst und von beiden kriegführenden Parteien verstoßen.

Was bei den Texten Unamunos am stärksten auffällt, ist die außerordentliche Spannung seines unverwechselbaren Stils sowie die leidenschaftliche Präsenz des Autors in jeder seiner Zeilen, was entweder eine unwiderstehliche Versuchung zum Dialog mit seinen Gedanken bewirkt oder aber ein tiefgreifendes Unbehagen des Lesers, das bis zur gereizten Verzweiflung oder zur vollständigen Ablehnung führen kann. Als Ausdruck einer starken Persönlichkeit ist sein Werk herausfordernd, polemisch und von vitalen Anliegen erfüllt. Man kann es niemals als beruhigend oder vergnüglich, aseptisch oder neutral bezeichnen; die Lektüre vermittelt denselben Eindruck wie jener unerwartete nächtliche Gast, der beim Toben des Gewitters mit vom Schlamm verschmutzten Stiefeln und vom Regen durchweichter Kleidung an unsere Tür klopft. Unamunos Bücher sind heftige dialektische Attacken gegen den trägen Konformismus des Lesers; seine ausdrückliche Absicht ist es, eine widerwillige Antwort auf die unerwartete Invasion seiner Worte zu provozieren: den Leser wachzurütteln, ihn aus der Fassung zu bringen und ihn zu zwingen, sich mit den grundlegenden Fragen der menschlichen Bedingtheit zu beschäftigen – dem Sein, dem Tode, der Moral, der Zeit, der Geschichte. All das ist Bestandteil seines literarischen Programms: »Ich bin wie mein Freund Kierkegaard eher auf die Welt gekommen, um Fragen aufzuwerfen, als um sie zu beantworten.«

Als Folge davon war er immer überschwenglich, schrieb mit erhobener Stimme, wie von einer Rednertribüne oder von einem Berggipfel herab in Erwartung eines Weltenbrandes. Er erinnert an einen Apostel, was von seiner katholischen Erziehung herrührt; seine Bücher haben etwas von einem Rufer in der Wüste, von einem Sektenprediger, etwas emotional Überspanntes, das den Hörer zu bewegen und ihn zu transzendentalen Entscheidungen hinzureißen sucht. Seine dialektische Wirksamkeit beruht darauf, daß er seinen eigenen Fall darstellt, sein intimes »Ich«, seine »tiefste« Innerlichkeit. Ernst Robert Curtius nannte ihn den »excitator Hispaniae«, und häufig, angefangen mit der glühenden Bewunderung des Dichters Antonio Machado, hat man ihn wegen seines kühnen Versuchs, die Welt zu verändern, wegen seines beharrlichen und hoffnungslosen Voluntarismus, als Don Quijote bezeichnet.

Sein Werk ist ein ständiges Bekenntnis, seine Bücher sind aufschlußreiche Kapitel seiner Biographie. Mit einer fast schon schamlosen Unmittelbarkeit vertraute er dem Papier seine Erlebnisse an, seine Besessenheit und seine verborgenen Gedanken, so beschämend sie auch sein mochten. Man hat sein Werk daher oft als beständiges Hinabtauchen in das Unterbewußtsein charakterisiert.

Das alles verleiht Unamunos Texten etwas eigenartig Vibrierendes, voller Subjektivität und Leidenschaft. Sie sind niemals heiter, glatt oder gradlinig, sondern holprig, rauh und gewunden: seine Verben treffen, seine Substantive sind inhaltsschwer, seine Adjektive absolut und seine Pronomen, die er auf ganz persönliche Weise verwendet, universell; die Interrogative durchziehen die Seiten wie Alarmzeichen angesichts der behaglichen Passivität des Lesers; die Interjektionen punktieren die Absätze wie Peitschenhiebe. Die dichte und gedrechselte Prosa paßt sich seinen Gedanken mit chirurgischer Präzision an, und die Wörter folgen einander mit der inneren Logik seiner Leidenschaften auf dem Mäander seiner unberechenbaren Originalität, die man als paradox bezeichnet hat. Unamuno zu lesen, heißt, sich auf ein phantastisches Abenteuer von weitreichenden intellektuellen und vitalen Konsequenzen einzulassen, denn er wendet sich nicht an unseren Verstand, sondern an unser Gefühl; nie will er uns überzeugen, sondern stets unser Gemüt bewegen.

Diese Art von dialektischem Extremismus, dazu sein Wunsch, in seinen literarischen Zeugnissen alle Elemente seiner Realitätserfahrung wiederzugeben, d. h. seine Treue gegenüber der widersprüchlichen Wirklichkeit zusammen mit seinem tiefverwurzelten Respekt gegenüber der Vieldeutigkeit des Lebens, verliehen seinen Gedanken eine scheinbare Zweideutigkeit. Sie rief alle Arten von Argwohn, von Begeisterung oder auch von Kritik wach. Seine Werke, die bereits zu Lebzeiten des Autors großes Ansehen erlangten, erfuhren kontroverse Deutungen und wurden nach den üblichen Regeln kommentiert und klassifiziert, indem man sie auf die von der kodifizierten Kultur anerkannten Schemata reduzierte, auf bestimmte intellektuelle, philosophische, ästhetische, moralische und sogar politische Kategorien, die in keinem Fall die Totalität seiner Anliegen erfassen konnten noch die proteische Vielgestaltigkeit seiner originellen Beiträge zum Diskurs der spanischen Kultur. Auf der Grundlage ein und derselben Zitate sah man ihn gleichzeitig als Christen und Agnostiker, als Katholiken und Häretiker, als Sozialisten und Liberalen, als Dichter und Philosophen, als Aufrichtigen und als Heuchler, als Gelehrten und als Politiker, als Demokraten und als Faschisten. Sein Leben – sowohl was seine Biographie als auch was sein literarisches und philosophisches Werk betrifft – war ein beständiges Hin und Her zwischen Gegensätzen, und seine Persönlichkeit ist als mit dem Tode ringend, kämpferisch und extrovertiert, beinahe exhibitionistisch charakterisiert worden und zugleich als kontemplativ, ichversunken und introvertiert, beinahe mystisch. Ein Schriftsteller mit einer derartigen Persönlichkeitsstruktur mußte auf der einen Seite eine umfangreiche exegetische Literatur hervorrufen und auf der anderen Seite eine leidenschaftliche und widersprüchliche literaturkritische Rezeption. Man hat ihn aller Vergehen bezichtigt und ihn von allen ideologischen Standpunkten aus in den Himmel erhoben; er war häufig Gegenstand lebhafter Diskussionen und heftiger struktureller Auseinandersetzungen in einem schwankenden und seiner selbst nicht sicheren Spanien. In seinem Leben und Schaffen verhielt er sich als unbequemer Schriftsteller; mehr als seine Ideen oder die Schönheit seiner Texte hat im Urteil seiner Zeitgenossen – und auch noch im gegenwärtigen – seine innere Haltung den Ausschlag gegeben, seine ständige Bilderstürmerei, seine Ablehnung aller Modethemen und literarischen Schulen. Margaret Th. Rudd, seine nordamerikanische Biographin, hat ihn als »den letzten Häretiker« bezeichnet.

Unamunos psychologische Konstitution, seine geistige Entwicklung und seine wissenschaftliche Ausbildung machen diese überraschende Persönlichkeit bis zu einem gewissen Punkt verständlich. Er lebte von 1864 bis 1936, und die intellektuellen Grundlagen seiner Erziehung rührten aus dem 19. Jahrhundert – der literarischen Romantik, dem philosophischen Positivismus und dem rationalistischen Historismus –, denen dann die aufwühlenden Erfahrungen der ersten Hälfte des 20. Jahrhunderts folgten – die Arbeiterbewegungen, die russische Revolution und das Aufkommen der faschistischen Bewegungen, die dem Optimismus und dem quietistischen Moralkodex des liberalen Bürgertums ein Ende setzten. Unamuno erlebte noch die letzten Ausläufer der Romantik mit, von der er in seiner frühesten Jugend zehrte und der er sein ganzes Leben hindurch die Treue bewahren sollte; während seines Studiums lernte er den Positivismus und den Historizismus kennen, die die spanische Universität um die Jahrhundertwende beherrschten; schließlich erlebte er als aktiver Teilnehmer zu Beginn unseres Jahrhunderts die idealistische Reaktion gegen den Realismus und Materialismus der zweiten Hälfte des 19. Jahrhunderts, die seine geistige Position sowohl in der Literatur als auch in der Philosophie eindeutig festlegen sollte.

Inmitten dieses Gewirrs von historischen Bestimmungsgrößen entwickelte sich eine starke Persönlichkeit auf der Grundlage der spannungsreichen Biographie eines Sohnes aus bescheidenen, mittelständischen Verhältnissen. Seine Eltern waren blutsverwandt, sein Vater der leibliche Onkel seiner Mutter und von baskischer Abkunft. Geboren in der Stadt Bilbao, die damals einen großen wirtschaftlichen Aufschwung erlebte und vom bürgerlichen Liberalismus geprägt war, wurde er nach streng katholischen Moralprinzipien und Glaubenslehren gemäß den traditionellen Werten der spanischen Kultur erzogen; seine Kindheit und frühe Jugend verbrachte er in der vertrauten Umwelt einer religiös geprägten Sprache, die er sich auf sehr persönliche Art aneignete, mit der Wißbegier eines schwachen, verträumten und außerordentlich aufnahmefähigen Knaben. Sein ganzes Leben hindurch sollte er die Erinnerungen an seine Kindheit sorgfältig hüten, auf die er immer wieder zurückkommt und die allenthalben in seinem literarischen Schaffen ihren Niederschlag finden, was soweit führt, daß er seinen ersten Lebensjahren ein eigenes Buch mit dem Titel *Recuerdos de niñez y de mocedad* (1908) widmet.

Als erstgeborener Sohn von sechs Kindern, die jedoch bald durch den Tod dezimiert wurden (zwei Schwestern, María Jesús und Mercedes, starben früh wie auch sein Vater), verbrachte Unamuno seine Kindheit in einer vorwiegend weiblich geprägten Welt, die von der Großmutter mütterlicherseits sowie seiner Mutter beherrscht wurde, deren Handeln sich an wirtschaftlichen Zwängen und religiösen Vorurteilen orientierte. Beide verkörperten das baskische Matriarchat und waren stets von Angst vor dem Tod erfüllt, der ihr Haus so häufig heimgesucht hatte. Diese unberechenbare und bedrückende Nähe des Todes, die zu einem Übermaß an mütterlicher Sorge für den Erstgeborenen der Familie führte und in ihm ein tiefes Gefühl von Sohnespflicht und -liebe weckte, wurde noch verstärkt durch den ausgeprägten Todeskult der katholischen Kultur. So bildeten sich Obsessionen und zentrale Ideen heran, von denen er sich später nie mehr freimachen konnte und denen wir wahrscheinlich seine besten Texte verdanken. Die Geburt eines Bruders dürfte sein Gefühl der Hilflosigkeit verstärkt und sein Bindungsbedürfnis gegenüber der Mutter erhöht haben, wenn wir den psychoanalytischen Theorien zur Entwicklungspsychologie Glauben schenken[*]; zugleich wird dieses Ereignis sein Selbstbewußtsein bis zu pathologischen Graden gesteigert haben, nachdem er sich plötzlich aus dem Paradies der symbiotischen Vereinigung mit der Mutter vertrieben fand und sich den Anfeindungen der äußeren Welt ausgesetzt sah, die in ihm eine traumatische Verletzbarkeit wachrief.

Auf der Grundlage des bisher Gesagten kann man vielleicht eine so originelle und in ihrem Wesen so widersprüchliche Gestalt wie Unamuno zu verstehen versuchen. Seine geistige Entwicklung und seine Biographie sind so unlösbar ineinander verschränkt, daß auch seine Bücher einen ständigen Reflex seines Bedürfnisses darstellen, sein unsicheres und zerrissenes, angstvolles und richtungsloses »Ich« zur Geltung zu bringen. Jede Seite seines monumentalen Werkes nimmt leicht erkennbaren Bezug auf die erste Person des Personalpronomens, dieses gigantisch geschwollene »Ich«, das im Zentrum seiner linguistischen Zeichen, seiner Philosophie und seines Lebens steht. Häufig wurde es als Folge seines eingefleischten Herostratentums erklärt. Unamuno wollte immer Aufmerksamkeit erregen und Ruhm erlangen, wozu ihm das Christentum den Reichtum seines traditionellen Vokabulars und die Wirksamkeit seiner geschichtlichen Entwicklung zur Verfügung stellte und wobei die Unsterblichkeit eine erwünschte Folgeerscheinung bildete.

Dieses unumschränkte »Ich«, in widerspruchvollster Weise unentschieden und zugleich anmaßend, drückte sich mit Hilfe des von der Familie ererbten religiösen Wortschatzes aus, zu dem später die Diktion seiner akademischen Ausbildung trat, bezogen auf die wissenschaftliche Reflexion und den rationalen Diskurs. Das

---

[*] Vgl. Margaret I. Mahler, Fred Pine, Anni Bergman, *The Psychological Birth of the Human Being*, New York 1975.

führte zu einem heftigen Zusammenprall mit seinen religiös-linguistischen Wurzeln, dessen traumatische Folgen sich in seinem Werk wiederfinden. Später zeugte sein Ausdrucksbedürfnis von den literarischen Einflüssen seiner umfangreichen Lektüre, angefangen von den spanischen Mystikern des 16. und 17. Jahrhunderts bis zu den liberalen protestantischen Theologen des 19. Jahrhunderts, von Hegel, den er intensiv studierte, bis zu Carlyle, den er für einen Verlag übersetzte, und schließlich von den Romantikern, seien es die Italiener, wie Leopardi, die Engländer, wie Coleridge, oder die Spanier, wie Bécquer und Rosalía de Castro, bis zu Kierkegaard, dessen Werke er in seiner Jugend durch die Vermittlung norwegischer Seeleute in Bilbao entdeckte. Dieser Bildungsprozeß fand seine Abrundung während der ersten Jahre seines literarischen Noviziats mit der Suche nach einer natürlichen und spontanen Sprache, die nichts gemein haben sollte mit der akademischen Rhetorik und dem modernistischen Ästhetizismus seiner Zeit. Er fand dieses neue Implantat in der Volkssprache, hauptsächlich jener der Region von Salamanca, deren dialektale Ausdrucksweisen er eifrig notierte. Diese beinahe marginale Sprache befähigte ihn, die Totalität einer Erfahrung auszudrücken, in der sich die Gegebenheiten der Kultur, zu der auch seine philologische Bildung sowie sein Interesse für die Etymologie gehörten, mit dem semantischen Reichtum der alltäglichen Lebensbedingungen trafen. Gegen Ende des Jahrhunderts stand das System seiner linguistischen Zeichen, das sich sein ganzes Leben hindurch praktisch nicht mehr verändern sollte, bereits für die Anwendung in seinen großen literarischen Schöpfungen zur Verfügung.

Unamunos Schreiben zeugt stets von seiner Abhängigkeit von seinem Konzept des Wortes »Ich«, welches er als eine Totalität auffaßte, in der sich das gesamte Universum widerspiegelte. Dieses totale »Ich«, das der Hegelschen Idee vom »Absoluten« viel verdankt, stellt sowohl das Zentrum seiner Literatur als auch seines Denkens dar, die beide symbiotisch miteinander verbunden sind. Man muß jedoch festhalten, daß es sich nicht um ein abstraktes, »entmenschlichtes« oder ideales »Ich« handelt, sondern um ein konkretes, lebendiges und leidendes »Ich« aus »Fleisch und Blut«, wie er immer wieder betonte: ein datierbares, historisches »Ich«. Die Wörter, auf die der Leser allenthalben im Werk Unamunos stößt, wie »Sein«, »Gott«, »Unsterblichkeit«, »Ewigkeit«, »Zeit«, »Tod«, »Beklemmung«, »Angst«, »Person« oder »Anker« sind Satelliten, die ihre Bedeutung von dem zentralen Wort »Ich« empfangen.

Mit diesem unter großen Mühen erworbenen Zeichensystem schuf Unamuno sein Werk; aber bevor wir dieses näher untersuchen, müssen wir auf zwei Ereignisse eingehen, die bis zum Ende des Jahrhunderts für seine biographische und literarische Entwicklung bestimmend wurden. Zunächst einmal bedeutete seine Übersiedlung nach Salamanca, an dessen Universität er im Jahre 1891 zum Professor ernannt worden war, einen Einschnitt: er verließ seine Geburtsstadt Bilbao, die eine beschleunigte Industrialisierung und ein Bevölkerungswachstum erlebte, welche die Physiognomie und das soziale Klima der Stadt sichtbar veränderten und von Unamuno mit kritischer Ablehnung betrachtet wurden, da er dadurch autochthone, geistige und soziale Werte gefährdet sah. Die Stadt, die zur Geburtsstätte des aufkeimenden spanischen Kapitalismus geworden war, wuchs und veränderte sich zusehends, und Unamuno stand diesem Verrat an der Umwelt und den Ideen seiner Kindheit und Jugend fremd gegenüber. Immerhin verdankt er dieser Anschauung des spanischen Frühkapitalismus, intensiviert durch erste Fühlungnahmen mit den Theorien des Marxismus, seine Neigung zu einem allerdings mehr emotionalen als rationalen Sozialismus, dem er sein ganzes Leben hindurch treu bleiben sollte, auch wenn er sich in seinen reifen Mannesjahren zu einem entschiedenen Antimarxisten entwickelte. Im Gegensatz zu jenem Bilbao der ersten Streiks und Fabrikkomplexe bot ihm die Stadt Salamanca – mit ihren alten Renaissancedenkmälern, ihrer glänzenden kulturellen Tradition, ihrer reichen historischen Vergangenheit und ihrer durch die Universität bedingten weltweiten Ausstrahlung – ein ruhiges Dasein, provinzielle Beschaulichkeit, reiches Geistesleben, Zurückgezogenheit vom großen Weltgeschehen und die intellektuelle Gloriole ihres jahrhundertealten Namens. Unamuno, der von dieser alten kastilischen Stadt in ihrer Zurückgezogenheit und Strenge entzückt war, verspürte niemals mehr den Wunsch, von dort fortzugehen. Hier schrieb er einen großen Teil seines Werkes, wobei er der Stadt, die ihn innerlich festigte und zu vielen seiner Ideen anregte, dankbare Lobeshymnen widmete.

Seine Begegnung mit Salamanca war die Begegnung mit einer Wirklichkeit, die sich deutlich von der seiner Heimatprovinz unterschied, aber große Ähnlichkeit mit seinem Inneren aufwies; zugleich bedeutete sie das Kennenlernen der trockenen und flachen kastilischen Landschaft, die sich von der grünen und gebirgigen Landschaft des Baskenlandes unterschied, mit den geistigen Bedürfnissen des Dichters und seinen inneren Regungen in einer Art »Wahlverwandtschaft« jedoch harmonierte. Er empfand die kastilische Landschaft als Ausdruck seiner inneren Topographie, die ihm die notwendigen Metaphern für die literarische Kommunikation zur Verfügung stellte. Das Schauspiel Kastiliens mit seiner Geschichte, seiner Bevölkerung, seinen Städten und Landschaften (besonderes Gewicht legte er auf die in ihrer Härte und Widerstandskraft symbolischen Eichen und die gewaltigen Felsen), regte ihn an zur Entwicklung seiner Philosophie vom menschlichen Dasein als einem Sein, das sich gegen die Idee des Todes auflehnt und sich zur Unsterblichkeit berufen fühlt. Diese Philosophie übertrug er dann auf die Geschichte Spaniens als einer Schöpfung des kastilischen Geistes und Bodens.

Das andere für sein Leben und Werk bedeutsame Ereignis war die Nacht des 23. März 1897, als er in seinem Ehebett mit einem Anfall physischer Beklemmung erwachte, mit starken präkordialen Schmerzen, Herzrasen, Atemnot, Schweißausbrüchen und einer wahnsinnigen Angst vor dem Tode. Seine Frau umarmte ihn mütterlich und rief immer wieder »Hijo mío!«, wie er sich häufig in persönlichen Mitteilungen und in seinem dichterischen Werk erinnerte. Am nächsten Morgen suchte er Zuflucht in einer Zelle des Dominikanerklosters von Salamanca, wo er drei Tage weinend und betend verbrachte. Nach Beendigung dieser Episode schrieb Unamuno ein *Diario íntimo*, auf Grund dessen wir die Folgen der Krise kennen, ihre Grundstruktur und seinen Standort zwischen dem christlichen Kindesglauben, der anläßlich dieses Ereignisses wiederauflebte, und den rationalistischen und agnostischen Lernerfahrungen der Studentenjahre. Diese Episode, die sich in seinem 33. Lebensjahr ereignete, führte ihn zu den intellektuellen Positionen, die er bis an sein Lebensende beibehalten sollte, und machte aus seinem Denken eine »Philosophie der Ungewißheit«, eine Philosophie zwischen Rationalismus und Spiritualismus, die diese Pole als im Inneren gleichzeitig und gleichwertig lebende Gegensätze akzeptierte. Nach dieser traumatischen Bewußtseinskrise beharrte Unamuno auf einer Grenzposition, die er kämpferisch und unsicher zugleich gegenüber jeder ontologischen oder existentiellen Frage einnahm, wobei er versuchte, die widersprüchlichen Einflüsse Hegels und Kierkegaards in Einklang zu bringen, die wir grob als den Gegensatz zwischen Ratio und Gefühl definieren könnten.

Wenn auch die Ätiologie dieses überraschenden Ereignisses, für das verschiedene Hypothesen ideologischer, physiologischer, beruflicher, familiärer und sogar wirtschaftlicher Art ins Spiel gebracht worden sind, noch nicht einhellig diagnostiziert werden konnte, so steht doch fest, daß sich Unamuno aufgrund seiner Übersiedlung nach Salamanca und aufgrund der schmerzhaften Krise radikal verändert hat und zu jenem Intellektuellen geworden ist, den wir kennen: während eines halben Jahrhunderts hochangesehen im spanischen Geistesleben, ein Polemiker gegen alle Zeiterscheinungen, eine unvergleichliche und herausragende Figur seiner Zeit. Von nun an führte die Entwicklung Unamunos zu immer einzigartigeren Positionen in den Grundkonzeptionen seiner Philosophie, die ihren Ausdruck in vielen Essays, vor allem aber in zwei grundlegenden Werken fand, *Del sentimiento trágico de la vida* (1913) und *La agonía del cristianismo* (1924).

Vor seiner großen Krise hatte Unamuno verschiedene Essays geschrieben, in denen er unter dem Einfluß des Historismus des 19. Jahrhunderts zur Situation Spaniens Stellung bezogen hatte, allerdings schon in einer sehr persönlichen Weise, die auf einer kritischen, spiritualistischen Haltung gründete, die er seit seiner Entdeckung der kastilischen Wirklichkeit in Salamanca vertrat, dieser Stadt, die ja auch die Wiege der geistigen Bewegung des 16. und 17. Jahrhunderts bildete, welche er nun intensiv studierte. Diese Essays, die auf das Bestreben der spanischen Intellektuellen gegen Ende des Jahrhunderts zurückgehen, die eigene Wirklichkeit zu erkennen, um ihre historische Erneuerung (»regeneración«) in Angriff nehmen zu können, wobei ein zeitlicher Zusammenhang mit dem Verlust der letzten Kolonien in Amerika gegeben ist, werden 1895 zunächst in Form von Zeitungsartikeln veröffentlicht und 1902 dann als Buch unter dem Titel *En torno al casticismo* vorgelegt. Ausgehend von seiner Auffassung der Totalität, hatte Unamuno sich der Geschichte Spaniens als eines kollektiven Wesens genähert, das im Kampf um sein Überleben stand und durch die kastilische Politik im Mittelalter geprägt worden war. Das philosophische Pendant findet sich in den Werken der spiritualistischen Schriftsteller der spanischen Renaissance, wie z. B. Fray Luís de Leóns.

Die historische Wirklichkeit Spaniens ist für Unamuno aber nicht bloß die Abfolge geschichtlich bedeutsamer Fakten, noch deren Reduktion auf rationalistische Schemata, wie sie der Historismus des 19. Jahrhunderts versucht hatte, sondern vielmehr eine Art Alltagsgeschichte, unterirdisch, von langsamer Bewegung und mit anonymen Protagonisten, geformt von den täglichen Entscheidungen tausender unbekannter Randexistenzen, die als die eigentlichen historischen Handlungsträger verstanden werden. Diese Geschichte, die er »intrahistoria« nannte, hat Eingang in Fernand Braudels *Sozialgeschichte des 15.-18. Jahrhunderts* (1979) gefunden, wobei er zu ihrer Erklärung ebenso wie Unamuno das Bild von den tiefen, submarinen Strömungen im Gegensatz zur sichtbaren und aufgewühlten Oberfläche des Meeres benutzt. Das Thema Spanien kehrte noch häufig in Unamunos Werken wieder, wie auch seine grundlegenden Auffassungen der Nation als einer Totalität in ihrem Überlebenskampf. Unamuno war ein überzeugter Antiseparatist und Antimarxist, da er die Geschichte als Ausdruck des kollektiven Überlebenswillens und Vollkommenheitsstrebens verstand, das ihm als Prädikat der Totalität galt, wobei er auf die historische Gesamtheit seines Landes die gleichen philosophischen Prinzipien anwandte wie auf das individuelle Leben jeder Einzelperson.

Mit noch größerer Klarheit und dialektischer Bestimmtheit findet sich sein Denken – soweit wir unter »Denken« die Summe aus Verstand und Gefühl verstehen, die Xavier Zubiri im Geiste Unamunos siebzig Jahre später als »razón sentiente« definieren sollte – in seinem Buch *Del sentimiento trágico de la vida*. Dieses tragische Gefühl beruht auf der Vorstellung des Menschen von seinem »Ich« als der persönlichen und unübertragbaren Wurzel seines Seins, einer einzigartigen Realität, ontologisch unzerstörbar und existentiell allumfassend. Aber dieses ursprüngliche und dauerhafte Sein ist auch ein konfliktreiches, zerrissenes Sein, das ständig um seine Bestimmung und sein Überleben kämpft. Seine Auffassung vom Sein als im wesentlichen widersprüchlich und zerrissen war aus seiner Erfahrung als gläubiger Christ erwachsen, der seine Religiosität verloren hatte, die er benötigte, um gegen den Verstand seine Existenz über den Tod hinaus zu retten. Die Religion schenkte ihm trotz seines häufig religiösen Vokabulars weder einen Glaubensinhalt noch ein Dogma, sondern ein Gefühl, das ihn von seiner Furcht vor der Leere des Todes befreien sollte, wie er selbst sagt. Daher spielt er dialektisch mit den Worten, um die katholische Definition des Glaubens, die da lautet »creer lo que no vimos«, zu ersetzen durch »creer lo que no vemos«.* Ausgehend von der Hegelschen Idee der Totalität des Seins, reduziert auf das Sein des individuellen »Ich« und gleichzeitig das christliche Vokabular aufgreifend, gelangt er zur Vorstellung der Unsterblichkeit, die unter der Prämisse eines unbegrenzten Seins unabweisbar ist. Das nennt er »el sentimiento trágico de la vida«, eine persönlich empfundene Tragödie, die nicht nur irrational, sondern auch antirational ist, denn »alles Rationale ist antivital«, wie er in Umkehrung der berühmten Hegelschen Synthese »alles Reale ist rational« formuliert.

Gestützt auf seine Lektüre der Bibel, der spanischen Mystiker der Renaissance, der romantischen Schriftsteller und der liberalen protestantischen Theologen wie Harnack, Ritschl, Holtzmann oder Kaplan, errichtete Unamuno ein Gedankengebäude, das man kaum als philosophisches System bezeichnen kann, dessen Methode die Ungewißheit und dessen zentraler Lehrsatz der Glaube an die Unsterblichkeit des Menschen ist. Vielleicht könnte man es in diesen Worten zusammenfassen: »Ich will nicht sterben, nein; ich will nicht, und ich will es auch nicht wollen; ich will ewig, ewig, ewig leben, und ich will leben, so wie ich bin, als dieses arme Ich, das ich bin und als das ich mich hier und jetzt empfinde, und deshalb quält mich das Problem der Unsterblichkeit meiner Seele.« Aber was als ungefestigter, religiöser Glaube an die Unsterblichkeit der Seele interpretiert worden ist, erweist sich als das genaue Gegenteil dank der dialektischen Wendung, die Unamuno dem übernommenen katholischen Erbe gibt. Ihm entnimmt er die Vorstellung von Unsterblichkeit und Gott, aber sie bedeuten bei ihm etwas gänzlich anderes als im religiösen Empfinden, denn Unamuno verteidigt den Glauben an das Leben und bekennt sich zu der Verzweiflung darüber, daß er seine Existenz nicht unbegrenzt verlängern kann. Von daher gelangt er zur Entwicklung des Gedankens und Empfindens des Göttlichen, um diese Verlängerung des Lebens, dieses Überleben, zu erreichen, das er nicht als die unmittelbare Schau der Gottheit ersehnt, sondern als Fortsetzung des menschlichen Seins, mit allen existentiellen Bedingtheiten, demselben Leib, denselben Leidenschaften, denselben Verpflichtungen.

* A. d. Ü.: »glauben, was wir nicht sahen« und »glauben, was wir nicht sehen«.

Von dieser theoretischen Position her lassen sich sein Werk und sein Stil interpretieren: der Kampf um das Dasein und die Angst vor dem Tode. Zu diesen Koordinaten des Seins und des Wollens fügt sich auch seine ganz persönliche Interpretation des *Quijote*, die er 1905 unter dem Titel *Vida de Don Quijote y Sancho* veröffentlicht und in der er das Werk Cervantes' als eine Art spanische Bibel betrachtet sowie als Quelle der Moral. In *La agonía del Cristianismo* stellt er den Kampf des Christentums um das ewige Leben auf eine Ebene mit dem Kampf des Individuums um die Unsterblichkeit, wobei er die Prinzipien seiner individuellen Theologie – von der er sagte, daß »jede Theologie eine ›Egologie‹ sei« – auf die Ebene einer Ideologie erhob und die Werte des Christentums mit jenen des Individualismus gleichsetzte. Dieselben Ideen wurden in den zahlreichen Essays niedergelegt, die er später in gesammelter Form als Bücher herausgab, wie z. B. *Tres ensayos* (1900), *Ensayos* (1916-1918), *Mi religión y otros ensayos* (1910), *Soliloquios y conversaciones* (1911), *Contra esto y aquello* (1912); Werke, in denen er seine philosophischen Meditationen mit aktuellen und historischen Themen verschmolz.

Seine Beschäftigung mit existentiellen Fragen führte dazu, daß er Romane verfaßte, in denen er seine Ideen zur menschlichen Existenz im Kampf um ihr eigentliches Sein besser darlegen und in denen er mit starken Bildern und größerer dialektischer Komplexität als im Essay seine Auffassung vom menschlichen Leben entwickeln konnte, die er in die Form von Fallstudien zu Gewissenskonflikten kleidete. Sein erster Roman *Paz en la guerra,* auf halbem Weg zwischen seinen ursprünglich historistischen Vorstellungen und seinen späteren existentialistischen Ideen, blieb allerdings noch der Ästhetik des historischen Romans des 19. Jahrhunderts verpflichtet. Er schrieb insgesamt acht Jahre an diesem Werk, und was als eine Erzählung begann und die Erinnerungen aus seiner Kindheit und Nachforschungen hinsichtlich der Belagerung von Bilbao im letzten Karlistenkrieg thematisierte, endete als eine Vorwegnahme des existentialistischen Romans des 20. Jahrhunderts. Thematisch entsprach dieser Roman den Ideen aus *En torno al casticismo.*

Mit seinem zweiten Roman, *Amor y pedagogía* (1902), bei dem er sich in einem persönlichen Erzählstil versuchte, beginnen seine großen, originellen Romanschöpfungen. Als erstes eliminierte er die Landschaftsbeschreibungen und löste sich von allen Einzelheiten, die den Gang der inneren Beschreibung seiner Figuren, ihrer Daseinskonflikte und ihrer Lebensweise hätten stören können. Desgleichen legte er keinerlei Wert auf Geographie, Soziologie oder Psychologie, sondern allein auf die Ontologie; seine Darlegungen enthielten keine Handlung, sondern existentielle Situationen; sein Stil war bewußt schmucklos und konzis, getragen von dem Bemühen, die Aufmerksamkeit des Lesers durch nichts Überflüssiges abzulenken, das die Darstellung jedes menschlichen Wesens mit seinen Existenzproblemen hätte beeinträchtigen können. Aber dieser zweite Roman, der mit kaltem Humor die entsetzlichen Konsequenzen einer streng wissenschaftlichen Kindeserziehung darstellte, welche nach nur rationalen Prinzipien ohne Gefühle oder Konzessionen an das Leben verfuhr, konnte sich nicht von der essayistischen Neigung seines Verfassers lösen, der hier den Nachweis versuchte, daß das Leben über die Vernunft und das Gefühl über die Wissenschaft triumphiert.

In seinen folgenden Romanen gewann er an erzählerischer Ausdruckskraft, an argumentativer Gewandtheit, an dialogischem Reichtum und an thematischer Intensität. Nun wich er nicht mehr von dieser charakteristischen Erzählform ab, sondern verfeinerte seinen Stil, indem er die Innenwelten immer geschlossener gestaltete und seine Figuren auf eine Abfolge entomologischer Beobachtungen reduzierte. Seine Romane blieben weiterhin philosophische Essays, aber sie gewannen an erzählerischer Frische und Spontaneität. All dies läßt sich an seinem dritten Roman, *Niebla* (1914), beobachten. Es handelt sich um die Geschichte einer gescheiterten Liebe, in der die Liebe das Sein des Helden ausmacht und der Trennungsschmerz seine Existenzangst auslöst. In dem Epilog, in dem sich Unamuno einer Technik bedient, die Pirandello zur gleichen Zeit auf dem Theater eingeführt hat – vor allem in seinem Stück *Sei personaggi in cerca d'autore* – besucht die Hauptfigur den Autor, um ihn zu bitten, sie weiterleben zu lassen, weil diese Existenz, obwohl leidvoll, vereinsamt und traurig, alles bedeute, das Sein überhaupt. Die Fülle seiner Romankunst erreichte der Dichter jedoch in einem kleinen Meisterwerk, *Abel Sánchez* (1917), in dem er mit schonungsloser, chirurgischer Präzision einen Fall von spanischer und gleichzeitig universaler Eifersucht schilderte. Dieses Werk enthält ein starkes Element der Selbstgeißelung und lehnt sich entfernt an die biblische Geschichte von Kain und Abel an, weist aber dabei auch Anklänge an Byrons

*Cain* auf, den Unamuno in seine Zeit übertragen und durch häufige Zitate aus Byrons übrigen Werken erweitert hatte. Mit seinem permanenten Streben nach Universalität und Totalität gestaltet Unamuno seine Figur als Symbol der Conditio humana, die auf dem Gefühl der Eifersucht gründet, was mit den späten Theorien Freuds über die Entwicklung der menschlichen Persönlichkeit übereinstimmt (Melanie Klein): es geht einmal mehr um die Sorge und um die Beschreibung der Hölle des Daseins.

Das Prosawerk Unamunos setzte sich mit einem Band fort, in den er drei kurze Novellen aufnahm, die er unter Verwendung der Terminologie von Cervantes *Novelas ejemplares* (1920) nannte: »Nada menos que todo un hombre«, »Dos madres« und »El marqués de Lumbría«; es sind gleichfalls drei Beispiele für den Willen zum Sein, drei Formeln der Behauptung des Seins als persönlicher Schöpfung, als existentieller Verdichtung, als individueller Notwendigkeit.

Während er diese Romane schrieb, entstanden auch zahlreiche kunstvolle Erzählungen und Novellen, die er u. a. in Büchern wie *El espejo de la muerte y otros relatos* (1913) sammelte. In ihnen perfektionierte Unamuno seine Technik, die dann in seinen drei großen Romanen zu voller Entfaltung kam, in *Abel Sánchez,* über den wir schon gesprochen haben, *La tia Tula* (1921) und vor allem *San Manuel Bueno, mártir* (1923), der gleichzeitig mit drei neuen Novellen von höchst origineller Konzeption erschien, »La novela de Don Sandalio, jugador de ajedrez«, »Un pobre hombre rico« und »Una historia de amor«. Im Jahre 1927 veröffentlichte er unter dem Titel *Como se hace una novela* ein eigenartiges Buch, das zwischen Erzählung und Essay angesiedelt ist und in dem er persönliche Erinnerungen, literarische Fiktion und philosophische Meditation vermischt. In einer weniger bedrückenden Atmosphäre als der von *Abel Sánchez,* aber unter Beibehaltung derselben literarischen Schmucklosigkeit und derselben erzählerischen Spannkraft, beschreibt *La tia Tula* den Fall einer Frau, die dem Ideal der Mütterlichkeit verhaftet ist, allerdings losgelöst von Ehe und Sexualität. Dies ist ein weiteres Beispiel für den Willen zum Sein im Gegensatz zu Natur und Gewohnheit; es handelt sich um eine ledige Frau ohne sexuelle Erfahrungen, die ihr Leben der Sorge um die Kinder ihrer verstorbenen Schwester und um ihren Schwager widmet, welcher in sie verliebt ist, dem sie jedoch die gleiche mütterliche Behandlung zuteil werden läßt wie seinen Kindern. Sie sind zwar nicht ihre leiblichen, werden aber zu ihren geistigen in einem Prozeß der Sublimierung der menschlichen Beziehungen und der exemplarischen Bewertung des Individuums als des höchsten Ausdrucks des Seins.

Sein größter Roman jedoch ist *San Manuel Bueno, mártir,* den er erst im Alter veröffentlichte, an dem er aber sein ganzes Leben hindurch gearbeitet hatte und der auf einer Konstanten seines Denkens basierte, die schon in den ersten Werken zutage getreten war: dem Problem der Erkenntnis der Wahrheit und den sich daraus ergebenden Konsequenzen. Auf der Grundlage realer Vorkommnisse und literarischer Vorbilder wie *Profession de foi du vicaire savoyard* von Rousseau und eines Berichts des Kolumbianers Pérez Triana in seinem Buch *Reminiscencias tudescas* (1902), erzählt Unamuno die Geschichte eines Dorfgeistlichen, der im Geruch der Heiligkeit stand, in Wirklichkeit jedoch seinen religiösen Glauben verloren hatte. Nichtsdestoweniger übte er sein Priesteramt weiter aus, um die Hoffnung seiner Gemeindemitglieder zu erhalten, die das Nichts entdecken würden, wenn er ihnen nicht mehr den Glauben an ein übernatürliches Leben predigte. Es ist eine beinahe halluzinatorische Erzählung über den lügnerischen Widerspruch, in dem dieser Priester lebt, und seine heroische Haltung, um den Glauben der Dorfbewohner zu erhalten, wodurch gleichzeitig das Problem zwischen der gelebten Wirklichkeit und der sie ausdrückenden Sprache aufgeworfen wird, die nicht deckungsgleich sind. Als ob es sich um das Resümee seiner gesamten Werke handelte, bestand Unamuno, von seiner Erfahrung des Nichts ausgehend, auf der Notwendigkeit, die Wahrheit zu suchen, auch wenn sie trostlos oder nutzlos wäre, womit er den Existentialismus der vierziger Jahre vorwegnahm.

Hartnäckig versuchte der Dichter auch, sich einen Weg in die Theaterwelt zu bahnen, wobei ihm jedoch kein Erfolg beschieden war. Die Schwierigkeiten seiner dramatischen Texte und die wirtschaftlichen Erfordernisse des Theaters verhinderten, daß er von der Bühne zum Publikum sprechen konnte. Er schrieb viele Theaterstücke mit originellen ästhetischen Konzeptionen, jedoch weit entfernt von dem, was die Kritik und das Publikum wünschten. Aber es handelte sich nicht wie im Fall Valle-Incláns um einen Vorsprung von mehreren Jahren gegenüber dem Publikumsgeschmack, sondern um eine Unvereinbarkeit – jemand hat von einem unmöglichen Theater gesprochen – seiner dramatischen Kon-

zeption mit den Erfordernissen des Theaters infolge der erdrük-
kenden Dichte seiner Ideen sowie seiner szenischen Ungeschick-
lichkeiten. Seine dramatischen Werke, szenisch aufgearbeitete Ge-
wissenskonflikte, wurden durch die ständige Anwesenheit des
Autors eingeengt und durch die drückende Unmittelbarkeit seiner
philosophischen Anliegen gelähmt.

Sich selbst treu bleibend, drückte Unamuno seine philosophischen, existentiellen und moralischen Anliegen auch in seinen Gedichten aus. Als später Dichter, der seinen ersten Lyrikband erst
nach dem 40. Lebensjahr veröffentlichte, obwohl die Gedichte
schon in früheren Jahren entstanden waren, bemühte er sich immer
um eine dichte, unmusikalische, man könnte fast sagen ideologische Poesie. In den Anfangsgedichten seines ersten Bandes, *Poesía*
(1907), verkündete er sein Credo, demzufolge er die »dichte« Poesie bevorzugte (»soviel sich nur sagen läßt«), die erdverbunden
(»mögen deine Gesänge Nester auf der Erde haben«), schmucklos
(»niemals schöner als in ihrer Nacktheit ist die Idee«), anti-Ver-
laine (»Die Poesie ist etwas, was nicht Musik ist«) und voller intellektueller Tiefe ist (»die Sprache ist in erster Linie Denken«). Einen
großen Teil seiner Gedichte schrieb er in freien Versen, obwohl er
sich auch des gereimten Verses bediente, so in den zahlreichen So-
netten. Manchmal unternahm er den Versuch, griechische Rhythmen auf die spanische Sprache zu übertragen, wie etwa den
daktylischen Pentameter in seiner »Oda a Salamanca«. Seine Gedichte wirken wie Notizen einer Autobiographie, denn auch hier
wiederholt er ständig das Personalpronomen der ersten Person
Singular: explizit oder implizit beherrscht das »Ich« Unamunos
den Verlauf seiner Gedichte, denn die spanische Sprache erfordert
nicht die ausdrückliche Verwendung der Personalpronomen, deren Sinn in den Verbindungen enthalten ist. Das gleiche gilt übrigens für seine Possessivpronomen in der ersten Person, seine
charakteristischen »meine«, die seiner gesamten poetischen Erfahrung das Merkmal des subjektiven Besitzes verleihen. Der ständige
Gebrauch von Bildern, die außerhalb der üblicherweise verwendeten Metaphern stehen, entsprach seiner wiederholten Feststellung,
daß »die Sprache in ihrer Gesamtheit eine Metapher ist«.

Die Themen seiner Gedichte sind weitgestreut, aber immer existentiell: sein Leben, die Angst vor dem Nichts, die Landschaften
seiner Kindheit, Spanien, Ereignisse aus dem Leben seiner Familie,
sein Rebellentum, die Gegenwart des Todes, die Notwendigkeit

der Liebe, seine Fragen an den Kosmos, manchmal seine Lektüren, Vorahnungen oder sein agnostischer Atheismus. In dem schon erwähnten ersten Buch (1907), das eine lange Entstehungszeit aufweist, sammelte er die Gedichte aus den Jahren 1899 bis 1906; danach hörte er nie mehr auf, Lyrikbände zu veröffentlichen, so daß er schließlich zu einem genuinen Dichter wurde, dessen Poesie die grundlegende literarische Gattung innerhalb seines Gesamtwerkes darstellte, wie Rubén Darío (1909) und Juan Ramón Jiménez (1953) immer wieder festgestellt haben. Ihre Elogen haben viele Bedenken der Literaturkritik hinsichtlich seiner Gedichte zerstreut. 1911 veröffentlichte er *Rosario de sonetos líricos*, Gedichte über seine bekannten philosophischen, landschaftlichen und autobiographischen Themen, die er in der Zeit zwischen September 1910 und Februar 1911 verfaßt hatte. Zwischen 1913 und 1920 arbeitete er an dem umfangreichen Gedicht *El Cristo de Velásquez*, das Juan Ramón Jiménez für ›sein größtes Werk‹ hielt. In 2538 Versen behandelte er das berühmte Bild des Malers, die wohl humanste Darstellung der Persönlichkeit Christi, indem er poetisch gestaltete Bibelzitate mit persönlichen Kommentaren über Einzelheiten des Bildes, dem er einen allegorischen Wert zuerkannte, verband. Ergebnis war ein Gedicht über das Bild eines Malers, das von der Sprache der Bibel her gesehen wurde, mit anderen Worten ein kulturelles Erzeugnis über ein anderes kulturelles Erzeugnis, verbale Zeichen über ikonographische Zeichen, die ihrerseits wieder kulturelle Zeichen über andere verbale Zeichen sind. Das Ganze verdichtete er zu einer Meditation über den Tod von eindrucksvoller poetischer Aussagekraft. Unamuno bekannte, daß er bei der Abfassung des Gedichts seine Kindheit erneut durchlebt habe.

In *Rimas de dentro* (1923) verfolgte er die gleiche thematische und formale Linie wie in *Rosario de sonetos líricos. Teresa* (1924) ist ein umfangreiches Gedicht über eine imaginäre Liebe; in ihm bringt er seine Auffassung von Liebe zum Ausdruck, die in seiner Lebensphilosophie als Erfahrung der Ewigkeit gegenüber der Idee des Todes, der Übereinstimmung von Eros und Thanatos eine zentrale Stellung einnimmt. In diesen außerordentlich dichten lyrischen Versen nimmt er die Tradition der romantischen Liebeslyrik von Espronceda, Bécquer und Rosalía de Castro auf und führt sie weiter. Die politische Verbannung inspirierte ihn zu einer lyrischen Produktivität, die fast einem Tagebuch gleichkam und die er in zwei Bänden zusammenfaßte, *De Fuerteventura a París* (1925) und *Romancero del destierro* (1928). Beide Werke schöpfen ihre Kraft aus der Autobiographie des Verfassers und zeugen von seiner schmerzlichen Lage als Verbannter und politischer Rebell. Es sind gereizte und betrübte, pathetische und verzweifelte Verse von großem formalen Reichtum und starker Emotionalität. Im Jahre 1928 begann er eine Art »poetisches Tagebuch«, das er bis kurz vor seinem Tode im Dezember 1936 fortführen sollte und das im Jahre 1953 unter dem Titel *Cancionero* von Prof. Federico de Onís postum veröffentlicht wurde.

Die vielseitige literarische Aktivität Unamunos wurde, abgesehen von seiner Arbeit als Verfasser von Zeitschriften- und Zeitungsartikeln und seiner umfangreichen Privatkorrespondenz, vervollständigt durch eine in der spanischen Literatur wenig verbreitete Gattung, die Landschaftsschilderung, die er sein ganzes Leben hindurch pflegte und deren gelungenste Texte er in vier Bänden sammelte. Nachdem er mit Beschreibungen seiner baskischen Heimat begonnen hatte, *De mi país* (1903), widmete er sich in vier Büchern der Landschaft Kastiliens: *Paisajes* (1902), *Por tierras de Portugal y de España* (1911), *Andanzas y visiones españolas* (1922) und *Paisajes del alma* (1944), wobei letzteres eine Sammlung verstreuter Texte ist, die von Prof. García Blanco herausgegeben wurde. Die Landschaftsbilder Unamunos, über die er selbst verschiedentlich theoretisiert hat und die in ihrer Gesamtheit Metaphern seines Denkens darstellen, leiten sich aus der überlieferten romantischen Vorstellung von der Landschaft als einem »Seelenzustand« (Byron) ab; es sind Landschaftsbilder, in die er seine Emotionen und permanenten Anliegen einfließen läßt, wobei er historische und literarische Zitate zur Hilfe nimmt, die den Gefühlswert jeder Landschaft unterstreichen, zugleich entspricht jedes seiner Landschaftsbilder einem Zeitpunkt seiner Autobiographie und einem Entwicklungsstadium seines Denkens.

Sein fünfzigster Todestag im Jahre 1986 belebte das Interesse für dieses gewaltige und leidenschaftliche Werk, man entdeckte die Modernität Unamunos. Nun geht man seine Texte von zeitgenössischen Positionen aus neu an, was in Spanien wegen des widerspruchsvollen Bildes Unamunos in der Öffentlichkeit kaum möglich war. Dieses Bild war bislang verzerrt von ästhetischen und politischen Vorurteilen und beeinträchtigt von Unamunos scheinbar religiösem Vokabular. Die Kritiker einer engagierten Literatur disqualifizierten seine Werke als Ausdruck kleinbürgerlicher und reaktionärer Bestrebungen. Heute, dank der Anwendung semantischer Entschlüsselung, der textimmanenten Interpretation sowie der modernen hermeneutischen Verfahren, können wir uns an eine aktuelle Deutung seines Œuvres und an eine Dekodierung seiner Zeichen wagen, was mit Sicherheit zu einem besseren Verständnis seines literarischen Werkes führen wird.[*]

Unamuno, der die aktuellen Sorgen um die Ökologie, um die Gefahr der Entmenschlichung durch die Technik, um die Versuchung des Ökonomismus und um die Versachlichung absoluter und unangreifbarer Werte vorwegnahm, ist einer aktuellen Lektüre durchaus zugänglich. Sie wird seine Modernität offenbaren. Jenes Ausufern seines »Ich«, von dem wir mehrfach gesprochen haben und das ihn am Verständnis der sozialen Bewegungen des 20. Jahrhunderts hinderte, ermöglicht uns heute unter der Perspektive des Individualismus einen neuen Zugang zu seinem Werk. Dann verstehen wir, daß seine religiöse Sprache nichts anderes war als die Verteidigung seiner Individualität. Wie umstritten sein Werk ist, zeigt folgendes: Die katholische Orthodoxie setzte seine philosophischen Werke im Jahre 1957 auf den »Index der verbotenen Bücher« und die materialistische Orthodoxie qualifizierte ihn, vor allem seit dem Bürgerkrieg, als reaktionär und elitär ab. Immer stand die Verteidigung seiner Individualität im Mittelpunkt seines Schaffens und muß uns daher als Ausgangspunkt unserer aktuellen Lektüre dienen. Unamuno bemühte sich ständig, die Integrität und Singularität seines »Ich« als erste Voraussetzung seiner Frei-

---

[*] Roger Wright von der Universität Liverpool hat diesen Weg der Dekodierung der Zeichen Unamunos mit seiner Arbeit *A Linguistic Study of Unamuno's Vocabulary* (1976) eingeschlagen, in der er die semantische Struktur einiger der von Unamuno am häufigsten gebrauchten Wörter analysiert. Dabei ging er von der Idee eines »besonderen Gebäudes semantischer Implikationen« in seinem Vokabular aus, das sich häufig nicht mit dem sozial üblichen Gebrauch dieses Vokabulars deckt und eröffnete so einen Weg zum tieferen Verständnis Unamunos. In meinem Essay *Leer a Unamuno* (1986) habe ich versucht, die semantische Erforschung des für Unamuno so bedeutenden Wortes »Gott« in die Wege zu leiten, das er seiner Kulturtradition entnommen hat und in einem bestimmten historischen und kulturellen Kontext benutzt, wobei er ihm, bedingt durch seine existentiellen Anliegen, eine persönliche Färbung verleiht. Andere Wörter wie »Unsterblichkeit«, »Beklemmung«, »Angst«, »Ewigkeit« oder »Persönlichkeit« bedürfen ebenfalls einer semantischen Untersuchung, die eine historisch weniger determinierte Lektüre seiner Texte ermöglicht, wobei auch die grundlegende Mehrdeutigkeit seiner Zeichen akzeptiert werden müßte, die Unamunos »Philosophie der Ungewißheit« entspricht.

heit zu bewahren, die er willkürlich und bewußt mit einem Wunsch nach Unsterblichkeit ausstattete.

Seine Angst vor dem Tode, letztlich nur eine sekundäre Folge seines unbezwingbaren Lebenswillens, hatte ihren Ursprung in seinem Grauen vor dem Nichts als dem Nicht-Sein. Dieses Nichts war die Wahrheit, die er verstandesmäßig für wahrscheinlich hielt, gefühlsmäßig aber verwarf. Vor dieser Wahrheit verschloß er von *La venda* (1899) bis zu *San Manuel Bueno, mártir* (1933) die Augen und weigerte sich, sie anzuerkennen. Seine intellektuelle und vitale Energie konzentrierte sich darauf, diesem radikalen Nichts zu entgehen, indem er mit Hilfe von Worten »Sein« ansammelte. Deshalb traf er auch nie eine klare Entscheidung zwischen Rationalismus und Spiritualismus, sondern verharrte in der belebenden Ungewißheit. All dies rechtfertigt eine zeitgenössische Lektüre seines Werkes: die Fixierung seiner Ideen, die Unlösbarkeit seiner Rätsel, sein verzweifelter Ruf nach Freiheit. Gibt es Aktuelleres als den Widerspruch, der Ausgangspunkt des Wissens wird? Die Ungewißheit, die als moralische Basis dient oder das Gefühl, das als Richtschnur der Vernunft gilt?

Unamunos Aktualität gründet tiefer. Nach der Ära der irrationalen Rationalität führt uns ein widersprüchlicher und freiheitsliebender Autor zu den Ursprüngen des modernen Bewußtseins von rationaler Irrationalität: zum dramatischen Zweifeln am menschlichen Sein und seinen moralischen Verpflichtungen.

## Carlos Casares
## Ramón del Valle-Inclán:
## Zwischen Dekadenzdichtung
## und moralischer Satire

Zu Beginn des Jahrhunderts kam eine eigenwillige Persönlichkeit aus Galicien nach Madrid, ein Mann, der in den literarischen Kreisen der Hauptstadt bald für seine Exzentrizitäten berühmt werden sollte. Er erregte Aufsehen wegen seines gewaltigen Bartes und seiner langen Haare, die ihm bis auf den Gürtel fielen, auch wegen seiner ausgefallenen Kleidung: mexikanischer Sombrero, rotes Halstuch, Zwicker am schwarzen Band und karierte Hosen. Einige Jahre später mußte man dem allgemeinen Eindruck dieses Aufzuges noch den fehlenden linken Arm hinzufügen, der ihm nach einer unglücklich verlaufenen Schlägerei unter literarischen Stammtischbrüdern amputiert werden mußte. Er selbst stellte sich als eine geheimnisvolle Gestalt dar, etwa als mehrfachen Mörder, und beklagte sich, daß man ihn in Madrid nicht mit den beiden Löwen, mit denen er angeblich spazieren zu gehen pflegte, in die Straßenbahn einsteigen lasse. Er lebte erbärmlich in einem alten, baufälligen Haus ohne Fensterscheiben, in das er mit einem Ehepaar eingezogen war, welches genau so aberwitzig wirkte wie er selbst und von dem er behauptete, es seien seine Haushofmeister. Nachts verbrachte er viele Stunden in den literarischen Cafés der Madrider Innenstadt, wo er mit Schriftstellern und Journalisten bis zum frühen Morgen zechte. Bevor er schließlich zum Schlafen heimkehrte, spazierte er über die Plaza de Oriente, stellte sich vor den Königlichen Palast und versuchte, den König mit Schreien und Rufen zu wecken.

Das war don Ramón Maria del Valle-Inclán, eine der herausragenden Figuren der spanischen Literatur des 20. Jahrhunderts. Er wurde 1866 in Galicien, im äußersten Nordwesten der Halbinsel, geboren. Als Sohn einer verarmten Adelsfamilie, in der es sowohl Militärs als auch Wissenschaftler gegeben hatte, ging er in seiner Jugend nach Mexiko, um dort sein Glück zu versuchen. Er arbeitete als Journalist und unternahm seine ersten literarischen Versuche. Daraufhin kehrte er nach Spanien zurück und veröffentlichte 1895 in seinem Geburtsort Pontevedra unter dem Titel *Femininas* eine erste Sammlung von Erzählungen, die den Einfluß seiner Jugendlektüre deutlich erkennen ließen, insbesondere von Barbey d'Aurevilly und Gabriele D'Annunzio. Es sind romantische Erzählungen – einige von ihnen mit einem Hauch von dekadentem Satanismus und Erotismus –, in denen unglückliche oder unmögliche Liebesbeziehungen nicht ohne einen Anflug von Ironie geschildert werden, nach Art der französischen »nouvelles« der Jahrhundertwende, die Valle-Inclán in den ersten Jahren seiner literarischen Laufbahn offen und skrupellos nachahmte.

Mit diesem Werk im Gepäck kam Valle-Inclán nach Madrid. Man schrieb die letzten Jahre des 19. Jahrhunderts, und die Hauptstadt Spaniens, die damals etwa eine halbe Million Einwohner zählte, war Zentrum eines lebhaften und lärmenden literarischen Treibens. Eine kleine Gruppe junger Schriftsteller begann hervorzutreten, von denen der Romancier Pío Baroja (1872-1956) später einmal sagte, sie seien eine Horde wilder, fauler, rebellischer und unzufriedener Bohemiens gewesen. Später sollten sie unter dem Namen »Generation von 98« in die Literaturgeschichte eingehen und die wichtigsten spanischen Schriftsteller verbinden: Valle-Inclán, Pío Baroja, Miguel de Unamuno (1864-1936), Azorín (1874-1967), Antonio Machado (1875-1939) u. v. a.

Auf politischem Gebiet richtete sich die Rebellion dieser Schriftsteller gegen das Regime, das im Jahr 1874 mit der Restauration der bourbonischen Dynastie auf dem spanischen Thron installiert worden war, ein Regime, das unter dem Schutzmantel einer an und für sich wünschenswerten institutionellen Stabilität die harte Wirklichkeit einer rückständigen Nation verbarg. Die Bevölkerung zählte mehr als siebzig Prozent Analphabeten, und der weitaus größte Teil lebte von der Landwirtschaft, wo das Lebensnotwendigste nur mit Mühe erwirtschaftet wurde. Das Land war arm und zeigte sich außerstande, die industrielle Revolution des übrigen Europa mitzuvollziehen. Die meisten der rebellischen jungen Schriftsteller fühlten sich entweder zum Sozialismus oder zu einem eher literarisch als politisch gefärbten Anarchismus hingezogen. Valle-Inclán bezeichnete sich dagegen als Karlisten, d. h. als Anhänger des konservativen Flügels der monarchistischen Partei, welcher im 19. Jahrhundert lange Zeit den liberalen Flügel mit Waffengewalt bekämpft und dadurch das Land in eine endlose

Reihe blutiger Bürgerkriege um die dynastische Frage gestürzt hatte. Die institutionelle Stabilität der Restauration, die die jungen Schriftsteller als eintönig empfanden, begann im Jahre 1898 zu zerbrechen, als Spanien wegen der kubanischen Frage Krieg gegen die Vereinigten Staaten führte und die Reste seines Kolonialreiches verlor. Anfänglich hatte eine irregeleitete öffentliche Meinung, die den Feind als eine verachtenswerte Nation seelenloser Metzger und ordinärer Profithaie ansah, geglaubt, daß die Auseinandersetzung für Spanien, das damals noch als Weltmacht galt, eine ausgezeichnete Gelegenheit böte, die amerikanische Arroganz angemessen zu bestrafen. Am 3. Juli 1898 jedoch wurde die spanische Flotte, die in der Bucht von Santiago de Cuba eingeschlossen worden war, von den Amerikanern vollständig vernichtet. Die demütigenden Umstände der Niederlage, bei der der Gegner nur ein einziges Schiff verlor, der befehlshabende Admiral der spanischen Flotte sich schwimmend rettete und das einzige Schiff, das in der Lage gewesen wäre, den Rückzug einzuleiten, wegen Kohlemangels nicht betriebsfähig war, machten den Verlust der Flotte zu einer nationalen Katastrophe. Seither spricht man in diesem Zusammenhang nur noch von »el Desastre«, und die Gruppe der Schriftsteller, die diese Niederlage als Symbol der spanischen Dekadenz deutete und sie zu einem Fanal für die politische und kulturelle Erneuerung erkor, bezog ihren Namen aus diesem Ereignis.

Literarhistorisch gesehen, fällt die »Generation von 98« mit dem sogenannten Modernismus zusammen, der sich gegen Ende des vergangenen Jahrhunderts in Spanien herausbildet. Er stellt die spanische Version der weltweiten ästhetischen Bewegung dar, die aus dem Parnasse und dem Symbolismus hervorgegangen ist und die philosophischen Grundlagen außer Kraft setzt, auf denen der Realismus und der Naturalismus basiert hatten. Der Modernismus praktiziert mit Leidenschaft den Kult der schönen Form und die Darstellung exotischer und dekadenter Schauplätze, wie etwa orientalischer Höfe mit ihren Prinzessinnen, Weihern und Schwänen, Palästen und Parkanlagen, Parfüms, Preziosen und schmachtenden weiblichen Schönheiten. Letztlich handelte es sich um die spanische Variante des europäischen oder deutschen Jugendstils. Man muß sich allerdings darüber im klaren sein, daß die meisten Schriftsteller, die wir unter der Überschrift »Generation von 98« zusammenfassen, wenig mit den extremen Ausprägungen des modernistischen ästhetischen Credos gemein haben. Unamuno schreibt z. B. ausdrücklich gegen »l'art pour l'art«, und Baroja, der sich einer ästhetischen Schlichtheit verpflichtet, die kaum mit sinnenfroher Ornamentik zu vereinbaren ist, erscheint geradezu als der Gegenpol jener verspielten Dekadenz. Auch Azorín akzeptiert den preziösen Stil dieser Schule nicht, wenn er erklärt, daß der höchste Wert der Sprache auf Klarheit und Exaktheit beruhe. Was diese Dichter jedoch mit dem Modernismus verbindet, ist die Ablehnung des Naturalismus und vor allem die Kritik an einer Literatur, die im Spanien der Jahrhundertwende weit verbreitet war und durch ihre angestrengte Rhetorik und hohle Schwülstigkeit auffiel. Man könnte sagen, daß die Schriftsteller, die wir hier angeführt haben, Modernisten sind, weil sie rebellisch, wortgewaltig, unkonventionell und reformfreudig sind. Aber ihr Protest ist letztendlich mehr ethisch und sozial orientiert und nicht im engeren Sinne ästhetisch, jedenfalls wenn wir letzteres so verstehen, wie es Valle-Inclán in seiner ersten Schaffensphase tat.

Der Teil des literarischen Wirkens Valle-Incláns, der üblicherweise als modernistisch bezeichnet wird, findet seinen Höhepunkt in der Veröffentlichung der *Sonatas,* die für ihren Verfasser den Durchbruch bedeuten und das Ende einer literarischen Epoche einläuten, welche von den Schriftstellern der neuen Generation als bürgerlich und vulgär, bar jeder Schönheit und eng verwoben mit der allgemeinen Mediokrität der Restaurationszeit betrachtet wurde. In diesem Werk gibt sich Valle-Inclán ganz einem schönen und dekadenten ästhetischen Spiel hin und entfernt sich weit von den stilistischen Forderungen der übrigen 98er und deren Programm moralischer Erneuerung, um das Land nach seiner Niederlage wieder aufzurichten. Es handelt sich bei den *Sonatas* um ein Werk in vier Teilen, die nach den Jahreszeiten benannt sind: *Sonata de otoño* (*Herbstsonate;* 1902), *Sonata de estío* (Sommersonate; 1903), *Sonata de primavera* (*Frühlingssonate;* 1904) und *Sonata de invierno* (*Wintersonate;* 1905) und die die Memoiren des Marqués de Bradomín, einer fiktiven Gestalt, in der sich viele der Wunschträume ihres Schöpfers verkörpern, enthalten.

Der Marqués de Bradomín, ein Don Juan, der sich selbst als »häßlich, katholisch und sentimental« beschreibt, erzählt uns in vier Episoden seine Liebesabenteuer. Er beginnt mit denen seiner Jugend *(Sonata de primavera),* als er Offizier in der päpstlichen Garde ist und den Befehl erhält, dem Bischof von Betulia den Kardinalshut zu überbringen; in dessen Palast versucht er dann, die blutjunge Maria del Rosario, die Tochter der Fürstin Gaetani, zu verführen, die im Begriff steht, in ein Kloster einzutreten. Es folgen die Schilderung der zügellosen Leidenschaft, die ihn mit der Niña Chola in Mexiko verbindet *(Sonata de estío)*, und schließlich die Amouren seiner reifen Mannesjahre, bei denen er sich in Beziehungen zu verheirateten Frauen verstrickt *(Sonata de otoño* und *Sonata de invierno)*. Das gesamte Werk wird von der vagen Dekadenz der Jahrhundertwende geprägt, und sämtliche Ingredienzien dieser literarischen Richtung finden sich hier wieder: der Satanismus, die Perversität und der Zynismus; all das glänzend verpackt in einer Prosa, die reich an Bildern, Plastizität und rhythmischer Harmonie ist.

Der Marqués de Bradomín ist ein zynischer Aristokrat, der sich darin gefällt, das Böse zu tun, und dem in der Liebe jedes ethische Verantwortungsbewußtsein abgeht: er hat keine Bedenken, seine eigene Tochter, eine junge Novizin, zu verführen, und zeigt auch keine Anzeichen von Erschütterung, als diese Selbstmord begeht. Um seinem raffinierten ästhetischen Geschmack Genüge zu tun, ist er bereit, jeden Wert, bis hin zu seinem eigenen Vergnügen, aufzuopfern. Am Ende seiner Tage beispielsweise, nachdem er versichert hat, daß er wie San Juan de la Cruz lediglich ein galanter Mystiker war, zögert er nicht, die Behauptung anzufügen, daß er in der Blüte seiner Jahre mit dem größten Vergnügen alle Annehmlichkeiten dieser Welt gegen das Recht eingetauscht hätte, auf seine Visitenkarte folgenden Titel setzen zu können: »El Marqués de Bradomín, Beichtvater von Fürstinnen«. Das ist nicht verwunderlich, denn die beiden Pole, um die die extravagante Persönlichkeit dieses erzkatholischen Frauenhelden kreist, heißen Aristokratie und Religion. Fast alle Frauen, die von ihm geliebt werden, sind zutiefst religiös und erliegen den Verführungen der Leidenschaft inmitten eines lebhaften und geradezu pathologischen Sündenbewußtseins; auch leben sie alle im luxuriösen Ambiente prachtvoller Paläste.

Der Zynismus des Marqués offenbart sich jedoch nicht nur in seiner Einstellung zur Liebe. In den tragischen Bürgerkriegen, die Spanien im 19. Jahrhundert verwüsteten, legten die kämpfenden Parteien eine hemmungslose Barbarei und Grausamkeit an den Tag, wozu unter anderem auch terroristische Praktiken wie die Erschießung von Geiseln zählten, etwa im Falle der Mutter des Generals Cabrera. Diese Ereignisse rufen im Marqués keinerlei Kritik oder moralische Bedenken hinsichtlich jenes brudermörderischen Krieges hervor, sondern dienen ihm im Gegenteil dazu, eine Ästhetik des Schreckens zu entwickeln. Er bringt es fertig, unter Hinweis auf seine aristokratische Vornehmheit und Distanziertheit, das menschliche Antlitz des Schmerzes hinter der Schönheit der Blutfarbe zurücktreten zu lassen, und sagt: »Ich liebe die glorreiche Purpurfarbe des Blutes und die Plünderung von Dörfern und die Grausamkeit der alten Haudegen und die Vergewaltigung von Jungfrauen und das Abbrennen von Weizenfeldern und die Gewalttätigkeiten, die im Schutze des Kriegsrechts begangen werden.« Hier werden die fundamentalsten Werte der Tradition, die er selbst zu verteidigen behauptet, auf dem Altar einer Ästhetik geopfert, die sein gesamtes Leben beherrscht. Wir werden sehen, daß diese vom Autor geteilte Haltung in seinem weiteren Schaffen nicht von Dauer sein wird.

Tatsächlich wird das Thema der Karlistenkriege einige Jahre später, als Valle-Inclán sich von diesem hermetischen und wirklichkeitsfremden Ästhetizismus losgesagt hat, in einer moralisch verantwortungsvollen Weise behandelt, wobei sich der Dichter der tragischen Bedeutung, die jene Ereignisse im Zusammenhang der spanischen Geschichte hatten, vollauf bewußt ist. Zu diesem Zeitpunkt sind die Abenteuer des Marqués de Bradomín nurmehr die Erinnerung an einen Weg, den er verlassen hat, um jene Richtung einzuschlagen, die seine Mitstreiter aus der 98er Generation schon immer verfolgt hatten: das Nachdenken über Spanien. Eine Vorwegnahme dessen, was am Ende dieses Weges stehen wird, kommt hinter dem krassen Zynismus des Marqués bereits in der *Sonata de invierno* zum Vorschein: »Altes Volk der Sonne und der Stiere, bewahre dir also allezeit bis in Ewigkeit deinen übertreibungslustigen, trubelseligen, nachtdurchjubelnden Lügengenius und singe allezeit dich selbst in Schlaf beim Klang der Gitarre, hinweggetröstet über deine großen Leiden, nachdem dir die Armensuppe der Klosterküchen so unwiederbringlich verlorenging wie die Lande Westindiens.« Aus dieser Bitterkeit, die kaum noch durch Ironie verhüllt ist, wird ein tiefes Nachdenken über die Situation Spaniens in seiner Zeit erwachsen.

Vorher besinnt sich der geborene Galicier Valle-Inclán jedoch auf die Traditionen seiner Heimatprovinz, im 19. Jahrhundert eine der ärmsten Regionen Spaniens, die aber zugleich ein ausgeprägtes ethnisches und kulturelles Eigenleben aufweist. Am Atlantik gelegen, neblig-feucht und von sattem Grün überzogen, zeigt Galicien wenig Ähnlichkeit mit den von den Romantikern verbreiteten, traditionellen Spanien-Klischees, die sich mehr an der Folklore Andalusiens orientieren. In dieser Provinz des Nordens sieht man noch die Formen und Gebräuche des Feudalismus ebenso wie die Reste einer Zivilisation, die seltsame kultische Riten unverändert praktiziert und ein primitives Christentum mit Resten einer heidnischen Religiosität vermischt. In Galicien finden noch heute bei großen religiösen Feierlichkeiten Teufelsaustreibungen statt, nehmen Menschen mit der Bahre auf dem Rücken an Prozessionen teil, um dem Himmel für die Errettung von einem sicheren Tode zu danken. Hier findet Valle-Inclán die Stoffe für die *Comedias bárbaras* und für eins seiner bekanntesten Theaterstücke: *Divinas palabras (Wunderworte)*.

Die *Comedias bárbaras* interessieren uns jedoch nicht so sehr wegen der problematischen Zeugnisse, die sie vom Geburtsland Valle-Incláns geben, übrigens ein nebensächlicher Aspekt für einen Schriftsteller, der sich offen vom Naturalismus distanziert, als vielmehr wegen ihrer Bedeutung für die Entwicklung der Ästhetik Valle-Incláns vom Modernismus der *Sonatas* hin zum Expressionismus der ›esperpentos‹ (Schauerpossen). Sicher fehlt in den *Comedias* noch das ethische Engagement, aber in der Brutalität Don Juan Manuel Montenegros sowie in dem physischen und moralischen Elend der Menschen, die ihn umgeben, liegt schon der Keim einer Bitterkeit, die sich zwar vorläufig auf die reine Darstellung der Tatsachen beschränkt, uns aber endgültig von der spielerischen und leichtfertigen Dekadenz der *Sonatas* entfernt. Wir kommen dem Expressionismus der reiferen Phase seines Schaffens näher.

Der nächste Schritt erfolgt mit dem Zyklus der Romane, die den Karlistenkriegen gewidmet sind. Valle-Inclán folgt hier noch seiner ursprünglichen Ideologie, zumindest wenn wir seine offensichtliche Sympathie für den Traditionalismus in Rechnung stellen, aber diese Sympathie ist bereits mit humanen Aspekten durchsetzt, die sich deutlich von den rein ästhetischen oder zynischen unterscheiden, die der Marqués de Bradomín in der letzten der *Sonatas* zur Schau stellte, als er von der Schönheit des Blutes schwärmte. Verändert hat sich die Haltung des Autors gegenüber dem Krieg an sich. Er erscheint jetzt als eine Tragödie und ein Übel, als Ursache unzähliger Leiden. Diese veränderte Einstellung werden wir z. B. gewahr durch die Gestalt der Isabel, Äbtissin des

Klosters von Viana und Cousine Bradomíns: »der Krieg kam ihr allmählich vor wie eine lange und traurige Agonie, wie das Grimassieren eines Epileptikers.« Daß dies zur vorherrschenden Denkweise wird, zeigt sich auch in anderen Episoden, so zum Beispiel als einer der Kämpfenden zu seinen Kameraden sagt:

Der Krieg wird vorübergehen, und wir werden dableiben und müssen hier miteinander weiterleben, denn wir sind aus der gleichen Gegend … Das vorige Mal, da war ich der gleichen Meinung wie ihr heute. Der Friede wurde geschlossen, und ich mußte fortgehen, in fremde Gegenden, denn hier, in der Heimat, war mir das Leben verleidet durch das Grauen, das mich befiel, wenn ich in irgendein Haus trat und sehen mußte, daß darin zumindest einer fehlte. Ich sah da nicht mehr die Parteien, sondern den leeren Platz und die Trauerkleider der Frauen.

Man kann sagen, daß diese neue Haltung gegenüber dem Krieg deutlich auf die originellste Schöpfung Valle-Incláns vorausweist, den ›esperpento‹, eine Gattung, mit der das Werk des galicischen Schriftstellers den Höhepunkt seiner ästhetischen Virtuosität erreicht. Gewiß taucht die Verwendung bestimmter expressionistischer Mittel, die das wesentliche Merkmal dieser Schaffensperiode ausmachen, nicht unvermittelt auf, vielmehr bilden sie den Höhepunkt eines langen Prozesses, der mit seinen ersten Schriften beginnt und sich gleichzeitig mit der ideologischen Entwicklung des Autors verstärkt. Man kann sagen, daß in der ersten Phase seines Schaffens, als die Rebellion Valle-Incláns eine mehr artistische als moralische Färbung aufweist, die offensichtliche Deformation der Wirklichkeit, die man in den *Sonatas* wahrnimmt, der Schaffung eines literarischen Raumes dient, der thematisch im Widerspruch zum Realismus des 19. Jahrhunderts steht und stilistisch der Ausdrucksarmut der Prosa entgegengesetzt ist, wie sie die Schriftsteller der Restaurationszeit an den Tag legten. Insofern ist es nicht erstaunlich, daß sich Valle-Inclán in jener Phase politisch als Karlisten bezeichnete und versicherte, daß der Karlismus für ihn den Zauber der großen Kathedralen ausstrahle. Es handelt sich hier um die Sublimierung der ihn umgebenden Vulgarität, die er mit Hilfe der Schönheit anstrebt, um zu einer autonomen Kunst vorzustoßen.

Einige Jahre später dann, als die scheinbare Ruhe Spaniens zur Zeit der Restauration durch die gewalttätige historische Realität erschüttert wird, hört die Rebellion Valle-Incláns auf, eine glänzende Präsentation literarischer Juwelen zu sein, und verwandelt sich in eine bittere moralische Reflexion. Jene ruhigen Jahre, die die Intellektuellen despektierlich als »dumm« qualifizierten, hatten nach einer blendenden Kunst verlangt, mehr dazu bestimmt, die Aufmerksamkeit auf ihre eigene, vollendete Virtuosität zu lenken, als auf die sie umgebende Wirklichkeit. Wenn wir den Vergleich weiterspinnen, den Valle-Inclán gebraucht, um seine karlistische Position zu erklären, dann könnten wir sagen, daß auf die preziöse Farbenvielfalt der großen Glasfenster, die die Kathedrale des Modernismus schmücken, jetzt die Durchsichtigkeit von Fenstern folgt, durch die uns der Autor die Wirklichkeit zeigt, wie er sie sieht: monströs. Dazu trägt vor allem das gewölbte Glas bei, das er wählt, weil es die abstoßendsten Züge des spanischen Lebens karikaturhaft verstärkt. Dies ist die Technik des ›esperpento‹.

Das Wort ›esperpento‹ bedeutet im Spanischen »eine Person oder Sache, die durch ihre Häßlichkeit, ihre Verwahrlosung oder ihre Mißgestalt auffällt«. Als Valle-Inclán 1920 sein Theaterstück *Luces de bohemia (Glanz der Bohème)* veröffentlicht, stellt er diesen Begriff als Gattungsbezeichnung voran und gibt der Vokabel damit eine neue, rein literarische Bedeutung, die dem heutigen spanischen Leser wohlvertraut ist. Es ist der Beginn einer neuen Phase im Leben und literarischen Schaffen Valle-Incláns, in der er auf wirksame Weise das stilistische Bemühen des Modernismus mit dem moralischen Engagement vereinigt, das im Werk der übrigen Schriftsteller der 98er Generation schon immer vorhanden war.

Die Definition von ›esperpento‹ erscheint in der berühmten 12. Szene von *Luces de bohemia.* Nach einem wüsten Zug durch die nächtlichen Straßen und Cafés des Madrider Bohemeviertels der Jahrhundertwende sitzen der Dichter Max Estrella und sein Begleiter Don Latino de Hispalis in der frischen Morgenluft auf einer Türschwelle und unterhalten sich. Max Estrella, trunken und hellsichtig, sagt: »Unsere Tragödie ist keine Tragödie.« Don Latino antwortet ihm: »Na, was dann?« Darauf erwidert der Dichter: »Eine Schauerposse.« (El esperpento). Dann versucht er, das an einem Beispiel deutlich zu machen. Zu Beginn des Jahrhunderts gab es in Madrid in der Nähe der Puerta del Sol eine Gasse, die offiziell den Namen »Callejón de los Hermanos Gato« (Gasse der Katzenbrüder) trug, den der Volksmund schließlich zu »Callejón del Gato« (Katzengasse) verkürzte. In dieser Gasse etablierte sich ein Geschäft, das einige konkave Spiegel zu Reklamezwecken an der Fassade anbrachte, die die Gestalten der Vorübergehenden in grotesker Weise verzerrten. Darauf Bezug nehmend, sagt Max Estrella:

Die klassischen Heroen bummeln nun durch die Katzengasse. (…) Wenn die klassischen Heroen vor den Hohlspiegeln paradieren, bieten sie die Schauerposse dar. Das tragische Lebensgefühl Spaniens kann nur mit Hilfe einer systematisch verzerrten Ästhetik dargeboten werden. (…) Spanien ist eine groteske Verzerrung der europäischen Zivilisation. (…) Die schönsten Bildnisse sind im Hohlspiegel absurd.

Diese expressionistische Technik erinnert unmittelbar an Goya und an Quevedo, zwei spanische Vorläufer, die von allen Valle-Inclán-Experten ausgiebig zitiert werden. Auf ersteren bezieht sich der Autor in *Luces de bohemia* selbst, indem er Max Estrella sagen läßt: »Die Kunst der Schauerposse hat Goya erfunden.« Die Beziehungen zu Quevedo, einer der herausragenden Figuren der spanischen Literatur des 17. Jahrhunderts, sind ebenfalls evident. Außerdem finden sich Anklänge an die deformierende Ästhetik des ›esperpento‹ in der parodistischen spanischen Literatur der Jahrhundertwende wieder, wo bekannte Dramen oder erfolgreiche Komödien in scherzhafter Absicht nachgeahmt werden. Jedenfalls ist das künstlerische Vorgehen, die Realität wie in der Karikatur zu deformieren, um ihre charakteristischen Züge deutlich hervortreten zu lassen, ein universales und zeitloses Phänomen, das von Hieronymus Bosch bis zu Grosz und von Rabelais bis zu Georg Kaiser reicht und selbstverständlich auch das Werk von Valle-Inclán einschließt.

Mit dem ›esperpento‹ hat Valle-Inclán die Technik und die Sprache gefunden, die seiner bitteren Sicht des spanischen Nationallebens angemessen sind, jener grotesken Deformation der europäischen Zivilisation, wie der Bohémien Max sich ausdrückt. Der Schriftsteller erhebt sich über die Wirklichkeit und betrachtet sie aus deutlicher künstlerischer Distanz. Für Valle-Inclán gibt es drei Arten, die Welt auf künstlerische Weise zu betrachten: kniend, stehend oder hoch in den Lüften schwebend. Die erste Art, die älteste, verleiht den Gestalten ein übermenschliches Wesen. So bei Homer, der seinen Helden Eigenschaften verleiht, die nicht den menschlichen entsprechen: es sind Götter. Die zweite, das heißt stehend, erlaubt uns, die Helden eines Werkes als unseresgleichen zu betrachten, als menschliche Wesen mit unseren Tugenden und Fehlern. Das ist die Sichtweise Shakespeares. Schließlich, wenn man von oben hinabblickt, erscheinen die Gestalten als dem Autor unterlegene Wesen, die Götter werden zu Schwankfiguren. Das ist eine typisch spanische Betrachtungsweise. »Quevedo sieht die Welt auf diese Weise«, sagt Valle-Inclán und fügt hinzu: »Diese Art der Betrachtung ist dann bei Goya schon voll ausgebildet. Und diese Überlegung brachte mich dazu, mein literarisches Schaffen zu verändern und die ›esperpentos‹ zu schreiben.«

Mit seinen ›esperpentos‹ und seinen Theaterstücken leitet Valle-Inclán eine grundlegende Erneuerung des spanischen Theaters ein, vergleichbar jener, die er auch auf dem Gebiet der Romanliteratur bewirkt hat. Zur damaligen Zeit wurde die Bühne von einem realistischen Theater beherrscht, das wenig Einfallsreichtum zeigte und das bürgerliche Publikum mit den melodramatischen Ehrstücken eines José Echegaray zu Tränen rührte. Er war der unbestrittene König des Theaters jener Epoche und Valle-Inclán sein bissiger Widersacher, der nicht davor zurückschreckte, bei der Aufführung der erfolgreichsten Dramen Echegarays im Zuschauerraum in laute Mißfallenskundgebungen auszubrechen. Das Theater jener Zeit war thematisch unbedeutend und technisch rückständig, verfügte nur über veraltete und hinfällige Bühnentechnik, die mangels Könnens und künstlerischer Phantasie nicht über die Dekoration des üblichen Tapetenbildes hinauskam, die die Szene zum Hintergrund hin abschloß. Daher erstaunt es nicht, daß die Theaterstücke Valle-Inclans, u. a. auch wegen des Phantasiereichtums seiner überraschenden Bühnenanweisungen, für absolut unaufführbar gehalten wurden. In dieser Hinsicht entbehrt es nicht der Pikanterie, daß, lange bevor sich die spanischen Regisseure endlich entschlossen, die Stücke Valle-Inclans auf die Bühne zu bringen, Ingmar Bergman *Divinas palabras* bereits 1950 im Stadttheater von Göteborg uraufführte.

Obwohl Valle-Inclán den ›esperpento‹ als eine Theatergattung konzipierte, erstreckt sich dessen expressionistische Technik auf einen großen Teil seines literarischen Schaffens, insbesondere auf die drei Romane des Zyklus *El ruedo ibérico.* Im Jahre 1927 erscheint *La corte de los milagros,* der erste von ursprünglich neun geplanten Romanen. In ihnen wollte Valle-Inclán die spanische Geschichte des abschließenden Drittels des 19. Jahrhunderts darstellen, von den letzten Jahren der Herrschaft Isabellas der Zweiten, jener Königin, deren dynastische Legitimität die Karlisten in Frage gestellt hatten, bis zu dem »Desaster« des Jahres 1898, d. h. die Geschichte jener historischen Epoche, welche die »Generation von 98« so bitter kritisierte. In einem Interview aus dem Jahre 1926 erklärte der Autor die Tragweite seines literarischen Planes folgendermaßen: »Es ist ein einziger, umfassender Roman nach Art von *Krieg und Frieden,* in dem ich eine Gesamtschau des spanischen Empfindens seit dem Sturz Isabellas II. gebe. Dies ist kein Roman eines Individuums, sondern eines Kollektivs, eines Volkes.«

Man kann sagen, daß Valle-Inclán mit den Romanen von *El ruedo ibérico* den Gipfel seiner Dichtkunst erreichte. Nun, da er die Technik des ›esperpento‹ in seinen Theaterstücken zur Meisterschaft entwickelt hat und da die Traurigkeit des Schauspiels des spanischen Lebens Teil seiner Persönlichkeit geworden ist, gibt er uns seine letzte Gesamtsicht der nationalen Wirklichkeit. Es ist eine hoffnungslose, sarkastische und verächtliche Betrachtungsweise, bei der ihn die moralische Indignation, die er angesichts der generellen Mittelmäßigkeit des politischen Lebens verspürt, dazu veranlaßt, die unmittelbare historische Vergangenheit des Landes bis zur Lächerlichkeit zu karikieren. In diesem Zusammenhang verzerrt der konkave Spiegel die feierlichen Hauptdarsteller einer inhaltslosen Epoche zu erbärmlichen Hampelmännern ohne menschliche Substanz.

Zwei Jahre später sollte Valle-Inclán durch das diktatorische Regime des Generals Primo de Rivera inhaftiert werden. Dem Diktator und den Militärs war das Bild unerträglich, das im ›esperpento‹ *La hija del capitán (Die Hauptmannstochter)* von ihnen gezeichnet wurde. Die Uraufführung fand erst 1977 statt.

Das Thema des Militärdiktators, in diesem Fall in ein imaginäres zentralamerikanisches Land verlegt, sollte Valle-Inclán dann ausführlich in einem seiner berühmtesten Werke, dem Roman *Tirano Banderas (Tyrann Banderas)* behandeln, der 1926 während der schon erwähnten Diktatur von General Primo de Rivera erschien. Es war, wie überliefert wird, das vom Autor selbst am meisten geschätzte Werk, als er im Alter von sechzig Jahren alles, was er bisher geschrieben hatte – etwa vierzig Bücher – als bloße »Schrammelmusik« abqualifizierte. Er vertrat die Überzeugung, daß sein wahres literarisches Werk erst mit diesem Buch begann. Wenn er in ihm einen Ausgangspunkt sah, so hatte er dabei wahrscheinlich das ehrgeizige Projekt der neun Romane von *El ruedo ibérico* im Sinn, von dem wir schon sprachen und dessen erste drei Bände in den unmittelbar darauffolgenden Jahren erschienen.

In *Tirano Banderas* verbindet Valle-Inclán die Darstellung der

Herrschaft des lateinamerikanischen Diktators, der in diesem Fall durch Santos Banderas symbolisiert wird, mit der Kritik an den spanischen Kaufleuten in der ehemaligen Kolonie, deren egoistische und vulgäre Lebensweise den Zorn und die Verachtung des Autors erregt hatte. Er komponierte auf diese Weise den Kontrapunkt für das existentielle Drama, das die Revolution auslöst, die zum Sturz des Diktators führt. Der Höhepunkt dieses Geschehens findet im Hause des Indios Zacarías el Cruzado statt, als die Polizei dessen Frau verhaftet und das kleine, allein zurückgebliebene Söhnchen in einem Bewässerungsgraben von Schweinen gefressen wird. Das Buch endet mit der Szene, in der der Vater des Kindes vom Pferd aus den spanischen Geldverleiher, der seine Frau angezeigt und das Unglück verursacht hat, mit einem Lasso um den Hals durch die Straßen schleift.

Niemals ist Valle-Inclán so tief in den Bereich des Tragischen vorgestoßen wie in *Tirano Banderas*. Der gesamte Roman kreist um die Episode des Todes des kleinen, unschuldigen Indiokindes, dessen Abschied von der Mutter, als diese von den Gendarmen abgeführt wird, zu den Momenten größter dramatischer Intensität im Werke Valle-Incláns zählt. Eine ähnliche Episode finden wir in *Luces de Bohemia*, wo eine Mutter herzzerreißend schreit, als sie ihren toten Sohn nach einem brutalen Angriff der Polizei in den Straßen von Madrid in den Armen hält. Hier wird allerdings die tragische Gewalt des Frauenchors, der nach Gerechtigkeit ruft, abgemildert durch die beruhigenden Stimmen der ordnungsliebenden Bürger, darunter viele Kaufleute, die das Geschehen rechtfertigen und verständlich erscheinen lassen wollen. Beide Episoden unterscheiden sich auch hinsichtlich ihrer Folgen: während die eine ungestraft bleibt, wird die andere zum symbolischen Auslöser für den Sturz des Diktators Banderas.

In der Schlußphase seines Werkes vollendet Valle-Inclán seine Entwicklung vom Ästhetizismus zum ›esperpento‹. Er tut dies, indem er tiefer in den Bereich des Tragischen vorstößt, und die Trottel und Witzfiguren, die in seinen dramatischen ›esperpentos‹ noch das Zentrum der Bühne beanspruchten, zu einfachen Komparsen der Männer und Frauen reduziert, die, von der Ungerechtigkeit übel zugerichtet, den Raum des existentiellen Dramas füllen. Offensichtlich hatte Valle-Inclán, der die Technik des Beobachters von oben entdeckt hatte, um dem grotesken Charakter der Realität adäquat zu begegnen, sich schließlich dazu entschlossen, auf die

Ebene dieser Realität hinabzusteigen und ihr direkt ins Auge zu sehen. Der Sack, der die Überreste des von den Schweinen zerrissenen Kindes enthält, ist nicht der dick aufgetragene und makabre Pinselstrich, der die Karikatur ausdrucksstärker macht, sondern das schlichte Detail verwandelt das Bild des kleinen Indios in eine getreue Kopie der Barbarei.

In dieser ästhetischen Entwicklung Valles spielt die Sprache eine herausragende Rolle. Der Ästhetizismus der *Sonatas*, der dort im Dienste einer verfallenden Welt steht, erschöpft sich in sich selbst, ohne eine andere Rechtfertigung als die pure Zurschaustellung der Meisterschaft des Autors. Es handelt sich eher um eine außerordentlich schöne Stilübung oder um eine Dekoration, die der erzählten Welt aufgesetzt wird, als um eine literarische Sprache im eigentlichen Sinne. Die Sprache seiner Romane dagegen umhüllt die dargestellte Realität wie eine Schale die Frucht, deren Bestandteil sie ist. Darin liegt die Genialität Valle-Incláns, und darin findet er nicht seinesgleichen in der spanischen Literatur des 20. Jahrhunderts. Kein anderer Schriftsteller handhabe die Sprache in so wundervoller und origineller Weise, wie er es aus dem Bewußtsein heraus tat, daß eine ästhetische Revolution erfolglos bleiben müßte, wenn sie nicht die literarische Prosa ihrer Zeit von Grund auf erneuerte.

Auch in dieser Hinsicht besitzt *Tirano Banderas* Modellcharakter. Mit Hilfe unterschiedlichster Elemente erarbeitet Valle-Inclán eine Sprache von rätselhafter und bleibender Schönheit. Sie entsteht aus einer seltsamen Mischung authentischer Amerikanismen, die teilweise dem mexikanischen Spanisch entstammen, mit Wendungen und Ausdrücken, die der Autor selbst erfunden hat und die, obwohl sie den Anschein erwecken, dortige regionale Wendungen zu sein, in Wirklichkeit gar nicht zum Sprachschatz jener Länder gehören. Es ist das Idiom der fiktiven Republik Santa Fe de Tierra Firme, eine höchst persönliche Schöpfung des Romanciers, der das ursprüngliche Spanisch so lange bearbeitet, bis er ihm den letzten Tropfen seiner expressiven Möglichkeiten ausgepreßt hat. Man könnte sagen, daß eine Verfahrensweise in diesem Roman ihre Meisterschaft erlangt, die schon in den ersten Werken angelegt ist, aber nun in den Dienst jenes ehrgeizigen Planes gestellt wird, der Valle-Inclán veranlaßte, sein gesamtes vorangegangenes Werk zu verleugnen.

Die Sorge des Autors um die Sprache gründet in der spanischen

Literaturgeschichte und ist im wesentlichen als eine Reaktion auf den rhetorischen Stil der Schriftsteller der vorangegangenen Epoche zu verstehen. Seine Prosa, die einmütig als eine der originellsten und folgenreichsten Schöpfungen der gesamten spanischen Literaturgeschichte gepriesen wird, setzt sich aus den unterschiedlichsten Materialien zusammen. Neben der metaphorischen Kraft des Autors, die gelegentlich von riskanter Kühnheit zeugt, strömen in ihr das Galicische seiner Heimatprovinz, eine archaische, weiche und musikalische Sprache, sowie verschiedene volkstümliche Dialekte zusammen, so etwa der verkommene Slang des Lumpenproletariats oder der Dialekt des Madrider Großbürgertums. Diese Elemente, die mit einem Können und einem musikalischen Empfinden ohnegleichen kombiniert werden, ergeben eine Prosa von beeindruckender Schönheit.

Valle-Incláns Originalität konstituiert zugleich seine Grenzen. Obwohl er als eines der größten Genies der spanischen Literaturgeschichte anerkannt ist – eine Bewertung, in der sowohl spanische Gelehrte als auch ausländische Forscher übereinstimmen – hat diese Anerkennung nicht ausgereicht, um ihn über den begrenzten Kreis seines Heimatlandes hinaus bekannt zu machen. Ein Autor, der als eine der führenden Figuren der europäischen Literatur dieses Jahrhunderts gelten muß, ist außerhalb der Grenzen der spanischen Sprache immer noch Terra incognita. Wahrscheinlich hat kein anderer Schriftsteller dieser Sprache mit mehr Begeisterung und mit mehr Eifer gedient als er. Wenige sind so tragisch in ihren Netzen gefangen geblieben. Bis heute haben es nur einige wenige Übersetzer gewagt, in die tropischen Wälder seines sprachschöpferischen Genies vorzudringen.

## Soledad Puértolas
## Die erratischen Romane Pío Barojas

Um die widersprüchliche Persönlichkeit Pío Barojas, eines unserer
aktuellsten klassischen Schriftsteller, unmittelbar kennenzulernen,
wäre es vielleicht das beste, die Worte in Erinnerung zu rufen, die
er selbst im Vorwort zu dem Buch seines Freundes und Biographen Miguel Pérez Ferrero (*Pío Baroja en su rincón*) geschrieben
hat: »Das erste, was man benötigte, um sich selbst und die anderen
zu erkennen, wäre ein fester, unveränderlicher und sicherer Blickpunkt, von dem aus man die Gestalt nachzeichnen könnte; sodann
müßte man über einen exakten Maßstab verfügen, um den einen
Typ mit dem anderen vergleichen zu können.« Da er die Möglichkeit eines exakten Maßstabes leugnet, ist er überzeugt, daß ihn niemand angemessen beurteilen könne. »Was mich betrifft«, so fährt
er fort, »so bin ich nicht nur von einem geistigen, sondern bereits
von einem materiellen Blickpunkt aus in so unterschiedlicher
Weise betrachtet worden, daß es mich überrascht hat. Ich bin als
groß und klein dargestellt worden, als blond und brünett, als ma-
ger und als fettleibig. Wenn schon in einer objektiv nachprüfbaren
Frage des physischen Erscheinungsbildes derart verschiedenartige
Ansichten nebeneinander stehen können, wie mag es dann von einem geistigen Gesichtspunkt her aussehen! So bin ich für jeweils
verschiedene Menschen Anarchist, Konservativer, Reaktionär,
Imperialist, Rassist, Volksfeind, Anhänger der Aristokratie, gut,
schlecht und gottlos oder fromm gewesen.«

Das ist im wesentlichen der Widerspruch, der für Pío Baroja
kennzeichnend ist: die Unmöglichkeit zu urteilen, und die Notwendigkeit, es zu tun. Seine Romane, voll von moralischen Wer-
tungen, beschränken nicht die geistige Freiheit des Lesers, der
schnell eine direkte Verbindung zum Autor eingeht. Pío Baroja
spricht immer von sich selbst, aber da er die Pedanterie über alles
haßt, wirkt er niemals ermüdend. Die Personen, die in seinen Romanen auftreten, sind mit seiner Sprunghaftigkeit und Willkür be-
lastet. Seine Lebensbeschreibungen ergeben erratische und zufällige Bilder. Und so sind auch seine Romane, offen und ein wenig
unvollendet und meiner Meinung nach um so besser, je offener

und weniger vollendet sie sind. Von allen berühmten Zeitgenossen seiner Generation ist er der modernste. Mit seinem tiefen Subjektivismus und seiner pessimistischen Sicht der Realität nimmt er die neue Verbindung von Realismus und Romantik vorweg, jenen Neorealismus und jene Neoromantik, die Kennzeichen unserer Zeit sind.

Pío Baroja wurde 1872 in San Sebastián, der Hauptstadt von Guipúzcoa, geboren. Er studierte Medizin in Madrid, praktizierte als Arzt in dem baskischen Ort Cestona und leitete dann einen Bäckereibetrieb in Madrid, der einer Tante seiner Mutter gehörte. Er schrieb für die bedeutendsten Zeitschriften jener Epoche und veröffentlichte einige seiner Romane in Fortsetzungen, sympathisierte mit anarchistischem Gedankengut, gehörte aber niemals zu einer politischen Partei und verabscheute die herrschenden Kreise. Er blieb Junggeselle, weil er, wie er selbst sagte, niemals eine Frau getroffen hat, die es »allein mit ihm ausgehalten hätte«. Er verehrte seine Mutter zutiefst, die seit dem Tode ihres Mannes für ihn den Haushalt führte. Er durchquerte Spanien zu Fuß und zu Pferde und kannte die europäischen Großstädte Paris, London und Rom. Während des Bürgerkrieges flüchtete er nach Frankreich. Im Jahre 1940 kehrte er nach Spanien zurück. In seinen letzten Lebensjahren pendelte er zwischen Vera – einem kleinen Ort im Norden, wo er ein Anwesen erworben hatte – und Madrid. In Vera ging er, in einen weiten, schweren Mantel gehüllt, die typische Baskenmütze auf dem Kopf und mit Filzpantoffeln an den Füßen, entlang der Straße nach Frankreich spazieren. In Madrid führte er ein geregeltes Leben, machte ebenfalls lange Spaziergänge, schrieb und empfing Freunde und Bekannte am späten Nachmittag in einer geselligen Runde, an die sich alle noch mit Wehmut erinnern, die das Glück hatten, daran teilnehmen zu dürfen (unter anderen Camilo José Cela und Juan Benet. Letzterer hielt seine Erinnerungen in »Barojiana« fest). Pío Baroja starb 1956 in Madrid. Ernest Hemingway, der ihn am Totenbett besucht hatte, um ihm seine Verehrung zu bezeigen, nahm am Begräbnis teil, das einfach, schlicht und bescheiden vonstatten ging, wie es dem Wunsche Barojas entsprach. Mit seinem Tode endete eine Epoche, die als eine der glänzendsten der spanischen Literatur gilt. In den Jahren unmittelbar vor seinem Tod war Pío Baroja der letzte Überlebende seiner Generation gewesen.

Dies sind die mehr äußeren Daten seines Lebens. Es war nicht das Leben eines Abenteurers, sondern das eines Betrachters, eines wißbegierigen Menschen, eines unermüdlichen Schriftstellers. In seinen *Memorias* heißt es: »Ich habe wenig getan im Leben, und ich habe viel Zeit damit verbracht, spazierenzugehen, ziellos umherzuschweifen und mich auf Bänke zu setzen und die Landschaft und die Wolken zu betrachten.« Aber sein Werk umfaßt mehr als hundert Bände – Artikel, Erzählungen, Romane… vor allem jedoch Romane, zweifellos die ihm gemäße Gattung. Pío Baroja muß seine Figuren durch die Welt schweifen lassen, von Roman zu Roman, damit sie in verschiedenen Städten und unterschiedlichen Situationen ein ums andere Mal erfahren, daß das Leben uns beständig Grund zur Bitterkeit gibt, daß die Gesellschaft unverzeihlich schlecht organisiert ist und daß vielleicht ein unbeständiges Wanderleben das Einzige ist, was die Mühe lohnt: wurzellos, ziellos umherschweifen, Erfahrungen und Gespräche sammeln. Die Figuren Pío Barojas reden viel, verstricken sich in endlose Diskussionen über das Leben, die Frauen und die Politik. Sie sind auf der Suche nach einer Philosophie, die ihnen helfen könnte, ihrem Leben einen Sinn zu verleihen. Diese Suche hält sie aufrecht und verleiht ihnen ihre Würde.

Pío Baroja, der Kant und Schopenhauer las, sich für die Theorien Claude Bernards interessierte und von Nietzsche fasziniert war, hüllt seine Romane in eine positivistische und realistische Gedankenwelt. Fehlerhaft oder nicht, beschränkt, einfach oder großartig – was für Baroja zählt, sind die Ideen. Der Mensch hat entweder Ideen, oder er ist bedeutungslos.

Die Schriftsteller, die er am meisten verehrt, heißen Dostojewski, Dickens und Balzac. Ihn interessiert die Erfassung der Umwelt und der Triebkräfte der Figuren. Baroja steht hinter jedem Wort, übernimmt die Verantwortung für jede seiner Figuren, die ebenso unentschieden, launisch, reizbar und einsam, skeptisch und unzufrieden sind, wie er selbst. Wie viele seiner Helden war Baroja äußerst empfindsam und reizbar, mit einem Hang zur Einsamkeit und Melancholie. Leidenschaftlich vertrat er seine Liebe zur Einfachheit und Wahrhaftigkeit, alles Hochtrabende, alle Pedanterie, alle Formen der Eitelkeit waren ihm unerträglich.

Ein Großteil der Aktualität des Werkes von Baroja liegt in seinem Wirklichkeitsverständnis. Der Realismus, der heute praktiziert wird, steht tief in seiner Schuld. »Ich weiß, daß ich kein

Klassiker bin, und behaupte auch nicht, einer zu sein; ein wenig Romantiker ja, und auch ein wenig Realist«, so definierte er sich selbst. Die Welt, die Baroja in seinen Werken darstellt, will keine getreue Widerspiegelung der Wirklichkeit sein. Sie gibt vielmehr eine bestimmte Sichtweise der Dinge. Immer wieder stoßen wir auf die Wertung des Autors. Baroja kann nicht darauf verzichten, sein Urteil abzugeben. Ständig verleiht er seiner Meinung Ausdruck, wobei er es jedoch versteht, seine Überzeugungen mit dem Akzent der Wahrhaftigkeit zu versehen, fern von aller Sophisterei und jedem Dogma, von aller Geziertheit und Pedanterie. Seine Ansichten berühren den Leser nicht um ihrer selbst willen, sondern weil sie mit Energie vorgetragen werden. Baroja gestaltet die Macht des Unmittelbaren, des Augenblicks, und das wiederum schafft eine Gemeinsamkeit mit den Schriftstellern der Gegenwart.

Er befreite die Sprache von allen hohlen und rhetorischen Floskeln, vermied alles Barocke und bemühte sich um Natürlichkeit und Schlichtheit. Wenn er wollte, konnte er auch Lyriker sein. Seine Landschaftsbilder – kurze Abschnitte, mit denen er seine Romane anreichert – haben sich unauslöschlich in unsere Vorstellung eingegraben. Seine illusionslose und entschlackte Prosa ist die innigste, subjektivste und vitalste innerhalb seiner Gruppe. Ein Angehöriger dieser »Generation von 98«, José Martínez Ruíz (Azorín), hat die Leistungen Barajos am angemessensten gewürdigt: »Die Prosa Barojas ist klar, einfach und nüchtern. Baroja lebt in unmittelbarem Kontakt mit den Dingen. Seine Kraft beruht auf dieser Verbindung mit dem Konkreten. Der angemessene Ausdruck ist bei ihm folglich etwas Natürliches, und Baroja gebraucht spontan, ohne es sich ausdrücklich vorzunehmen, die Erzählzeit, die er gebrauchen muß und die er selbst mitgestaltet hat.« Er wurde mehrfach von einigen Kritikern beschuldigt, die Regeln der Grammatik nicht zu beherrschen, aber P. Sarrailh spricht in seinem Buch *Prosistas españoles contemporáneos* mit ausdrücklicher Hochachtung von ihm: Im Hinblick auf den Stil entdecke man ohne weiteres, daß Baroja ein Gegner aller Rhetorik ist. Er verabscheue alles, was mit Amplifizierung, Redundanz und Eloquenz zu tun habe und zeige kein Bemühen um stilistische Eleganz, wie er auch alle kunstreiche und wenig natürliche Literatur ablehne. Baroja würde die Vorstellung akzeptieren, die Alain in seinem *Système des Beaux Arts* darlegt: »Ein guter Schriftsteller erlangt niemals Bedeutung durch die Wahl des einzelnen Wortes, sondern seine Aufgabe liegt in der Erzielung eines großen Effektes durch die Kombination allgemein gebräuchlicher Wörter.«

Was also letztendlich zählt, ist der Stil. Nicht die Korrektheit noch der Respekt vor allen akademischen Regeln, sondern der Charakter. Baroja war sich dieses Stils, der schließlich unverwechselbar wurde, durchaus bewußt. In seinen *Memorias* erklärt er: »Man kann in einer Sprache sehr korrekt schreiben, ohne Stilist zu sein, und man kann weniger korrekt schreiben und doch Stil haben. Offensichtlich bringt der Stil den Charakter zum Ausdruck, und ein Mensch kann über eine sehr persönliche Ausdrucksweise verfügen; wenn der Stil aber nur die linguistische Korrektheit und die akademischen Gepflogenheiten reflektiert, so bleibt er steril.«

Der Stil Barojas wurde viel diskutiert, er erstaunte, beeindruckte, empörte. In Wahrheit verbarg sich hinter seiner scheinbaren Einfachheit, seinem vorgeblichen Mangel an Gewähltheit die Suche nach einer neuen Ausdrucksform, die den Anforderungen der Zeit besser gerecht werden sollte. Baroja wollte mit dem literarischen Kostumbrismus brechen, so wie Velázquez in der Malerei mit dem überlieferten Realismuskonzept brach: »Man sieht auch«, schreibt er ebenfalls in seinen *Memorias*, »daß die Malerei, wenn sie auf das Akzidentelle verzichtet und sich auf das Substantielle konzentriert, weniger Wert auf die Komposition legt. Das ist der Fall bei Velázquez. Sicher gibt es eine sehr gekonnte Komposition in dem Bild »Las meninas«, aber es ist nicht die der klassischen Malerei. Man könnte von dieser Komposition sagen, daß sie ohne Thema sei. Sie hält sich ausschließlich an die Figuren und ihre Umgebung, während das Thema zweitrangig ist. Nicht, daß ich den absurden Ehrgeiz hätte, mich mit Velázquez zu vergleichen, aber in dem bescheidenen Rahmen, in dem unsereiner arbeitet, unterscheidet sich das, was ich geschrieben habe, von den Werken der Realisten durch dieselbe Bevorzugung der Figuren und ihrer Umgebung.« Der Stil Barojas entspricht diesen Präferenzen und stellt deshalb etwas völlig Neuartiges dar.

Seine Absicht ist es, den Leser zu unterhalten. Ein Roman darf niemals langweilig sein: »Wenn ich einen ungefähren Plan für ein Buch gefunden habe« – bekannte er in *Las horas solitarias* – »fange ich voller Gottvertrauen mit dem Schreiben an. Von da ab ist es mein Hauptanliegen, den Roman nicht langweilig werden zu lassen, weshalb ich die Kapitel schmal und die Absätze kurz ausfallen lasse.« Und: »In Wahrheit gibt es in der Kunst des Romanschreibens wie in fast allen übrigen Künsten nur wenig zu lernen. Man muß Leben, Kraft, Energie, Gefühle, romantisches Empfinden oder was auch immer mitbringen, weil man es nicht erwerben kann.« Darin gründet im wesentlichen seine Romantheorie: nicht langweilen und etwas mitzuteilen haben, das unerlernbar ist, mit einer künstlerischen Zielsetzung, der sein vieldiskutierter Stil, sein neues Realismuskonzept und seine Modernität entsprechen.

Viele seiner Romane spielen im Baskenland, seiner Heimat, die er so gut kannte, und in der er gegen Ende seines Lebens einen Großteil des Jahres verbrachte. Zu diesen Romanen gehören: *El Mayorazgo de Labraz*, *Zalacaín el aventurero* und *Las inquietudes de Shanti Andía (Shanti Andía, der Ruhelose)*. Andere Romane nehmen Madrid zum Schwerpunkt, darunter die der Trilogie *La lucha por la vida*, in der Baroja ein bitteres Bild vom Elend der Hauptstadt in der Zeit der Regentschaft (von 1888 bis 1902) zeichnet. Schließlich tragen viele seiner besten Romane kosmopolitischen Charakter: *La dama errante*, *La ciudad de la niebla*, *El mundo es ansí*, ferner die Trilogien *El pasado* und *Agonías de nuestro tiempo*. Da er sich für das Leben des Guerilleros und Verschwörers Avinareta interessierte, schrieb Baroja unter dem Titel *Memorias de un hombre de acción* auch mehrere Bände, die sich mit dieser Figur befassen.

Unabhängig vom Schauplatz, an dem sie spielen, weisen die Romane Barojas viele gemeinsame Züge auf. Seine Figuren durchwandern die Welt und stoßen dabei auf andere Figuren, woraus sich konfuse und erratische Bilder ergeben.

Das Werk Barojas ist so eng an die Person seines Verfassers gebunden, daß seine Romane sich als eine Abfolge von Variationen darstellen. In *El árbol de la ciencia (Der Baum der Wissenschaft)*, *La sensualidad pervertida*, *Las inquietudes de Shanti Andía* finden wir Episoden aus seiner Kindheit, die er uns in den *Memorias* berichtet hat, menschliche Typen, in denen er sich mehr oder weniger selbst gezeichnet hat. Man hat Baroja als einen Chronisten seiner Zeit angesehen. Ramón Gómez de la Serna sagte von seinem Werk, daß es »die oberflächliche, schamlose, aber fast einzige Chronik des Madrids der Jahrhundertwende sei«. Das ist zweifellos richtig, denn die Neugier treibt Baroja, sich für alles zu interessieren, was ihm vor Augen kommt, aber es ist noch nicht die volle Wahrheit. Wie Sebastián Juan Arbó, ein begeisterter Leser und Baroja-Spezialist *(Pío Baroja y su tiempo)*, schrieb: »Es ist etwas mehr, und zwar etwas, vor dem alles andere an Wert und

Bedeutung verliert; es ist die Geschichte einer leidenschaftlichen, widersprüchlichen und, wenn man will, eigenartigen Seele, die jedoch aufrichtig für das Gute, die Freundlichkeit und die Brüderlichkeit unter den Menschen entbrannt ist, und die in ihrer hochgespannten Liebe zu diesen Tugenden in der Welt nur Elend, Niedertracht, Haß und Brutalität entdecken kann; es ist die reichste, gehaltvollste, von Figuren, Landschaften, Ideen, Empfindungen und Gefühlen erfüllteste, in einem Wort die humanste Geschichte, die das Spanien seiner Zeit hervorgebracht hat und die mit all ihren Mängeln zu den besten unserer Literatur zählen wird.« Hinter dem Werk steht der Autor, der Mensch mit seinen Sorgen und Wünschen, der sich zur Geltung bringt.

Was den Wert Barojas ausmacht, sind die sicherlich nicht einfachen »Empfindungen, Gefühle, Typen« (Sebastián Juan Arbó), die sich unserem Gedächtnis dauerhaft einprägen.

Es ist schwierig, unter den Romanen Barojas einem den Vorzug zu geben. Sie haben ihre schönsten Passagen dort, wo sie um das Gefühl kreisen, ein metaphysisches Gefühl, das aus Entscheidungen erwächst. Diese Schicksalskurve bewegt uns, es durchweht sie immer ein poetischer und sentimentaler Hauch. Vielleicht ziehe ich deshalb unter den Romanen Barojas die intimeren vor, jene, bei denen sich das Abenteuer in der Tiefe des Gewissens abspielt. Es gibt wenige Romane in der spanischen Literatur, die eine solche Aufrichtigkeit in der Gewissenserforschung, im Werdegang der Persönlichkeit erreichen, wie *Camino de perfección* oder *La sensualidad pervertida*. Diese Werke bilden eine Ausnahme in unserer Literaturgeschichte. In ihnen versucht ein gequälter Protagonist, die bittere Welt der sozialen Konventionen zu akzeptieren. Es sind Persönlichkeiten, die, wie Baroja in *Juventud, egolatría*, von sich sagen könnten: »Lange Zeit habe ich mich geweigert zu glauben, daß ich wie alle Welt werde leben müssen.«

Möglicherweise sind die Verlierer die gelungensten Figuren im Werk Barojas. Lulú in *El árbol de la ciencia*, Jesús in *Aurora Roja*, der Held in *El gran torbellino del mundo*, die Heldinnen in *Susana, Laura, La dama errante*, die Russin in *El mundo es ansí*. Es ist viel über die Misogynie Pío Barojas gesprochen worden, aber in seinem gesamten Romanwerk finden sich großartige Frauenschilderungen. Dabei handelt es sich um zwei verschiedene Typen von Frauen: die aktive, starke, entscheidungsfreudige Frau von großer Charakterfestigkeit, die seine Bewunderung und gleichzeitig eine gewisse Ängstlichkeit wachruft (Pepita in *El gran torbellino del mundo*) und daneben die passive und melancholische Frau, die sich treiben läßt, immer unzufrieden und traurig, und für die das Leben immer unerreichbar bleibt. *(Laura o la soledad sin remedio, Susana y los cazadores des moscas, El mundo es ansí)*

Frauen, Bohémiens, Anarchisten, Idealisten... immer wieder sind es die Verlierer, Figuren, denen das Leben übel mitgespielt hat, die im Vordergrund stehen und sich in die Herzen der Leser einschmeicheln. Baroja steht auf ihrer Seite. Er schildert sie von innen heraus. Alle seine Romane haben diese Aura von Idealismus, gescheiterten Träumen, einer unbestimmten und unbezwinglichen Traurigkeit, von emotionalen Katastrophen und der Ausweglosigkeit der Liebe. Seine Figuren suchen Liebe, Zärtlichkeit und Verständnis. Die Welt bietet ihnen Bitterkeit und Enttäuschung. Aber trotz ihres unheilbaren Pessimismus tragen die Romane Pío Barojas die Botschaft des Lebens, denn der Triebfeder des Lebens gilt das Hauptaugenmerk des Autors. Das System der Vorurteile, Interessen und Konventionen ist für das Scheitern und die Ungerechtigkeit verantwortlich. Allerdings gibt es auch etwas, vor dem selbst der Verstand haltmacht: das Elend, die Krankheit, die Schlechtigkeit, der Tod. Für Baroja liegt der Keim zur Ungerechtigkeit schon in der Natur selbst begründet. Er versuchte, mit Hilfe – heute völlig überholter – wissenschaftlicher Theorien das Verbrechen und die Schlechtigkeit zu erklären. Was überwiegt, sind jedoch sein Entsetzen, seine Empörung und seine unbeirrbare Suche nach Momenten der Würde, der Menschlichkeit und der Transzendenz.

Pío Baroja, der gerne seine Gedanken umherschweifen ließ, hat uns leidenschaftliche und erregende Essaysammlungen über das Leben und die Literatur hinterlassen: *Las horas solitarias; Juventud, egolatría; La caverna del humorismo*. Er ist ein anregender Essayist, und seine Ansichten, die sich radikal, eigensüchtig und bissig präsentieren, erwecken unser Lächeln und unsere Zustimmung.

Glücklicherweise gelang es seinen Verlegern, ihn zur Abfassung seiner Memoiren anzuregen – *Desde la última vuelta del camino*. Er begann damit im Jahre 1940 anläßlich seiner Rückkehr nach Spanien. Aus ihnen erfahren wir unmittelbar die Ansichten Barojas über die Personen, die ihn umgaben, und über die sozialen und politischen Entwicklungen, die er miterlebte. In ihnen äußert er sich ausführlich über sein Werk und wie er sich selbst einschätzt.

Seine Essays und seine Erinnerungen sind mit seinem Romanwerk durch einen gemeinsamen Zug verbunden: sie langweilen nie.

In all diesen Schriften verleiht er der radikalen Unzufriedenheit Ausdruck, die die Gesellschaft in ihm erregt und die er auf jeden Fall für ein Zeichen seiner Zeit hält. »In meinen Büchern spürt man, wie in fast allen modernen Werken, einen Hauch von Groll gegenüber dem Leben und der Gesellschaft«, schrieb er in *Juventud, egolatría.*

Seine übermäßig ausgeprägte Kritikfähigkeit trug ihm Antipathien und Feindschaften ein. Unerbittlich ging er mit den Schwächen des Nationalcharakters ins Gericht: »Der Spanier«, behauptete er, »muß, wenn er etwas sehen will, das Bild auf seiner Netzhaut wie ein Kind vergrößern und vielleicht auch komplizieren.« – oder mit seinen Kollegen: Unamuno konnte er beispielsweise nicht ertragen.

Gegenüber seinen Freunden konnte er jedoch großzügig sein. In Azorín sah er »einen Meister der Sprache und einen ausgezeichneten Freund, dessen einzige Schwäche darin liegt, daß er jene für bedeutende Männer hält, die starke Reden führen und mit großartigen Gebärden ihre Manschetten auf einer Rednerbühne präsentieren«. Von Ortega y Gasset meinte er, daß er »die einzig akzeptable Philosophengestalt war, die ich gekannt habe. Er zählt zu den wenigen Spaniern, denen ich mit Interesse zuhöre.«

Obwohl er Definitionen verabscheute, nahm er keinen Anstand, seine politischen und moralischen Positionen zu verkünden. In *Memorias* schreibt er: »In bezug auf die Moral bin ich eher Pessimist. Hinsichtlich der Gesetze glaube ich, daß sie im allgemeinen schlecht sind, denn die Menschen sind nicht intelligent genug und lassen sich durch leere Begriffshülsen mitreißen. In meinem Alter halte ich die Revolutionen allgemein für schädlich, und ich glaube, daß alle Systematik dumm und verhängnisvoll ist.«

Im Einklang mit Freudschen Theorien und mit vielen Helden seiner Romane erklärte er: »Ich bin überzeugt von der Rückwirkung des Sexuallebens auf alle Phänomene des Bewußtseins. ... Auf dem Grunde meines Bewußtseins haben sich die Krankheit und die Hysterie etabliert. Wenn ich in der entscheidenden Phase zwischen dem 15. und 25. Lebensjahr meinen Instinkten ungehindert hätte folgen können, wäre ich ein ruhiger Mensch geworden, vielleicht ein wenig sinnlich, vielleicht auch ein wenig zynisch, aber mit Gewißheit niemals ein zorniger Mensch. Die Moral unserer Gesellschaft hat mich verwirrt und aus dem Gleichgewicht gebracht.«

Die Moral der Gesellschaft war tatsächlich sein ständiger Kritikpunkt. »Abgesehen von den Philanthropen und wahrhaft Karitativen, ziehe ich die Zyniker den Heuchlern vor, diejenigen, die mit ihrer Barbarei protzen, denen, die ihre Gefühlsseligkeit zur Schau stellen.« Diese konventionelle gesellschaftliche Moral ließ ihn auf dem Feld der Liebe scheitern. »In der Liebe hätte ich in einer edlen und aristokratischen Umgebung ohne viel Vorurteile und Beschränktheiten mehr Erfolg gehabt als im Milieu der bürgerlichen Mittelschicht.«

Baroja war ein »Radikaler«. In *Juventud, egolatría* legt er seine politischen Prinzipien dar, die vollauf dem Geiste seines Werkes entsprechen. »Ich bin immer ein radikaler, individualistischer und anarchistischer Liberaler gewesen. Zunächst ein Feind der Kirche, dann des Staates; sofern diese beiden Mächte im Streit miteinander lägen, ein Parteigänger des Staates gegen die Kirche, von dem Augenblick an, in dem der Staat das Übergewicht hätte, ein Gegner des Staates. Alle Elemente des Liberalismus, die auf eine Zerstörung der Vergangenheit hinauslaufen, faszinieren mich; der Kampf gegen die religiösen und aristokratischen Vorurteile, die Enteignung der religiösen Orden, die Erbschaftssteuern, alles was zur Zermalmung der alten Gesellschaft beiträgt, bereitet mir große Freude; alles hingegen, was der Liberalismus an konstruktiven Elementen enthält, wie das allgemeine Wahlrecht, die Demokratie, der Parlamentarismus, erscheint mir lächerlich und ineffizient.«

Ein Kritiker hat über das Werk Barojas geschrieben: »Das Schlimme bei Baroja ist, daß ihm niemals etwas Ernstliches zugestoßen ist, oder fast niemals.« So ergeht es auch seinen Figuren. Das Gute ist, daß sich seine Romane lesen, als ob sich viel ereignete, und dabei finden die Ereignisse doch im Inneren der Figuren statt, die sich entwickeln, ihre Meinungen bilden, sich der Welt anpassen, scheitern oder triumphieren…

Wir können bei Baroja, wie auch Sebastián Juan Arbó angemerkt hat, »denselben romantischen Traum und dieselbe enttäuschte Hoffnung« wie bei Cervantes entdecken, einen tiefen Pessimismus, einen unbeugsamen Hochmut, Schmerz im Angesicht der Ungerechtigkeit, Sympathie mit den Schwachen und die Suche nach einem Heilmittel für die Welt. Im Werk Barojas existiert die Idee Gottes nicht, wohl aber die der Güte.

Hinsichtlich des Nachruhms schrieb er: »Wenn die Erinnerung an mich verlischt und nur noch die Büste an ihrem Standplatz ausharrt, wäre ich schon zufrieden, wenn die Leute, die diese künftig betrachten, wüßten, daß das Modell für diese Bildhauerarbeit ein Mensch war, der die Wahrheit liebte und die Heuchelei und Lüge haßte…«

Durch seine erratischen Romane ziehen die Figuren auf der Suche nach der Wahrheit.

*Ioana C. Zlotescu Simatu*
# Ramonismo

> Im Humoristen begegnen sich der Exzentriker, der Bajazzo und der Melancholiker, der den beiden Erstgenannten zuschaut.
>
> *R. G. S.*

Trotz eines Buches mit dem Titel *Ramonismo*, das von seinem Verfasser, Ramón Gómez de la Serna, im Jahre 1923 veröffentlicht wurde, und trotz zahlloser Prologe, Manifeste, Essays usw., in denen *Ramón*[*] ausgiebig Rechenschaft über sein Werk ablegt, gibt es keine »Theorie« des Ramonismo, die von dem großen spanischen Schriftsteller selbst schlüssig und bündig vorgelegt worden wäre. Das könnte etwas eigenartig erscheinen, wenn man bedenkt, daß unser Autor in dem Buch *Ismos* aus dem Jahre 1931 eine anregende Analyse der einzelnen Strömungen der heute schon »historisch« genannten Avantgarde vornimmt, die im Verlaufe der zwanziger Jahre ihre Impulse aus Paris empfing.

In der schlichten »Vorankündigung« zu dem schon erwähnten Buch *Ramonismo* erklärt Ramón Gómez de la Serna: »Dieses Buch zeichnet das Bild meines Geistes mit energischen Federstrichen. Ich habe versucht, den Dingen einen starken Ausdruck zu verleihen, um meinen ›Ismus‹ von allen übrigen ›Ismen‹ deutlich abzuheben… In Büchern wie diesem oder wie *Disparates, Muestrario, El libro nuevo, Variaciones* und *Virguerías*, deren unterschiedliche und vielfältige Texte Inhaltsverzeichnisse hervorbringen, in denen ich mich selbst verliere, fängt doch alles einfach an, ohne dabei meine Leser zu überfordern… Ich bin auf die einfache Freundschaft gewisser Leser angewiesen, und deshalb mache ich das Buch für sie leicht, abwechslungsreich, originell und schenke ihnen in jedem Buch, so wie der Krämer seinen Kunden die Bonbons offeriert, einige neue ›greguerías‹.«

Wenn man also zu erhellen versucht, was es mit dem ›Ramonismo‹ auf sich hat, muß man einen Streifzug durch die Schriften Ramón Gómez de la Sernas unternehmen – der wegen des enormen Umfangs seines Werkes mit Sicherheit sehr lang ausfallen

---

[*] A. d. V.: Die Abkürzung des Vor- und Familiennamens auf das knappe und eingängige »Ramón« wurde vom Autor selbst eingeführt.

wird –, und sich bemühen, die Konstanten in diesem Werk zu ermitteln. Es ist faszinierend zu beobachten, wie sich hinter der scheinbaren Ordnungslosigkeit seines Schaffens eine feste Grundstruktur abzeichnet, deren Ursprung in der Treue des Schriftstellers zu sich selbst liegt.

In Anbetracht des beschränkten Umfangs dieser Abhandlung wollen wir die wichtigsten Konstanten des Werkes Ramóns in wenigen Abschnitten zusammenfassen. Die Wurzel des ›Ramonismo‹ ist wohl der permanente Hang des Autors zum Autobiographischen, der seit der Veröffentlichung jenes eigenartigen Selbstportraits unter dem Titel *Morbideces* 1908 in Erscheinung tritt. Der damals noch junge Ramón (1888 in Madrid geboren) zeigt in diesem Buch eine frühreife Kenntnis seiner selbst und seiner künftigen literarischen Bestimmung, wenn er schon auf den ersten Seiten feststellt: »Meine literarische und philosophische Bestimmung ist ein Sublimat meiner Sinnlichkeit, insofern diese sich heute nicht entsprechend ihrer inneren Gesetzmäßigkeit ausleben kann…« Der Schriftsteller beginnt seine literarische Laufbahn, indem er sich uns darstellt, wie er ist, und die sensuellen Grundlagen seines literarischen Schaffens umreißt. Diesen Gedanken nimmt er ein Jahr später in größerer Ausführlichkeit in seinem ersten literarischen Manifest mit dem Titel »El concepto de la nueva literatura« wieder auf, das 1909 in der Zeitschrift »Prometeo« veröffentlicht wurde und in dem er ausruft: »Die Literatur ist eine körperliche Befindlichkeit«. Während der Jugendzeit Ramón Gómez de la Sernas war diese Zeitschrift, die von seinem Vater, Don Javier Gómez de la Serna, 1908 gegründet worden war, aber bis zu ihrem Ende 1912 von ihm betreut wurde, eine revolutionäre Tribüne für die literarischen Ideen und Rebellionen des Autors und einer kleinen Gruppe von Schriftstellern, die zwischen Modernismus und Avantgarde standen, einer Gruppe, der neben José Bergamín, Cansinos Assens, Silverio Lanza auch Marinetti angehörte, der nicht nur durch die sofortige Übersetzung seines »Manifiesto futurista« seinen Beitrag leistete, sondern auch durch jene sehr persönliche »Proclama futurista a los españoles« (1910).

Das Ungestüm des jungen Autors, Erbe des Nietzscheschen Vitalismus, nimmt Züge unverhüllter Sinnlichkeit an: »Das Wort ist nichts Konventionelles und Metaphysisches, das Wort ist etwas, das man riechen, fühlen, sehen und hören kann… Die Wörter müssen sich immer unähnlich sein, indem sie von ihrer Fähigkeit

Gebrauch machen, sich perspektivisch zu verkürzen und sich zu entkleiden, bis sie offen ihr heißes Geschlecht zeigen....(»Palabras en la rueca«, 1911). Diese »Offenheit«, die Ramón vom Wort verlangt, hat seinen literarischen Stil und sein Leben geprägt, die in einem ewigen Kampf gegen die »travestierte« Wirklichkeit gründeten, d. h. gegen die sozialisierte, von Menschen naturwidrig hierarchisierte Wirklichkeit. Der spezielle Ramónsche »Anarchismus«, der nichts mit der politischen Ideologie gleichen Namens zu tun hat, geht aus einem tiefen Widerwillen gegen falsch verstandene Traditionen und konventionelle Gemeinplätze hervor, die er als Kastrationswerkzeuge und gefährliche Zwangsjacken für jeden Reformversuch ansieht. Die Abneigung des Schriftstellers gegen die oberflächliche und heuchlerische Gesellschaft, die ihn in jenem Madrid der Jahrhundertwende und der Zeit danach umgibt, quält ihn wie eine offene Wunde sein ganzes Leben lang und führt dazu, daß er sich immer mehr – und oft diplomatisch ungeschickt – von seiner Umgebung absondert, um sich schließlich in eine trostlose und erdrückende Einsamkeit zu vergraben. Wie er in »Mi autobiografía«, einem wichtigen Kapitel des Buches *La sagrada Cripta del Pombo* (1923), bekennt, fühlt er sich verfolgt und unverstanden: »Ich erinnere mich. In Madrid gab es Kälte, und es gab kein Ideal. Ich hörte, wie sie sagten: ›Er ist verrückt‹ ... Das Unverständnis umgibt uns. Ein neues Mittelalter beginnt...« Dreizehn Jahre vorher, im Jahre 1910, hatte Ramón Gómez de la Serna in einem großartigen, aber schwierigen Text – *El libro mudo* (von Juan Ramón Jiménez und Silverio Lanza mit einem Nachwort versehen) die Ursache jenes drängenden Wunsches, von sich selbst zu sprechen, dargestellt. Die Worte, mit denen sich der Dichter ständig umgibt, wollen eine Art Verteidigungskreis schaffen, eine Barrikade gegen die Invasion der »anderen«, der Sklaven der sozialen Organisiertheit, die so weit von der wahren Menschennatur entfernt stehen. Ramón sagt im Hinblick auf dieses Buch: »Ich veröffentliche es, um zu entrinnen. Das Buch ist etwas, das mit einem flüchtet... Ich mußte mich von meinem anderen Ich trennen, dem des Jacketts, dem Untertanen, dem Gesellschaftsmenschen, dem Opfer unseres Bildungswesens, dem Mann mit den schlechten, d. h. den üblichen Gewohnheiten... Dieses Buch ist eine Entfernung, eine Desertion für alle Zeiten, um mich an einen Ort zu begeben, wo man mich nicht mehr findet... Es ist mein gesellschaftlicher Tod... Irgendwo im Alltagsgeschehen bleibt mein mechanischer Doppelgänger zurück und findet sich mit allen Uniformitäten und allen Arten von Aussatz ab...«

Ramón Gómez de la Serna zieht sich immer mehr auf sich selbst zurück: in *Morbideces* hatte er ein »regressives Werk« versprochen, und er hat dieses Versprechen bis an sein Lebensende gehalten. Das Durchdringen seines Innern führt den Schriftsteller zu neuen Ausdrucksweisen, welche Lebensbereiche widerspiegeln, die man bisher als untergeordnet betrachtet hatte, so etwa die Eigenständigkeit des Körpers. Es fällt nicht leicht, den Lebensweg Ramóns mit Hilfe der Aufmerksamkeit zu verfolgen, die er dem Körper und seinen Empfindungen angedeihen läßt, denn es handelt sich um einen Weg, der von glühender Erotik schließlich zur grauenvollen Beschreibung der Isolation (in *Diario póstumo*) führt, in welche ihn seine Zeit und die Krankheit getrieben haben. Von der erklärten »Affinität der Krankheiten« zur Frau, die er in *Morbideces* verkündet hatte, führt der Weg zur Besessenheit vom körperlichen Verfall. Eiter, Fieber und die Analyse des Urins werden dargestellt: »13. Dezember 1954 – Von unerträglicher Hitze ist die Körpertemperatur zu durchdringender Kälte abgesunken... Die Knochen zerbröckeln. Das Fleisch, eine zerfetzte Fahne. Das Gehirn schwebt auf wunderbare Weise...«

Mit all dem möchte ich zum Ausdruck bringen, daß das Werk Ramón Gómez de la Sernas sich aus einer ganz individuellen Quelle speist und voll von autobiographischen Besonderheiten ist, wobei die Geschehnisse nur untergeordnete Bedeutung haben, während die inneren Lebensräume das Wesentliche bilden und vom Autor mit meisterlicher Hand in ein Wechselspiel zwischen der ihn umgebenden Realität und seiner besonderen poetischen Chemie gebracht werden. In *El doctor inverosímil* (1914) sagt Ramón: »Der Blick ist von größter Wichtigkeit; viele vergeuden ihre Blicke sinnlos, ohne sie zum Herzen zurückkehren zu lassen, nachdem sie sie ausgesandt haben.« »Sie zum Herzen zurückkehren zu lassen«: der Schriftsteller versteht sich als unmittelbaren und rücksichtslos subjektiven Zeugen der Wirklichkeit. Der Subjektivismus, zu dem er sich bekennt, gründet zweifellos auf dieser Besessenheit des Autors von sich selbst. Der autobiographische Raum Ramóns stellt sich deshalb als etwas Beunruhigendes dar. Wenn es darin auch viel Klarheit gibt – etwa in den wunderbaren Beschreibungen der verschiedenen Lokalitäten, die er besucht und von denen er zwischen 1917 und 1923 seinen Freunden aus dem Café Pombo brieflich Bericht erstattet, oder auch in den aufrichtigen Bekenntnissen seiner umfangreichen Autobiographie mit dem schönen Titel *Automoribundia* (1948) –, so findet sich doch auch viel von jener »anderen« Realität, die der Schriftsteller so oft erwähnt. Besonders in den »nebulösen Romanen« der 30er und 40er Jahre spricht er von der geraubten Realität, die aus der »Realität als Trugbild« gerettet worden ist, der wahrhaften und rein persönlichen Realität. Nur der Zauber der Literatur kann sie auf andere übertragen. Sie stellt den wahren Lebensraum des Autors dar. Befreit von allem Ballast, allen Topoi, unternimmt Gómez de la Serna eine einsame und beziehungsreiche Wanderung zu seiner inneren Wirklichkeit. So stellen seine Schriften in ihrer Gesamtheit eine Transfiguration, eine Reinigung der vorher »travestierten« Wirklichkeit dar, wobei er sich einer metaphorischen Sprache bedient, die in dem Roman *El hombre perdido* (1946) das Traum- und Rätselhafte einer Wirklichkeit streift, einer »anderen« Wirklichkeit, die nicht verstandesmäßig erfaßt, sondern subjektiv erfühlt wird.

Das Geheimnis des Werkes von Ramón Gómez de la Serna liegt also in einem verzweifelten, biographischen Kern, um den herum sich alle seine Texte, fiktive wie nichtfiktive, gruppieren. Die Fixiertheit auf den Umkreis und darauf, sich einen solchen zu schaffen, ist eine Konstante bei Ramón, als ob sie eine permanente Verteidigung gegen »diejenigen von draußen« wäre, die nichts vom Leben und von der Liebe verstehen, sondern nur etwas von Gesetzen und Strafen. Im Prolog zu *El libro mudo* sagt der Autor: »Sich gut zentrieren und den Radius kennen, anstatt einen Umkreis ohne Zentrum zu bilden…« Seine Literatur ruht so sehr in sich, existiert so sehr nur für sich, daß keines der Wörter, aus denen sie besteht, überflüssig oder unwahr wäre, auch wenn diese Wörter bisweilen so unklar sind wie die »Nebulosität« Ramóns, die überraschenderweise mit dem »Nebel« Unamunos verwandt ist. Die »Romane der Nebulosität« und die ihnen nahestehenden *El incongruente* (1922), *El novelista* (1923); *Rebecca!* (1936) und besonders *El hombre perdido* handeln vom inneren Menschen in einer statischen Zeit, außerhalb der konventionellen Zeitrechnung. Der letztgenannte Roman erzählt vom ständigen Umherirren der von Halluzinationen und Gesichten bedrängten Hauptfigur durch die Straßen der Stadt: »Ich will nichts anderes als Einladungen zum Grund des Lebens… Ich bin so viel umhergegangen, um zu erfahren, woran ich mich halten kann. Leben wir, oder leben wir nicht?«

Aber wenn auch fast alles im Werke Ramóns offene oder für den aufmerksamen Leser erkennbare Autobiographie ist, so stellt es doch nicht immer eine verzweifelte Suche oder den Rückzug in die Randbezirke des Lebens dar. Das Leben des Autors ist seit Erscheinen des *Prometeo* und bis zum Beginn der dreißiger Jahre ein optimistischer Kampf und ein Fest, eine ständige Provokation der gutbürgerlichen Kreise von Madrid oder Paris. Berühmt ist der Skandal, zu dem es in Madrid anläßlich der ersten Kubistenausstellung kam, die Ramón im Jahre 1915 unter dem Motto »Los integros« konzipiert hatte und wo u. a. das kubistische Portrait des Autors gezeigt wurde, das der damals stark umstrittene Diego Rivera gemalt hatte. Internationale Berühmtheit erlangen dann seine bekannten Abendgesellschaften im Café Pombo, zu deren Teilnehmern die führenden Vertreter des zeitgenössischen Kulturlebens gehörten: Borges, Picasso, Ilja Ehrenburg, Cocteau, Delaunay usw., die alle in den Büchern *Pombo* (1917) und *La Sagrada Cripta del Pombo* (1924) portraitiert worden sind. Hiermit stoßen wir auf eine weitere, äußerst bedeutsame Konstante des ›Ramonismo‹, d. h., Ramón Gómez de la Serna ist Schriftsteller der Avantgarde und zugleich vielschichtiger Anreger derselben in Spanien und im Ausland, mit Hilfe von Begegnungen, aufsehenerregenden Vortragsspektakeln und zahllosen Beiträgen für die wichtigsten internationalen Zeitschriften der kosmopolitischen Avantgarde, wie »Revista de Occidente« in Madrid, »Martín Fierro« in Buenos Aires, und »Bifur«, »900« oder »Nord-Sud« in Europa.

In der komplexen spanischen Kulturlandschaft der zwanziger Jahre – die bekanntlich durch die Internationalisierung der avantgardistischen Bewegungen charakterisiert sind – war die Stellung Ramón Gómez de la Sernas einzigartig.

In Spanien herrschte ein gewisser Mangel an Wertschätzung gegenüber diesen Bewegungen, der nach Ansicht José Carlos Mainers zurückzuführen ist auf »das Fortbestehen des nationalistisch-kritischen und auf jeden Fall sehr traditionellen Stils, den die zwischen 1870 und 1890 geborenen Künstler nicht aufgaben, und durch die verständliche Unbeweglichkeit der volkstümlichen Lesegewohnheiten… daher erklärt es sich, daß das spanische Kulturleben der zwanziger und dreißiger Jahre ausländischen Besuchern gleichzeitig einen Eindruck von Anachronismus – Traditionalis-

mus und von Modernität vermittelte.«[*] Außerdem war die beherr-
schende Vorstellung hinsichtlich der avantgardistischen Kunst
verbunden mit dem Begriff der ›deshumanización‹ (Entmenschlichung), wie ihn José Ortega y Gasset 1925 in dem wichtigen Artikel in der »Revista de Occidente« geprägt hatte. Es ist ebenfalls
bezeichnend, daß in den Antworten zeitgenössischer Persönlichkeiten des Kulturlebens auf die »Umfrage über den spanischen
Avantgardismus«, die von der sehr zeitnahen »Gaceta literaria«
(Direktor: Giménez Caballero) veranstaltet worden war, viel
Skepsis zu finden ist, sowohl unter literarischen Gesichtspunkten
als auch hinsichtlich der sozialen Implikationen.

Das mangelnde Interesse der spanischen Öffentlichkeit hat sicher dazu beigetragen, daß sich bedeutende bildende Künstler Spaniens von Paris aus als Pioniere oder Weggefährten in die kosmopolitischen Bewegungen der Avantgarde einreihten, vom Kubismus bis zum Surrealismus, von Picasso bis Salvador Dalí, ohne
natürlich Luis Buñuel zu vergessen.

Dennoch lassen sich in Spanien neben dem einzigartigen ›Ramonismo‹ wenigstens zwei poetische Strömungen der Avantgarde
feststellen, nämlich der ›Creacionismo‹ und der ›Ultraismo‹ (um
den chilenischen Dichter Vicente Huidobro): Bewegungen, für
deren Zeitschriften Ramón unter dem Titel *Ramonismo* spezielle
Rubriken verfaßte. Unser Autor wollte niemals einer »Schule« an-
gehören, das hätte seine Freiheit eingeschränkt, aber er kannte sie
alle und wirkte in allen mit, da sie das Neue repräsentierten; er hingegen war der Vorläufer und Entdecker neuer Horizonte. Eines
der großen Verdienste Ramón Gómez de la Sernas liegt darin, seit
Gründung der Zeitschrift »Prometeo« der große Erneuerer in Spanien gewesen zu sein, wobei er diese Rolle bewußt übernahm und
sich seines Erfolges sicher war. Schon am Anfang seiner schriftstel-
lerischen Laufbahn bricht er mit der Vergangenheit (»El concepto
de la nueva literatura«), und man könnte sagen, daß er als eine Art
Brücke fungiert zwischen einer gewissen kostumbristischen Nostalgie romantischer Herkunft – seine Bewunderung für Larra ist bekannt[**] –, wie sie bei einigen Madrider Schriftstellern in Erscheinung trat, und der wildesten avantgardistischen Konzeption, die
er in »Mis siete palabras«, einem Artikel, den er 1910 im »Prometeo«

---

[*] A. d. V.: *La edad de plata (1902-1939)*, Ediciones Cátedra, Madrid 1981.
[**] A. d. V.: Mariano José de Larra, »Fígaro«, berühmter spanischer Schriftsteller und
polemischer Essayist, 1809-1837.

veröffentlicht und dessen Leitmotiv der »phantastische Traum, ein Robinson Crusoe zu sein«, ist, beredt formuliert.

Durch die bereits erwähnten ›tertulias‹ im Café Pombo und durch seine ständigen Fahrten nach Paris sowie durch andere Reisen nach Italien und Portugal entwickelt sich Ramón zum bevorzugten spanischen Gesprächspartner der internationalen »Konfraternität« der Avantgarde. Valéry Larbaud vergleicht ihn mit Joyce und Proust hinsichtlich seiner sprachschöpferischen Leistung, Jean Cassou hält ihn für die reinste Verkörperung des Modernismus in Spanien, Bontempelli und Graf Keyserling bezeigen ihm ihre Freundschaft, er wird zum Mitglied der Pariser Akademie des Humors ernannt... Ramón sucht den Kontakt zu den hervorragendsten Vertretern der neuen Kunst, er hält Zwiesprache mit ihnen in *Ismos*, erzählt uns von seinen Abendessen im Hause der Prinzessin von Noailles, von seinen Begegnungen mit Cocteau, Picasso, Laurencin usw., und beschreibt sie aus seiner persönlichen Kenntnis heraus (*Retratos Contemporáneos*; als Buch 1941 erschienen), als ob es sich um eine »Everybody's Autobiography« im Stil Gertrude Steins handele. Seine Kunstauffassung ist außerordentlich neu, modern, zeitgemäß, dem Tag und der Stunde verhaftet; alle Künste, seien es die Musik (Strawinsky oder der Jazz), der Tanz (die »Ballets russes« von Diaghilev oder Josephine Baker), die bildenden Künste, der Film, die Architektur, die Inneneinrichtung oder die Literatur bilden ein zusammenhängendes Ganzes: »Ich werde etwas tun, was von gewissen absolutistischen Theoretikern streng untersagt wird, nämlich die neue Kunst und die Literatur miteinander vermischen, aber aus dieser Häresie kann sich eine allgemeine Vorstellung davon entwickeln, um wieviel wirksamer dieser Einfluß ist, als es zunächst den Anschein hat.« (*Ismos*). Es handelt sich um eine magische, solidarische Begegnung, um die Negation des Realismus des 19. Jahrhunderts und um die Behauptung der Modernität, die so relativistisch, so unsicher und voller Zweifel ist, daß sie einer weniger logischen und mehr intuitiven, einer weniger reduzierenden und mehr amplifizierenden Ausdrucksform bedarf, einer ganz anderen Ausdrucksform als der des Realismus. Im Prolog zu seinem Buch *Total de greguerías* (1955) sagt Ramón Gómez de la Serna: »Die Metapher ist letztendlich der Ausdruck der Relativität. Der moderne Mensch ist schillernder als der vergangener Jahrhunderte und deshalb stärker metaphorisch. Er muß eine Sache im Lichte einer anderen betrachten. Er sieht alles vereinigt, nebeneinander gestellt, verbunden. Er wiegt die Bedeutung des Großartigen oder des Verhängnisvollem durch etwas noch Größeres oder noch Verhängnisvolleres auf.«

Die höchste Metapher Ramóns ist die berühmte, von ihm so genannte ›gregueria‹, d. h. »das, was die Lebewesen verworren aus ihrem Unterbewußtsein hervorschreien... Es sind keine Reflexionen, noch haben sie etwas damit zu tun...«, es sind Beweise des »vitalistischen Scharfsinns«. Ramón bezeichnet sich gern als Beobachter des »Winzigen«, und der »Augenblickserscheinung«, er zerreißt die Prosa, gestaltet sie »atomistisch«, »fragmentarisch«, denn »die Verfassung der Welt ist fragmentarisch, ihr Urgrund ist atomistisch, ihre Wahrheit auflösend...«

Das Aufbauprinzip einer ›greguería‹, die ihr Autor als »Metapher plus Humor« definiert, besteht in einer augenblicklichen, blitzartigen, instinktiven Assoziation von Ähnlichkeiten zwischen Gegenständen, Lebewesen, Sachen, die uns umgeben, von Pflanzen und Tieren, himmlischen und höllischen Erscheinungen, Wasser- und Flammenspielen usw., die ihrer Natur nach erregend und einfach sind und einen bisher verschlossenen Ausblick auf die Welt eröffnen. Sie sind wie Miniaturen, bei denen das Fehlen jeder Hierarchisierung des poetischen Grundstoffes offensichtlich ist. In diesem Sinne rühmt Ramón im »Prólogo« das Einfache, »das Triviale« des Lebens. »Die ›greguería‹ muß, obwohl genau darauf ihre Verführung beruht, sehr einleuchtende, sehr vergängliche, sehr kurzlebige Dinge aufnehmen, denn die Verführung ist menschlich, und die Kunst muß diese Verführbarkeit genießen und sich darin vervollkommnen und entspannen.«

Absurd, inkongruent, lebhaft und tanzend sind die ›greguerías‹, und sie haben nach den Worten Ramóns »mehr vom Fischer als vom Jäger, von einem Fischer im Innern, denn sie weilen im Geist, im letzten Winkel des Geistes... sind strenge und poetische Überprüfung des Lebens.« Das erinnert an einige Zeichnungen von Joan Miró. Hierzu einige zufällig gewählte Beispiele: »Im Schatten dieses Baumes, der inmitten der Ebene steht, hocken in geselligem Kreise alle Ideen der Landschaft«; »Man kann sich schlecht vorstellen, daß ein ungeschminkter Kopf der Kopf einer Frau sein könnte«; »Die Schwalbe kommt von so weit her, weil sie Pfeil und Bogen in einem ist.«; »Wenn wir eine Tür zuschlagen, klemmen wir der Stille die Finger ein«; »Das Klaviergeschäft hat etwas von einem Beerdigungsinstitut für Musik«; »Die Raupe aus Zahnpasta«; »Das Wasser spiegelt auf den Wänden einen Dunst von Licht«. »Pfefferkorn: Auge eines hackenden Vogels«… und so in einem fort.

Wenn Ramón irgendeine Verwandtschaftsbeziehung seiner ›greguerías‹ zugibt, dann zum japanischen Haiku, nicht jedoch zu den Maximen, wie etwa denjenigen von La Rochefoucauld, oder gar zu den Aphorismen; die ›greguerías‹ wollen keine Moral oder Sentenz formulieren, sondern lediglich die Welt, das Universum und die Menschheit zueinander in Beziehung setzen mit Hilfe einer frischen Sichtweise auf die Dinge, um diese zu entblößen und sie unter neue Perspektiven zu stellen. Es ist offensichtlich, daß in dieser Vielfalt der Perspektiven, die mit Hilfe einer »greguerisierenden« Vision erlangt werden kann und muß, Züge des Kubismus vorhanden sind, wie auch in jener kleinen »Psychologie« der aus dem Inneren »gefischten« Dinge Anklänge an den Surrealismus und in ihrer absurden Provokation Züge des Dadaismus erkennbar sind. Aber man darf nicht versuchen, Ramón in eine der avantgardistischen Schulen einzusperren. Wie wir schon sagten, nahm er sie vorweg, ging durch sie hindurch und war sich vollauf bewußt, daß allen anderen Ismen sein vielgesichtiger ›Ramonismo‹ als Vorläufer zugeordnet werden mußte. Als »Einmannschule« ohne Schüler öffnete Ramón Gómez de la Serna dennoch den Weg für die Dichter der sogenannten »Generation von 27«, wie unter anderen von einem Mitglied dieser Generation, dem Dichter Luis Cernuda, in einem luziden Artikel mit dem Titel »Gómez de la Serna und die Dichtergeneration von 1925«, anerkannt wird, genauso wie von der innovatorischen Schriftstellerin Rosa Chacel. Später machten Cortázar, Octavio Paz und Gabriel García Márquez den Einfluß des großen spanischen Autors auf die lateinamerikanische Prosa des »magischen Realismus« deutlich.

Die obligatorische Annäherung, die vollzogen werden kann und muß zwischen dem dichterischen Werk und dem »Ramonismo«, tritt in dem Essay zutage, den Ramón betitelt hat: »Las palabras y lo indecible« (»Revista de Occidente«, 1936). In großer Ausführlichkeit meditiert der Autor einmal mehr über die Wörter und ihre »Freiheit« im endlosen literarischen Universum, wobei er, in einer Art surrealistischer Vorgehensweise, auf der notwendigen Zufälligkeit der Begegnung zwischen denselben besteht, welcher sich der Autor, der sie handhabt, fügen muß: »Die neue Poesie und die neue Literatur haben die Wörter befreit, und die Wörter arbeiten auf eigene Rechnung, nach einem unbewußten und unverrückbaren Gesetz… Man muß die Morgenröte in den Wäldern singen hören… und Schwingungen und Bilder sehen, die vorher unsichtbar waren… Die Anordnung versucht sich nach geheimnisvollen Gesetzen zu richten, denn die Literatur ist Anti-Mathematik, das einzige, was antimathematisch ist auf der Welt… Deshalb haben die Schriftsteller ein Recht auf verbales Phantasieren…«

Wir wissen auf Grund der »greguerisierenden« Sichtweise des Autors, daß dieser sich weigert, einen einseitigen Standpunkt einzunehmen, der die Wahrnehmung der Umwelt einschränken würde. In dem Essay, von dem wir hier sprechen, erläutert Ramón definitiv, was er schon in früheren Schriften angemerkt hat, wenn er sagt: »Ein einseitiger Gesichtspunkt überzeugt uns nicht, und deshalb passen wir uns dem an, was man den Gesichtspunkt des Schwammes nennen könnte. Was ist der Gesichtspunkt des Schwammes?… Es ist die veränderliche, neutrale, vorurteilslose, vielfältige Sichtweise. Dieser Ehrgeiz, schwammartig und durchlöchert zu sein, den wir hegen, um nicht die Monotonie und den Allgemeinplatz ertragen zu müssen und um uns aus unserer eigenen Beschränktheit zu erretten, blickt um sich mit hundert Augen, wie ein Schwamm im Delirium, wobei er ungeahnte Beziehungen zwischen den Dingen wahrnimmt… er verwandelt die Wirklichkeit in Wahn… Vom Multikreisförmigen her erreicht man gleichzeitig mehrere Umgebungen…« »Auf Grund dieser ringsum erfassenden, schwammartigen und durchlöcherten Masse, die wir im Kopf haben«, wird »der absurde geradlinige Blickwinkel verlassen«, und es wird endlich »das Unsagbare« erfaßt, das »weder das Unbewußte noch das Unterbewußte noch etwas Ähnliches ist, sondern das, was sich in diesen Heidelandschaften der Wörter findet, die wir weit hinter uns zurückgelassen haben mit dem Lächeln der Salinen.«

Die Begegnung zwischen der Dichtung Ramón Gómez de la Sernas und der großen lateinamerikanischen Literatur, auf die wir schon hingewiesen haben, stößt im Falle von Julio Cortázar an beinahe magische Grenzen. Der große argentinische Schriftsteller bekennt in einem Artikel mit der Überschrift *Los pescadores de esponja*[*], wie er rein zufällig und ohne den Essay von Ramón zu kennen vor Jahren folgendes geschrieben habe (und er zitiert sich selbst): »Dieses Atmen des Schwammes ist ein ständiges Kommen

[*] A. d. V.: »Clarín«, Buenos Aires, 26. Oktober 1978.

und Gehen von Fischen der Erinnerung, von blitzartigen Verbindungen von Zeit, Zuständen und Materialien«, um schließlich mit den Worten zu enden: »Oh, Ramón, welch eine Freude zu entdekken, daß wir beide hinabtauchten, um sie zu suchen und um so zu sein wie sie in unserem Erleben der Dinge und ihrer Umsetzung in Literatur… Ich erinnere mich nicht an deinen Schwamm-Text, aber es ist gut möglich, daß ich ihn damals in den vierziger Jahren gelesen habe, und daß ich eines Tages die Hand auf jenen Schwamm gelegt habe, den du als der bessere Taucher als erster zwischen den Felsen des Meeresgrundes entdeckt hattest.«

Direkt verwandt mit dem »Gesichtspunkt des Schwammes« ist die Fragmentierung der Texte Ramóns, eine Konstante, die alle seine Schriften erfaßt, von den »Manifiestos« und den Monographien über *El Alba* (1918), *El Rastro* (1915), *Pombo* (1918) oder seine *Retratos* und *Ismos* bis hin zu seinen Romanen.

Diese gelegentlich stark kritisierte Ramonsche Atomisierung ist, wie wir sahen, von seiten des Autors absolut gewollt, ein Reflex seiner besonderen Weltanschauung wie seiner persönlichen Ästhetik. Nicht von ungefähr kommt die Liebe Ramóns zum ›Rastro‹, dem Madrider Flohmarkt und Sammelplatz von Gegenständen, die durch die Zeit und den Gebrauch ausgemustert, verstreut und zerbrochen wurden, nun aber ihrer ursprünglichen Reinheit zurückgegeben sind, dem Holz, aus dem sie zu einem Luxussessel gefertigt wurden, dem Tuch, aus dem sie zu einem Frack oder einer Uniform geschneidert wurden, dem jetzt verbogenen Metall, aus dem sie einst zu einer Medaille oder einem Schmuckstück verarbeitet wurden. Wenn die Zeit alles auflöst, liegt die Aufgabe des Schriftstellers darin, der Zeit zuvorzukommen und das Leben darzustellen, wie es ist: eine absurde, korrupte Sinnlosigkeit, aus Bruchstücken zusammengesetzt, die in die Zerstörung gestürzt werden: »…das Denken des Menschen und die menschliche Seele sind reine Sinnlosigkeiten… all unser Glauben, unser Überlegen und unser Stolz sind Sinnlosigkeiten. Die Sinnlosigkeit ist deshalb die wahrhaftigste Form der Literatur«. Der Autor vertritt die Überzeugung, »daß es unsinnige Dinge von solchem Interesse gibt, daß sie sich im Leben wiederholen… Versuche dramatischer, theatralischer Natur, von plötzlicher, verschwommener Realität; alle diese Pläne, die nicht die Ekstase des Planungsstadiums überschreiten können, alle diese Augenblicke, die uns wie Nägel in die Stirn dringen, wenn uns das Fieber verlassen hat, verdienen, daß sie jemand aus der Wirklichkeit aufsammelt...« (»Teoría del dispa-rate«, in *Disparates*, 1921).

Schon vorher, in *Muestrario* (1918), hatte Ramón die Ansicht vertreten, daß »alles unerklärlich ist«, daß man es nehmen muß, wie es kommt, als Augenblicksaufnahme ohne Geschichte, auf einen Blick und mit lebhaftem Empfinden, da dies die einzige Möglichkeit darstelle, mit dem Augenblick zu schwingen, der im Nu vergangen ist, denn alles, absolut alles und alle, ist und sind ephemer: »Der Mensch will sich nicht eingestehen, daß er am Rande der Schöpfung lebt... Wir leben am Rande... Ich lebe eine ewige Todesdämmerung... fühle mich mit Freuden sterben, und so sorge ich mich und klammere mich an meine Angelegenheiten... dieses einfache Todesgefühl vermittelt meinen Angelegenheiten diese Schamlosigkeit, diese Korrumpiertheit und diesen Aufruhr, es löst sie aus ihren Verbindungen und nimmt ihnen ihre Schwere... das Grauen des Endgültigen!« Das Ergebnis dieser Vision ist dann das Buch: »Dieses ist ein Buch aus Abfällen, wie es alle meine Bücher bis zu meiner Auflösung immer stärker sein werden... Die Prosa muß mehr Löcher haben als ein Sieb und die Gedanken ebenfalls... Alles in den Büchern muß einen rauhen, frechen, verstümmelten, aufgelösten Ton haben.«

Der Ort der Sinnlosigkeit par excellence ist ohne jeden Zweifel die moderne Großstadt. In seinem Enthusiasmus für die Fragmentierung und die Sinnlosigkeit findet Ramón in der Stadt den idealen Ort, um inkongruente Geschichten zu entwickeln, Geschichten von Personen, die aus dem Nichts kommen, von Reisenden, die von London nach Paris eilen, von Lissabon nach Genf, und die es alle immer wieder nach Paris zieht, dem Urbild – wie in *Ismos* gezeigt wird – der modernen Metropole.

Wenn wir als Ausgangspunkt der Großstadtliteratur Ramóns den Roman *El novelista* (1923) nehmen, der unter dem Titel »Der Roman eines Romanciers« ins Französische übersetzt worden ist, dann können wir beobachten, wie sich die Struktur des Romans und der Stadt (in diesem Falle Madrid, aber auch jede andere wäre denkbar) auf subtile Weise durchdringen, bis sie eine Einheit bilden. Der Autor, der sich in der Figur des Romanciers Andrés Castilla wiederfindet, pendelt ständig zwischen der Stadt und dem Roman von der Stadt hin und her; er lehnt sich über das Balkongitter seines Hauses, um die Menschen zu beobachten, und wandert nacheinander zu den charakteristischsten Plätzen der Stadt, wo er

Gärten und Statuen, Laternen und Bänke betrachtet. Offensichtlich ist der Roman *El novelista* eine Meditation darüber, wie man einen Stadtroman verfassen kann, der ja ein Sammelsurium von Personen und Ereignissen darstellt: »Das Leben verfügt über eine komplexe, überstürzte, verworrene Einheit, die man in ihrer eigentümlichen Struktur wiederzugeben versuchen muß... Ich möchte das Leben im Rohzustand wiedergeben und nicht als ob ich zu Pferd durch die Stadt ritte und einen bestimmten Weg verfolgte, vielmehr als ob das Leben im weitesten Sinne irgendwie an verschiedenen Orten zutage träte«.

Die gegenseitige Durchdringung von Autor und Stadt erreicht ihren Paroxysmus in dem, was ich in einem Artikel »Ciudades para una época«[*] genannt habe, wo die Helden Emanationen der wahnwitzigen, modernen Stadt zu sein scheinen und gefährlich auf dem Kamm einer Welle treiben, von der man nicht weiß, an welchen Felsen sie zerschellen wird. In den Romanen *El caballero del hongo gris* (1928), *Policéfalo y Señora* (1932), *El incongruente* (1922) oder der kurzen »falschen deutschen Novelle« *La mujer vestida de hombre*, die später in den vorzüglichen Band *Seis falsas novelas* (1927) aufgenommen wurde, schöpft Ramón seine Inspiration aus der Metropole. Die Helden spazieren nicht mehr durch die Stadt (Ramón Gómez de la Serna ist einer der großen »Spaziergänger« der spanischen Literatur), sondern sie bewegen sich synkopisch von einem Ort zum anderen, von einer Stadt zur anderen, mit fast neurotischer Phrenesie.

Die charakteristischen Orte der Stadt sind jetzt nicht mehr die öffentlichen Gärten oder die ruhigen Plätzchen, die von Laternen bewacht werden, sondern die Bars, die Nachtclubs und die Tanzlokale. Der Lärm, der die Helden umgibt, kommt von den Motoren und den Autohupen, der Jazzmusik und dem Klingen der mit Whisky und Eis gefüllten Gläser...

Der Lebenszweck der Helden liegt nicht mehr in der Verwirklichung einer Liebesromanze oder in der Betrachtung einer Landschaft (*El secreto del acueducto* [1922], *La mujer de ámbar* [1927], *La quinta de Palmyra* [1923]), sondern im Geld und im möglichst schnellen Gelderwerb. Sie sind einer oberflächlichen Lebensweise zugetan und lassen sich durch den verführerischen Sog der Großstadt hinreißen. Ein besonderer Fall, obwohl ebenfalls Produkt der

---

[*] in: ›Revista de Occidente‹, No. 80, Januar 1988 (Sondernummer: Centenario de Ramón Gómez de la Serna), S. 82-92.

neuen Stadt, ist Marien, »die Frau in Männerkleidern«, das Mann-
weib, das nicht länger nur die Gefährtin des Mannes sein will, sondern seine Rivalin ist in der Großstadtkomödie des Berlins der
zwanziger Jahre.

Die Leser der kosmopolitischen Romane Ramón Gómez de la
Sernas können also beobachten, wie der schnelle Rhythmus der
Großstadt auch in die Erzählkunst des Schriftstellers eindringt.
Der Roman ist die Stadt, und die Stadt ist der Roman, deshalb kann
der Leser mit der gleichen Freiheit, mit der sich ein Fußgänger eine
Straße oder einen Boulevard aussucht, von einem Kapitel zum anderen springen. In der Art des Autors, das in der Stadt Gesehene
wiederzugeben, ist der Einfluß des Kinos deutlich erkennbar: hier
tritt jene besondere Aneinanderreihung zutage, jene Aufeinander-
folge im Sinne einer Gleichzeitigkeit von verschiedenen Orten, die
plötzlich wechseln, und das alles in einer Diskontinuität mit intensiven Momenten des Paroxymus; das ist der Rhythmus nicht nur
in den zuvor erwähnten Stadtromanen, sondern auch in *Cinelan-
dia* (1923), der ein imaginäres, sinnloses und grausames Hollywood zum Gegenstand hat, das in vibrierenden »flashes« erfaßt
wird. Ramón Gómez de la Serna war ein großer Anreger des Films
in Spanien, schrieb Artikel (er prägte den Ausdruck ›Caligarismo‹
im Rahmen der Besprechung des Films *Das Kabinett des Doktor
Caligari*) und hielt Vorträge. Man weiß auch, daß Luis Buñuel den
nie erfüllten Wunsch hegte, einen Film nach einem Drehbuch des
von ihm bewunderten Ramón zu schaffen. Die Haltung des letzteren zum Film war genau so ambivalent wie die zur Großstadt: Anziehung und Ablehnung; Anziehung aufgrund der Neuheit und
der Freiheit, die sie bedeuteten; Ablehnung, weil es sich um Phänomene eines Scheinlebens, eines Lebens an der Oberfläche handelte. Es fehlte Ramón sowohl im Kino wie in der Großstadt jene
besondere Intimität, die er beständig suchte, die Intimität des
»Winkels«, wo man ein »Zentrum« fand: das Café Pombo oder
sein trautes Arbeitszimmer in Madrid.

Zu Beginn unserer Abhandlung spielten wir auf die Existenz gewisser traditionalistischer Elemente im Werk Ramóns an, d. h. auf
Elemente, die einerseits mit dem kritischen Kostumbrismus Larras
verwandt sind, andererseits mit der klaren und schonungslosen
Sichtweise Goyas oder José Gutiérrez Solanas[*]. Im Zentrum seiner
traditionalistischen Tendenz mit kostumbristischen Elementen

[*] A. d. V.: José Gutiérrez Solana, spanischer Maler und Schriftsteller, 1886-1945.

finden wir die Stadt seines Herzens, Madrid, ob als Fiktion in den Romanen mit Madrider Milieu, wie *La Nardo* (1930), oder als Realität in dem außerordentlichen »Beinahe-Stadtführer« von Madrid, *Elucidario de Madrid* (1931), immer aber als Ort der Sehnsucht, gleichgültig ob sich Ramón auf der Höhe seiner Laufbahn in Paris befindet oder ob er später krank und verlassen in Buenos Aires lebt.

Der ›madrileñismo‹ Ramón Gómez de la Sernas ist wegen der unerschütterlichen Treue und der unendlichen Zärtlichkeit, mit denen er sich der Stadt verbunden fühlt, vielleicht die bewegendste Konstante im Leben dieses Autors, trotz zahlreicher finsterer und kritischer Töne, die er zwar nicht für das Volk von Madrid und seine licht- und sonnenerfüllte Stadt findet, aber, wie seit *Morbideces* und *El libro mudo* deutlich wird, für seine Behörden und politische Prominenz. Ramón sagt: »…in Madrid versammelt sich alles um einen herum wie nirgendwo sonst, alles ist in einen eingehüllt, alles ist sich nah und alles sympathisiert mit allem, und über allem ist die Stadt.« *(Pombo).*

In dem zitierten *Elucidario de Madrid* ist der Blick des Autors auf die Stadt wie immer kreisförmig, in einer Zeit und in einem Raum, die in sich geschlossen sind, als ob es möglich wäre, die lineare Zeit auf diese Weise zu vergessen. Die Geschichte der Stadt Madrid selbst besiegt die Chronologie, denn der Autor rekonstruiert sie mit Hilfe der Stadtviertel, die alle rund um den großen Platz liegen, der Madrid verkörpert, die urspanische Puerta del Sol. Von diesem Zentrum und von der Gegenwart aus werden uns die Geschehnisse der Vergangenheit erzählt, die in jedem Stein und jedem Einwohner weiterleben. »Wie lebendig man das Leben der Vergangenheit spürt, das zeitlose Leben… Dieselbe Zeit, identisch, unveränderlich, im selben Raum.« In dieser intimen Sichtweise Madrids atmet die Stadt, die den Autor umgibt, in einer »vitalen Einheit«, die Straßen stehen in »einem Verwandtschaftsverhältnis« zueinander, obwohl jede ihre eigene Psychologie hat, die auf ihrer unterschwelligen Geschichte beruht. Beständig schwankend zwischen Meditation und Observation, ist Ramón vor allem der neugierige Flaneur Madrids, der Freund der »Zivilbevölkerung«, die im Begriff steht, ihre »vollen Bürgerrechte« zu erlangen. Die Haltung des Autors zu Madrid ist wie immer und überall zu allem, was ihm begegnet, liberal, und was er an dieser Stadt am meisten liebt, ist gerade ihre Liberalität. Ramón sagt:

»Madrid ist hundert Meilen vom Escorial entfernt…« Später bemerkt er, daß Madrid vielleicht die einzige Stadt der Welt ist, die (im Retiro-Park) dem gefallenen Engel ein Standbild errichtet hat. Stolz auf seine »Heimatliebe«, führt uns der Autor mit Wärme und Wissen durch alle Winkel seiner geliebten Stadt.

Die Madrider Romane fangen deren Atmosphäre ein und, trotz der Dramen, die sich in ihnen abspielen, auch die ewige Ruhe dieser ewigen Stadt. Die Menschen haben ausreichend Zeit, ihr Leben zu leben, ob es sich um einen Freitod aus Liebe *(La Nardo)* handelt, um einen seltsamen Mord *(El chalet de las rosas,* 1923), um einfache Leute *(Las tres gracias,* 1949) oder um eine aufregende Schöne… *(Piso bajo,* 1961). Die Erotik, eine weitere Konstante des ›Ramonismo‹, durchdringt die Welt Madrids wie der Duft von Nardenblüten und besitzt eine Tiefe, welche anderen Weltstädten, die dem Rausch der Modernität erlegen sind, abhanden gekommen ist.

Dieselbe Erotik findet sich auch in den mehr kontemplativen Romanen, in denen die Eile und das rastlose Gewinnstreben fehlen; in dem portugiesischen Roman *(La quinta de Palmyra),* in dem neapolitanischen *(La mujer de ámbar)* oder in dem segovianischen *(El secreto del acueducto).* Die »Fleischlichkeit« der Wörter findet in der minuziösen Beschreibung des Frauenkörpers oder auch nur von Teilen desselben *(Senos,* 1923) Raum für die gewagtesten und gleichzeitig dezentesten Enthüllungen: »Sie war weißer und schwärzer als je, als ob ihre Blässe, die Totenblässe, die von den großen Ereignissen herrührt, das Entflammen ihres wächsernen Fleisches, ihrem Aussehen mehr Weiße und ihrer Kleidung mehr Schwärze verliehen hätte. Umschlossen von ihrer schwarzen Kleidung, obwohl die bloßen Arme daraus hervorsahen, war die weiße und schwarze Witwe eine prächtige, verzauberte Frau, der man schon die Bandagen ihres Witwenverbandes abnehmen kann, um darunter auf die Fülle heimlichen Verlangens zu stoßen…« *(La viuda blanca y negra,* 1917).

Von 1936 an, dem Datum seiner Übersiedlung nach Buenos Aires, wo Ramón Gómez de la Serna im Jahre 1963 starb, erfährt der ›Ramonismo‹ zwar keine grundlegenden Erneuerungen mehr, vertieft sich aber kontinuierlich in einigen seiner Aspekte.

In Buenos Aires fehlen Ramón trotz der eifersüchtigen Liebe zu seiner Frau, Luisa Sofovich, die Freunde, es fehlt ihm vor allem das Zentrum der Begegnung mit ihnen und mit vielen anderen, das die

›Sagrada Cripta del Pombo‹ für ihn bedeutet hatte. Die Stadt selbst, obwohl er ihre Schönheit anerkennt, hilft ihm nicht, heimisch zu werden; sie ist zu groß, ihre Sitten und Gebräuche unterscheiden sich zu sehr von denen Madrids (*Explicación de Buenos Aires,* 1948). Ramón Gómez de la Serna fühlt sich immer einsamer in seiner kleinen Wohnung, die er mit »Luisita« teilt – einem einzigartigen Universum aufgrund der zauberhaften Dekoration, die jeden Winkel schmückt. Wie in seiner Jugend versenkt er sich immer stärker in seine inneren Welten, diesmal allerdings voller Trauer ob eines unabweisbaren Gefühls des Scheiterns. Er leidet große wirtschaftliche Not, und sein Gesundheitszustand verschlechtert sich ständig. Das autobiographische Element in seiner Dichtung nimmt zu, entweder direkt wie in dem schon erwähnten, außerordentlichen Werk *Automoribundia* oder indirekt wie in dem Roman *El hombre perdido.* Sein Außenseitertum, das er in seiner Jugend wie einen Sieg besang, ist seit den 40er Jahren ein offenkundig trostloser Zustand. Ramón findet seinen Platz im Leben nicht mehr, seine Vision der gereinigten Realität verwandelt sich nicht mehr in einen freudigen Gesang, weil er sie aller Gemeinplätze entkleidet hat, sondern sie wird ernst und verzweifelt angesichts der Starrheit der Verhältnisse. Die schreckliche Schlußfolgerung lautet, daß die Realität der Menschen so ist, wie sie ist, und daß nichts, nicht einmal die revolutionärste Vision sie ändern kann. So heißt es in *El hombre perdido*: »Mein dringender Wunsch zu entfliehen hatte keine Gelegenheit und keinen Weg gefunden, aber ich war es müde zu glauben, etwas erreichen zu können, was doch niemals Wirklichkeit wurde... Es war aussichtslos, weiter zu gehen und das wahre Leben zu finden, vielmehr wurde es nur noch enger überwacht von verständnislosen Philistern...« Die Lösung, der Freitod, ruhig, ohne Furcht, wie ein völliges Ausruhen: »Außerhalb der absurden Fluchtversuche aus dem Leben, die nicht dauerhaft sein konnten, da ich mich nicht in ihnen einzurichten vermochte, kannte ich nur einen festen Ort, der wie außerhalb des allgemeinen Daseins lag... die toten Geleise der Eisenbahn... Ausgebreitet wie eine Landkarte und den Kopf auf eine Almenraute gelegt... rekel. ich mich so, daß ich die Stellung meines Skeletts in der Tiefe me. Fleisches veränderte, und ich verspürte eine völlige Ruhe

Aber es hieße den Geist des ›Ramonismo‹ verraten, diesem tragischen Aspekt Ramóns nicht seinen unve. Humor gegenüberstellen würden, dieses oberste hatte: »Ich habe in einer Zeit großer Verwirrung gelebt, und daran ist nichts zu ändern. Immerhin habe ich in gewisser Weise das Profil meiner Epoche, meiner Heimat und meines Lebens festgehalten, ohne allerdings zu wissen wie, denn die Lebensumstände haben nur einige Wörter zurückgelassen, die ich voll Furcht in den Winkeln meines Werkes aufgeschichtet habe. Immer bleibt uns der Zweifel, ob diese Welt Trauer oder Fröhlichkeit verdient hat, dieser schreckliche Zweifel des Humoristen... Schon entgleitet mir der Sinn der Welt, denn ich will nicht zugeben, daß er nur im ewigen Kampf gegen die Armut liegt... Der Frieden, der uns erwartet, wird sein wie der Anblick der Wagen eines Güterzuges in dichtem Regen, während durch das Fenster unseres einsamen Arbeitszimmers, das plötzlich aufgegangen ist, derselbe Regen unsere Papiere durchnäßt und die Schrift verwischt.« (*Nuevas págnas de mi vida*, Buenos Aires, 1957).

Um zum Ende zu kommen: man kann nicht behaupten, daß Ramón Gómez de la Serna ein Schriftsteller für ein breites Publikum sei, da sein Werk aufgrund seiner experimentellen, avantgardistischen Züge eher elitär ist. Seine, sagen wir einmal, »Popularität« war in den zwanziger Jahren groß, aber eben diese Popularität, die auf seine »skandalösen«, extravaganten Vorträge, seine Liebe zum Zirkus und seine nach allen Seiten Hiebe austeilenden ›greguerías‹ zurückging, verdunkelte viele authentische und bedeutende literarische Aspekte seines Werkes. Bei der Unmöglichkeit, ihn auf eine bestimmte Gattung festzulegen, kann man von Ramón Gómez de la Serna nicht behaupten, er sei der größte Romancier oder der größte Dramatiker oder der größte Essayist gewesen. Das Werk Ramóns ist einzigartig in seiner komplexen Totalität, phantastisch in den beispiellosen Erfindungen seiner literarischen Sprache. Es ist Literatur im reinsten und höchsten Sinne, und in seiner gattungsübergreifenden Art ragt es aus der modernen und zeitgenössischen spanischen Literatur heraus – vergleichbar nur den genialen Werken des Siglo de Oro.

Es ist unverkennbar, daß die Feier seines hundertsten Geburtstages im Jahre 1988 gegenüber den spektakulären Gedenkveranstaltungen, die man den Jahrestagen anderer großer spanischer Schriftsteller zuteil werden ließ, wie Federico García Lorca, don Ramón del Valle-Inclán oder Antonio Machado, blaß wirkte. Immerhin verschwimmt langsam die Unkenntnis, und das Schweigen um Ramón Gómez de la Serna füllt sich mit Stimmen: Seminare

in den Sommeruniversitäten Spaniens, Neuauflagen praktisch unbekannter Schriften, auch die (schwierige) Gesamtausgabe befindet sich in Vorbereitung. Dann wird unfehlbar das eintreten, was
eintreten muß: die Anerkennung des gewaltigen Werkes dieses
großen spanischen Schriftstellers.

# Ricardo Gullón
## Juan Ramón Jiménez

Juan Ramón Jiménez, geboren am 23. Dezember 1881 in Moguer, gestorben am 29. Mai 1958 in San Juan de Puerto Rico, lebte seit seiner frühesten Jugend mit und für die Dichtkunst. Er stand gänzlich in ihrem Bann und war ihr gewissermaßen in einer Liebesbeziehung verbunden.

Wäre der Bürgerkrieg (1936-1939) nicht gewesen, hätte sich sein Leben in ruhiger Arbeitsamkeit und in geregelten Bahnen vollzogen. Aber das Trauma des Krieges, dieser alles zerstörende Wirbelsturm, zwang ihn zur Emigration, zu endlosen Irrfahrten und erlegte ihm Lebensweisen auf, die er freiwillig nicht auf sich genommen hätte.

Er stammte aus einem Ort im Südwesten Andalusiens, in der Nähe des Hafens von Palos (von wo aus die Karavellen des Christoph Kolumbus für die erste Amerikafahrt in See stachen), und er verspürte für seine Heimat eine große Liebe. Er nannte sich einen universalistischen Andalusier, da er die Auffassung vertrat, daß er, je tiefer er in seiner Heimat wurzele, um so leichter mit all jenen kommunizieren könne, die gleich ihm an anderen Orten der Erde von dem Wunsch nach Tiefe beseelt seien.

Er besuchte die Grundschule in Moguer und später das Jesuitenkolleg in Puerto de Santa María, nicht weit von Cádiz. Anschließend schickten ihn seine Eltern zum Jurastudium nach Sevilla. Sevilla, die Stadt der Musen, entfaltete sogleich ihre Verführungskünste für den jungen Mann, insbesondere auf dem Gebiet der Malerei und der Dichtkunst. Anstatt im Hörsaal zu sitzen, besuchte er lieber die Ateliers der Maler, verkehrte mit Fandangotänzern oder saß träumend am Ufer des Guadalquivir. Dort verfaßte er auch seine ersten Verse, die von den Intellektuellen Sevillas freundlich aufgenommen wurden. Seine damaligen Lieblingsdichter hießen Lamartine, Byron, Heine, Espronceda und Bécquer, Romantiker wie er und meisterhafte Gestalter jener Traumwelten, in denen seine Phantasie so gern verweilte.

Jiménez bestand die Prüfung in spanischer Geschichte nicht und verließ daher die Universität schon nach einem Jahr. Die Ärzte empfahlen dem kränkelnden jungen Mann Ruhe und Schonung. Nachdem er seine ersten Gedichte in der Provinz veröffentlicht hatte, arbeitete er für die Madrider Wochenzeitschrift »Vida Nueva«; zuerst publizierte er ein »Nocturno«, ein Gedicht von größerer Reife, als man sie bei einem so jungen Autor erwartet hätte; danach »Las amantes del miserable«, ein in Thema und Stil anarchistisches Werk, das ebenso berühmt wurde wie seine Ibsen-Übersetzungen, die er auf Wunsch der Zeitschrift nach französischen Übertragungen anfertigte.

Im Frühjahr 1900 reiste er nach Madrid, jetzt bereits ein lyrischer Dandy, der eingeladen worden war, seiner glorreichen Bestimmung in der Hauptstadt zu folgen. Ein anderer Andalusier, Francisco Villaespesa, wurde sein Mentor und Führer durch die Straßen, Cafés und literarischen Zirkel. Rubén Darío und Ramón del Valle-Inclán rieten ihm, sein kürzlich abgeschlossenes Buch *Nubes* in zwei Teile zu spalten und schlugen ihm Titel vor, die stärker im Einklang mit dem Zeitgeist standen: *Almas de violeta* und *Nínfeas*, die dann ein paar Monate später gleichzeitig veröffentlicht wurden.

Der Modernismus hatte sich als herrschende literarische Strömung durchgesetzt, und in ihm sollte Jiménez eine herausragende Rolle spielen. Zunächst jedoch machte er eine traumatische Erfahrung: erschöpft und geschwächt war er nach Moguer zurückgekehrt, wo der plötzliche Tod seines Vaters ihm eine unheilbare Wunde zufügte. Atemnot, Schwindelgefühle, Ohnmachts- und Erstickungsanfälle erfüllten ihn mit der Furcht, plötzlich sterben zu müssen. Darunter sollte er sein ganzes Leben hindurch immer wieder leiden. Seine Mutter, Doña Purificación, beschloß, ihn in das Sanatorium von Castel d'Andorte in der Nähe von Bordeaux zu geben, wo sie ihn der Obhut von Dr. Gaston Lalanne anvertraute. Von dem Arzt und seiner Familie wurde er als Freund behandelt, und sein Zustand besserte sich merklich. Eine Liebesaffäre verband ihn mit Francoise Larrègle, einer Krankenschwester des Sanatoriums, und vielleicht auch mit Jeanne Roussié, der Frau von Lalanne. Diese Episoden, die sich im wesentlichen in der jugendlichen Phantasie und der dichterischen Vorstellungskraft abspielten, fanden Eingang in einige später veröffentlichte Gedichte. In den Monaten seines Frankreichaufenthaltes schrieb er *Rimas* (erschienen erst 1920). Aus nicht genau bekannten Gründen, die vielleicht mit Madame Lalanne zu tun hatten, kehrte er nach Madrid zurück, wo er ins Sanatorio del Rosario ging. Die weißen Gewänder und die Häubchen der Novizinnen und jungen Nonnen Sor Maria del Pilar, Sor Amalia, Sor Pilar Ruberte ließen ihn wieder von unerfüllbaren Liebesbeziehungen träumen. Zu jener Zeit gingen Mystizismus und Erotik Hand in Hand, was dem Begehren eine religiöse Dimension verlieh, die es noch aufreizender machte. Zu Beginn des Jahres 1903 verbrachte er einige Tage mit einem befreundeten Arzt, »Sandovalito«, in der Sierra del Guadarrama; er schloß Freundschaft mit einem weiteren Arzt, Nicolás Achucarro, und verkehrte täglich freundschaftlich mit D. Luis Simarro, Lehrstuhlinhaber für Psychologie und Lehrer an der ›Institución Libre de Enseñanza‹. Im Sanatorium empfing er die Besuche von Schriftstellern; nach seiner Entlassung besuchte er seinerseits befreundete Dichter und Literaturliebhaber, vor allem aber regelmäßig den literarischen Stammtisch seiner Freunde, mit denen er die anspruchsvoll gestaltete Zeitschrift »Helios« gegründet hatte.

Er besuchte die Vorlesungen Simarros, und als dieser Witwer wurde, bezog er mit ihm und Achucarro eine gemeinsame Wohnung. Täglich verkehrte er im Hause von Gregorio und María Martínez Sierra; dort versammelten sich die Redakteure von »Helios«, schmiedeten Pläne, lektorierten Arbeiten und diskutierten über mögliche Beiträge zur Zeitschrift. In dieser und in weiterer Madrider Publikationen veröffentlichte er Werke von höchstem Niveau, sowohl Prosa als auch Lyrik.

*Arias tristes* (1903), *Jardines lejanos* (1904) und *Pastorales* (1911) sind die Werke, mit denen Jiménez einen ersten Höhepunkt seines literarischen Schaffens erreichte: ein Dichter im Gefolge Bécquers, ein Sänger mit einem eigenen Akzent für die Schönheit, die Traurigkeit und das Geheimnis des Daseins.

Wirtschaftliche Schwierigkeiten, Heimweh und die Liebe zu seiner Mutter ließen ihn nach Moguer zurückkehren, wo er von 1906 bis 1912 blieb, um sich dann von neuem in Madrid niederzulassen. In diesen Jahren veröffentlichte er ein Werk nach dem anderen: *Elegías puras* (1908), *Elegías intermedias* und *Olvidanzas* (1909), *Elegías lamentables* und *Baladas de primavera* (1910), *La soledad sonora* und *Poemas mágicos y dolientes* (1911), *Melancolía* (1912) und *Laberinto* (1913). Daneben schrieb er die jetzt weltberühmte andalusische Elegie *Platero y yo* (zwischen 1907 und 1916 datiert). Die sogenannte verkürzte Ausgabe erschien als Schulbuch 1914, die vollständige Ausgabe dann 1917. Dieses Werk vereint die

Autobiographie mit der lyrischen Transfiguration der Landschaft; es bringt die Gestalt des Verfassers in die Dichtung und führt ihn mit seinem silberfarbenen Eselchen durch die Welt von Moguer. In *Platero* stützt sich die poetische Erfahrung auf persönlich Erlebtes und läßt den Dichter in orphischer Weise mit der Natur kommunizieren, die von dem sanften Eselchen verkörpert wird.

Ende 1912 kehrt er nach Madrid zurück, und im darauffolgenden Jahr lernt er Zenobia Camprubí Aymar kennen, Tochter eines Spaniers und einer Puertorikanerin, die in Malgrat geboren und in den Vereinigten Staaten aufgewachsen war. Sie war keine der Blancas oder Rosalinas seiner Jugendzeit, dieser Imaginationen seiner leidenschaftlichen Seele, noch war sie eines jener »ätherischen« Wesen, die auf einsamen Wegen melancholisch wandelten, sondern eine fröhliche, intelligente, feinsinnige, und lebenstüchtige Frau. Nur eine Person wie sie war in der Lage, den neurasthenischen Geliebten zu verändern und ihn mit ihrer Vitalität soweit anzustecken, daß er ein fast normales Leben führte. Die Begegnung mit Zenobia und die Lektüre der stark verinnerlichten Gedichte Unamunos wurden zur entscheidenden Ursache für eine Neuorientierung seiner Dichtkunst. Am besten versteht man die Richtung dieser Veränderung, wenn man das Gedicht liest, in dem er seine Empfindungen dieses neuen Lebensabschnittes beschreibt:

> Zuerst kam sie als Reine,
> gehüllt in Unschuld;
> und ich liebte sie wie ein Kind.
> Dann legte sie ich weiß nicht
> welche Kleider an,
> und ich haßte sie, ohne es zu wissen.
> Sie wurde eine Königin,
> mit reichen Geschmeiden geschmückt...
> Welch ein galliger Zorn
> und ganz ohne Sinn!
> ...Aber sie entkleidete sich.
> Und ich lächelte ihr zu.
> Sie behielt nur das Unterkleid
> ihrer alten Unschuld an.
> Ich glaubte von neuem an sie.
> Und sie zog auch das Unterkleid aus,
> ganz nackt stand sie vor mir...
> Oh, Leidenschaft meines Lebens,
> nackte Poesie, mein für alle Ewigkeit!

Dies Gedicht ist die Parabel der eigenen Entwicklung, von der Unschuld zur Rhetorik und von den »reichen Geschmeiden« zur Einfachheit des Wortes, das keine Verzierungen benötigt, um selber Bote und Botschaft, Zeichen und Bezeichnetes zu sein. Die nackte Frau und die nackte Poesie fallen in einer Vision von analoger Bedeutung zusammen: selbstgenügsame Reinheit, die ausreicht, um der Intuition zum Ausdruck zu verhelfen. Die Sicherheit des Besitzers tritt in der letzten Zeile zutage und bestätigt sein Vertrauen in den endgültigen Erwerb der Schönheit.

Die Jahre 1913-1916, seine Verlobungszeit, sind Jahre intensiven literarischen Schaffens, in denen er nach dem französischen Kulturkreis nun den englischen kennenlernt. Gemeinsam mit Zenobia übersetzt er die Gedichte von Tagore. Nach der Überwindung verschiedener Widerstände findet am 2. März 1916 in der Stephanskirche von New York die Hochzeit statt. Die sich anschließende Reise durch die Vereinigten Staaten (eigentlich nur durch den Osten des Landes) fand ihren Niederschlag in einem außergewöhnlichen Buch, *Diario de un poeta recién casado* (1917), das poetische Erfahrungen sowie Liebes- und Landschaftserlebnisse enthält. Jiménez stellte es in Spanien fertig und veröffentlichte es im selben Jahr wie die *Sonetos espirituales*. Während die *Sonetos* auf traditionelle Formen zurückgreifen und daher, obwohl sehr schön, »regressiv« genannt werden könnten, stellt das *Diario* eine Weiterentwicklung zu neuen Formen und Ausdrucksmöglichkeiten dar, für die *Estío* (1916) ein vortreffliches Beispiel ist. Das *Diario* setzt die Liebe zur Frau in Beziehung zur Anziehungskraft des Meeres; in einigen Ausgaben lautet der Titel des Werkes deshalb *Diario de poeta y mar*.

Der Dichter hat selbst gesagt, daß er dem Meer den Rhythmus des freien Verses verdanke: das Prosagedicht hängt von der Bewegung ab, durch die es geschaffen wird. Vor allem die Rhythmen vermitteln dem Text Neuartigkeit, Frische und Kraft. Der freie Vers hält durch dieses Werk mit völlig neuer Wirkkraft Einzug in die spanische Dichtung: er bewegt sich sanft von einer Intuition zur nächsten, von einem Bild zum darauffolgenden, und dieses Kommen und Gehen, diese wellenförmige Bewegung erinnert ans Meer: zuweilen meditativ, dann langsam, dann wieder aufgewühlt... Es scheint nicht übertrieben zu behaupten, daß die spanische Lyrik mit dieser Versgestaltung einen Punkt erreicht hat, hinter den sie nicht zurückfallen darf, wenn sie nicht anachronistisch oder akademisch wirken will.

Die stärksten Gedichte des Buches – »La negra y la rosa«, »Alta noche«, »Cristales morados y muselinas blancas« – sind in einer Prosasprache geschrieben, welche die Hellsichtigkeit der Vision und die Unbestimmtheit des Gefühls durchscheinen läßt. Neben zutiefst lyrischen Seiten finden sich Bilder voller Komik und scharfe Satiren, die auf den ersten Blick dissonant erscheinen, sich aber in Wirklichkeit komplementär ergänzen: der hinkende Schwarze, dessen Schritte in der Nacht widerhallen, findet seinen Kontrapunkt in der gewalttätigen Suffragette aus der U-Bahn, und die schlichten Puritanerinnen »in glatten Kleidchen, mit stolzen Blicken und hellblonden Zöpfen« erscheinen noch attraktiver durch den Gegensatz zu den grotesken Figuren aus dem Kolonialclub.

Eine Variation ohne Wiederholungen, aber auch ohne Korrekturen sind die *Eternidades*. Nach der Neuschöpfung von Himmel, Erde, Meer und Liebe im *Diario*, tritt uns hier eine Dichtung entgegen, die starke Anklänge an die Verse Bécquers aufweist: es handelt sich um eine Metapoesie, eine auf sich selbst zurückgewandte Poesie, deren Thema ihre eigene Entstehung und Entwicklung ist.

Zu Beginn seines Schaffens war die Inspiration »eine träumerische Kraft«, die ihn auf dunklen Wegen zum Schreiben anreizte, ja zwang. Auf der Höhe seiner Schaffenskraft angelangt, quält ihn die Sorge um den klaren Ausdruck: »Gib mir, o Einsicht, den genauen Namen der Dinge!« Ein Ausruf und zugleich eine Bitte, Zeichen einer veränderten Haltung.

Eine luzide poetische Diktion weist alle Unbestimmtheit von sich und mehr noch das Prinzip der Mimesis, dem so viele huldigen. Niemand anders hat in unserer Sprache so grundlegend die Kategorien des schöpferischen Prozesses aufgedeckt. Während viele im Gedicht noch die Beschreibung einer Erfahrung sahen, hat Jiménez ohne Arroganz, aber auch ohne jedes Schwanken gezeigt, daß das Gedicht nicht ein Erlebnis wiedergibt, daß es nicht Nachahmung, sondern Erfindung ist. Deshalb muß das Wort die Sache selber sein, Erfahrung in sich, die den Leser in seinen gewohnten Denkschablonen aufstört. Wer über den Namen verfügt, verfügt auch über die Sache, das verbale Objekt, das mit dem Gedicht identisch ist.

Die Motive der Vergangenheit kehren wieder, die ontologische Frage, in der die Stimme ihre Dualität aufzeichnet: »Ich bin nicht ich«, sagte er vor langer Zeit: »ich bin mein Begleiter, mein Vervollkommner, mein Erzieher, geläutert für die Ewigkeit, in der der Dichter weiterleben wird, während der Mensch zerfällt.«

In *Piedra y cielo* (1919) stellen wir keine Weiterentwicklung gegenüber *Eternidades* fest. Hingegen fühlt sich der Dichter täglich lebenstüchtiger; »Freiheit des Tiefverwurzelten« sagt ein kurzes Gedicht, das dem Oxymoron Gültigkeit verleiht, indem es in der kleinen Strophe Wurzeln und Flügel zueinander in Beziehung setzt, womit die Dialektik des schöpferischen Prozesses angesprochen ist.

Jiménez wurde immer mehr zum Führer und Vorbild der spanischen Dichtkunst. Überall erhob die poetische Avantgarde das Banner des Protestes, während er sich damit begnügte, an seiner Selbstvervollkommnung zu arbeiten. Er schreibt weiterhin für Zeitungen und Zeitschriften; gemeinsam mit dem Mexikaner Alfonso Reyes leitet er die Zeitschrift »Indice« und läßt in den Heften dieser Publikation die begabtesten jungen Autoren zu Wort kommen: Antonio Espina, José Bergamín, Pedro Salinas, den Maler Benjamín Palencia.

Gleichzeitig kümmert er sich intensiv um die Veröffentlichung seines eigenen Werkes und publiziert zu diesem Zweck repräsentative Auswahlen der Bücher, an denen er gerade arbeitet. Zwei Anthologien, *Poesía* und *Belleza*, erscheinen im Jahre 1923 (dem Jahr, in dem die Diktatur von General Primo de Rivera beginnt); in ihnen läßt sich eine Tendenz feststellen, das Gedicht zu intellektualisieren, ohne dabei jedoch der sogenannten »Enthumanisierung« zu verfallen. Die Titel weisen darauf hin, daß er den Gesang und die Schönheit der Welt nicht aus den Augen verliert, obgleich Strenge und Konzentration ihn zur Abstraktion zu drängen scheinen: das »Wort«, das in *Eternidades* angerufen wird, ist ihm dabei behilflich, die Gefahren der Konzeptualisierung des Gedichtes zu vermeiden, ohne sich deshalb einer oberflächlichen Gedankenführung schuldig zu machen.

Vielleicht führten die Strenge der Gedankenführung und die formale Konzentration dieser zweiten Schaffensperiode seine Prosa und seine Lyrik schon in die Richtung, die er dann endgültig einschlagen sollte. Ewig unzufrieden mit den Ergebnissen seiner Arbeit, verfiel er auf den Gedanken, daß ihre Vorläufigkeit deutlicher zutage treten würde, wenn er sie anstatt in Büchern in Heften oder Faszikeln veröffentlichte, wo er ihnen dann zusätzlich Materialien der verschiedensten Art beifügen könnte, wie z. B. Übersetzungen, Aphorismen, Miszellen, Briefe und was sonst noch für den Leser von Interesse wäre.

*Unidad* (1925) war das erste Werk dieser Serie von Veröffentlichungen. Es erschienen acht Nummern mit Lyrik und vermischter Prosa, darunter einige Porträts »spanischer Helden«, die zwei Jahrzehnte später in den Band *Españoles de tres mundos* Eingang finden sollten. Ebenso machte er vorweg Fragmente anderer Bücher publik, die später folgen sollten und teilweise bis heute noch nicht erschienen sind. *Sucesión* (1932) und *Presente* (1933) fassen periodisch weiterhin zusammen, was er »das Werk in der Entstehung« nannte. (James Joyce veröffentlichte das seinige unter demselben Titel: *Work in Progress*).

Die Prosadichtung ist umfangreicher als die Versdichtung, die Zahl der Porträts und Karikaturen nimmt zu, ein don Francisco Giner de los Ríos gewidmetes Buch nimmt langsam Gestalt an, und eine eigene Ästhetik, vermischt mit staatsphilosophischen Überlegungen, wird veröffentlicht. Das Motto, unter dem seine ethische Ästhetik steht, verbindet Moral und Schönheit: gemäß dem Wort von John Keats »Beauty is Truth«. Wahrheit, Ablehnung des Geheuchelten und Gekünstelten, wie er es schon in dem Gedicht aus *Eternidades* proklamiert hat.

Nach seinem fünfzigsten Lebensjahr beschäftigt sich Jiménez immer häufiger mit der Vergangenheit, mit den Erinnerungen aus seinem bisherigen Leben. Die »Gestalten und Schatten« seiner Kindheit regen sich in den Winkeln seines Gedächtnisses wie in einem Kaleidoskop und fließen in den Text ein als der Hintergrund, auf den die Gestalt des Erinnernden projiziert wird. Das Schwanken zwischen Erinnerung, Erfindung und kritischer Reflexion, die kreisförmige und die geradlinige Bewegung verfließen in eins, so daß der Dichter, während er sich der Sehnsucht nach der Vergangenheit hingibt, gleichzeitig zu neu geahnten Horizonten aufbricht. Die Gedichte, die in der ersten Lieferung von *Presente* gesammelt sind, einer Vorwegnahme von *La estación total*, die er erst 1946 veröffentlichen wird, weisen auf eine neue Dichtweise hin; die des zweiten Heftes (die erst 1960 nach dem Tode des Autors in Buchform erscheinen werden) entstammen einer Erinnerung, die vom Vergessen gereinigt worden ist: *Olvidos de Granada*; die des dritten Heftes vereinen Porträt und Kritik: *Brazo español*. Alles sehr streng und festgefügt unter dem scheinbar provisorischen Charakter. Die zeichnende Hand und das gestaltende Wort zeigen keine Unsicherheit, und der Text kann so bestehenbleiben, wie er konzipiert worden ist.

Schatten, düstere Vorzeichen lasteten über Spanien zu Beginn der dreißiger Jahre. Während die Ausrufung der Republik im Jahre 1931 einen Freudentaumel auslöste, vertiefte der Aufstand in Asturien im Jahre 1934, der von den Sozialisten nach ihrer Wahlniederlage provoziert worden war, den Graben, der die beiden Spanien voneinander trennte. Juan Ramón Jiménez, ein verfassungstreuer Republikaner, hörte nicht auf, ausschließlich für die Poesie zu leben, und ohne zu ahnen, was sich politisch zusammenbraute, plante er die Herausgabe seiner gesammelten Werke in handlichen und anspruchsvoll gestalteten Bänden, wie es seinem erlesenen Geschmack entsprach. Sein Werk sollte, nach metrischen Formen geordnet, in diesen Bänden vereinigt werden. Bis ins kleinste Detail – Drucktype, Papiersorte, Einband – sorgfältigst vorbereitet, erschien der erste der geplanten Titel *Canción* (1936), dem *Romance, Silva* u. a. folgen sollten. Das Kriegsgeschrei wurde immer lauter, und in seinem Lärmen ging dieses Ereignis unter, das eigentlich von den intellektuellen Kreisen mit Begeisterung hätte gefeiert werden müssen. Jiménez hattte damals einen Höhepunkt seines Schaffens erreicht: von 1936 datieren auch seine Nachrufe auf unlängst verstorbene Freunde, auf Francisco Villaespesa und Ramón del Valle-Inclán, wobei der Nachruf auf letzteren die schönste Würdigung darstellt, die der Dichter je verfaßt hat.

Dann bricht, von den einen gefürchtet und von den anderen herbeigesehnt, der Krieg aus, die politischen Gruppierungen und ihre Kampfverbände formieren sich, und die Schriftsteller werden von den verschiedenen Parteien für ihre Zwecke vereinnahmt oder aber umgebracht (García Lorca in Granada; José María Hinojosa in Málaga). Das Ehepaar Jiménez versuchte, zur Linderung der allgemeinen Not so gut es ging beizutragen und richtete in einem Stockwerk des Hauses in der Calle Velázquez ein Waisenhaus ein. Eines Tages wurde Juán Ramón von einem Milizionär verhaftet und bedroht; die Republikanische Regierung, die befürchtete, daß noch Schlimmeres folgen könnte, ernannte den Dichter daher ehrenhalber zum Kulturattaché an der Botschaft in Washington und drängte ihn, Spanien so schnell wie möglich zu verlassen.

Diese zweite Reise von Jiménez in die Vereinigten Staaten vollzog sich unter gänzlich anderen Umständen als die erste: wo gestern Hoffnung herrschte, breitete sich heute Unsicherheit aus, wo gestern Freude war, fand sich heute Leid. Das Meer hielt keine Zwiesprache mehr mit ihm wie früher, und seine Rhythmen fanden keinen Eingang in das schöpferische Wort. In New York machten die Eheleute diesmal nur kurz halt, dann reisten sie weiter nach Puerto Rico, wo sie sich ebenfalls nicht lange aufhielten; von dort setzten sie über nach Kuba und blieben für fast zwei Jahre dort.

Wanderjahre, die auch mit der Rückkehr in die Vereinigten Staaten im Jahre 1938 kein Ende finden: Maryland, Florida, North-Carolina... und dann bricht der nächste Krieg aus, der Zweite Weltkrieg. Die Neurose, die länger als zwanzig Jahre verschwunden war, macht sich erneut bemerkbar, und Juan Ramón begibt sich in stationäre psychiatrische Behandlung. Zenobia übernimmt gleichzeitig die Rollen einer Krankenschwester, Sekretärin, Literaturagentin; sie unterrichtet an der Universität, lebt in ständiger Sorge um ihren Mann, rastet nicht, kümmert sich um alles...

Ebenso wie der Dichter ist seine Frau darauf bedacht, seinen Namen in der literarischen Szene präsent zu halten. In Buenos Aires erscheint im Jahre 1942 *Españoles de tres mundos*. Die Daten 1914 und 1940 bezeichnen die chronologische Spanne der Texterstellung. In Madrid hatte er die Porträts verschiedener Spanier verfaßt, die er als Helden bezeichnete, weil sie sich Aufgaben verschrieben hatten, die es in seinen Augen verdienten, heldenhaft genannt zu werden, zumindest wenn man sie in einem Land wie Spanien anging. Im Anschluß an die Lebenden wandte er seine Aufmerksamkeit den Verstorbenen zu, und in Amerika, vor allem in den Jahren in Havanna, nahm er die Spanier aus Übersee in die Sammlung auf.

Die Entstehung des Buches im einzelnen zu verfolgen, erscheint im Rahmen dieser Abhandlung nicht angebracht. Es genügt festzustellen, daß die erste lateinamerikanische Persönlichkeit, die in die Sammlung aufgenommen wurde, die Venezolanerin Teresa de la Parra war (Porträt vom 21. Mai 1936) und daß José Martí zum ersten Mal in seiner historischen Situation angemessen verstanden und gewürdigt wurde: »Bis zu meinem Aufenthalt in Kuba hatte ich José Martí keine Beachtung geschenkt. Dann sah ich das Land, den Grund und Boden. Der Mensch ohne Besitz- oder Eigentumsrechte an dem Grund und Boden, auf dem er lebt, ist kein wahrer

Mensch. [...] Der Grund und Boden erst vermittelt mir Dinge und Menschen in ihrem wahren Wesen.«

Was ist die Absicht dieser Berichte, dieser Galerie des schöpferischen Geistes, der von Persönlichkeiten verkörpert wird, deren Bedeutung höchstens in drei oder vier Fällen angezweifelt werden kann? Jede von ihnen wollte er »gemäß ihrem Wesen charakterisieren«, d. h. Persönlichkeit und Porträt sollten deckungsgleich sein. Indem er sie lyrische Karikaturen nannte, gab er über ihre Eigenart Aufschluß: das Substantiv erklärt die deformierende Intention, das Adjektiv offenbart die intime und poetische Tendenz. Die Deformation lenkt die Aufmerksamkeit auf bestimmte Wesenszüge, indem sie sie übertreibt; das Lyrische erhöht die Plastizität der Figur, indem es jene Schichten der Persönlichkeit offenlegt, die nur mit Hilfe von Bild und Symbol zugänglich sind.

Leben und Werk finden beide Eingang in das Porträt: sie sind wie kommunizierende Röhren. Die Sprache ist in beiden Bereichen unermüdlich auf der Suche, bis sie das Wesentliche erfaßt hat, das sich selten zu ebener Erde, sondern meist oberhalb oder unterhalb findet. Die Persönlichkeit, die aus ungewöhnlichen Perspektiven beleuchtet wird, zeigt Facetten, die bisher im Verborgenen schlummerten: die Neuartigkeit der Sichtweise wird ergänzt durch das tiefe Eindringen des Blickes und verstärkt durch die Kraft einer Prosa, in der das glänzende Substantiv, das klärende Adjektiv und das ungewöhnliche Bild einen neuen Aspekt oder eine unentdeckte Nuance bloßlegen.

Die Sprache besitzt eine doppelte Funktion: einmal fixiert sie exakt die Oberflächenstruktur des Porträts, zum anderen deutet sie das Tieferliegende subtil an. Verschwenderisch werden Metaphern und Redensarten bei der bildlichen Gestaltung verwendet; ihr häufiger Gebrauch dient dazu, das jeweils Besondere des Porträtierten stärker herauszuarbeiten. Trotz der rhetorischen Mannigfaltigkeit der Prosa stellt man fest, daß sich nichts Zufälliges im Text findet.

Die dreigliedrige Anordnung (das klassische Trikolon); die Zweizahl der Adjektive, vor und hinter dem Substantiv, die Aufzählungen, die Parenthesen und vor allem die Metaphern dienen einer Wahrheitsfindung, die durch die Anmut der Sprache ihre Wirkung entfaltet. Bécquer und Rubén Darío beeinflußten Juan Ramón in seiner ersten Schaffensperiode in einer Weise, die wir bereits angesprochen haben; bei der Abfassung der Porträts sind es vor allem Mallarmé, Rimbaud und Yeats, deren Vorbild in der Diktion und in dem System ungewöhnlicher Bilder erkennbar wird: Unamuno, »der dynamische Schlafwandler durch die Traumwelt des Lebens«; Achucarro, »la Aurora«. Beladen mit Neologismen, die den Leser häufig unterrichten, ihn aber gelegentlich auch blenden, fließt die Prosa dahin (»*pleacielo*« und »*sonllorar*« in Analogie zu »pleamar« und »sonreír«).

Im Jahre 1945 ereignet sich das Unverhoffte, das scheinbar Unmögliche, etwas wie ein Wunder: Jiménez, dessen Neurose im Abklingen war und der mit seiner Frau lange Wanderungen über die Strände von Florida unternahm, fand plötzlich die Idee zu einem Poem, das sich wie die weiten Sandstände der amerikanischen Halbinsel in die Länge und Breite erstrecken sollte. Zunächst in Versen, die später in Prosa übertragen wurden, schrieb er den ersten Teil des Gedichtes »Espacio«, das in drei Abschnitte gegliedert war und eine Synthese seines bisherigen Lebens und Schaffens in ausdrucksstarker und geschmeidiger Sprache darstellte. Deutlich erkennbar ist in diesem Gedicht der Grad der erreichten Reife, der Besitz des Geheimnisses, das in einer Erfindung verschlüsselt wird, die auf Modernität, und das heißt in diesem Falle, auf Zeitlosigkeit angelegt ist. Bilder von dunkler Schönheit, biographischen oder nicht-biographischen Ursprungs, verdichten sich in einer fließenden Prosa, deren Spannung niemals nachläßt. Früher einmal hatte Juan Ramón von den »Räumen der Zeit« gesprochen; jetzt erforscht er diese, indem sein Ich-Bewußtsein sein Selbst-Bewußtsein ausleuchtet, und diese Reflexion über sich selbst verliert nichts von ihrer Intensität durch die metaphysische Färbung, die ihr anhaftet. Dichter, Kritiker und Leser stimmen darin überein, daß es sich um das bedeutendste Gedicht seiner Zeit handelt.

Während jenes Aufenthaltes in Miami kehrt er auch zur Romanze und zum Volkslied zurück, die er schon in seinem Geburtsort ausgiebig studiert hatte. In Mexiko veröffentlicht er *Voces de mi copla* (1945) und *Romance de Coral Gables* (1948), Zeugnisse dafür, daß seine schöpferische Energie wieder ungeschmälert zur Verfügung steht. Wenn man die Granadiner Romanze »Generalife« als Beispiel nimmt, dann zeigt sich, daß, abgesehen vom Umfang, die Intensität der in Miami geschriebenen Stücke voll erhalten geblieben ist, dieser Stücke, die in ihrer Dramatik und Bewegtheit dem Gesang des Wassers im andalusischen Paradies entsprechen.

Der junge Juan Ramón Jiménez Bayo, ein Neffe des Dichters, war im Bürgerkrieg gefallen, und die Romanze, die ihm der Dichter widmet, erinnert durch den Schluß der Erzählung an »Le dormeur du val« von Rimbaud und entfernt an »Masa« von César Vallejo; das Gefühl und die Gegenwart des Todes verdanken ihr Entstehen analogen Intuitionen. Auch gleichen sich die Gedichte in der strengen Würde des poetischen Diskurses, der in jeder Zeile die Aussageweise und den Wortschatz sentimentaler Poesie vermeidet.

»Streng« ist das geeignetste Adjektiv für diese Romanze und für andere von gleicher Schönheit. In »Arboles hombres« lauscht der Dichter der Sprache der Natur und übersetzt sie in seine eigene, entsprechend den orphischen Glaubenslehren, denen sowohl die Romantiker wie die Modernisten anhingen.

Der reformerische Drang des Modernismus blieb in Jiménez lebendig, auch wenn er später Wege einschlug, die sich von seinen anfänglichen stark unterscheiden. Mißverständnisse und Irrtümer beeinträchtigten seiner Meinung nach das Verständnis des Modernismus, und er versuchte zu zeigen, daß es sich nicht nur um eine literarische Bewegung, sondern um eine Zeitströmung und eine geistige Haltung handelte; daß es dabei nicht lediglich um Prinzessinnen, Schwäne und Seerosen ging, sondern daß der Modernismus von diesen Emblemen ausgehend zu Fragen von höherer kultureller Bedeutung fortschritt, und daß er darüber hinaus eine Entwicklung von Form und Sprache zu größerer Schönheit bewirkte. In seinen Universitätsveranstaltungen bewies er, daß sich der Modernismus als Zeitströmung nicht auf die Literatur und Kunst beschränkte: er erfaßt alle Bereiche der Kultur einschließlich der Religion. Mehr noch, der große Andersgläubige – und um Heterodoxie handelt es sich bei allen Arten von Rebellion gegen die Tradition und die vorgefaßten Meinungen – hieß seiner Ansicht nach Don Miguel de Unamuno, der in Madrider Kreisen »der modernistische Onkel« genannt wurde.

Bevor er Spanien verließ, legte Jiménez seine Ideen zu diesem Thema dar, die durch die *Antología de poesía española e hispanoamericana* von Federico de Onís unterstützt und erhärtet wurden; aber erst viel später, in seinen Kursen an der Universität von Puerto Rico, entwickelte er im Detail seine Vorstellungen zur Bedeutung dieser Geschichts- und Literaturepoche.

Im Jahre 1948 folgten er und seine Frau einer Einladung in die

La-Plata-Staaten. Die Reise trug dazu bei, Jiménez aus seinen Depressionen zu reißen und seine schöpferische Kraft neu zu beleben. Wie die Seefahrt des Jahres 1916 schenkte ihm das Erlebnis des geliebten Meeres auch dieses Mal wieder ein neues Buch. Während der Reise schrieb er die Gedichte von *Animal de fondo*, die im folgenden Jahr (1949) veröffentlicht wurden und an denen er weiterarbeitete, bis sie die Form der endgültigen Fassung annahmen, die er mit dem Titel *Dios deseado y deseante* versah (veröffentlicht im Jahre 1964).

In Buenos Aires wurde ihm ein triumphaler Empfang bereitet; Tausende von begeisterten Anhängern erwarteten das Ehepaar im Hafen. In der argentinischen Hauptstadt hielt er ebenso wie in Montevideo mehrere Vorträge. In Buenos Aires hatte er schon zwei Erstausgaben sowie Neuauflagen älterer Bücher publiziert; hier erschien nun das neue Werk, das gemeinsam mit dem Gedicht »Espacio« den Höhepunkt seiner dritten Schaffensphase einleitete, die letzte und souveräne Verwirklichung seiner schöpferischen Persönlichkeit.

Wieder stoßen wir auf das orphische Gefühl der Durchdringung der Dinge (Rubén Darío sprach vom »Mysterium der Dinge« und von »der Seele der Dinge«), nur daß Jiménez in dieser letzten Phase seines Schaffens eine »göttliche« Macht sucht, die er an seiner Seite spürt, die ihn umgibt, ihn durchdringt und sich von ihm durchdringen läßt wie die Seele der Geliebten von der Leidenschaft des Liebenden. In diesem Gedicht vibriert die Erregung des Wiedererkennens, die sowohl das eigene Wesen als auch das glänzende Phänomen der Poesie berührt.

Der Dichter gelangt zur Konzentration, indem er auf alles verzichtet, was nicht seinen Ursprung im Empfinden hat, einem gedanklich kontrollierten Empfinden, gefiltert durch eine Reflexion, die weit davon entfernt ist, das Empfundene zu reduzieren, sondern es vielmehr verstärkt und ihm Lebenskraft verleiht. Wenn die Dechiffrierung des Todes schwieriger ist als in den Gedichten der ersten und zweiten Schaffensphase, so ist das der Einzigartigkeit und dem Abwechslungsreichtum einer »Folge von Begegnungen mit einer Idee von Gott« zuzuschreiben, die diesen ursprünglich auf neunundzwanzig Gedichte angelegten Band konstituiert.

Die Gedichte ergänzen sich gegenseitig und vereinigen sich in so elementarer Weise zu einer einzigen Vision, daß die isolierte Lektüre eines oder mehrerer Stücke kaum gestattet, die Großartigkeit der Gesamtkomposition zu erahnen. Die Erfahrungen des Künstlers leuchten wie ein facettenreicher Brillant. *Animal de fondo* ist in einer Weise geschrieben, die es dem Leser ermöglicht, aus dem Vers heraus an der Entdeckung »eines durch die Poesie möglich gewordenen Gottes« im Bewußtsein des Dichters teilzunehmen.

Bewußtsein, Wort und Idee sollten in der Erinnerung haften (wie in »Espacio«). In den »Notas«, mit denen der Autor den Band beschließt, wird deutlich, was in den Gedichten noch reichlich dunkel – d. h. »mysteriös« – wirkte:

»Heute konkretisiere ich das Göttliche als ein einheitliches, richtiges, allgemeines Bewußtsein der Schönheit, das sich sowohl in uns als auch außerhalb unser findet«. Und noch schöner klingen seine Worte, wenn die Bewegung der Verse ihn in die Nähe des – bei ihm niemals allzu stark ausgeprägten – Humanen führt:

> Du warst, wurdest und bist die Liebe
> in Feuer, Luft, Erde und Luft,
> Liebe in meinem Mannesleib und im Frauenleib,
> die Liebe, die die Form ist
> ganz und einzig
> des natürlichen Elementes, welches das Element ist
> von allem, für immer;
> und das dich immer umschloß und umschließen wird,
> auch wenn nicht alle dich sehen,
> auch wenn wir, die wir nach dir Ausschau halten,
> dich erst sehen
> an künftigem Tage.

Hier zeigt sich die enge Verwandtschaft zu der Betrachtungsweise Gottes, wie er sie von Miguel de Unamuno gelernt (in *Recuerdo de la Granja de Moreruela*) und mit nicht geringerer emotionaler Intensität in seinem letzten Porträt von Antonio Machado zum Ausdruck gebracht hat, wo er erklärt, daß der Mensch unter dem Auge Gottes lebt; sein Licht schenkt Leben, und sein Blick kann töten, indem er sich abkehrt.

Jiménez konnte nicht länger in den Vereinigten Staaten leben. Der Dichter mußte wieder spanische Laute vernehmen, die ihn an seine Muttersprache und seine Heimat erinnerten. Im Jahre 1951 zog das Ehepaar nach Puerto Rico; die Universität der Hauptstadt ernannte Zenobia zur Professorin in der ›Facultad de Estudios Generales‹ und Juan Ramón zum Professor im ›Departamento de

Estudios Hispánicos‹. Dort trafen sie alte und neue Freunde, Puertorikaner, Spanier und Lateinamerikaner; ein spanischer Arzt nahm sie in seinem Gästehaus auf, und erwartungsgemäß besserte sich Juan Ramóns Erkrankung umgehend. Dagegen erlitt der Gesundheitszustand seiner Frau einen schweren Schlag; man diagnostizierte eine Krebserkrankung. Nach der Operation in Boston Ende 1951 hofften beide, daß die Krankheit endgültig besiegt sei. Das war nicht der Fall, aber Zenobia lebte noch fünf Jahre, die im wesentlichen der Sorge um ihren Mann gewidmet waren.

Die Jahre 1952 und 1953 brachten Ruhe und Gleichmaß in ihrer beider Leben. Jiménez hielt zwei Vorlesungen über den Modernismus, die nach seinem Tode anhand von Tonbandaufnahmen und Mitschriften Zenobias und eines Assistenten publiziert werden konnten. Diese Vorlesungen waren unorthodox, reich an Informationen, persönlichen Bekenntnissen, Erinnerungen an ältere und neuere Werke, bilden aber einen unersetzlichen Beitrag zur Geschichte und Theorie des Modernismus in den spanischsprachigen Ländern, wobei sie im wesentlichen eine Fortführung von Gedanken sind, die Jiménez schon früher in Interviews, Zeitungsartikeln und Vorträgen geäußert hatte.

In diesen Jahren hielt der Dichter noch zwei Vorträge von zentraler Bedeutung: »Poesía abierta y poesía cerrada« (er hatte ihn schon 1948 in Argentinien gehalten) und »El romance, rio de la lengua española« (1954), die den Schlüssel zu seinem Verständnis der Literaturkritik und zu seiner Dichtungstheorie liefern.

Die Begriffe ›angel‹ und ›duende‹, die der Volkssprache Andalusiens entstammen, bilden den Ausgangspunkt einer Poetik, die sich nicht philosophisch präsentiert, sondern als Erfahrungsbericht eines praktizierenden Künstlers: ›angel‹ bedeutet »Anmut«, ›duende‹ »Geheimnis«, es sind die Formen, die »Gott und der Dämon« annehmen können, die treibenden Kräfte des poetischen Schaffens.

›Poesía cerrada‹ und ›poesía abierta‹ sind die beiden durchgängigen Ausdrucksformen der spanischen Dichtkunst: der ersteren, »klassischen«, geschlossenen und durchkonstruierten, jener, die »den Vogel in der Hand« erdrückt, stellt Jiménez die offene Poesie gegenüber – die Romanze, das Lied und den freien Vers –, welche in ihrem eigenen Lauf dahinströmt, ohne formale Begrenzungen, die »das Unsagbare […] nicht mehr nur ahnen läßt, sondern es im Vollzug des Gesangs zu realisieren sucht.«

Die Romanze mit ihrem achtsilbigen Vers verkörpert für ihn den Versfuß, auf dem die ganze spanische Sprache dahinschreitet, sie nimmt den Klang der natürlichen Ströme der Poesie auf, welche ihrerseits »dem Fluß des Wassers und dem Fließen des Blutes entsprechen […], jenes Blutes, das wir aus dem Meer der Luft einatmen und das wir im Rhythmus unseres Herzens und unserer Lunge der Luft der Erde des Meeres zurückgeben.« So drückt sich der Dichter in seiner poetischen Sprache aus, und seine Theorie wird durch die Beispiele einer langen Folge der schönsten Romanzen, von Antonio Machado bis Juan de la Cruz, belegt.

Über Puerto Rico schrieb er in einer Weise, die dem Zauber entsprach, den das Land auf ihn ausübte: die Weichheit der Aussprache, die Anziehungskraft und Ursprünglichkeit der Einwohner ließen ihn dies schöne Fleckchen Erde »eine Insel der Sympathie und der Vollkommenheit nennen«, womit er all das zum Ausdruck brachte, was sich um ihn herum abspielte: er freundete sich mit den Kindern an und besuchte regelmäßig die blinden Jugendlichen von Río Puertas, las ihnen seine Gedichte vor und hörte ihnen liebevoll zu. Prosastücke über die Insel und Abschiedsgedichte, die durch die bevorstehende »endgültige Abreise« nahegelegt wurden, beschäftigten ihn ebenso wie die Durchsicht und die Ordnung seiner sämtlichen Schriften für die Herausgabe der Gesammelten Werke.

Alles erschien zunächst möglich und erwies sich schließlich doch als undurchführbar: das System, das er sich an einem Tag zurechtlegte, wurde schon am darauffolgenden wieder umgestoßen; seine Vorstellungen über Art und Zeitpunkt der Veröffentlichung des Werkes, das sich seinem Ende zuneigte, variierten von Tag zu Tag, von Woche zu Woche.

Das Jahr 1956 kündigte sich mit schlimmen Vorzeichen an: der gesundheitliche Verfall Zenobias beschleunigte sich, und die Ärzte konnten ihn nicht länger aufhalten. Die tapfere Frau verbrachte die letzten Monate ihres Lebens damit, die Texte für die *Tercera Antología* der Gedichte ihres Mannes zu ordnen, wobei ihr der spanisch-kubanische Dichter Eugenio Florit zur Hand ging. Im Frühherbst gab sie den Kampf auf. Als ihr Mann am 25. Oktober den Nobelpreis für Literatur empfing, konnte sie kaum noch sprechen; sie starb drei Tage später, am 28. Oktober.

Verzweifelt und wie von Sinnen warf der Dichter alles durcheinander, was seine Frau in jahrelanger Arbeit geordnet hatte. Er mußte in ein Sanatorium eingeliefert werden und erholte sich dort nur sehr langsam. Nur noch ein Schatten seiner selbst, begab er sich in den Bibliothekssaal der Universität, der seinen Namen und den seiner Gemahlin trug. Eine junge Sekretärin, Raquel Sárraga, versuchte, ihm zu helfen, zeigte ihm Briefe und Bilder von Zenobia und ließ ihn sogar ihre Stimme vom Tonband hören, auf dem sie ein Kapitel aus *Platero y yo* vortrug.

Jiménez wollte nochmals zu schreiben anfangen, und damit ihm das gelänge, las er Briefe der Verstorbenen. Aber nichts half, die Inspiration war mit dem Tode Zenobias versiegt, die sie vierzig Jahre hindurch am Leben erhalten hatte. Juan Ramón Jiménez starb am 29. Mai 1958 an einer Lungenentzündung.

*José María Valverde*
Antonio Machado

Zum besseren Verständnis des Werkes von Antonio Machado scheint es angebracht, es als eine Einheit in seinem Entwicklungsprozeß zu betrachten, gewissermaßen als einen Bildungsroman. Innerhalb dieses Werkes bildet die Prosa einen wesentlichen Bestandteil, obwohl sie erst spät in Erscheinung tritt und dem Vers immer untergeordnet bleibt – in einer »komplementären« Funktion, um einen Schlüsselbegriff unseres Autors zu gebrauchen. Antonio Machado ist nicht das, was man gemeinhin unter einem Lyriker versteht, sondern vielmehr eine Art Denker-Dichter, der in seinem Werk sogar die Gestalten zweier imaginärer Philosophen schafft – Abel Martín und seinen Schüler Juan de Mairena –, durch die er seine eigene Philosophie vortragen läßt, eher eine Anti-Philosophie, da sie die negative, wenn nicht gar nihilistische Zielrichtung der rationalen Intelligenz aufweist, die der menschlichen Hoffnung kaum Raum läßt, da sie nicht an dieselbe glaubt. Aber mit dieser Feststellung nehmen wir vielleicht das Ende vorweg: zunächst wollen wir die Entwicklung des Autors Schritt für Schritt nachzeichnen.

Von seinen geistigen Ursprüngen her war Antonio Machado ein Liberaler, ja sogar ein wenig ›Jakobiner‹ – wie er sich auszudrücken pflegte –, bedingt vor allem durch die Persönlichkeit seines Vaters, des großen Folkloredichters und wortgewaltigen Antiklerikalen, der unter dem Pseudonym »Demófilo« (Freund des Volkes) publizierte. Seine Schulausbildung erhielt der Dichter in der ›Institución Libre de Enseñanza‹, die von Universitätsprofessoren, welche unter konservativen Regierungen ihr Amt verloren hatten, gegründet worden war und große Bedeutung für das pädagogische und kulturelle Leben Spaniens gewann. Antonio Machado (1875-1939) wurde in Sevilla geboren, wie auch der Romantiker Gustavo Adolfo Bécquer, der großen Einfluß auf alle Dichter des 20. Jahrhunderts ausübte, vor allem auf die der Generationen von 1898 und 1927. Die spanische Lyrik der eigentlich romantischen Epoche zeugte von nur geringer Qualität: dagegen hatte Bécquer, der 1870 jung verstorben war, ohne ein Buch publiziert zu haben, die seelische Introspektion mit einer Musikalität und Reinheit der Sprache begonnen, die an die große volkstümliche Tradition Spaniens anknüpfte. Bei Antonio Machado war allerdings die an Bécquer erinnernde Intensität häufig überlagert von dem Gepränge an Bildern und Symbolen, das Rubén Darío, der frankophile Nikaraguaner, gegen Ende des Jahrhunderts in die spanische Literatur eingeführt hatte. In seiner ersten Schaffensperiode gab es manchmal einen gewissen Widerspruch zwischen jener postromantischen Introspektion und dem neuen Dekor dieses von Darío angeführten hispanoamerikanischen Modernismus. Aber in dem Erstlingswerk Antonio Machados (*Soledades*, 1902; erweitert 1907 unter dem Titel *Soledades. Galerías. Otros poemas*), überwiegt schon das erste dieser beiden Elemente: das Bestreben, auszudrükken – wie er in einer Anthologie von 1917 sagt –, »was die Seele bietet, so sie denn etwas bietet, oder was sie mit der ihr eigenen Stimme in lebendiger Reaktion auf den Kontakt zur Welt äußert.«

Bei dieser Erforschung des Inneren, dem Versuch, die spontane und wahrhaftige Stimme der Einzelseele zu erfassen, schenkte der Dichter seine besondere Aufmerksamkeit den Gestalten des Traumes, die glanzvolle Versprechen eines überirdischen Liebesglücks aufscheinen lassen.

> Von der Schwelle eines Traumes rief man mich.
> Es war die gute Stimme, die geliebte Stimme.
> – Sag mir, willst du mit mir die Seele besuchen? –
> Eine Liebkosung strich über mein Herz...

Bemerkenswert ist allerdings, daß sich Antonio Machado schon in diesem Anfangsstadium, im Jahre 1902, Rechenschaft über die Grenzen des Bestrebens gibt, »die Wahrheit der Seele« zu suchen: ja mehr noch, Rechenschaft auch über die Unmöglichkeit, sich selbst zu erkennen und – als die daraus resultierende schwerwiegende literarische Konsequenz – aufrichtig zu sein. Hier zeigt sich stärker als bei jedem anderen spanischen Dichter dieser Epoche der allumfassende Prozeß der letzten hundert Jahre, der in der westlichen Philosophie und Kultur als »Krise des Ich« oder »Krise des Subjekts« oder sogar als »Tod des Ich« bezeichnet worden ist, von Nietzsche bis hin zu einigen neueren französischen Autoren. Das wird vor allem in einem Gedicht deutlich (es beginnt mit den Versen: »O sage mir, Freundin Nacht, meine alte Geliebte...«), in dem der Dichter die Nacht fragt, wo seine letzte innere Wahrheit liege: kann er wenigstens in der nächtlichen Einsamkeit, wenn er

weint und betet, wahrhaft authentisch sein; kann er aus der Tiefe
seines Ich ohne Falsch sprechen und rufen? Die Nacht, die dem
Dichter antwortet, beharrt darauf, daß sie nicht weiß, wo diese
Wahrheit seiner Seele sich finden könne und woraus sie bestehe,
nicht einmal aus der Tiefe seiner Klagen und Gebete. Und sie
schließt mit den Worten:

> Um die Klagen deiner Lippen zu hören,
> suchte ich dich im Traum auf
> und dort sah ich dich umherirren, in einem
> unübersichtlichen Labyrinth von Spiegeln.

»Ein unübersichtliches Labyrinth von Spiegeln«: darin löst sich
das Ich auf, wenn man es in seiner Authentizität zu fassen versucht.
(Antonio Machado übte diese Kritik des Ich aber nicht in den
furchtbaren Begriffen der linguistischen Selbstreflexion, wie sie
sich von Nietzsche und der Wiener Sprachskepsis bis hin zu
Barthes oder Lacan entwickelt hat.) Wenn aber die romantische
Anrufung des Ich unmöglich und sinnlos geworden war, wo war
dann ein Weg, um eine Lebensgrundlage zu finden? Auf seiner Suche nach einem Trost oder nach etwas noch Besserem wendet sich
der Dichter bald an die Dichtkunst selbst, die einerseits in ihrer Eigenschaft als Gesang über das individuelle Ich hinausgeht, indem
sie auch Ausdruck des »Wir«, ja selbst »aller« ist; und die andererseits und komplementär dazu auch über das logische und begriffli-
che Denken – das nur eine unpoetische Wahrheit vermitteln kann
– hinausgeht, indem sie für die Zeitspanne des individuellen Lebens zur einzigen, unwiederholbaren, existentiellen Quelle der Intuition wird. Das ist es, was Antonio Machado in dem Gedicht
zum Ausdruck bringt, das ursprünglich den Titel »Los cantos de
los niños« trug und das mit den Worten beginnt »Ich höre die Lieder…«, und das schließt:

> Fortfuhr mit ihrer Erzählung
> die heitere Quelle:
> Nachdem die Geschichte ausgelöscht war,
> erzählte sie von der Strafe.

Aber dies ist nur der Anfang eines Weges, den Antonio Machado
später wieder aufnehmen wird; jetzt unternimmt er zunächst einen
direkteren, frontalen Versuch, dem Labyrinth des Subjektivismus,
dem Ich zu entkommen, indem er sich auf die Suche nach »dem
Anderen« begibt – nach den Dingen, der Welt, den Mitmenschen
und vielleicht sogar nach Gott. Und von nun an läßt sich im Leben

Antonio Machados eine seltsame, symbolische Verbindung zwischen der Entwicklung seines Seelenlebens und Künstlertums und den Ereignissen und Wechselfällen seiner Biographie beobachten, selbst wenn letztere nicht in seiner Macht stehen. Im Jahre 1907, kurz nach der Veröffentlichung von *Soledades. Galerías. Otros poemas* erhält der Dichter – obwohl er noch keinen akademischen Titel erworben hat – eine Stelle als Gymnasialprofessor für Französisch in Soria, einer kleinen Provinzhauptstadt im Nordwesten von Kastilien. Die Landschaft Kastiliens – übrigens das gemeinsame Emblem der literarischen Gruppe, die bald die »Generation von 98« genannt werden sollte – führt ihn zur Realität, zur Objektivität gegenüber dem romantischen Subjektivismus, der ihn beinahe von Anbeginn an enttäuscht hatte. Das nächste Buch Antonio Machados trägt bezeichnenderweise den Titel *Campos de Castilla* (1912): in diesem Werk dient ihm die Landschaft nicht nur als Lehrmeisterin der Objektivität, sondern auch als Ausgangspunkt für Reflexionen über die Situation Spaniens, jenes Spaniens, das nach dem Verlust seines letzten Kolonialbesitzes im Jahre 1898 – dem Datum, das seiner Generation den Namen gab – so tief in einer sozialen und ökonomischen Krise versank. Aber es ereignet sich gleichzeitig etwas Persönlicheres und Tiefergreifendes: bei der Suche nach »dem Anderen« und »den anderen« konnte es nichts Wichtigeres geben als die Begegnung und Vereinigung des »Einen« mit »der Anderen«, mit der Frau. Später, in seinen volksliedhaften Aphorismen, wird einer seiner apokryphen Philosophen dieses gleichsam metaphysische Kompliment aussprechen:

> Die Frau
> ist die Bildseite des Seins.

So heiratet denn Antonio Machado, der würdige Gymnasialprofessor, im Alter von vierunddreißig Jahren ein einfaches, fünfzehnjähriges Mädchen, Leonor, das in seinem Leben und Denken sowohl reale als auch symbolische Bedeutung gewinnen wird.

Die Entwicklung seines Denkens vertieft sich unterdessen immer mehr und wird in einem spezifischen Sinne philosophischer, besonders in den Aphorismen in Versform, die unter dem Titel *Proverbios y cantares* schon in der ersten Ausgabe von *Campos de Castilla* erscheinen und die der Dichter sein ganzes Leben hindurch kultivieren wird. So ist z. B. sein Kampf gegen den Subjektivismus in dieser einfachen Strophe verdichtet:

> Merkt auf:
> ein einsames Herz
> ist kein Herz.

Hier, in diesem kleinen lyrischen Genre, wächst noch stärker als in seinem Prosawerk die Ironie heran, die, wie wir noch zeigen werden, ein wesentliches Element seiner Denkweise darstellt.

Für die geistige Entwicklung Antonio Machados war es bedeutungsvoll, daß er im akademischen Jahr 1910-11 ein Stipendium erhielt, um seine Französischkenntnisse in Paris zu vertiefen, und daß er bei dieser Gelegenheit die Vorlesungen von Bergson am Collège de France besuchte. Das Denken dieses Philosophen half ihm, seine Vorstellung von der Zeitlichkeit der Lyrik zu entwickeln, die er schon in dem erwähnten Gedicht »Los cantos de los niños« umrissen hatte. Die Lyrik als Kunst der Zeit – wird Antonio Machado später sagen – versucht, einer zeitlichen, individuellen, unwiederholbaren, nur in der Erinnerung erhaltenen Erfahrung Ewigkeit zu verleihen. Etwa fünfzehn Jahre später wird Antonio Machado durch den Mund seines fiktiven Juan de Mairena diese zeitgebundene Auffassung der Dichtkunst der konzeptualistischen – oder konzeptistischen –, abstrakteren und gedanklicheren, ein wenig neobarocken Auffassung gewisser Dichter der »Generation von 27« – vor allem Jorge Guilléns – entgegensetzen. Aber andererseits erschien Antonio Machado der Intuitionismus Bergsons, obwohl er ihm anfangs gute Dienste bei der theoretischen Ausarbeitung seiner zeitgebundenen Lyrikkonzeption leistete, schließlich doch zu naturalistisch, ja biologistisch – nicht nur vitalistisch; ein Vorgang, der um so verständlicher ist, wenn man sich klarmacht, daß der französische Denker in jener Epoche noch nicht die spätere spiritualistische und gleichsam mystische Phase seines Philosophierens erreicht hatte. Es ist möglich, sagt Antonio Machado, daß das theoretische Denken, der Verstand, wie Bergson erklärt, nicht ausreicht, um die lebendige Wirklichkeit zu erfassen; aber – auch wenn das paradox erscheinen mag – gerade darin liegt seine Größe, seine Würde, denn das befreit und distanziert uns von der unmittelbar gegebenen materiellen Wirklichkeit und erhebt uns in eine Welt großartiger und schöner gedanklicher Gebilde, auch wenn wir dadurch keine Heilsgewißheiten erlangen.

Damit eilen wir allerdings um der theoretischen Erörterung willen der Lebensgeschichte Antonio Machados voraus, die damals jenen schon erwähnten symbolischen Charakter aufweist, der auf einem Ereignis beruhte, das dem Einfluß des Dichters entzogen war: Seine Gemahlin Leonor, das Symbol seines Wunsches nach Vereinigung mit der Realität der Welt und der Mitmenschen, starb im Jahre 1912 an Tuberkulose. Es scheint, als ob damit deutlich würde, daß der Dichter auch in seiner geistigen Entwicklung an seine Grenzen gestoßen ist und daß es sich für ihn als unmöglich erwiesen hat, die objektive Realität, das Andere, zu erfassen, so wie er schon vorher das Ich als nicht greifbar aufgegeben hatte.

Der verwitwete Dichter – man könnte sagen, verwitwet auch hinsichtlich der ersehnten Verbindung mit den Mitmenschen – zieht in eine kleine andalusische Stadt, Baeza, wo er sich sowohl aus beruflichen Gründen als auch aus persönlicher Neigung als Autodidakt dem Studium der Philosophie widmet. Das ermöglicht ihm, von der Universität in Madrid ein Lizentiat zu erhalten.

Damals begann er ein Heft, das nach seinem Tode unter dem Titel *Los complementarios* veröffentlicht werden sollte – ein Titel, der sich in diesem Buch zunächst auf einige Anmerkungen zu fiktiven literarischen Gestalten bezieht, die alle gemeinsam das Bild der Persönlichkeit des Schriftstellers ergeben: darum heißen sie »Ergänzungen«. In späteren Veröffentlichungen werden sie den schon genannten »Apokryphen« Martín und Mairena Platz machen, bei denen es sich in Kontrast und Affinität um Gegenfiguren zu Antonio Machado handelt, nicht um Heteronyme im Sinne Pessoas, sondern um verschiedene Verkörperungen einer Einheit, die nur in dieser Vielfalt deutlich zutage treten kann. Machado selbst wird sogar von einer seiner apokryphen Figuren als apokryphe literarische Gestalt zitiert. Das erwähnte Heft enthält Überlegungen zur Philosophie: in ihnen wird, im Jahre 1917, in aller Radikalität und nicht ohne Sarkasmus der schon erwähnte Bruch mit dem Denken Bergsons deutlich, auch wird hier schon der Gegensatz zu der neuen Richtung der Dichtkunst offenbar, die Juan Ramón Jiménez und seine Anhänger einschlagen, obwohl in den ersten Jahren des 20. Jahrhunderts eine freundschaftliche Verbindung zwischen beiden Dichtern bestanden hatte. Darüber hinaus steigt die Zahl der Anmerkungen zur klassischen spanischen Literatur kontinuierlich an – jetzt, da er einen akademischen Grad besaß, konnte sich Machado nicht länger darauf beschränken, nur Französisch zu unterrichten, sondern er mußte in einigen Klassen auch den Unterricht in spanischer Literatur übernehmen.

1917 erscheint eine stark erweiterte Auflage von *Campos de Castilla*: darin beschreibt er sich selbst in Baeza, in einem ironischen Selbstporträt »Poema de un día« *(Meditaciones rurales)* – tatsächlich handelt es sich nicht um einen ganzen Tag, sondern lediglich um einen Nachmittag. In diesem Bild porträtiert er sich bei der Lektüre von Bergson und Unamuno: letzteren hat Machado immer als Meister geschätzt, und gerade von Baeza aus schickte er ihm in diesen Jahren eine Reihe profunder Briefe, in denen er nicht nur den Marasmus und die Ungerechtigkeit der ihn umgebenden andalusischen Gesellschaft kritisierte, sondern auch im Gedenken an seine verstorbene Gemahlin seinem tiefempfundenen Wunsche nach einem Weiterleben über den Tod hinaus Ausdruck verlieh.

Sowohl von seinen Lebensumständen als auch von seiner geistigen Situation und seinem Denken her könnte die Lage Antonio Machados in jener Epoche verzweiflungsvoll erscheinen: früh war sein Ideal gescheitert, die grundlegende Wahrheit im Inneren des individuellen Geistes zu finden, dann hatte ihn die Hoffnung verlassen, das Heil in den Dingen und in den Mitmenschen zu finden, wobei sogar der Tod brutal eingeschritten war. Der Dichter fühlte sich vorzeitig gealtert und erschöpft: sein Denken ließ der Hoffnung nur insofern Raum, als es ihn selbst nicht ernst nahm. In einer seiner zahlreichen nachdenklichen Strophen jener Zeit faßt er das alles in den Worten zusammen:

> Herz, gestern noch tönend,
> hat deine Goldmünze
> keinen Klang mehr?
> Wird dein Spartopf leer sein,
> noch bevor ihn die Zeit zerbricht?
> Vertrauen wir darauf,
> daß nichts von dem wahr ist,
> was wir wissen.

In einem Brief an Unamuno (vom 16. 1. 1918) erläutert er den Sinn dieser drei letzten Verse, wobei er eine noch radikalere Fassung zugrunde legt: »Wir vertrauen darauf, daß nichts von dem, was wir denken, wahr ist, habe ich, wie ich glaube, einmal in einer Strophe gesagt; aber ich bezog mich dabei auf das distanzierte und kalte Denken, auf das Denken in Relationen, Grenzwerten, Negationen, auf das Denken in leeren Kategorien, das nichts von dem beweisen kann, was unserer Seele Nahrung gibt.« In dieser zweiten Version und ohne die vorhergehenden Verse wird diese Strophe später dem apokryphen Juan de Mairena zugeschrieben, zusammen mit einigen Erläuterungen, in denen dieser unter anderem sagt: »Mein Denken ist von Grund auf traurig; dennoch bin ich kein trauriger Mensch, auch glaube ich nicht, daß ich dazu beitrage, irgend jemand traurig zu stimmen. Anders gesagt: der fehlende Glaube an mein eigenes Denken bewahrt mich vor seinen unheilvollen Wirkungen. Oder aber: noch tiefer als mein eigenes Denken ist mein Vertrauen in dessen Nichtigkeit.« So erklärt es sich, daß Machado einen »gesunden Skeptizismus« fordert: in einem Aphorismus aus dem Jahre 1936 erklärt er mit all dem Humor, der ihm damals zu eigen ist: »Lerne zu zweifeln, mein Sohn, und du wirst schließlich an deinem eigenen Zweifel zweifeln.«

Diese ironische Haltung vertieft Antonio Machado in einer Phase, in der er in eine Sackgasse geraten zu sein scheint, zu einer neuen geistigen Vitalität, die allerdings genauso stark in seinem Sinn für die Dichtkunst gründet, verstanden als Stimme der Allgemeinheit, die aus der Tiefe eines Volkes und einer langen Geschichte emporsteigt, um nicht nur einem persönlichen Empfinden Ausdruck zu verleihen, sondern gleichzeitig in überpersönlicher Weise für alle zu sprechen. Die Poesie vereinigt sich also in seinem Inneren mit dem moralischen Gefühl der Brüderlichkeit aller Menschen, mit der »Nächstenliebe«. Antonio Machado spielt immer häufiger auf die Lehren Christi an, »des« Christus, wie Unamuno sagte. Und bei einer Gelegenheit erklärte er in einem Wortspiel, daß es nicht nur darum gehe, den »Nächsten« oder den »Nahestehenden« zu lieben, sondern auch den »Fernen«, den Unbekannten und Entfernten. Vielleicht spielte bei dieser geistigen Entwicklung ein gewisser Einfluß der historischen Umwelt eine Rolle: auf unbestimmte und undifferenzierte Weise hat vielleicht die Russische Revolution von 1917 das Seelenleben Machados berührt, nicht in Form konkreter politischer oder ideologischer Überzeugungen, sondern als allgemeines Empfinden, an der Schwelle zu einem neuen Zeitalter zu stehen, in dem die Welt nach der Überwindung des bürgerlich-romantischen Individualismus zu stärker totalitären Formen des sozialen Lebens finden würde. Auf noch unklare Weise äußert sich diese neue Geisteshaltung im Zusammenhang mit dem Mythos von Demeter in dem Gedicht »Olivo del camino«, dem letzten, das er in der andalusischen Stadt Baeza schrieb, bevor er nach Segovia übersiedelte, und das den nachfolgenden und letzten Gedichtband Antonio Machados einleiten sollte, *Nuevas canciones* (1924). In Segovia arbeitet er von 1919 an als Gymnasialprofessor; dabei verbringt er viel Zeit im nahe gelegenen Madrid, wohin er 1932 schließlich auf Dauer versetzt wird. *Nuevas canciones* ist reich an lyrischen Formen und unterschiedlich in der Qualität: besonders werden die Aphorismen im populär-»autofolkloristischen« Stil, wie ihr Autor sie jetzt charakterisiert, weiter gepflegt, die »dort, wo sie meine Gemeinsamkeiten mit der Volksseele enthalten«, keine bloße Nachahmung der volkstümlichen Dichtweise sind. Tatsächlich stellen diese äußerst knappen Ausdrucksformen der Volksseele tiefgründige Verdichtungen des Denkens dar und stehen in der Nähe der Philosophie. Das zeigt sich deutlich bei jenen, die eine Serie einleiten, von der das Denken der apokryphen Philosophen Antonio Machados seinen Ausgang nimmt. Die erste von ihnen lautet:

> Das Auge, das du siehst, ist nicht
> Auge, weil du es siehst,
> es ist Auge, weil es dich sieht.

Die an sich schon rätselhaften Aphorismen erscheinen noch schwieriger, wenn Abel Martín daran geht, sein ganzes metaphysisches Gedankengebäude aus ihnen heraus zu entwickeln.

Neben dieser lyrischen Form gibt es andere Gedichte von größerem Umfang (häufig Sonette), die oft Gelegenheitsarbeiten sind. Aber dieses Charakteristikum bedeutet nicht, daß sie von geringerem literarischen Wert wären: man betrachte diesbezüglich die gefühlsstarke »Notiz« »Iris de la noche.«

1925 führt ein Essay, »Reflexiones sobre la lírica«, der in der damals führenden, von Ortega y Gasset herausgegebenen Zeitschrift »Revista de Occidente« publiziert wird, Antonio Machado auf das Gebiet der kritischen und theoretischen Prosa: es handelt sich – hier bezogen auf den Dichter José Moreno Villa – um eine frühzeitige Kritik an der Tendenz zur gedanklichen und abstrakten Poesie, die, wie wir sagten, für einige Mitglieder der »Generation von 27« charakteristisch werden sollte. Der große Durchbruch in der Prosa Machados vollzog sich jedoch erst im Jahre 1926, als in derselben Zeitschrift seine Figur Abel Martín das Licht der Welt erblickte, von der mitgeteilt wurde, daß es sich um einen Dichter und Philosophen des ausgehenden 19. Jahrhunderts gehandelt habe. Irgendwann zu einem späteren Zeitpunkt wird Antonio Machado einmal sagen, daß die Vergangenheit formbar ist und verbessert werden kann: jetzt unternimmt er diesen Versuch mit dem spanischen 19. Jahrhundert, indem er einige Figuren erfindet, die damals besser gelebt hätten, leider aber nicht existierten. Wir haben schon das Verhältnis Machados zu seinen »Apokryphen« angesprochen, die teilweise seine Sprecher und teilweise seine Gegenspieler sind: jetzt wollen wir ihre Funktion in philosophischer Hinsicht näher betrachten. Der zweite dieser Apokryphen sagt später einmal: »Jeder Dichter... arbeitet unter der Voraussetzung einer Metaphysik; vielleicht sollte jedes einzelne Gedicht seine eigene haben, selbstverständlich nur implizit, keinesfalls explizit, und der Dichter hat die Pflicht, sie an anderer Stelle in klaren Begriffen darzulegen. Die Fähigkeit, dies zu tun, unterscheidet den wahren Dichter vom lediglich Verse schmiedenden Gesellschaftskünstler.« Aber diese Worte spricht Machado nicht unmittelbar selber, sondern eine seiner Figuren mit vielen Facetten der Ironie, wie um eine derart »apokryphe« Theorie zu rechtfertigen.

Was Abel Martín betrifft, so soll er einige umfangreiche philosophische Werke verfaßt haben (aus denen Fragmente zitiert werden), gewissermaßen als ausführliche Glossen zu Dichtungen, von denen einige vollständig wiedergegeben werden. Als Kuriosität sollte man vielleicht anmerken, daß die Philosophie Abel Martíns möglicherweise eine indirekte Anregung durch das Werk eines Vorgängers von Antonio Machado erfahren hat, nämlich durch *De la unidad simbólica* von José Alvarez Guerra, veröffentlicht zwischen 1820 und 1840. Es handelt sich bei diesem Autor um einen dilettierenden Denker aus der Provinz, von freimaurerischen Idealen und romantischen Empfindungen bewegt, der ohne Fichte und Schelling zu kennen, etwas von ihrem Idealismus zu verspüren schien. Das Denken Abel Martíns, das nicht ohne eine gewisse Dunkelheit dargestellt wird, ist eine Art Philosophie der hoffnungslosen Liebe: das Ich, das Eine, fühlt die Liebe als Einsamkeit in sich emporsteigen, als Abwesenheit des Anderen – »der Geliebten« –, und es macht sich auf, um sie außerhalb seiner selbst zu suchen. Aber was es auf diese Weise zu finden glaubt, ist nichts anderes als sein eigenes Bild, das wie in einem Spiegel reflektiert wird. In einem Gedicht, das Abel Martín zugeschrieben wird, findet diese Situation folgenden Ausdruck:

Er sah sich im Traume
ruhend am Busen seiner Geliebten.
Im Traume rief er: »Wach auf, meine Geliebte!«
Aber er selbst wachte auf, denn ihm diente
sein eigenes Herz als Kissen.

Als eine Art Zusammenfassung dieses Abenteuers in amourösem Symbolismus erlaube ich mir, das wiederzugeben, was im Vorwort zu einer kritischen Ausgabe dieser Texte Machados gesagt wurde: »Dieser Dialektik von Sein und Liebe – des Einen und des Anderen – bleibt ein Traum, ein unvermeidliches Scheitern, ein metaphysischer ›wet dream‹, und es ist schade, daß wir in unserer Sprache keinen so präzisen Ausdruck haben, um den Traum zu bezeichnen, in dem der Mann die Frau zu besitzen glaubt, mit allen seinen physiologischen Konsequenzen«. Aber dieses Scheitern des Verstandes schafft als Kehrseite dem poetischen Denken Raum: »Auch die Poesie ist eine Tochter des großen Scheiterns der Liebe«, sagt Abel Martín. Dieses poetische Denken, das auf die Heterogenität, die Wechselhaftigkeit, die Flüchtigkeit, die »Vielfarbigkeit« – ein Ausdruck von Abel Martín – der Realität gerichtet ist, erscheint angemessener, um das Leben geistig zu durchdringen, aber es schließt auch eine bewundernde Huldigung an jenes andere Denken mit ein, das philosophische, ungegenständliche und abstrakte, das in der Lage ist, das Universum aller Substanzen zu entleeren, wie jemand – diese Metapher findet sich in dem Abel Martín zugeschriebenen Sonett »Al Gran Cero« –, der ein Ei durch ein winziges Loch ausschlürft, ohne die Schale zu zerstören. Aber nicht nur dieser Art des Denkens erweist Abel Martín seine Reverenz, sondern auch dem Nicht-Sein selbst, dem Nichts, zu dem das abstrakte Denken führt und von dem sich der Dichter fernhält, der aus dem geistigen Abenteuer Abel Martíns seine Lehren gezogen hat. Wenn es uns noch einmal gestattet ist, das erwähnte Vorwort zu zitieren, so sehen wir dort die tragische, aber zugleich erlösende Rolle des apokryphen Abel Martín folgendermaßen beschrieben: »Die tieftraurige Philosophie Abel Martíns ist der beschwörende Versuch, einem Alptraum Ausdruck zu verleihen, dem Alptraum, daß der Verstand recht haben und daß es unmöglich sein könnte, aus sich selbst, ›dem Einen‹, herauszutreten. Abel Martín ist der Sündenbock, der, biblisch gesprochen, die Sünde des Denkens auf sich nimmt, um außerhalb der Stadtmauern zu sterben. Antonio Machado betraut Abel Martín mit der Formulierung dieser Philosophie –, gerade um sich von ihr zu befreien, um klarzustellen, daß dies nicht die letzte Wahrheit sein kann, um so die tiefsten Quellen des Glaubens zu verteidigen, die trotz aller gegenteiligen Beweise im Urgrund des Lebens weitersprudeln.«

Diese Art »Phänomenologie des Geistes«, nicht im Hegelschen Sinne, sondern umgekehrt als Scheitern eines illusionären Ansatzes, erfuhr eine Fortsetzung, ebenfalls in Prosa, in dem Band *Poesías completas* von 1928. Dort erscheint ein imaginärer Schüler von Abel Martín, Juan de Mairena, dem ebenfalls die Aufgabe zufällt, über die Literatur und über sehr unterschiedliche andere Gegenstände zu theoretisieren, der aber anfängt, dem Denken seines Meisters eine metaphysische, fast könnte man sagen ontologische Lehre im mehr technischen Sinne des Wortes hinzuzufügen: gegenüber der traditionellen Idee, daß Gott das Universum geschaffen habe, behauptet Mairena, daß das göttliche Handeln darin bestanden habe, das Nichts zu erschaffen und in das reine und absolute Sein die Welt als jenen Bereich des unvollkommenen Seins einzufügen, der als eine Mischung aus Nebel und Schatten existiert. Und auf der schwarzen Tafel dieses Nichts, auf der die besonderen Seinsformen Gestalt annehmen, ist auch das menschliche Denken aufgezeichnet, das folglich ein korrosionsanfälliges Amalgam mit dem schwarzen Untergrund bildet, mit der Irrealität, die alles positive Sein begrenzt. Das Denken, müßte man sagen, »nichtet« (›nadea‹), um einen Ausdruck zu gebrauchen, den zu diesem Zeitpunkt Heidegger in seinem Werk *Sein und Zeit* (1927) prägt: das heißt, es rechnet nicht nur mit dem Urgrund der Leere und des Nebels, der hinter aller konkreten Realität liegt, sondern es »steigert« gewissermaßen das Nichts, bedroht das Seiende und umschließt es mit einem zersetzenden Meere. Alle diese Theorien Abel Martíns und Juan de Mairenas sind nicht der Zeitvertreib eines Philosophiehistorikers, sondern auf indirekte und »apokryphe« Weise das Glaubensbekenntnis Antonio Machados, das wir schon umrissen haben: das abstrakte Denken ist negativ, düster und tödlich.

Aber mehr noch als über philosophische Fragen verbreitet sich Juan de Mairena bei seinem ersten fiktiven Auftreten 1928 über literarische Probleme, wobei er seinem Schöpfer als Sprachrohr für dessen Kritik am Barock dient, das damals, am dreihundertsten Todestage von Góngora, gerade in Mode kam, wobei das Datum dieser Gedenkfeier der »Generation von 27« zu ihrem Namen verhalf. Niemand schien sich jedoch klarzumachen – oder klarmachen zu wollen –, daß Antonio Machado indirekt die Dichter dieser Gruppe und das ästhetische Klima angriff, in dem sie lebten. In dieser Zeit veröffentlichte Ortega y Gasset *La deshumanización del arte (Die Enthumanisierung der Kunst),* eine Verteidigung des Experimentalismus und Avantgardismus als einer Art Sport, der sich am Rande der allgemeinen Interessen der Menschheit – des Bürgertums, wie Ortega sagte – vollzog: Spanien nahm an diesem großen Abenteuer der Kunst und der Literatur teil, zu dessen bekanntesten Bewegungen der Dadaismus, der Kubismus und der Surrealismus zählten. Antonio Machado, der, wie wir gesehen haben, schon früh eine mißtrauische Haltung gegenüber dem Gebrauch der Bilder als Deckmantel für Gedanken statt als Ausdruck lebendiger Empfindungen eingenommen hatte (wie er selbst in *Reflexiones de la poesía* aus dem Jahre 1925 darlegt), geriet damit ins Abseits der Modeströmungen. Von dieser Zeit an fand er sich fast zehn Jahre lang in seinen Winkel abgedrängt, fast antiquiert, ein anachronistisches Überbleibsel des 19. Jahrhunderts, und was die Sache noch schlimmer machte: auf dem Wellenkamm einer degagierten und artistischen Poesie – auf dem Höhepunkt dessen, was María Zambrano »die Verbena der spanischen Poesie« genannt hat – neigte er immer stärker zu mühseligen metaphysisch-transzendentalen Abhandlungen und moralischen und religiösen Darlegungen, und das alles in einem Prosastil, der bei weitem noch nicht die Flexibilität späterer Jahre erreicht hatte. In einem seiner Aphorismen spielt er auf seine Lage in dieser zweiten Hälfte der zwanziger Jahre an:

> Ihm zittert die Stimme beim Gesang,
> sie zischen nicht mehr seine Verse aus,
> sondern sein Herz.

Aber Antonio Machado erschien nicht nur unzeitgemäß in seiner Bindung an eine Vergangenheit, sondern auch in seiner Vorwegnahme einer Zukunft, die aus einer Einstellung erwuchs, welche kritisch gegenüber der Gesellschaft seiner Zeit und offen für Veränderungen und Utopien in künftigen Tagen war; einer Einstellung, die sich in der Literatur – und nicht nur in der spanischen – während der großen Krise der 30er Jahre durchsetzte, jener Krise, die zum Spanischen Bürgerkrieg als dem Vorspiel zum Zweiten Weltkrieg führte. Wir haben schon seit etwa 1920 bei Machado eine wachsende Hinwendung zum Traum von einer künftigen Epoche der Welt und der Dichtkunst entdeckt, in welcher der bürgerliche Individualismus durch einen Geist größerer Brüderlichkeit und eine größere Allgemeinverbindlichkeit aller Werte überwunden werden sollte. Nun erfindet er, um diesem Gefühl Ausdruck zu verleihen, mit dem Sinn für Humor, der im Lauf seiner traurigen Lebensjahre ständig zunahm, eine weitere Persönlichkeit, Jorge Meneses, die als komplementärer Gegenpol zu Juan de Mairena gedacht ist, der ihm nun doch zu stark dem 19. Jahrhundert verhaftet war. Tatsächlich wird Meneses mit einigen ihm zugeschriebenen ›Coplas mecánicas‹ (mechanische Tanzliedchen) den Boden für die mögliche Dichtkunst einer Zukunft vorbereiten, in der – um nun Worte Machados aus dem Jahre 1919 zu zitieren – »eine gemeinsame Aufgabe die Menschheit begeistern wird«. Wir stehen vor einem beinahe komischen Zwischenspiel: die neue Figur, Jorge Meneses, hält einen Dialog mit Juan de Mairena, worin er diesem erklärt, wie das Gerät aussieht, das er erfunden und mit dem er seine ›Coplas mecánicas‹ verfaßt hat, die Dichtungsmaschine[*]. Vorher jedoch begründet er die historische Notwendigkeit dieses scheinbaren Spielzeugs: »Das individuelle Empfinden, besser sollte ich sagen der individuelle Pol des Empfindens, der im Herzen eines jeden Menschen liegt, fängt an, uninteressant zu werden und verliert von Tag zu Tag mehr an Bedeutung. Die moderne Lyrik von der romantischen Dekadenz bis zu unseren Tagen (denen des Symbolismus)[**] ist vielleicht ein etwas exzessiver Luxus des Manchestertums, des bürgerlichen Individualismus, der auf dem Privateigentum basiert. Der Dichter stellt sein Herz mit der gleichen Prahlerei zur Schau, mit der der neureiche Bürger seine Palais, seine Kutschen, seine Pferde und seine Geliebten vorzeigt. Das Herz des Dichters, das so reich an Klängen ist, stellt beinahe eine Beleidigung für die tonlose Gefühlswelt der Masse dar, die durch die mechanische Arbeit versklavt ist.« Meneses sagt weiter, daß niemand fähig sei, wahrhaft zu empfinden, wenn er nicht gemeinsam mit anderen, ja mit allen, empfinde, und daß darin die Krise der individualistischen Lyrik begründet sei, die aus der Romantik herrühre. »Der Dichter will für sich selbst singen, da er keine Themen gefühlsmäßiger Verbundenheit, und damit wahrer Gefühle, findet.« Aber was dem Einzelnen dann »in der Abgeschiedenheit seines Gefühls passiert, ist, daß das, was nicht mitteilbar ist, schließlich überhaupt aufhört, etwas zu sein.« Damit es

[*] la Máquina de Trovar, Troubadour-Maschine.
[**] A. d. V.: Man muß sich diesen Text zum Ende des 19. Jahrhunderts geschrieben denken.

eine neue Dichtkunst geben kann, muß es zunächst neue Werte und Gefühle geben. Während diese entstehen und reifen, setzt Meneses seine Dichtungsmaschine als Vorbereitung und pädagogisches Training in Gang, die einer Schreibmaschine mit einer in drei Gruppen unterteilten Tastatur ähnelt: Sein, Nicht-Sein und Vielleicht-Sein. Aber tatsächlich taugt diese Maschine nur dazu, die objektivistische, antiindividualistische Haltung von Meneses zu illustrieren: die Maschine ist ein bloßer Vorwand, um das Lied oder Gedicht herzustellen, welches das gemeinsame Gefühl der Gruppe ausdrückt, die die Maschine in jedem Falle programmiert. Zu diesem Zweck wählt die Gruppe zunächst durch Mehrheitsvotum das Wort, das sie am besten als Gemeinschaft charakterisiert, und tastet sich dann von da aus weiter vor, indem sie teils Reime, teils Gegensätze und Ähnlichkeiten sucht. Es wird ein hypothetisches Beispiel gegeben: Bei einer Gruppe von Junggesellen, die ein Zechgelage auf andalusische Weise veranstalten, »ein wenig nach Art eines Leichenbesäufnisses«, würde man mit dem Wort »Mann« beginnen und schließlich zu der Strophe kommen:

> Es heißt, daß ein Mann kein Mann sei,
> solange er nicht seinen Namen
> aus dem Munde einer Frau vernehme.
> Kann sein.

Es ist einsichtig, daß ein Antonio Machado, der diese scheinbaren Späße schrieb, in seinem sozialen und politischen Empfinden einen Entwicklungsprozeß durchgemacht hatte, der von seinem ursprünglichen romantischen und freimaurerischen Liberalismus zu einer stärker linksorientierten Position führte – er war Mitglied der ›Agrupación de Intelectuales por la República‹ und hißte im Jahre 1931 die republikanische Flagge auf dem Rathaus von Segovia. Allerdings war ihm sehr wohl bewußt, daß sein Charakter und seine Erziehung es ihm unmöglich machten, diese Entwicklung der Menschheit, die er vorhersagte und herbeisehnte, mitzuvollziehen: »Ich möchte lieber sterben, als das erleben«, sagte er überraschenderweise in einem Text aus dem Jahre 1929, in dem er davon spricht, wie die Kunst der Zukunft auszusehen habe.

Andererseits überlagerte damals ein Ereignis aus seinem Privatleben diese Entwicklung seines Denkens: zwischen 1926 und 1928 hatte eine Dame der Gesellschaft, eine Verehrerin der Dichtkunst und sehr konservative Frau, offenbar auf eigene Initiative eine heimliche Liebesbeziehung zu Antonio Machado angeknüpft.

Dieser widmete ihr unter dem Namen »Guiomar« einige Gedichte, aus denen hervorgeht, daß der Dichter, so schmeichelhaft er ihre Zuneigung empfand, diese Liebe nicht als real ansehen konnte.

> ...Alle Liebe ist Phantasie;
> sie erfindet das Jahr, den Tag,
> die Stunde und ihre Melodie,
> sie erfindet den Liebhaber und, darüber hinaus,
> die Geliebte. Es beweist nichts
> gegen die Liebe, wenn die Geliebte
> niemals existiert hat.

So drückt sich der Dichter aus, als die Beziehung zu Ende geht. Und die Empfindung des wenig Realen, des »Apokryphen«, die diese Liebe in ihm wachrief, beruhte nicht nur auf der Tatsache – und hier stoßen wir wieder auf die schon häufiger erwähnte Beziehung zwischen äußerer Biographie und innerer Entwicklung bei Antonio Machado –, daß die Dame ihr Leben, anstatt es mit dem Dichter vollständig zu teilen, lieber auf flüchtige Begegnungen mit ihm beschränken wollte, sondern sie beruhte auch auf der zunehmenden, tiefgreifenden Distanzierung seines Geistes von aller Realität, die es ihm nicht erlaubte, an eine mögliche Neugestaltung seines Lebens mit neuen Menschen und Dingen zu glauben. (Zwischen 1934 und 1935 endete die Beziehung zwischen Antonio Machado und »Guiomar« mit Sicherheit wegen familiärer Rücksichten ihrerseits.) Vielleicht – und ich möchte hier noch einmal auf die erwähnte Verbindung zwischen »Dichtung und Wahrheit« zurückkommen – war dieser Bruch mit der so konservativen »Guiomar« für Antonio Machado der Anlaß und Auslöser, als Journalist eine wöchentliche Kolumne zu schreiben, die er zwei Jahre lang bis zum Vorabend des Bürgerkrieges fortführte. Die Kolumne erschien als Meinungsäußerung Juan de Mairenas, dessen Gestalt jetzt schärfer umrissen und sogar in die Lage versetzt wurde, über Ereignisse nach seinem angeblichen Tod im Jahre 1910 zu sprechen, indem sich der Autor der Formel bediente: »Was Juan de Mairena gesagt hätte...«, unter welcher Überschrift er zu den radikalsten Gedankenkonstruktionen gelangte. Hinsichtlich des Stils bildet dieser journalistische Juan de Mairena den Höhepunkt im Prosaschaffen Machados und eine Leistung, die es verdient, im Zusammenhang der Geschichte der spanischen Prosa betrachtet zu werden.

Wir erlauben uns hier eine kurze, rückblickende Stellungnahme: In der Gattungsgeschichte der spanischen Literatur hat die Lyrik eine solide Entwicklung durchgemacht, bei der ihre Struktursysteme bewahrt und kumuliert wurden, bis sie den Reichtum der Ausdrucksmittel erlangten, der in der Zeit von 1920-1939 seinen Höhepunkt erreichte. Demgegenüber ist die Prosa in der zweiten Hälfte des 17. Jahrhunderts steckengeblieben – als Ausnahme, die diese Feststellung bestätigt, sei aus dem 18. Jahrhundert die Prosa Moratíns genannt. Dieser Mangel an Elastizität, unter dem noch die großen spanischen Romanschriftsteller des 19. Jahrhunderts litten, war noch gravierender in der Gedankenprosa, die sich wegen der allgemeinen Sklerose der gesellschaftlichen Entwicklung in Spanien – und nicht nur wegen der Inquisition – nicht gebührend hatte entwickeln können. Die philosophischen Prosaschriftsteller am Ausgang des 19. Jahrhunderts bedienen sich einer anachronistischen Ausdrucksweise: selbst Unamuno erreicht in seinen Artikeln und Essays keine flüssige und wahrhaft zeitgemäße Sprachform. Die Schöpfung einer modernen, flexiblen und ansprechenden Gedankenprosa war das große Werk Ortegas, und wenig später, zunächst in katalanischer, dann in spanischer Sprache von Eugenio d'Ors in seinem *Glosario*. Obwohl Ortega als Vorbild und Anreger der modernen spanischen Prosa galt, glauben wir, daß für Antonio Machado das wichtigste stilistische Vorbild Eugenio d'Ors war – so hat er um 1920 sogar eine Sammlung vermischter journalistischer Arbeiten begonnen, *Los trabajos y los días*, die an den *Glosario* erinnert. Diese stilistische Affinität ist kaum registriert worden, denn ideologisch entfernten sich beide immer mehr voneinander: Ors bezog eine konservative Position, während Machado sozusagen »progressiver« wurde. Abgesehen davon scheint sich Antonio Machado seit den zwanziger Jahren intensiv mit Nietzsche beschäftigt zu haben, und wenn er auch einerseits den Zarathustra und seine »biologistische Großsprecherei« ablehnt, so bewundert er andererseits doch den Scharfsinn und die Anmut des aphoristischen Werkes Nietzsches und die große psychologische Hellsicht »eines Mannes, der tief in sich hineinblickt und seinen Nächsten mit seinen eigenen Eingeweiden erschlägt.« In dieser Zeitungskolumne ist Juan de Mairena nun das Alter ego von Antonio Machado, allerdings in einer karikierten Form: er ist Sportlehrer an einem Gymnasium, wo er eine freiwillige Arbeitsgemeinschaft in Rhetorik für die etwa fünfzehnjährigen Schüler anbietet; in diesem Unterricht spricht er über alle menschlichen und göttlichen Dinge, wobei er seine Ideen im allgemeinen seinem eigenen Lehrer Abel Martín zuschreibt; das ganze vollzieht sich mit viel Humor und ständiger Ironie in einem lockeren Umgangston. Seinen Schülern empfiehlt er: »Wenn ihr Schriftsteller werden wollt, bemüht euch, bloße Stenographen gesprochener Gedanken zu sein«.

In der Formengeschichte der spanischen Literatur stehen wir hier nun vor einem Paradoxon: die Prosa Antonio Machados übertraf in dieser Periode seine Lyrik, obwohl sie gegenüber seinem poetischen Werk eine untergeordnete und komplementäre Rolle innehatte. Denn dieses Werk brachte, wie wir gesehen geben, keine formalen Neuerungen, sondern verschmolz die Erbschaft Bécquers mit dem hispanoamerikanischen Modernismus, nicht ohne eine gewisse stilistische Nachlässigkeit, die an jenes »schwerfällige Kleidungsornament« denken läßt, von dem er selbst spricht und das Teil seines Images und seiner Persönlichkeit war.

Dieser journalistische Juan de Mairena erschien, wie bereits erwähnt, in Buchform kurz vor Ausbruch des Bürgerkrieges, in dem Machado erneut literarisch in Erscheinung treten sollte. Im Jahre 1936, angesichts der militärischen Erhebung, an deren Spitze sich sehr bald Franco stellen sollte, unterstützte der Dichter die Republik: die beste kulturelle Zeitschrift der Kriegsjahre, die monatlich erscheinende »Hora de España«, begann alle Ausgaben mit einer Arbeit von Antonio Machado, in der Juan de Mairena die Hauptrolle spielte, fast immer unter der Formel: »Was Juan de Mairena gesagt hätte…« Die Thematik ist häufig kämpferisch, bezogen auf den Bürgerkrieg und vor allem auf das Eingreifen des faschistischen Auslandes bei gleichzeitiger vorsichtiger Zurückhaltung der westlichen Demokratien. Aber es werden auch andere Fragen behandelt: so in dem erstaunlichen Essay über *Sein und Zeit* von Heidegger, den Antonio Machado durch Gurvitch kennengelernt hatte. In diesem Essay nimmt der Dichter für sich in Anspruch, den Begriff der »Angst« des deutschen Denkers schon in einigen seiner Gedichte zu Beginn des Jahrhunderts behandelt zu haben (insbesondere in dem Gedicht, das mit den Versen beginnt »Ein aschgrauer und trauriger Nachmittag…«), in denen er auch schon auf die Fragen der Zeitlichkeit und des »Seins-zum-Tode« eingegangen sei, Schlüsselbegriffe des damals in Spanien noch nicht so genannten Existentialismus. Es existieren weitere Texte von ihm aus dieser Kriegszeit: eine Rundfunkrede, in der er den Friedensvorschlag des Präsidenten Negrín verteidigt, eine kurze öffentliche Ansprache, in der er zwar seiner Sympathie für den Sozialismus Ausdruck verleiht, sich aber gleichzeitig von der streng materialistischen Deutung distanziert, die den »Menschen« (hombre) durch den »Hunger« (hambre) definieren möchte; einige Gedichte, wie jenes auf die Ermordung Federico García Lorcas in Granada oder ein Sonett, das General Lister gewidmet ist…

Im Januar 1939, kurz vor dem Einmarsch der Truppen Francos in Barcelona, floh Antonio Machado mit einer Gruppe katalanischer Intellektueller nach Frankreich. Beim Marsch über die Grenze verlor er eine Aktentasche mit Manuskripten, die er bei sich führte: wahrscheinlich handelte es sich um Arbeiten, die von ihm wiederholt angekündigt worden waren, einige Gedichte, die er einem weiteren apokryphen Dichter, Pedro de Zúñiga, zugeschrieben hatte, von dem er sagte, daß er ein Zeitgenosse der »Generation von 27« gewesen sei – wobei wir nicht wissen, ob er deren Ästhetik bejahte oder ablehnte –, sowie eine Anthologie von »Dichtern der Zukunft«, eine gedankliche Vorwegnahme dessen, was die Lyrik in jenen kommenden Zeiten sein könnte, in denen die Menschheit weniger idealistisch und mehr solidarisch sein würde – Zeiten allerdings, die, wie wir schon sagten, Antonio Machado selbst nicht mehr erleben wollte. Wenige Tage später starb der Dichter an Trauer über sein Vaterland in dem französischen Küstenort Collioure, auf dessen Friedhof seine sterblichen Reste ruhen. Sein veröffentlichtes Werk umfaßt keine tausend Seiten – wenn man die wenigen Theaterstücke außer acht läßt, die er gemeinsam mit seinem Bruder Manuel verfaßt hat, einem hervorragenden und im Vergleich mit seinem Bruder zu Unrecht unterbewerteten Dichter. Zu diesen Seiten muß man noch das nicht sehr umfangreiche, nach seinem Tode veröffentlichte Heft *Los complementarios* sowie einige wenige Briefe hinzurechnen. Die Nachwelt hat Antonio Machado schon in den Rang eines unbestrittenen Klassikers erhoben, aber vielleicht hat seine Rezeption erst zur Hälfte stattgefunden: Der Eindruck scheinbarer Klarheit, der sich auf den ersten Blick einstellt, verbirgt und erschwert den Zugang zu seiner intellektuellen Dichte, die sich immer in Ironie hüllt. Wie Rubén Darío in einem Porträt über ihn schrieb: »Sein Blick war so tiefgründig – daß man ihn kaum wahrnehmen konnte.«

# José Luis Cano
## Die »Generation von 27«

In den zwanziger Jahren, als sich in Spanien die Diktatur des Generals Primo de Rivera (1923-1930) etablierte, entstand eine der besten Dichtergenerationen unserer Literaturgeschichte: García Lorca, Jorge Guillén, Pedro Salinas, Dámaso Alonso, Gerardo Diego, Vicente Aleixandre, Rafael Alberti, Luis Cernuda, Emilio Prados und Manuel Altolaguirre gehörten ihr an. Sie alle wurden zwischen 1892 und 1906 geboren und erreichten ihr höchstes Ansehen in den Jahren der Zweiten Spanischen Republik (1931-1936). Man gab dieser Gruppe von Dichtern den Namen »Generation von 27«, weil sie 1927 den dreihundertsten Todestag von Góngora mit glühendem Enthusiasmus gefeiert hatte und sich erstmals der offiziellen akademischen Literaturkritik öffentlich entgegenstellte, die Góngora, den großen spanischen Barockdichter, entweder totgeschwiegen oder angegriffen hatte. Der antiakademische Protest der »Generation von 27« besaß aber nicht nur verneinenden Charakter. Jene jungen Poeten wußten, was sie wollten, als sie Góngora verherrlichten, den Verfasser der *Soledades*. Sie hielten ihn für den vollendeten Vertreter der »poesía pura«, für einen Dichter, der in die Schönheit verliebt war.

Aus Anlaß seines Todestages edierten sie zum Zeichen ihrer Bewunderung kostbare Ausgaben seiner Werke: Dámaso Alonso gab die *Soledades* heraus, Gerardo Diego eine Anthologie zu Ehren Góngoras, García Lorca hielt einen Vortrag über das poetische Bild in seinem Werk, und Rafael Alberti publizierte eine Fortsetzung der *Soledades*. Die Feierlichkeiten wurden durch eine Góngora gewidmete Sondernummer der Zeitschrift »Litoral« gekrönt, die in Malaga von den Dichtern Emilio Prados und Manuel Altolaguirre herausgegeben wurde. Diese Sondernummer, zu der neben den Dichtern der »Generation von 27« auch Pablo Picasso und Manuel de Falla Beiträge lieferten, schmückte ein Titelbild von Juan Gris. Noch 1927 fand ein weiterer öffentlicher Auftritt statt: Auf Anregung des großen andalusischen Toreros Ignacio Sánchez Mejías hin, der mit den Dichtern befreundet war, lud das Ateneo von Sevilla diese zu einer Lesung ein.

Zu dem Treffen kamen Dámaso Alonso, García Lorca, Rafael Alberti, Gerardo Diego, Jorge Guillén und Luis Cernuda, der damals in Sevilla lebte. Es war das erste Mal, daß die Dichter der »Generation von 27« öffentlich ihre Verse vortrugen; außer ihnen nahmen an der Lesung noch weitere Schriftsteller teil, die aus Madrid angereist waren: Juan Chabás, Mauricio Bacarisse und José Bergamín. Sie alle fühlten sich eng mit dieser Dichtergruppe verbunden.

Die Anfänge der »Generation von 27« fallen mit dem Beginn der zwanziger Jahre zusammen. Im Jahre 1920 erschien das erste Buch von Gerardo Diego, *Romancero de la novia*; 1921 publizierte Dámaso Alonso *Poemas puros. Poemillas de la ciudad*; 1923 folgte *Presagios* von Pedro Salinas; 1925 *Marinero en tierra* von Rafael Alberti und *Tiempo* von Emilio Prados; 1926 erschien von Manuel Altolaguirre *Las islas invitadas*; 1927 von Luis Cernuda *Perfil del aire*; und 1928 von Jorge Guillén *Cántico* und *Ámbito* von Vicente Aleixandre; in diesem Jahr wurde auch der *Romancero gitano* veröffentlicht, der García Lorca berühmt machte. Obwohl die Dichter zunächst stark marginalisiert waren – die Öffentlichkeit und die Literaturkritik ignorierten sie oder brandmarkten sie als avantgardistisch – setzte sich die »Generation von 27« auf Grund der Qualität ihrer Poesie und der persönlichen Ausstrahlung einiger ihrer Mitglieder, besonders García Lorcas und Albertis, schnell durch. 1925 erhielten zwei von ihnen, Alberti und Gerardo Diego, den Nationalpreis für Literatur; Alberti für *Marinero en tierra* und Diego für die *Versos humanos*, die mit einem zweiten Preis ausgezeichnet wurden. Dies war der erste offizielle Erfolg der Generation, und er öffnete ihr die Seiten der damals führenden literarischen Zeitschriften, wie z. B. der angesehenen »Revista de Occidente«, die José Ortega y Gasset leitete und in der seit 1924 alle Mitglieder veröffentlichten. Ortega y Gasset nahm nicht nur ihre Gedichte in die Zeitschrift auf, sondern veröffentlichte im gleichnamigen Verlag, den er ebenfalls leitete, auch andere Werke der Generation, wie den *Romancero gitano* von García Lorca, *Cántico* von Jorge Guillén, *Seguro azar* von Salinas und *Cal y canto* von Alberti. Ortega unterstützte so diese literarische Bewegung, die sich durch die Qualität ihrer Arbeit ebenso wie den Ehrgeiz, zum Wesen der Dichtung vorzustoßen, auszeichnete.

Noch entscheidender waren die Anregungen, die die Lyriker dieser Generation von Juan Ramón Jiménez empfingen, den sie als den puristischsten und tiefgründigsten Dichter ihrer Zeit bewunderten. Juan Ramón, der damals auf der Höhe seiner Schaffenskraft und seines Ansehens stand, war für sie in jenen Anfangsjahren der Generation der unbestrittene Meister, dessen Wort ihnen als Offenbarung galt. Jiménez gab das erste Buch von Pedro Salinas, *Presagios*, in seiner schönen Bibliothek »Indice« heraus; und er publizierte in seinen Zeitschriften und Heften für Dichtkunst – »Si«, »Indice«, »Ley« – Gedichte von fast allen Lyrikern der Generation; schließlich erteilte er Rafael Alberti den poetischen Ritterschlag mit dem wundervollen Brief, den er der ersten Ausgabe von *Marinero en tierra* voranstellte, und er wurde für die Generation eine Brücke zur vorangegangenen literarischen Tradition, vor allem zu Bécquer, bis hin zur volkstümlichen Poesie der ›cancioneros‹, die Alberti und Lorca mit unübertroffener Kunstfertigkeit zu neuem Leben erweckten. Von Juan Ramón erbten die Dichter der 27er Generation die Sorge um Reinheit und Perfektion der Dichtkunst, eine neue Sensibilität im Ausdruck der feinsten Schattierungen der Dinge und Empfindungen und das anspruchsvolle Niveau und die Strenge im Sprachlichen. In der ersten Arbeitsphase der Generation dominierte diese puristische Konzeption von Dichtkunst, wie sie in Frankreich Paul Valéry und in Spanien Juan Ramón Jiménez vertraten. Aber worin bestand die »reine« Poesie? Nach Paul Valéry – daran erinnert Jorge Guillén in der Anthologie der Generation, die von Gerardo Diego herausgegeben wurde – »ist reine Poesie all das, was vom Gedicht übrigbleibt, nachdem man dasjenige eliminiert hat, was nicht Poesie ist«. Rein ist, chemisch gesprochen, gleichbedeutend mit den einfachen Elementen. Poetische »Reinheit« bedeutete also für Juan Ramón und die Dichter der 27er Generation den Wunsch, die Essenz der Dinge zu erfassen und damit gleichzeitig die Geringschätzung des Anekdotischen und der didaktischen Intention des Gedichts, des Sentimentalen und Falschen, des Rhetorischen und des Simplizistischen. Entscheidend war für diese Dichter die Schönheit des Poems, der ästhetische Genuß, und nicht so sehr die Emotion, die die Darstellung eines Gefühls oder einer menschlichen Erfahrung vermitteln kann.

Diese Entgegensetzung von Leben und Dichtung, von Realität und Reinheit, die Ortega in seinem berühmten Essay als die »Enthumanisierung der Kunst« definieren sollte, trug der Dichtung der Gruppe unvermeidlich auch Kritik ein; sie wurde von einigen als

zu intellektuell und ästhetizistisch und somit als reichlich kalt beurteilt. Es stimmt, daß jenes ästhetizistische und intellektualisti-
sche Klima gewisse Gefahren barg, die bald auch von den Dichtern
der 27er Generation erkannt wurden. Schon 1926 schrieb Jorge
Guillén, der als der Gralshüter der reinen Poesie galt, in dem »Brief
an Fernando Vela«, der in der bereits erwähnten, von Gerardo
Diego herausgegebenen Anthologie enthalten ist, daß die reine
Poesie gelegentlich »zu langweilig, zu inhuman und zu unverdau-
lich« sei. Und Dámaso Alonso hat eingestanden, daß jene erste puristische Phase der Generation seine Feder derart eingefroren habe,
daß er aufgehört habe zu schreiben und den durch den Ausbruch
des Bürgerkrieges bezeichneten Einschnitt des Jahres 1936 benötigt habe, um zur Poesie zurückzufinden.

Beim Übergang von den zwanziger zu den dreißiger Jahren
konnte man schon einen Klimawechsel, eine erhöhte Temperatur
in der Dichtung der Gruppe konstatieren. Damals begann eine
zweite Phase, die Dámaso Alonso als neoromantische Phase bezeichnete und die in so dichten Werken wie *Pasión de tierra* und
*Espadas como labios* von Aleixandre, *Sobre los ángeles* von Alberti
und *Donde habita el olvido* von Cernuda ihren Ausdruck fand.
Vor allem mit Beginn der Zweiten Spanischen Republik im Jahre
1931 und parallel zu der rapiden Politisierung der Massen entwik-
kelte sich die Krise des Ästhetizismus; es kam zum endgültigen
Bruch der Dichter der 27er Generation mit dem von Juan Ramón
Jiménez verkörperten poetischen Purismus. »Die sogenannte reine
Poesie« – schrieb J. de Izaro (Pseudonym für Rafel Sánchez Mazas)
in der Zeitung »El Sol« – »verliert täglich an Aktualität und Lebenskraft wie alles Sublimierte, Anämische und Esoterische.« Und
er erinnerte daran, daß die großen Dichter wie Dante, Vergil, Pin-
dar und viele andere es nicht verschmäht hätten, ihre Inspiration
aus dem täglichen Leben, aus vaterländischen Themen, aus der
Leidenschaft der Liebe, aus politischen Idealen und sozialen Erfahrungen zu schöpfen.

Verständlicherweise gaben die Anhänger Juan Ramóns und der
reinen Poesie nicht so leicht auf. Der Dichter Juan José Domenchina, ein glühender Verehrer von Jiménez, griff auf den Seiten von
»El Sol« die Überläufer des lyrischen Purismus an, d. h. die Vertreter einer Poesie, die nicht länger esoterisch und ästhetizistisch sein
wollte, sondern darauf abzielte, von allen verstanden zu werden.
»Eine Dichtung für alle« – replizierte Domenchina – »wäre bei-

nahe so etwas wie eine Dirne.« Aber man muß festhalten, daß diese »Dirne« nicht mehr zu vermeiden war, und die sozialrevolutionäre Dichtung hatte spätestens seit 1930 zwei Dichter der 27er Generation auf ihre Seite gezogen, nämlich Rafael Alberti und Emilio Prados. Von 1929 datiert das erste soziale Gedicht von Alberti, seine »Elegía cívica«; im Jahre 1933 gründete Alberti die eindeutig kommunistisch ausgerichtete Zeitschrift »Octubre« und veröffentlichte zwei Bände revolutionärer Poesie, *Consignas* und *Un fantasma recorre Europa*.

Am Vorabend des Aufstandes der asturischen Bergarbeiter im September 1934 schloß Alberti das Vorwort zur ersten Ausgabe seiner *Poesías Completas*, ediert von José Bergamín, mit folgenden Worten: »Ich veröffentliche hier den größten Teil meines dichterischen Werkes aus dem Zeitraum zwischen 1924 und 1930, weil ich es für einen abgeschlossenen Zyklus halte, für meinen unwiderruflichen Beitrag zur bürgerlichen Dichtkunst. Aber von 1931 an stehen mein Leben und mein Werk im Dienste der Spanischen Revolution.«

Was Emilio Prados anbetrifft, so wurde ich selbst im Málaga der dreißiger Jahre Zeuge seiner Konversion von der reinen zur sozialen und revolutionären Poesie. Nach seinen ersten Gedichtbänden, die der puristischen Richtung angehörten, verfaßte Prados zwischen 1929 und 1932 sein Buch *No podréis*. Diesem Buch folgte ein weiteres Werk, dessen Titel *Calendario incompleto del pan y del pescado* seine neue Position des politisch und sozial engagierten Dichters zum Ausdruck bringt.

Die Revolution der asturischen Arbeiter im Oktober 1934 trieb die Politisierung des geistigen Klimas in Spanien und die der Dichter der 27er Generation noch weiter voran. Nach der Niederschlagung des Aufstandes schrieb Emilio Prados sein Buch *Llanto en la sangre*, dem er folgenden Untertitel beifügte: »Während der Niederschlagung der Erhebung von 1934 und unter der nachfolgenden Zensur.« Die puristischen Positionen, die einige treue Anhänger von Juan Ramón Jiménez immer noch verteidigten, wurden hinweggefegt. Dazu trug unter anderem auch die Ankunft Pablo Nerudas in Spanien bei, der in Madrid die zweite Auflage seines bewundernswerten Werkes *Residencia en la tierra* besorgte. Im Oktober 1935 gab Neruda in Madrid die erste Nummer seiner Zeitschrift »Caballo verde para la poesía« heraus, deren Titel zweifelsohne den Ritter der Hoffnung symbolisiert – einer poetischen und gleichzeitig politischen Hoffnung. Dies geschah in enger Zusammenarbeit mit den Dichtern der 27er Generation, die bald seine besten Freunde werden sollten, vor allem Lorca, Alberti, Aleixandre und Altolaguirre. Man kann sagen, daß das wichtigste Organ der »Generation von 27« in ihrer ersten Phase die von Emilio Prados und Manuel Altolaguirre von 1926–1929 in Malaga herausgegebene Zeitschrift »Litoral« war, während in der zweiten, der »Rehumanisierungs«-Phase, »Caballo verde« zur repräsentativsten Zeitschrift der Gruppe wurde. Der ersten Nummer von »Caballo verde« stand ein Manifest aus der Feder Nerudas voran, das den Titel trug »Für eine nichtpuristische Poesie«.

Der Elfenbeinturm der »reinen« Dichtkunst fiel unter dem vehementen Ansturm von »Caballo verde« in Trümmer, was, wie zu erwarten, den Unwillen von Jiménez erregte, der die Attacken auf die puristische Poesie als Angriffe gegen seine Person interpretierte. Von dieser Zeit datiert der Bruch zwischen Juan Ramón und den Dichtern der 27er Generation, die er wegen der Teilnahme an der antipuristischen Kampagne des chilenischen Dichters anklagte. Der Bruch verschärfte sich noch, als die Gruppe in ihrer Gesamtheit, unterstützt von den besten nachkommenden Lyrikern – an ihrer Spitze Miguel Hernández –, eine Ergebenheitsadresse an Pablo Neruda veröffentlichte, die einer Gedichtausgabe von Neruda beigefügt wurde, den *Tres cantos materiales* (aus *Residencia en la tierra*). Der kurze Text lautete folgendermaßen: »Chile hat Spanien seinen großen Dichter Pablo Neruda gesandt, dessen schöpferische Kraft in Erfüllung seiner poetischen Berufung höchst individuelle Werke hervorbringt, die der spanischen Sprache zur Ehre gereichen. Wir Dichter und Bewunderer des jungen und großartigen amerikanischen Schriftstellers feiern mit der Publikation dieser unveröffentlichten Gedichte, den letzten Zeugnissen seines herausragenden Schaffens, seine außergewöhnliche Persönlichkeit und seinen unbestreitbaren literarischen Rang. Indem wir ihn bei dieser Gelegenheit erneut herzlich willkommen heißen, bekundet diese Gruppe spanischer Dichter einmal mehr und in aller Öffentlichkeit ihre Bewunderung für ein Werk, das unbestritten zu den bedeutendsten Beispielen der Lyrik in spanischer Sprache zählt.«

Offensichtlich war schon 1935 nicht viel vom ästhetisierenden und puristischen Klima der ersten Jahre der Generation übriggeblieben, und an seiner Stelle hatte sich ein Klima der Gärung und des poetischen Fiebers ausgebreitet, eine Leidenschaftlichkeit, die parallel zur politischen Temperatur des Landes gestiegen war. Letztere führte im Juli 1936 zum Ausbruch des Bürgerkrieges. Einen Monat vor diesem Ereignis, im Juni 1936, antwortete García Lorca auf die Frage eines Journalisten, wie er die berühmte »L'art-pour-l'art«-Theorie, diese Modeerscheinung der »reinen Poesie«, beurteile: »Dieses Konzept der Kunst um der Kunst willen wäre grausam, wenn es nicht glücklicherweise ein Popanz wäre. Kein wahrhaftiger Mensch glaubt mehr an diese Lappalie, an diesen Unsinn von der reinen Kunst, von der Kunst um ihrer selbst willen. In diesem dramatischen Moment der Weltgeschichte muß der Künstler mit seinem Volke weinen und lachen. Man muß den Lilienstrauß fahren lassen und bis zu den Hüften in den Morast steigen, um denjenigen zu helfen, die die Lilien pflücken.« Damals schrieb Lorca ein soziales Drama, in welches er das Publikum mit einbezog, indem er im Saal eine Revolution ausbrechen und Schüsse zwischen Schauspielern und Zuschauern wechseln ließ, während man das Dröhnen der Flugzeuge vernahm, die im Stück das Theatergebäude bombardieren sollten. Nach dem Sieg der Volksfront in den Wahlen vom Februar 1936 – einem Sieg, der von fast allen Dichtern der 27er Generation gefeiert wurde – schien die Position Lorcas stärker zu einer Republik zu tendieren, die die kulturelle Revolution und die soziale Gleichheit für alle verwirklichen sollte. Sein Theater orientierte sich stärker an den Problemen und Wünschen des Volkes, und er hatte ein Drama – das er offensichtlich nicht mehr schreiben konnte – über das Thema »der Soldaten, die nicht in den Krieg ziehen wollen«, angekündigt.

Das soziale Gewissen Federicos war allerdings schon viele Jahre vorher erwacht, in der Residencia de Estudiantes in Madrid, wie sich sein enger Freund Emilio Prados in seinem Tagebuch erinnert, wo er auf die revolutionären politischen Ideale seines Freundes eingeht, die – wie Prados sagt – im Gegensatz zu seiner Wohlhabenheit standen. Und diese Empfindsamkeit für soziale Ungerechtigkeit manifestierte sich noch stärker anläßlich seiner Reise in die Vereinigten Staaten im Jahre 1929. In einer öffentlichen Lesung aus seinem bedeutenden Werk *Poeta en Nueva York* kommentierte er, nach Madrid zurückgekehrt, eines seiner Gedichte folgendermaßen: »Das Chrysler Building, der berühmte Wolkenkratzer, behauptet sich gegen die Sonne wie ein riesiger Silberberg, und Brücken, Schiffe, Eisenbahnen und Menschen erscheinen mir angekettet und dumpf, angekettet an ein grausames Wirtschaftssystem, dem man bald die Kehle durchschneiden muß, und dumpf infolge zu strenger Disziplin und eines Mangels an der nötigen Dosis Verrücktheit.«

Lorca wiederholte immer wieder, daß er kein Politiker sei, daß seine Sympathien aber auf seiten der Armen lägen, jener Menschen, die nichts besäßen und denen selbst die Unbesorgtheit der Besitzlosen abgehe. In einem Interview, das er wenige Monate vor Ausbruch des Bürgerkrieges der republikanischen Zeitung »La Voz« gab, sagte Federico folgendes: »Die Welt stagniert infolge des Hungers, der die Völker heimsucht. Solange das gegenwärtige Wohlstandsgefälle fortbesteht, lernt die Welt nicht zu denken. Ich habe es gesehen. Zwei Männer gehen am Fluß entlang, der eine reich, der andere arm. Der eine schiebt seinen wohlgenährten Bauch vor sich her, der andere verunreinigt die Luft mit seinem hungrigen Gähnen. Sagt der Reiche zum Armen: Oh, welch schönes Schiff dort auf dem Wasser! Und sehen Sie auch die Lilie am Ufer. Entgegnet der Arme: Ich sehe nichts. Ich habe Hunger, großen Hunger.« Und Federico fügt abschließend hinzu: »Natürlich wird an dem Tag, an dem der Hunger verschwindet, die größte spirituelle Explosion auf der Welt stattfinden, die die Menschheit jemals erlebt hat.«

Man darf nicht vergessen, daß die 27er Generation republikanisch und liberal gesonnen war, und es kann uns deshalb nicht erstaunen, daß fast alle ihre Mitglieder anläßlich der militärischen Erhebung von 1936 für die Republik Partei ergriffen. Die Mehrzahl von ihnen – Alberti, Aleixandre, Cernuda, Prados, Altolaguirre – arbeitete für die literarischen Zeitschriften, die von den republikanischen Behörden gefördert wurden, wie ›Hora de España‹ und ›El mono azul‹, die beide später bei einem deutschen Verlag als Nachdruck erschienen. Unter dem Eindruck des Krieges trat das Epische an die Stelle des Lyrischen, und die Dichter schrieben Romanzen. Im November 1936 veröffentlichte das Unterrichtsministerium in Madrid den ersten *Romancero de la Guerra Civil*, der Kriegslieder von Alberti, Bergamín, Aleixandre, Prados, Altolaguirre, Garfías und Miguel Hernández enthielt. Und im darauffolgenden Jahre, 1937, erschien mit einem Vorwort von Antonio Rodriguez Moñino – dem großen Biographen, der mit allen Dichtern der 27er Generation befreundet war –, der »Allgemeine Romancero aus dem Spanischen Krieg«, der Federico

García Lorca als Würdigung seiner Person und als Protest gegen seine Ermordung gewidmet war.

Die Folgen des Bürgerkrieges und der Niederlage der Republik für die meisten Dichter der 27er Generation sind wohlbekannt und wurden bereits erwähnt: Exil, Heimweh, der stechende Schmerz um das verlorene Vaterland. Auf amerikanischem Boden setzten diese Dichter ihr Werk fort, das von nun an weitgehend durch die Wunde des Krieges und die Sehnsucht nach Spanien gezeichnet war. Ihre Dichtkunst erfuhr tatsächlich seit dem Ende des Bürgerkrieges tiefgreifende Veränderungen. Sie wurde ernster und sorgenvoller, schmerzerfüllter durch die unvergeßlichen Tragödien des Bürgerkrieges, des Bruderkriegs, wie ihn Unamuno nannte, und durch den Kummer über das ferne und unfreie Vaterland. Sie neigte immer stärker dazu, die menschlichen und sozialen Probleme der historischen Epoche zu reflektieren, die jeder der Dichter durchleben mußte, und sie hörte auf, esoterisch und ästhetisierend zu sein, um statt dessen an die Quellen des Lebens und der Geschichte zurückzukehren. Einige der größten Dichter der 27er Generation begannen, eine zeitbezogene Lyrik zu verfassen, in Übereinstimmung mit der Definition von Antonio Machado: »Lyrik ist wesentliches Wort in der Zeit.« Jorge Guillén versah den zweiten Zyklus seiner Dichtungen *Clamor* mit dem Untertitel »Tiempo de historia«, und er wählte für eines der Bücher aus diesem Zyklus einen Titel, der an Machado erinnert, *A la altura de las circunstancias,* und für ein anderes einen Titel, der ebenfalls auf der Linie der »Lyrik in der Zeit« von Machado und Jorge Manrique liegt: *Que van a dar en la mar.* Der Held des Zyklus mit dem Titel *Clamor* ist der zeitgenössische Spanier, der den Krieg, die Verfolgung, das Exil und den Kerker durchlitten hat.

Auch die Dichtung Cernudas wurde durch den Bürgerkrieg grundlegend verändert. Er selbst vertraut uns an, daß diese tragischen Ereignisse sein tägliches Leben trübten, und der grausame Tod seines engen Freundes Federico lastete schwer auf seiner Seele. Noch in England, der ersten Etappe seines Exils, fern von jenem wahnsinnigen Land – wie er Spanien nannte –, litt er jahrelang unter beständigen Alpträumen: er fühlte sich bedroht und verfolgt. Während er an einer englischen Universität als Professor lehrte, verspürte Cernuda, wie er sagt, ein starkes Heimweh nach seinem Vaterland, nach dessen Atmosphäre und nach seinen spanischen Freunden. Damals schrieb er eine Reihe von Gedichten, die diesen Kummer und dieses Heimweh ausdrücken. Ergebnis waren jene wundervollen Bücher mit den Titeln *Las nubes, Ocnos, Como quien espera el alba.*

Die Jahre des amerikanischen Exils bereicherten das Werk jener Dichter der 27er Generation, die sich gezwungen sahen, Spanien zu verlassen, indem sie ihm mehr Tiefe und mehr Ernst verliehen, es stärker in der Zeit und im Tode verankerten. Das gilt nicht nur für das Schaffen von Guillén und Salinas, sondern auch für das von Alberti, Prados, Altolaguirre, Domenchina, Pedro Garfías und José Moreno Villa.

Diese Entwicklung hin zu einer engagierten, in den Zeitläuften verwurzelten Dichtung, die ich angesprochen habe, läßt sich auch bei jenen Dichtern der 27er Generation feststellen, die in Spanien geblieben waren. Im Jahre 1944 veröffentlichte Dámaso Alonso sein beklemmendes Tagebuch voller Protest gegen die Ungerechtigkeit und die Grausamkeit des Krieges, das den Titel *Hijos de la ira (Söhne des Zorns)* trägt und sowohl aufgrund des zeitlichen Abstandes als auch seiner stilistischen Eigenart unendlich weit von jenen *Poemas puros* entfernt ist, die er dreiundzwanzig Jahre zuvor veröffentlicht hatte. Und zu diesem Zeitpunkt schrieb er die Worte, die so bezeichnend für seine tiefgreifende Entwicklung sind: »Nichts hasse ich mehr als den sterilen Ästhetizismus, mit dem sich die zeitgenössische Kunst vor mehr als einem halben Jahrhundert herumgeschlagen hat. Heute interessiert mich einzig das Herz des Menschen, mit meinem Schmerz und meiner Hoffnung möchte ich die Sehnsüchte und Ängste des ewigen Menschenherzens ausdrücken.« Und in *Hijos de la ira* lesen wir den Vers: »Madrid ist eine Stadt von über einer Million Leichen«, womit er eindeutig auf den Bürgerkrieg anspielt.

Der Fall Vicente Aleixandres – unseres Nobelpreisträgers von 1977 – ist ebenfalls bezeichnend. Als Folge seiner Haltung während des Bürgerkrieges, wo er auf seiten der Republik stand, wurden seine Bücher nach Kriegsende verboten, und sein Name wurde von der Zensur geächtet. Erst nach dem Erscheinen seines großen Gedichtbandes *Sombra del paraíso (Schatten des Paradieses)* im Jahre 1944 fanden seine Werke wieder Verbreitung, wurde sein Name in literarischen Kreisen wieder gehandelt. Sein Einfluß auf die junge Dichtergeneration, der in den ersten Nachkriegsjahren seinen Anfang nahm, wuchs rasch, und im Jahre 1947 fand seine Definition der »Poesie als Kommunikation« ein breites Echo unter den jungen Künstlern. Von da an fügt sich die Dichtung Aleixandres in einen breiten Strom zeitbezogener Lyrik ein, die das Thema des menschlichen Lebens vom Bewußtsein der Zeitbedingtheit und der Solidarität her angeht, wie dies auch in zwei seiner besten Werke der Fall ist: *Historia del corazón*, erschienen 1954, und *En un vasto dominio*, aus dem Jahre 1962. Sie sind auch ein Lobgesang der sozialen Realität, der konkreten Situation des Menschen im Hier und Jetzt. Volk und Geschichte finden nun endlich Eingang in das Werk der 27er Generation als Zeugnis einer elenden und doch zugleich hoffnungsträchtigen Geschichtsepoche. So schließen diese Dichter einen Kreislauf – und vielleicht eröffnen sie damit gleichzeitig einen neuen –, der von der »reinen«, gefühlsbezogenen oder surrealistischen Poesie zu einer sozial und politisch engagierten Dichtung geführt hat. Sie können mit Goethe antworten, der auf den Vorwurf, daß er Gelegenheitsdichtung schreibe, entgegnete, daß alle seine Gedichte Gelegenheitsgedichte seien, weil sie ja aus der Realität geschöpft seien.

Heute, ein halbes Jahrhundert später, sehen wir, daß diese Gruppe von Künstlern, die in ihrer Jugend als Ästheten, Puristen und »Enthumanisierte« gebrandmarkt wurden, nicht nur unsere Dichtung mit unsterblichen Werken bereichert, sondern auch ein moralisches Vorbild für eine Gesellschaft geboten haben, von der sie zunächst abgelehnt wurden. Heute stellt niemand mehr in Zweifel, daß sie unserer Kultur ein poetisches Vermächtnis hinterlassen haben, das von Dámaso Alonso zu Recht mit demjenigen unserer großen Dichter des Siglo de Oro verglichen worden ist.

*José María Castellet*
# Fünfzig Jahre spanischer Lyrik: 1939-1989

## Der historische Rahmen

Man kann die spanische Literatur nach dem Bürgerkrieg nicht verstehen, wenn man sich nicht klarmacht, was für einen tiefgreifenden Einschnitt dieses Ereignis für die gesamte gesellschaftliche Entwicklung bedeutete, einen Einschnitt, der infolge der Militärdiktatur, die General Franco nach Beendigung der kriegerischen Auseinandersetzung errichtete, noch dreißig Jahre fortwirken sollte.

Ich werde kurz jene Faktoren aufzeigen, die die Literatur im allgemeinen und die Lyrik im besonderen beeinflußten, wobei ich mit dem Kriegsgeschehen selbst beginnen möchte. Wie ein Vorzeichen für die Geschehnisse eines langen Zeitraums wirkt das paradigmatische Ereignis der Ermordung eines der großen Dichter der »Generation von 27«, Federico García Lorcas, durch die künftigen Herren des Landes. Schon zu Beginn des Bürgerkrieges zeichneten sich wesentliche Merkmale der Kulturpolitik des Franco-Regimes ab, nämlich ein heftiger Anti-Intellektualismus, eine inquisitorische und strafrechtlich operierende Unduldsamkeit sowie eine systematische Verzerrung des spanischen Geschichtsbildes, die zu einer allgemeinen Unkenntnis der wahren Tradition des Landes führen sollte, vor allem was die Existenz einer Vielzahl von regionalen Kulturen betrifft, die von der Militärdiktatur gewaltsam unterdrückt wurden.

Am Ende des Krieges sehen wir ein durch Gewalt und Elend verwüstetes Land, und es beginnt ein langer Leidensweg für viele Millionen Spanier. Unter den Opfern des Kriegs befand sich die Mehrheit der Intellektuellen, die der republikanischen Legalität die Treue gehalten hatten. So gingen bedeutende Dichter wie J. R. Jiménez, Antonio Machado, Luis Cernuda, Rafael Alberti, Jorge Guillén, Pedro Salinas, Emilio Prados, León Felipe ins Exil; Miguel Hernández starb im Gefängnis. Einige von ihnen kehrten nie wieder nach Spanien zurück, sondern starben in der Fremde: J. R. Jiménez, A. Machado, E. Prados, P. Salinas und L. Felipe. Andere, wie Rafael Alberti, sahen ihre Heimat erst nach fast vierzig Jahren

wieder. Neben diesen Namen müßten die von weiteren Schriftstellern und Künstlern sowie von Professoren, Wissenschaftlern und
selbstverständlich auch Politikern genannt werden, auf deren Erwähnung ich jedoch an dieser Stelle verzichten möchte, um mich
auf das Gebiet der Lyrik zu beschränken. Aber das Problem war
allumfassend und kann auch nur so verstanden werden: Spanien
versank am Ende des Bürgerkrieges in eine lange Periode des Ob-
skurantismus und der Intoleranz, mit einem Wort: es stürzte in
den Schlund einer faschistischen Diktatur.

Die Schriftsteller fuhren zwar fort zu schreiben, entweder im
Exil oder im Lande selbst, aber sie konnten ihre Werke nicht immer veröffentlichen, wobei es diejenigen, die in Lateinamerika lebten, anfänglich leichter hatten als ihre Leidensgenossen in Spanien,
die einer rigorosen Zensur unterworfen waren. So zerstreute sich
die spanische Poesie über Länder und Kontinente und war lange
Zeit hindurch nur bruchstückhaft bekannt. Einige Anthologien
versammelten Teile des Werkes der großen Dichter im Exil, bis
dann mit den Jahren und im Gefolge einer gewissen Liberalisierung der Zensur die Leser diese Werke auch vollständig in spanischen Ausgaben erwerben konnten.

Angesichts der Komplexität all dieser Faktoren ist die Arbeit des
Literaturhistorikers und -kritikers, der sich mit der Lyrik jener
Jahre befaßt, außerordentlich schwierig. Das gilt schon für die individuelle Untersuchung des Werkes einzelner Dichter, denn bei
ihnen allen muß man einer historischen Entwicklung nachgehen,
die nicht nur eine persönliche, sondern auch eine kollektive Dimension aufweist. Aber es ist angesichts der komplizierten historischen Rahmenbedingungen, innerhalb deren sich die spanische
Poesie entwickelt hat, beinahe unmöglich, auf einigen wenigen Seiten eine zusammenfassende Darstellung von fünfzig Jahren zu geben. Der Leser möge mir deshalb verzeihen, wenn ich in diesem
Überblick viele Aspekte nur in groben Zügen skizzieren kann.

## Krieg und Exil

Kein Staatsangehöriger kann gegenüber einem Bürgerkrieg distanziert und gleichgültig bleiben. Dabei handelt es sich nicht um die
Frage politischer oder historischer Sensibilität, sondern um ein ele-
mentares Drama, in das man einbezogen wird. Ebensowenig

konnten sich die spanischen Dichter den Umwälzungen des Krieges entziehen, noch konnten sie darauf verzichten, in irgendeiner Weise in ihren Gedichten die offene Wunde sichtbar werden zu lassen, die dieser Krieg aufriß. Eine solche Haltung bedingte eine Annäherung an einen bestimmten Typus epischer Poesie, der in starkem Gegensatz zur Dichtungstheorie der meisten Schriftsteller der »Generation von 27« stand, von denen einige – Alberti, Aleixandre, Lorca usw. – in unterschiedlichem Grade von der innovatorischen Kraft des Surrealismus geprägt worden waren. Dies war der Anfang einer komplizierten Geschichte der ästhetischen Theorien, auf die wir später zu sprechen kommen werden.

Es ist daher nicht erstaunlich, daß die Katastrophe des Bürgerkriegs nicht nur die Lebenspläne, sondern auch die poetischen Konzeptionen der dominanten Gruppe teilweise veränderte. Eine Sorge beherrschte die Dichter im Exil mehr als alle Theorien: das Schicksal ihres Vaterlandes, das in einer für ganz Europa bedrohlichen Lage in die Hände einer faschistischen Diktatur gefallen war und von dem sie nicht wußten, wie und wann sie es wiedersehen würden. Ein Dichter aus derselben Generation wie Juan Ramón Jimenez, León Felipe, stellte das folgendermaßen dar:

> Klage trocken von Staub
> und durch den Staub...
> durch den Staub aller zerstörten Dinge Spaniens
> durch den Staub aller Toten
> und aller Trümmer Spaniens...
> durch den Staub eines Geschlechts
> das schon für immer in der Geschichte verloren ist.

Ein anderer Dichter, repräsentativ für die »Generation von 27«, Luis Cernuda, drückte es in seinem Gedicht »Impresión de destierro« lakonisch aus:

> Spanien? sagte er. Ein Name.
> Spanien ist gestorben.

Dieses Gefühl der Entfremdung und des Todes hielt bei den Dichtern des Exils viele Jahre hindurch an, und es verschärfte sich in gewisser Weise am Ende des Zweiten Weltkrieges, als die Alliierten nach der Befreiung Europas von der nationalsozialistischen Unterdrückung das diktatorische Franco-Regime weiterleben ließen. Die Lyriker hatten sich größtenteils nach Lateinamerika geflüchtet, und das Einzige, was ihnen erhalten blieb, war die ihnen vertraute Sprache, ob sie sich nun in Argentinien, in Mexiko, in Puerto Rico oder anderswo aufhielten. Diese Dichter bereicherten ihre Gastländer kulturell und zogen auch Gewinn aus deren Kulturen. Aber das Exil bedeutete Aufsplitterung, und es wurde immer schwieriger, etwas Allgemeingültiges über ihre jeweiligen Entwicklungen auszusagen. In gewisser Weise wurden sie zu Einzelgängern, und mit der Zeit wurden ihre Lebenserfahrungen immer persönlicher, ihr Werk immer individueller, so daß es schwerfällt, auf wenigen Seiten eine zusammenfassende Darstellung vorzunehmen.

Zwei Lyriker, die nicht zur »Generation von 27« zählen, sondern zu der vorhergehenden, symbolisieren vielleicht am stärksten die tiefgreifenden Auswirkungen des Exils. Einer von ihnen, Antonio Machado, gehörte zu den Überlebenden der »Generation von 98«, d. h. jener Generation, die in der Krise um den Verlust des Kolonialreichs gegen den spanischen Niedergang aufbegehrte; sein Name sei hier genannt, weil er als erster an den Folgen des Exils zugrunde ging. Machado mit seiner zutiefst humanistischen und in gewisser Weise die Tradition fortführenden Dichtung wurde nach 1939 der bewunderte und unerreichte Meister derjenigen »Generationen«, die sich in Spanien in den folgenden Jahren zu Wort meldeten. Sein Grab nahe der katalanischen Grenze wurde nicht nur zum Ziel vieler Pilgerfahrten, sondern auch zum Ort, an dem z. B. die »50er Generation« seine politisch und sozial engagierte Dichtung in einem symbolischen Akt feierte. Sein Einfluß während des ersten Vierteljahrhunderts nach dem Bürgerkrieg war beträchtlich; viele Lyriker erkennen ihn ausdrücklich an.

Der andere Dichter, Juan Ramón Jiménez, Exponent einer intimistischen Lyrik, der die Tradition der großen symbolistischen Dichtung weiterführte, starb ebenfalls im Exil, in Puerto Rico. Während Machado den Höhepunkt eines zutiefst moralisch verwurzelten Humanismus repräsentierte, hatte J. R. Jiménez den Gipfel einer ästhetizistisch orientierten Dichtung bezeichnet, die sich, ausgehend vom Modernismus, die »reine Poesie« und die »absolute Schönheit« zum Ziel gesetzt hatte, welche sie vermittels einer kristallinen Ausdrucksweise sowie durch Bilder und Metaphern von höchster ästhetischer Wirksamkeit zu erreichen suchte. Die Verleihung des Nobelpreises im Jahre 1956 bedeutete nicht nur die Anerkennung seines Werkes, sondern stellvertretend auch die der spanischen Dichter im Exil.

# Die ersten Nachkriegsjahre

Für die Charakterisierung des Schaffens der Schriftsteller, die in Spanien geblieben waren, hat sich die Bezeichnung des »inneren Exils« eingebürgert. Dieser Ausdruck beinhaltet gleichzeitig die Ablehnung des Franco-Regimes, sodann die Schwierigkeit zu publizieren, die sich aus der Zensur ergab, und schließlich die daraus folgende Vereinsamung innerhalb einer Gesellschaft, deren Führungsclique die Kultur verachtete, wie dies in dem spontanen Ausruf des faschistischen Generals Millán Astray zu Beginn des Bürgerkriegs zum Ausdruck gekommen war: »Tod den Intellektuellen!«

Die Geschichte bemißt sich glücklicherweise nicht nach Jahren, Lustren oder Dekaden, sondern eher nach wellenförmigen Schwingungen, die zu gewissen Zeitpunkten wie fixiert erscheinen und dann in ihrer Gesamtheit überblickt werden können. Wie wir bereits erwähnten, fällt es schwer, die zerstreute Exilliteratur einheitlich zu beurteilen. Weniger problematisch scheint es, aus dem historischen Rückblick die Ereignisse in Spanien selbst ins Auge zu fassen und die Entwicklung der Lyrik, ihre aufeinanderfolgenden Bewegungen und das Entstehen neuer »Generationen« nachzuzeichnen. Es besteht kein Zweifel, daß es so etwas wie eine Lyrik des »inneren Exils« gab, deren Vertreter im wesentlichen die wenigen Dichter der »Generation von 27« waren, die Spanien nicht verlassen hatten, wie z. B. Dámaso Alonso und Vicente Aleixandre; dazu kommen noch einige Angehörige der nachfolgenden Generation, die als die »von 1936« oder »des Krieges« bezeichnet wurde und die in Miguel Hernández, der 1942 im Gefängnis starb, ebenfalls ihren Dichter-Märtyrer fand.

Fünf Jahre nach Beendigung des Bürgerkrieges erscheinen im Jahre 1944 zwei grundlegende Bücher, die zwar keine besonderen Schulen begründen, aber doch auf jeweils unterschiedliche Weise die spanische Lyrik der nachfolgeden Zeit mit neuem Leben erfüllen. Es handelt sich um *Hijos de la ira (Söhne des Zorns)* von Dámaso Alonso und *Sombras del paraíso (Schatten des Paradieses)* von Vicente Aleixandre, beides Bücher, die aus der Finsternis des inneren Exils erwachsen sind. Das Werk von Dámaso Alonso, voll Zorn und Auflehnung gegen die Bedingungen der menschlichen Existenz, enthält ein Gedicht – *»Insomnio«* »Schlaflosigkeit« –, welches häufig als Symbol einer ganzen Epoche zitiert wird:

Madrid ist eine Stadt von über einer Million Leichen
(nach der letzten Statistik).
Manchmal des Nachts wälze ich mich und richt ich mich
auf in der Grabkammer, in der ich seit fünfundvierzig Jahren verwese,
und verbringe lange Stunden damit, dem stöhnenden
Wind zu lauschen oder Hundegebell oder dem
sanften Strömen des Mondes,
und verbringe lange Stunden damit, wie der Wind zu
stöhnen, wie ein wütender Hund zu bellen und
wie Milch aus dem warmen Euter einer gelben
Riesenkuh zu rinnen,
und verbringe lange Stunden mit der Frage an Gott,
der Frage, warum meine Seele langsam verwest,
warum über eine Million Leichen verwesen in dieser
, Stadt Madrid,
warum tausend Millionen Leichen allmählich in der
ganzen Welt verwesen.
Sag mir: welchen Garten willst du mit unserer
Verwesung düngen?
Fürchtest du, die Rosenfelder des Tages könnten
verdorren,
die Todeslilien im Trauerfeld deiner Nächte?

*(übersetzt von K. A. Horst)*

Im Gegensatz dazu ist das Buch von Vicente Aleixandre – nach seinen eigenen Worten – ein Gesang des Lichts aus dem Bewußtsein
der Dunkelheit (dem festen Kontrapunkt, der dem Werk seinen
pathetischen Hintergrund gibt). Es ist ein Buch mit vielen offenen
Fragen, in denen manchmal diese Pathetik zutage tritt, die gleichzeitig die der gesamten Epoche ist:

Pfeift dein rauher Mund, oder pfeift der zerbrochene Wind? Ist dieser
Blitzschlag der Zorn über die Schlechtigkeit oder ist es nur der Himmel,
der sein Feuer mit dem Gipfel vermählt?

Ist dieser Schatten dein Körper, der im Gewitter flüchtet, gezeichnet vom
Zorn der Nacht, im Schein des Blitzes, oder ist es der kahle Schrei des Berges, frei, frei und ohne dich und schon der Bäume beraubt, der vom Blitz
getroffen frohlockt?

*(übersetzt von Fritz Vogelgsang)*

Ob sie nun aus »dem Zorn« oder aus »der Dunkelheit« heraus geschrieben sind, diese Bücher verweisen sowohl auf das »innere Exil« als auch auf den Willen, das freie dichterische Wort über die Widrigkeiten der Epoche hinweg für den spanischen Leser zu retten.

Neben diesen Überlebenden der »Generation von 27« tauchen die Dichter der nachfolgenden Generation auf (Celaya, Cremer, Otero, usw.), über die wir später im Zusammenhang mit ihrer unverhohlen rebellischen Haltung gegenüber der bestehenden politischen Situation sprechen werden.

Vorher müssen wir allerdings noch einige Lyriker erwähnen, die sich im Kriege zum Franquismus bekannten und die auf Grund ihrer literarischen Qualität zu bedeutenden Vertretern einer Art von Dichtung wurden, die sich von der vorhergenannten klar unterscheidet.

Im Umkreis von Gerardo Diego – dem einzigen der »Generation von 27«, der sich in seiner Überzeugung von den anderen unterschied – meldet sich zu Beginn der Nachkriegszeit eine Gruppe von Dichtern zu Wort, die dadurch charakterisiert werden können, daß sie vom katholischen Glauben geprägt sind und traditionelle Formen und konservative Ideen vertreten, wobei sie sich inzwischen durchaus von ihren anfänglichen Bindungen an das Franco-Regime gelöst haben. Es handelt sich um Dionisio Ridruejo, Leopoldo Panero, Luis Rosales und Luis Felipe Vivanco. Als ihren unmittelbaren Vorläufer betrachten sie zunächst Antonio Machado, und sie versuchen, dem Werk des im Exil verstorbenen Meisters neue Geltung zu verschaffen. Aber sie nennen sich auch »Rilkeaner«, wenigstens im Hinblick darauf, was man nach Rilke »Poesie der Zeiterfahrung« nennen kann, oder in den Worten Banfis »konkrete Poesie unseres Lebens«. Damit taucht in der Lyrik jener Jahre eine Tendenz auf, die sich aus den Bereichen des Seelenlebens, der Familie und des privaten Freundeskreises speist und die in gewisser Weise existentialistisch sein möchte, allerdings ohne allzu große innere Zerrissenheit, eher in der Art katholischer Existentialisten wie Gabriel Marcel. José Luis Aranguren sagt von dieser Lyrik, daß sie dazu neige, als »Memoirenliteratur, als Aufzeichnungen oder als Stundenbuch, als vertrauliche, fließende, zeitgebundene Schilderung seelischer Vorgänge« aufzutreten. Aranguren beschreibt das Werk Paneros als das eines Menschen, der vom Land und von der Familie herkommt: bei Vivanco wurzelt es tief im familiären Bereich, bei Rosales scheint es ein über einen weiten Zeitraum angelegtes Tagebuch zu sein. Ridruejo seinerseits, der eine ähnliche intimistische Linie verfolgt, kultiviert vor allem die traditionellen Formen mit großer Strenge. Jedenfalls erfährt das Werk dieser Autoren, die in gewisser Weise als »offizielle« Dichter betrachtet wurden, eine Entwicklung, die sie – mit Ausnahme vielleicht von Panero – jeder politischen Etikettierung entzieht. Der originellste von ihnen, die stärkste dichterische Persönlichkeit, war möglicherweise Luis Rosales.

Zeitgleich mit den Dichtern dieser Gruppe verfechten einige Lyriker eine diametral entgegengesetzte Art von Dichtkunst, die in den fünfziger und zu Beginn der sechziger Jahre vorherrschen sollte, nämlich einer politisch und sozial engagierten Lyrik des Protests, die auf der moralistisch oder existentialistisch begründeten Forderung nach mehr »Realismus« basiert. Zu den Vertretern dieser Richtung zählen vor allem Victoriano Crémer, Gabriel Celaya und Blas de Otero, die jene Art von Lyrik weiterentwickeln und entfalten, die wir am Beispiel von *Hijos de la ira* von Dámaso Alonso kennengelernt haben.

Es ist schwierig, die Lyrik jedes einzelnen dieser Autoren, zu denen sich später noch die Stimme des jüngeren Eugenio de Nora gesellte, aus ihren Anfängen in der Zeitschrift »Espadaña« aus León zu charakterisieren. Sie entwickeln hier eine Art von Lyrik, die sich der »offiziellen« entgegenstellt, das heißt der klassizistischen, formalistischen, archaisierenden, die die traditionellen Werke der konservativsten Dichter der Nachkriegszeit hochhält. So entsteht der Gegensatz zwischen einer Lyrik, die man humanistisch nennen könnte, vom Menschen her für den Menschen konzipiert, und einer anderen, die transzendentale Werte beschwört, die allerdings in jenen schwierigen Jahren im allgemeinen rhetorischer Art und ohne konkreten Inhalt sind. Die »Gruppe aus León« – Cremer und de Nora – verfaßt Gedichtsammlungen, die von einem gewissen tragischen Expressionismus und dem eisernen Willen geprägt sind, angesichts der bedrängten Situation, in der die spanische Gesellschaft lebt, die Stimme der Mißbilligung und des Protestes zu erheben.

In einer alltäglicheren Sprache, aber im gleichen Sinne äußert sich Gabriel Celaya, vor allem in seinem Buch *Tranquilamente hablando* (1947), das er noch unter seinem anfänglichen Pseudonym Juan de Leceta geschrieben hat. Seine Formulierung ist höchst interessant, weil sie die Dichter der nachfolgenden Generation beeinflußt hat. Er sagte: »Anstatt im Geheimnis unser Vergnügen zu suchen, sollten wir uns bemühen, es zu beherrschen, so wie wir andere irrationale Kräfte beherrscht haben, und zu diesem Zweck sollten wir das aufbieten, was Ortega unsere ›erzählerische Vernunft‹ genannt hätte. Wir sollten erzählen, warum wir das tun, was wir tun, was wir gelernt haben, was wir beabsichtigen. Wenn wir das tun, fühlen wir, daß wir in einem Strom treiben. Und dieser Strom, den wir einen Augenblick lang durch unser flüchtiges Passieren erhellen, ist der Strom der Poesie, immer ein wenig über das Gesagte hinaus definierbar, dabei immer dialektisch wachsend und wandelbar.« Daher schreibt Celaya in einem Gedicht:

> Ich möchte keine Verse machen;
> ich möchte nur erzählen, was mir passiert...

Somit fordert Celaya einen Bruch mit dem bisherigen Verständnis von Dichtung, ohne jedoch im engeren Sinne eine epische Lyrik hohen Stils zu praktizieren. Es handelt sich vielmehr darum, von einer »erzählerischen Vernunft« Gebrauch zu machen, um sowohl die inneren wie die äußeren Erlebnisse des Dichters zu erklären, d. h. die Ungerechtigkeiten der Welt und der Gesellschaft anzuprangern, dabei aber gleichzeitig den verschlungenen Pfaden der persönlichen Innerlichkeit des Dichters zu folgen.

Der bedeutendste Lyriker dieser Gruppe ist unzweifelhaft Blas de Otero. Halb existentialistisch, halb realistisch sucht seine sprachlich sehr verhaltene Dichtung das Individuum – das sie nicht vergißt – zugunsten seiner Gemeinschaft zu transzendieren. Nach einigen anfänglichen Gedichten, die die Beziehung des Menschen zur Liebe und zum Tode behandelten, bekennt er selbst, ein »historisches« Thema anzuschlagen, d. h. den Menschen nicht mehr nur als isoliertes Individuum zu sehen, sondern »als Mitglied einer Gemeinschaft, welche in einer bestimmten historischen Situation steht«. Die Probleme sind dieselben, die sich heute der gesamten Menschheit stellen: den Frieden zu sichern und eine authentische Freiheit zu erringen. Sein bedeutendstes Buch heißt *Pido la paz y la palabra* (1955).

Obwohl der Begriff der »Generation« heute in Spanien immer seltener gebraucht wird, bezeichnet er traditionsgemäß eine Gruppe von Schriftstellern, die aus chronologischen Gründen oder wegen einer ideologischen oder ästhetischen Affinität ein Gefühl zeitgenössischer Zusammengehörigkeit entwickelt haben und sich als Protagonisten einer literarischen Strömung verstehen. Wir haben von der »Generation von 27« gesprochen, von der »36er« oder der »Kriegsgeneration«, und wir wollen nun die der »5oer Jahre« skizzieren, das heißt jene Dichter, die, zwischen 1922 und 1936 geboren, den Bürgerkrieg als Kinder miterlebten, aber aus Altersgründen nicht aktiv an ihm teilnehmen konnten.

Diese Generation übernimmt und entwickelt auf eigenständige Weise zum einen Tendenzen, die ihren Ursprung bei Luis Cernuda oder Dámaso Alonso haben, zusammen mit den Forderungen eines »historischen Realismus«, wie wir sie bei Gabriel Celaya und Blas de Otero gefunden haben, zum anderen solche Tendenzen, die sich von einer mehr lyrischen Poesie herleiten, wie wir sie bei Vicente Aleixandre angetroffen haben, dessen bedeutendste Anhänger und Schüler wohl Carlos Bousoño, Francisco Brines und Claudio Rodríguez sind, um nur einige wenige Namen zu nennen. Eine, wenn auch nicht entgegengesetzte, so doch unterschiedliche theoretische Position vertreten die Anhänger einer »erzählenden« und mehr oder minder »realistischen« Poesie, die nichtsdestoweniger hohe ästhetische Ansprüche aufrechterhalten: neben den Dichtern der sogenannten Schule von Barcelona – Carlos Barral, Jaime Gil de Biedma und José Agustín Goytisolo – sind hier José Hierro, Angel González, José Manuel Caballero Bonald, Angel Crespo usw. zu nennen. Im Verhältnis zu beiden Gruppen läßt sich die Position von José Maria Valverde und José Angel Valente nur schwer bestimmen. Jedenfalls tragen die verschiedenen Gruppierungen innerhalb dieser Generation in den Jahren ihres Bestehens den Gegensatz zwischen Symbolismus und Realismus nicht in so zugespitzter Form aus, wie das bei Celaya, Crémer oder Otero der Fall gewesen war, vielmehr werden die Angehörigen dieser Generation mit der Zeit als Dichter des »sozialen Realismus« bekannt, eine Bezeichnung, die letztendlich nur auf sehr wenige von ihnen zu Recht angewandt werden kann. Ihre Lyrik, die aufgrund der physischen Präsenz der Autoren sowie formaler Entwicklungen weiterhin Gültigkeit besitzt, wird heute von der jüngeren Generation neu bewertet, die in ihnen nicht so sehr »Meister« erblickt, denen es nachzueifern gilt, sondern in erster Linie Dichter, die durch ihr Werk dazu beitrugen, die theoretische Verkrampfung zu lösen, die sich während des Bürgerkriegs und in seinem Gefolge herausgebildet hatte. Unter dem Einfluß der englischen Dichter der dreißiger Jahre (Auden, McNeice, Spender usw.) entwickelte sich ihre Lyrik von einer sozialen Kampfdichtung zu einer staatsbürgerlich verantwortungsbewußten Literatur, oder um es anders auszudrücken, von einer Tendenz, die Poesie als Instrument sozialer Forderungen einzusetzen, hin zum Bestreben, mit ihrer Hilfe das kulturelle Gewebe zu erarbeiten, das die Entwicklung des Landes zur Demokratie vorbereiten sollte.

Einer der bedeutendsten Dichter der »50er Generation«, Jaime Gil de Biedma, hat in einem meisterhaften Gedicht – »Apología y petición« – den Sehnsüchten Ausdruck verliehen, die für ihn und seine Zeitgenossen eine lange Etappe der spanischen Poesie charakterisierten. Er tut das in einer klassischen Gedichtform, der Sextine, von der ich hier einen Ausschnitt wiedergeben möchte.

> Und was sollen wir von unserem Vaterland Spanien sagen,
> diesem Land aller Dämonen
> wo die schlechte Regierung, die Armut
> nicht einfach Armut und schlechte Regierung sind, sondern
> eher ein mystischer Zustand des Menschen,
> die endgültige Absolution unserer Geschichte?
>
> Ich möchte meinen, daß unsere schlechte Regierung
> eine vulgäre Angelegenheit der Menschen ist
> und keine Metaphysik, daß Spanien die Armut
> überwinden kann und muß,
> daß es noch Zeit ist, seine Geschichte zu verändern,
> bevor sie den Dämonen anheimfällt!
>
> Ich fordere, daß Spanien diese Dämonen austreibt.
> Daß die Armut bis zur Regierung vordringt,
> daß der Mensch zum Beherrscher seiner Geschichte wird.

Gegen die »50er Generation« lehnten sich (jedenfalls anfänglich) die Dichter auf, die die spanische Poesie der letzten fünfzehn oder zwanzig Jahre vertreten. Sie praktizieren eine offene Ästhetik, die sich deutlich von den poetischen Konzeptionen der vorausgehenden Generationen abhebt. Da ich selber durch die Herausgabe verschiedener Anthologien an der Konstituierung dieser Generation mitgewirkt habe, möchte ich an dieser Stelle lieber das Vorwort von Luis Antonio de Villena zitieren, das er seinem Buch über die jüngsten Dichter vorangestellt hat: »Die ›70er Generation‹ oder die Generation der ›novísimos‹ (…) war in ihren Anfängen traditionsfeindlich (…). Diese Traditionsfeindlichkeit war im Grunde genommen *äußerlich*, aber nichtsdestoweniger war sie wirksam. Die ›novísimos‹ erscheinen als ein Versuch, die spanische Dichtung der Nachkriegszeit zu öffnen, zu modernisieren und an die bedeutenden, europäisierenden Tendenzen der ›Generation von 27‹ anzuknüpfen. Die ›novísimos‹ verachten – mit einer gesunden, unkritischen Geringschätzung – die sogenannte soziale Dichtung (die in den sechziger Jahren vorherrschte) und die existentialistisch-religiöse Dichtung der ersten Nachkriegsgeneration (…). Die ›generación novísima‹ war also traditionsfeindlich, weil sie die unmittelbar vorhergehende Generation ablehnte (…) und weil die Ästhetik, die sie vertrat, zu jenem Zeitpunkt neu war (…): Ästhetizismus, Dekadenz, surrealistische Formen, Anleihen beim Comic, beim Kino und bei den Massenmedien, elliptische Konstruktion des Gedichts, Interesse am Ausgefallenen und (scheinbar) Entpersönlichten (Masken, um das ›Ich‹ zu verbergen)… Wenn man zu alldem die Vorbildfunktion ergänzt, die Verehrung für Autoren wie Eliot, Pound, Montale oder Ponge – neben den drei oder vier bedeutendsten Autoren unserer ›Generation von 27‹ – und neben einer endlosen Reihe von Klassikern und Modernen, Symbolisten und Lateinamerikanern (von Borges bis Lezama), so erhält man ein Konglomerat, das sich aus einer endlosen Litanei von ›Kulturalismus‹ und Ästhetizismus zusammensetzt und das unter der Bezeichnung ›Venecianismo‹ bekannt geworden ist.«

Fast niemand zweifelt heute mehr daran, daß Pere Gimferrer – der seine Gedichte später in katalanischer Sprache schreiben sollte – der große Anreger des ›Venecianismo‹ war, der seinen Namen von einem Gedicht aus Gimferrers Buch *Arde el mar* (1966) erhält. Es erscheint unerläßlich, einige Verse aus diesem Buch, d. h. aus dem Gedicht »Oda a Venecia ante el mar de los teatros«, wiederzugeben, das in vieler Hinsicht eine »neue« oder besser gesagt andersartige Ästhetik begründete, die sich andere Dichter entsprechend ihrer individuellen Persönlichkeit zu eigen machten:

So viel habe ich geschrieben, und schrieb dann noch so viel mehr.
Ich weiß nicht, ob es der Mühe wert war oder wert ist. Du, durch die
mir mein Leben gewisser ist, und ihr, die ihr in meinem Vers
andere Sphären erklingen hört, werdet sein Signum und seine Kunst
erkennen.
(...)
Es ist schmerzlich und süß,
Venedig hinter sich gelassen zu haben, in dem wir alle
zu unserer Strafe Heranwachsende waren,
und heute durch die leeren Säle im Reiterspiel sich zu verfolgen,
das von einem Spiegel aufgelöst wird, der mit seinem Doppelbild
die Realität dieses Gedichts negiert.

Mit Pere Gimferrer und einem ähnlichen oder auch andersartigen
Willen zum Bruch mit der Poesie der »Realisten« wurde die erste
Gruppe der ›novísimos‹ gebildet von Manuel Vázquez Montalbán,
Antonio Martínez Sarrión, José María Alvarez, Félix de Azúa, Vicente Molina Foix, Guillermo Carnero, Ana Maria Moix und Leopoldo María Panero, die zwischen 1939, dem Ende des Bürgerkriegs, und 1948 geboren sind. Aber diesen Namen müssen noch
weitere hinzugefügt werden, unter denen vor allem José Miguel
Ullán, Antonio Colinas, Jaime Siles, Jenaro Talens oder der schon
erwähnte Luis Antonio de Villena herausragen. Sie alle sind Dichter im Alter zwischen vierzig und fünfzig Jahren, die ein erstes Rei-
festadium bereits erreicht haben.

### Die spanische Lyrik in der Demokratie

Nach dem Tod des Generals Franco im Jahre 1975 begann eine Periode des Übergangs zur Demokratie, die im Jahre 1978 zur mehr-
heitlichen Verabschiedung einer Verfassung führte, durch die ein
politisches System geschaffen wurde, das mit den Mehrparteien-
Demokratien der westlichen Welt in Einklang steht. So hat die
kurze Geschichtsepoche, die ich zu skizzieren versucht habe, auf
politischem Gebiet ein glückliches Ende gefunden. Gleiches gilt
auch für den Bereich der Literatur, wenn man bedenkt, daß heute
Vertreter der besten spanischen Traditionen dieses Jahrhunderts
nebeneinander tätig sind – für die »Generation von 27« etwa Rafael
Alberti – bis hin zu den jüngsten Dichtern, die von Villena als
›postnovísimos‹ bezeichnet werden. Da der frische Wind der Frei-

heit nicht nur die gesamte Gesellschaft, sondern auch den Bereich der Lyrik durchweht hat, schätzen es die jungen Dichter unserer Tage nicht, mit Etiketten versehen zu werden oder Schulen zu bilden oder Manifeste zu veröffentlichen. Sie schreiben gemäß ihrem persönlichen Gusto, frei von den historischen Pressionen, denen die Dichter der vorhergehenden Generationen ausgesetzt waren.

## Gonzalo Sobejano
# Der realistische Roman 1940-1960
# (Cela, Delibes, Sánchez Ferlosio und andere)

Als Camilo José Cela im Jahre 1951 die erste Ausgabe von *La colmena (Der Bienenkorb)* vorstellte, erklärte der Autor, daß dieser Roman nichts anderes sei als »ein Stück Leben, Schritt für Schritt erzählt: Seine Handlung spiele in Madrid – im Jahre 1942 – und inmitten eines Stromes oder einer Menge von Menschen, die manchmal glücklich und manchmal unglücklich seien.«[*]

Ein Jahr nach der Veröffentlichung von *El Jarama (Am Jarama)* (1956) definierte Rafael Sánchez Ferlosio in einem Interview das Anliegen, das er verfolgt hatte: »Ein begrenzter Raum und eine begrenzte Zeit. Einfach sehen, was darin passiert.«[**]

Schritt für Schritt ein Stück Leben zu erzählen oder einfach zu sehen, was sich in einem begrenzten Raum während einer begrenzten Zeit ereignet, sind Aufgaben, welche die artistische Konstruktion dem Verhalten des Zeugen unterordnen. Schon im Jahre 1880 hatte Emile Zola geschrieben: »Faire mouvoir des personnages réels dans un milieu réel, donner au lecteur un lambeau de la vie humaine, tout le roman naturaliste est là.«[***]

Es ist daher nicht erstaunlich, daß unter den Lesern und Kritikern im Spanien der ausgehenden vierziger Jahre, die an eine Unterhaltungs- und Illusionsliteratur (meistens in Form von Übersetzungen) gewöhnt waren, der Eindruck entstand, der Geburt eines bodenständigen, realistischen Romans beizuwohnen, der durch Titel bezeichnet wurde wie *Nada* (1945) von Carmen Laforet; *La sombra del ciprés es alargada* (1948) von Miguel Delibes; *Lola, espejo oscuro* von Darío Fernández Flórez und *Las últimas horas* von José Suárez Carreño (1950); *La colmena; El fulgor y la sangre* von Ignacio Aldecoa und *Los bravos* von Jesús Fernández Santos (1954); *El Jarama; Nuevas amistades* (1959) von Juan García Hortelano, oder später jene der »Arbeitswelt« entstammenden Titel wie *Central eléctrica* (1958) von Jesús López Pacheco; *La piqueta*

[*] Cela, (s. Anmerkungen), S. 957-58.
[**] Villanueva, 1973, S. 65.
[***] Zola, S. 215.

(1959) von Antonio Ferres; *La mina* (1960) von Armado López Salinas oder *La zanja* von Alfonso Grosso.

Der gemeinsame Nenner der spanischen Romanliteratur, die zwischen 1940 und 1960 anregende Modelle entwickelt (für ihre Zeit durchaus innovatorisch), ist nichts anderes als die bereits erwähnte Absicht, den Roman mehr zu einem Spiegelbild der historischen Situation und ihrer sozialen Bedingungen zu machen als zu einer artistischen Konstruktion.

Um dieses Phänomen zu deuten, muß man drei komplementäre Faktoren ins Auge fassen: das historische Klima, die Persönlichkeit und das Modell. Unter »historischem Klima« verstehe ich einen gewissen zusammenhängenden Zeitraum, dessen Anfang und Ende durch bedeutende Veränderungen innerhalb der Kontinuität markiert sind; unter »Persönlichkeit« verstehe ich die Gesamtheit der Merkmale, durch die ein Individuum oder eine Gruppe gegenüber anderen in Erscheinung treten; unter »Modell« verstehe ich den Idealtypus, der sich aufgrund von Einzeltexten herausbildet und der seinerseits während einer bestimmten Zeit zur Nachfolge, zur Konkurrenz oder zur Überwindung anregt.

Das erste historische Klima wird geprägt durch das Ende des Bürgerkriegs (1936-39), die Entwicklung des Weltkriegs (1939-45) und die unmittelbare Nachkriegszeit. Die Mythologie und die Rhetorik des Nationalismus verlieren ihre Überzeugungskraft. Das Spanien der Autarkie und der Isolierung schreitet von der Hungersnot zu einer langwährenden Mangelwirtschaft; eine Zeit der Repression, der politischen »Säuberung«, der überfüllten Gefängnisse und des Elends. Die jungen Männer jener Zeit absolvieren auf Schulen und Universitäten dreizehn Jahre religiös geprägter Erziehung sowie fünf Jahre einseitiger politischer Indoktrination. Die Orthodoxie und der Neuthomismus lassen fast keinen Raum für Nachklänge und Nachahmungen der exaltierten Vertreter der 98er Generation. Bald nach dem Ende des Weltkriegs halten existentialistische Kategorien Einzug: Geworfenheit, Nichts, Leere, menschliche Bedingtheit, Authentizität, Wagnis. Während die Poeten Gott anrufen und einige Romanciers die Gewalt verherrlichen (›tremendismo‹ war der beiläufige Name dieser Richtung), kultiviert das Theater die Unterhaltungsstücke, und in der Filmindustrie blüht der »heroische« Nationalismus. Zeitschriften mit liberaler Note wie »Escorial«, »Indice«, »Insula« erscheinen oder die stärker traditionalistische »Arbor«. Ortega y Gasset organisiert Vorlesungszyklen im ›Instituto de Humanidades‹.

Einem *España como problema* von Pedro Laín Entralgo antwortet ein *España sin problema* von Rafael Calvo Serer (1949). Dem Vorbild von Ramón Menéndez Pidal verpflichtet, widmen sich die Philologen mit Vorliebe der Dialektologie. Verfallene Häuser, langsame und überfüllte Züge, renovierte Kirchen, volle Kasernen, Bordelle, Tuberkulose, Begräbnisse, Ruhm und Tod des Toreros Manolete, nach Geschlechtern getrennte Strände, Passierscheine, Dürreperiode, Niedergeschlagenheit.

Es sind »Jahre der Buße« (so der Titel des ersten Bandes der Memoiren von Carlos Barral) und der »Unterentwicklung« (Fernando Morán). Auf die Regierung der »Neutralität und der Nichtkriegführung« bis 1945 folgte bis 1951 die der »Autarkie« (Ramón Tamames). Zwischen dem Ende des Spanischen Bürgerkriegs und dem des Weltkriegs verlief die Entwicklung vom Bruch mit dem geistigen Leben der Vorkriegszeit zum »Verfall der imperial-totalitären Kultur«, und von diesem Punkt aus begann man zaghaft mit der »Wiederherstellung der Vernunft« und der »Rückbesinnung auf das liberale Denken« (Elías Díaz). Die semantische Botschaft jenes Jahrzehnts könnte man in dem Begriff der »Angst« zusammenfassen.

In einem Klima wirtschaftlicher Beengtheit, einer sich langsam erholenden Gesellschaft, einer Politik der Isolation und einer weitverbreiteten Empfindung der Angst – welche Charakteristika konnten da das öffentliche Auftreten und den Sinn des Schaffens des Romanciers bestimmen? Seine Persönlichkeit war im wesentlichen durch das historische Klima bestimmt, in dem er von der Rezeptivität zur Aktivität übergegangen war. Er konnte dieses Klima (ebenso wie die nachfolgenden) in seiner Oberflächen- oder aber in seiner Tiefenstruktur darstellen. Nur im letzteren Falle würde er gleichzeitig mit der Erfassung des tieferen Sinnes seiner Zeit an deren Veränderung mitwirken.

Die ersten Romanciers des Bürgerkriegs – ob Beobachter, Teilnehmer oder Kommentatoren – verhielten sich in ihrer Mehrheit wie Chronisten, und jene, die sich im Gegensatz dazu einem gesuchten Formalismus, der unterhaltsamen Phantasie, dem Humor oder einer einfachen Effekthascherei ergaben, hinterließen keine Spuren.

Herausragende Darsteller des historischen Klimas und der Notwendigkeit seiner Veränderung waren in den ersten Jahren Camilo José Cela, Carmen Laforet und Miguel Delibes.

Bei dem Versuch, gegen die allgemeine Trägheit mit Getöse anzukämpfen, entdeckte Cela die individuelle Entfremdung aufgrund von Unterdrückung und beschrieb sie in den Werken *La familia de Pascual Duarte (Pascual Duartes Familie;* 1942), den Bekenntnissen eines Kriminellen in *Pabellón de reposo* (1944), den Tagebuchblättern von Tuberkulosekranken, und in *La colmena* (1951), einem Gemälde des Hungers. Carmen Laforet verfolgte in *Nada* (1944) und in *La isla y los demonios* (1952) den Gang des Bewußtseins von der Illusion über die Desillusionierung bis hin zur Notwendigkeit eines neuen Enthusiasmus. In seiner Zurückgezogenheit erforschte Miguel Delibes die verborgene Macht der Angst und stellte sich ein ums andere Mal dem Problem der Suche nach dem eigenen, unabhängigen Lebensweg, so in *La sombra del ciprés* (1948), *El camino* (1950), *Diario de un cazador* (1955), *La hoja roja* (*Das rote Blatt;* 1959) und anderen Romanen. Laureano Bonet hat in *Nada* und in *La sombra del ciprés* stärker psychologisch als ideologisch orientierte Initiationsromane gesehen, im Unterschied zu anderen zeitgenössischen Werken, in denen der Bildungsgang und die Entwicklung des Helden mehr ideologisch gefärbt sind: *Leoncio Pancorbo* (1942) von J. M. Alfaro und *Javier Mariño* (1943) von Gonzalo Torrente Ballester.[*]

Neben Cela, Laforet und Delibes gab es andere Romanciers, die den Gewissenskonflikt (Torrente Ballester: *Los gozos y las sombras [Licht und Schatten]*, 1957-62), die Alltagswirklichkeit (Luis Romero: *La noria,* [1952] und das Scheitern (Suárez Carreño: *Las últimas horas*) zum Thema ihrer Romane machten. Aus rückschauender Sicht urteilt Juan Benet über *Las últimas horas* folgendermaßen: das Werk »enthielt im Keim schon alle Elemente der Decouvrierung, die das Wesen der literarischen Produktion Spaniens in den folgenden drei Lustren ausmachen sollten: die Existenz eines schweigenden, leidenden, aber seelisch intakten Volkes; die Ungebildetheit, der schlechte Geschmack und die Niederträchtigkeit der Neureichen; die zweideutige und dramatische Lage der Frau, die zwischen der Unterwerfung unter den unrecht erworbenen Reichtum und der Liebe zu einem unerbittlichen Intellektuellen schwankt; der Überdruß, die Langeweile und – über allem schwebend, ohne jemals explizit ausgesprochen zu werden

[*] Bonet (s. Anmerkungen), S. 319.

– das Unbehagen, das durch die Unmöglichkeit jeder direkten Aktion hervorgerufen wird«.[*]

Wenn man die ersten Romane von Cela, Laforet und Delibes sowie der anderen erwähnten Autoren betrachtet, so zeichnet sich der Idealtyp, den man daraus ableiten könnte, durch die nachfolgenden Merkmale aus: Der Autor tritt hinter einem Erzähler zurück, der vermittels der Rede in der ersten Person oder vermittels der »vision avec« mit dem Helden eins wird oder zumindest dessen Sichtweise unterstützt. Seine Rede hat Bekenntnischarakter und tendiert zum Monolog. Der einbezogene Leser muß gefühlsmäßig Partei für das Individuum und gegen die Gesellschaft ergreifen, in welcher dieses lebt.[**] Die Zeit erscheint als eine abgeschlossene Vergangenheit, der sich das Subjekt in geruhsamem, mehr linearem als simultanem Rückblick zuwendet. Vergangene Ereignisse finden ihren Widerhall im Subjekt während einer großzügig bemessenen Zeit der Erinnerung, die unter reichhaltigen persönlichen Erfahrungen ihre Auswahl trifft. Der Raum wird wie eine Landschaft empfunden, die mit Hilfe der atmosphärischen Beschreibung alltäglicher Gegenstände der Seelenlage des Individuums angeglichen ist. Es ist ein eng begrenzter Raum, von gelegentlich zellenähnlichem Charakter.

Entsprechend dem historischen Klima der Zwangsinternierung ist die Welt dieser Romane die des Individuums, seiner Familie und seiner häuslichen Lebensgemeinschaft. Der individuelle Protagonist reagiert seine innere Unsicherheit in der Gewalttätigkeit ab, erleidet die Leere seines inneren Exils oder flüchtet sich in seiner Unentschlossenheit in Monologe der Erinnerung und der Hoffnung. Es handelt sich zumeist um eine komplexe Persönlichkeit, auf deren Entwicklung andere bedeutende Figuren Einfluß nehmen und deren Suche auf die Authentizität der eigenen Existenz gerichtet ist, der sie durch ihre Wahrheitsliebe näherkommt und von der sie gleichzeitig durch eine trügerische Umwelt ferngehalten wird. Der Held durchlebt Situationen der inneren Leere, der Monotonie, des Ekels, der Schuld, des Leidens, des Kampfes, der Agonie, und wenn er sie überwunden hat, kommt er an ein Ende: entweder stirbt er, oder er läßt einen Abschnitt seines Lebens endgültig hinter sich, oder die Besessenheit, die ihn gefangen hielt, erlischt, oder die Täuschung, die ihn verblendete, wird offenbar.

[*] Benet (s. Anmerkungen), S. 94.
[**] Robert Spires.

Soweit es zu Romanzyklen kommt, besteht die konstruktive Achse aus der Chronologie der entscheidenden Ereignisse. Die Titel beziehen sich auf die Hauptfigur *(Pascual Duarte)*, auf die Situation *(Las últimas horas)* oder auf die Ankündigung einer negativen Größe. *(Nada, La sombra del ciprés)*. Im allgemeinen handelt es sich um relativ kurze Romane, voller Musikalität, in konventioneller Darstellungsweise und einheitlicher Erzählform, die durch wohlproportionierte Kapitel gegliedert werden.

Die Worte spiegeln über das Bewußtsein der Figuren ein individuelles Bild der Wirklichkeit, das sich jedoch nicht als einzigartig ausgibt, sondern als wiederholbar und vergleichbar. Die Sprache verfolgt vor allem das Ziel der getreuen Wiedergabe der inneren, vom Gefühl geprägten Stimme. Das Bild des Weges, das häufig auftaucht, weist auf die Unsicherheit hin, so wie das ebenfalls oft verwendete Bild der Insel auf die Isolation. Die Brüche (die zu jedem Roman gehören) finden sich eher in den Beziehungen der Personen zueinander als auf der Ebene von Zeit und Raum.

Den abgenutzten Mythen der falangistischen Literatur (J. L. Aranguren) werden Figuren ohne mythischen Bezug entgegengestellt, deren Stellung auf seltsame Weise schwankt zwischen der Unschuld (der Heranwachsende, das Kind, der Krüppel mit der schönen Seele), der Verderbtheit *(Lola espejo oscuro* von P. Fernández Flórez oder die Familien bestimmter Großstadtromane von J. A. Zunzúnegui) und einem komplexen Schwebezustand zwischen beiden Extremen *(Pascual Duarte* oder *El vengador,* 1956, von J. L. Castillo-Puche).

Wenn man versucht, aus den Einzelschicksalen in den verschiedenen Werken den gemeinsamen Nenner zu abstrahieren, so wäre dieser wohl das Bild des Menschen, der zu seiner Einsamkeit verdammt ist.

Bei der infolge der Kriege und der Isolation so qualvoll eingeschränkten Lage der spanischen Gesellschaft trug die offizielle Kulturpolitik dazu bei, die lyrische und emotionale Gestimmtheit dieses Rückzugs des Individuums auf seine Innerlichkeit im engsten familiären Kreis ohne ausreichenden Bezug zur Gesellschaft zu verstärken.

Randolph Pope hat die symptomatische Häufigkeit einiger Stilmittel, Themen, Motive und Figuren im Roman der 40er Jahre zutreffend interpretiert: die rückwärtsgewandte Perspektive, die »Gefängnisschule«, das Ausgestoßensein und den Kult der Familie trotz deren repressiver Elemente; den Hunger und das Elend; die Figuren des »Indianers« und des »Unschuldigen«.

In Anbetracht der skizzierten Grundlinien könnte man das Romanmodell der 40er und 50er Jahre als existentialistischen Bekenntnisroman bezeichnen (wobei der Begriff Existentialismus »mehr vitalistisch als philosophisch« zu verstehen wäre[*], so wie ihn G. Roberts und O. Barrero Pérez hervorragend analysiert haben), – ein Roman, in dem das Ich sich bemüht, die Welt im schwachen Abglanz einer Illusion zu akzeptieren: Illusion des Friedens, geordneter Familienverhältnisse, der Gesundheit, der Zärtlichkeit oder Reinheit. Auf Grund dieser Illusion trägt der Roman gewisse »romanhafte« Züge (*Nada* oder *Los Abel*, 1948, und *Pequeño teatro*, 1954, von Ana Maria Matute) oder enthält zum Melodram degenerierte tragödienhafte Elemente *(Pascual Duarte)*.

Es ist kein Roman der klaren Sicht, sondern des Illusionismus. Seine schwachen intertextuellen Bezüge (und zwar hinsichtlich der literarischen Intertextualität) verweisen auf den pikaresken Roman, auf Baroja, auf Dostojewski und Tschechow, auf einige Romanübersetzungen, die ihre Existenz den Launen eines dürftigen und rückständigen Büchermarktes verdankten, und auf einige erfolgreiche Filmproduktionen (*Rebecca*, *Wuthering Heights* usw.).

Wenn der Romancier die Tiefenstruktur seines historischen Klimas in seiner Veränderungsbedürftigkeit richtig zu interpretieren gewußt hat, tragen seine Romane zur Veränderung bei, übermitteln ihre Botschaft dem nachfolgenden historischen Klima. *Nada* und *El camino* mit ihrer selektiven Rückbesinnung und der Einfühlung des Erzählers in das Bewußtsein eines einfachen Helden haben den Weg für den »Neorealismus« gebahnt, und *La colmena* gelang der Brückenschlag zwischen der existentialistischen und der sozialen Problematik: in seiner Thematik deckte der Roman die Ungewißheit und die Isolation auf, in seiner gebrochenen Handlungsführung machte er die gegensätzlichen Positionen von Existenzformen deutlich, die der Kommunikation ermangeln. Die »gleichsam« objektive Sichtweise und die Konversationstechnik von *La colmena* wirkten auf dem Weg über Mitstreiter und Nachahmer schulbildend.

Die Veröffentlichung von *La colmena* im Jahre 1951 fällt mit dem Beginn eines neuen historischen Klimas zusammen, das bis

[*] Villanueva (s. Anmerkungen), 1986, S. 338.

zum Jahre 1962 andauern sollte. Auf die »Regierung der Bündnisse mit dem Vatikan und den Vereinigten Staaten« folgte im Jahre 1957 die »Regierung des Stabilitätsplanes« (R. Tamames), wobei beiden der Wunsch gemeinsam war, Spanien in Europa und den westlichen Antikommunismus einzugliedern. Zwischen den beiden genannten Jahreszahlen erfolgt zunächst »ein Prozeß der intellektuellen Liberalisierung und der außenpolitischen Öffnung, der Dialog mit dem Exil, erste Kontakte mit dem europäischen Denken sowie die Krise im Hochschulbereich«, und nach 1956 machen sich die »verbliebenen Elemente des traditionellen Integrismus« wieder bemerkbar, und es treten neu hinzu »die technokratische Ideologie des wirtschaftlichen Fortschritts sowie die wissenschaftliche Kritik am ideologischen Absolutismus«.[*]

Es sind die »Jahre ohne Rechtfertigung« (so der Titel des zweiten Bandes der Memoiren von Carlos Barral) und der »langsamen wirtschaftlichen Entwicklung« (Fernando Morán); eine Zeit, in der sich die Dichtung als Kommunikation zu definieren versucht und in der viel von »Solidarität« die Rede ist. Vom Erziehungsministerium gehen erste Versuche der Liberalisierung des Kulturlebens aus, und bald folgen zaghafte Schritte einer ideologiefreien Liberalisierung der Wirtschaftspolitik. Während die nordamerikanische Wirtschaftshilfe erste Wirkungen zeitigt und die Kontakte mit Europa und Amerika zunehmen, können die nationalistische Mythologie und Rhetorik ihre offensichtliche Abgenutztheit nicht länger verbergen. Vom krassen Mangel geht die Entwicklung zu einem bescheidenen Wohlstand, der durch die Überweisungen der Gastarbeiter, den Tourismus und ausländische Kapitalinvestitionen ermöglicht wird. Das Konkordat mit dem Hl. Stuhl (1953) verstärkt den Einfluß der Kirche, und der beginnende wirtschaftliche Aufschwung sowie die Fortdauer der politischen Stagnation lassen die soziale Problematik deutlicher zutage treten. Der italienische »Neorealismus« wird rezipiert und findet Verbreitung. Eine Literatur der Dokumentation, der Enthüllungen und des durch die Zensur eingeschränkten Protestes entsteht. Landflucht, Wohnungsnot, Elendsviertel am Rande der Großstädte, »hier ereignet sich niemals etwas«, Fußballtriumphe, Studentenrevolte von 1956, die das Regime in den Grundfesten erschüttert, Vordringen des Opus Dei, wechselnde Entwicklungen bei der in Fesseln gelegten Opposition, erste Dialoge mit dem Spanien des Exils. Immer mehr

[*] E. Días (s. Anmerkungen) S. 87, S. 127.

Intellektuelle und qualifizierte Fachleute verlassen Spanien. »Spanien liegt in Europa« versichert Julián Marías im Jahre 1952. »Die Freiheit muß täglich erkämpft werden«, glaubt José Luis Aranguren. Pedro Laín Entralgo veröffentlicht *La espera y la esperanza* (1957), und Antonio Buero Valleja schreibt Tragödien, die um das Motiv der Hoffnung kreisen. Es sterben Ortega y Gasset, Pío Baroja, Juan Ramón Jiménez.

Vom Existentialismus des »Mangels« geht die Entwicklung zum Neopositivismus des »Wachstums«[*], so etwa in der Soziologie von Enrique Tierno Galván und in der Wirtschaftsgeschichte von Jaime Vicens Vives. Der ursprünglich falangistische Dionisio Ridruejo entwickelt sich zu einem Anführer der Opposition. Es erscheinen Zeitschriften wie »Papeles de Son Armandans«, herausgegeben von Cela; »Boletín Informativo de Derecho Político«, herausgegeben von Tierno Galván; »Cuadernos del Congreso por la Libertad de la Cultura« in Paris; oder die marxistische »Praxis«. Das Verlagswesen wird trotz der strengen Zensur von seiten des Ministeriums für Information und Tourismus immer rühriger. Kulturell und vor allem wirtschaftlich sucht Spanien den Anschluß an Europa, wobei es sich viele vergebliche Hoffnungen macht.

In diesem veränderten historischen Klima charakterisiert sich das Verhältnis der Romanciers zur Öffentlichkeit durch ihre fast vollständige Unsichtbarkeit (Sánchez Ferlosio, García Hortelano, Caballero Bonald), ihren früheren oder späteren Rückzug (Matute, Fernández Santos, Luis Goytisolo) oder durch ihre totale Abwesenheit (Juan Goytisolo, López Pacheco, Ferres). Man könnte darin eine Ablehnung des Publicityhungers von Cela und die Bevorzugung einer zurückgezogenen Haltung wie derjenigen von Delibes sehen, obwohl Cela den jüngeren Schriftstellern das Modell des »Reisebuches« lieferte, als ausdrucksstarkes Mittel einer direkten Kenntnis des ›verborgenen‹ Spaniens. Niemals neigte der spanische Romancier weniger zur Selbstdarstellung und niemals fühlte er sich einem strengeren Wahrhaftigkeitsideal verpflichtet, und das Wertvollste, was er seinen Zeitgenossen vermittelt, sind die Erkenntnis der sozialen Stagnation *(El Jarama)*, des Abstands zwischen den sozialen Klassen *(Los bravos)* und der Zugehörigkeit oder Nichtzugehörigkeit zu einem fremdenfeindlichen Spanien (die ersten Romane von Juan Goytisolo). Diese und andere Werke *(Gran Sol*, 1957, von Ignacio Aldecoa; *Las afueras*, 1958, von Luis

[*] E. Días (s. Anmerkungen).

Goytisolo; *Nuevas amistades* und *Tormenta de verano,* 1962, von Juan García Hortelano) sind kennzeichnend für das neue Modell: den »sozialen« Roman.

Innerhalb dieses sozialen Romans kann man eine erste Strömung des »Neorealismus« erkennen (hier noch transzendiert und von schwacher künstlerischer Dichte), den sozialen Realismus (mit seiner proletarischen und seiner antibürgerlichen Spielart), und den kritischen oder dialektischen Realismus, der maßgeblich in *Tiempo de silencio (Schweigen über Madrid;* 1962) von Luis Martín-Santos zutage tritt und ein unterschiedliches Modell darstellt.

Im sozialen Roman im weiteren Sinne fungiert der Autor heimlich als Zeuge, der das innere Leben historischer Vorgänge für die Betrachtung offenlegt. Dazu bedient er sich der eingeschränkten Perspektive einer dritten Person und der Erzählweise von außen oder objektiven Darstellung; oder aber er benutzt die vielfältigen Gesichtspunkte, die ein und dasselbe Faktum aus verschiedenen Blickwinkeln zusammenfügen, bzw. verschiedene Fakten erkennen lassen, die sich zu einer einheitlichen Problematik runden.

Der Erzähler, der selbst im Hintergrund bleibt, konstruiert seine Werke in Form von Szenen mit Hilfe kurzer Regieanweisungen, die Unterhaltungen und manchmal Dialoge einschließen. In dieser Art Roman, mehr »Raum«- als »Personen«-Roman, gerät der miteinbezogene Leser in Distanz zur abgewirtschafteten Gesellschaft, die dort bloßgestellt wird, und versucht, sich mit dem anonymen Erzähler zu identifizieren.

In ihrem einzigartigen und unwiederholbaren Ablauf ist die Zeit in diesen Romanen ein offenes Präsens. Wir finden hier eine arretierte Panoramaschau, die sich in breiten szenischen Bildern ausdrückt, welche – linear oder parallel angeordnet – in ihrer zeitlichen Dauer der realen Zeit entsprechen. Diese Ausschnitte spiegeln einige Stunden, einen ganzen Tag oder mehrere Tage wider, in denen sich wenig ereignet (manchmal fast gar nichts), und dieses wenige betrifft eine Vielzahl von Personen.

Die Wirkung von *El Jarama* (der perfekten Illustration von »Gestern ist nie wieder«) beruht auf demselben Wesenszug, den sein Autor Jahre später gewissen Strophen der mittelalterlichen Elegie von Jorge Manrique zuerkennen wird: »der Wiederbelebung des Vergänglichen mit Hilfe des äußeren Erscheinungsbildes und der konkreten Eigennamen«, und etwas Ähnliches ließe sich von der Erzählkunst Aldecoas sagen.

Auch der Raum ist in diesen Romanen beschränkt: das Land, die Stadt, ihre Umgebung, Enklaven des Arbeitslebens oder der Muße, meist in mehr oder weniger weitgefaßten Außenbezirken, dargestellt mit Hilfe sparsamer Beschreibungen, die nur Gegenstände von symbolischem Wert in detaillierter Form wiedergeben.

In diesem neuen historischen Klima der 50er Jahre treten die scharfen Gegensätze zwischen den Besitzenden und den Besitzlosen ins Bewußtsein der Öffentlichkeit und drängen das Individuum und die Familie in den Hintergrund, um die Aufmerksamkeit auf die Arbeitswelt, auf Wirtschaftsgruppen und soziale Klassen zu lenken. Der kollektive Held, der in *La colmena* noch durch die »Menge« verkörpert wurde, erscheint in *Los bravos* als Dorfgemeinschaft, in *El Jarama* als Altersgruppe oder Nachbarschaftsgemeinschaft und in anderen Romanen als Gesellschaftsklasse. Noch geht es nicht um die Gesamtheit des Landes (wie in *Tiempo de silencio*) oder um das universelle Chaos (wie in *Juan sin tierra [Johann ohne Land]*, 1975, von Juan Goytisolo).

Die angesprochenen sozialen Sektoren leiden unter einer bestimmten Situation, sie bemühen sich, ihr zu entrinnen, und unternehmen zu diesem Zweck gelegentlich einen Ausbruchsversuch. Da der Held hier eine Gesamtheit ist, sind die Einzelpersonen zweitrangig und ihre Individualität erscheint flach, denn nicht das Bewußtsein des Einzelnen ist von Bedeutung, sondern der soziale Zustand, an dem alle in gleicher Weise teilhaben. Unter großen Mühen suchen diese Subjekte den Weg zu Solidarität, aus ihrer Verstrickung in die Zustände der Armut, der Unterwerfung, des Verfalls, der Entfremdung, der Mühsal ohne Ende oder der hemmungslosen Ausschweifung sowie einer lähmenden Isolation.

Das Geschehen in diesen Romanen pflegt in einer kurzen Folge von Stunden, Tagen oder Wochen zu bestehen, in denen sich nichts ereignet; plötzlich jedoch geschieht etwas, und zum Schluß zeigt sich, daß das Geschehen die Gesamtlage nicht verändert. Ein typisches Ereignis des Arbeiterromans ist der tödliche Unfall: ein Zigeuner tötet einen Polizisten (*Con el viento solano*, 1956, von Aldecoa), ein Mädchen ertrinkt im Fluß (*El Jarama*), der Bürgermeister des Dorfes stirbt (*Los bravos*), die Mauern eines Staudamms brechen (*Central eléctrica*), ein volles Netz erdrückt den Kapitän des Fischerbootes (*Gran Sol*), ein einstürzender Stollen begräbt eine Gruppe von Bergleuten (*La mina*). Andererseits ist für den antibürgerlichen Roman das kriminelle Ereignis charakteristisch: untaugliche Abtreibungsversuche eines jungen Mädchen, das sich für schwanger hält *(Nuevas amistades)*, der Fund einer nackten Frauenleiche am Strand *(Tormenta de verano)*. Der erwähnte tödliche Unfall könnte eigentlich den Ausgangspunkt für eine Veränderung der Arbeitsbedingungen bilden, aber bald beruhigt sich die Lage wieder, und alles bleibt beim alten. Aufgrund des kriminellen Ereignisses scheint gelegentlich ein Mitglied der wohlhabenden Klasse geneigt, sein Leben zu verändern, aber sein Gewissenskonflikt löst sich, sobald die Polizei den Fall aufgeklärt hat.

Wenn in jenen Jahren Romanzyklen geschrieben werden, weisen diese Zyklen eine räumliche Gliederung auf, die durch soziale Schichten sowie durch die Entgegensetzung komplementär bedeutsamer Situationen bestimmt wird (so verhält es sich z. B. in den Trilogien von Aldecoa und von Juan Goytisolo). Die Titel vieler Romane weisen hin auf Kollektives *(Los bravos)*, auf Stagnation *(Entre visillos*, 1958, von Carmen Martín Gaite; *La zanja)* oder auf eine hoffnungsvollere Zukunft *(Central eléctrica)*. Diese Romane sind etwas umfangreicher als die der vorhergehenden Dekade, und ihr Handlungsverlauf ist segmentiert in Szenen ohne Übergänge.

Die Sprache geht ohne Umschweife auf das Gemeinte, erspart sich Beschreibungen und Zusammenfassungen und charakterisiert die Personen durch ihre alltägliche Sprechweise. Dabei ist die Prosa von Sánchez Ferlosio, Aldecoa oder Fernández Santos klar, wirkungsvoll und von strenger Schlichtheit.

Das Thema der Sinnlosigkeit der Arbeit schlägt sich nieder im Bild des Bunkers, der kollektiven Einsamkeit, der Barriere. Von daher kommt es zu einem räumlich segmentierten Gesamtplan, der die Besonderheiten der streng getrennten sozialen Sektoren deutlich werden läßt.

Aranguren vertrat die Auffassung, daß die abgenutzten Mythen der 40er Jahre mit veränderten Vorzeichen in den 50ern wiederkehrten, wobei diesmal der gute Arbeiter und der schurkische Bürger das Ergebnis der Mythologisierung darstellten, so wie früher aus dem ›señorito‹ ein Held und aus dem Notleidenden ein Schelm, ein armer Teufel oder ein Unhold gemacht worden war. Aber die Mythologisierung des Proletariats erscheint nur gelegentlich in der übertrieben negativen Darstellung der herrschenden Klasse. Was den Archetypus betrifft, den ursprünglichen, antiken Mythos, wie er scheinbar in *El Jarama* geboten wird, so zielt die Absicht des

Autors offensichtlich nicht so sehr auf eine Mythologie ab als vielmehr darauf, den Augenblick in seiner Vergänglichkeit festzuhalten.

An die Stelle des politischen Ästhetizismus der 40er Jahre tritt in der folgenden Dekade eine Politisierung oder besser Sozialisierung der Literatur. In dem Maße, in dem die ökonomischen Unterschiede zwischen den Klassen deutlicher werden, macht der individuell-familiäre Bereich dem Leben der sozialen Gruppen Platz und ermöglicht so dem Leser einen Blick nicht nur auf vieles, was die Presse verbarg, sondern auch auf Wirklichkeiten, die der Roman früherer Zeiten vernachlässigt hatte.

Das neue Modell war also ein Dokumentationsroman, in dem die Welt weder durch das Individuum noch durch die isolierte Gruppe veränderbar erschien: ein Roman der Desillusionierung, des Leidens und Erduldens.

Was die literarische Intertextualität betrifft, so behalten Anfang der 50er Jahre der pikareske Roman und das Werk von Pío Baroja noch ihren Einfluß, aber der stärkste Impuls geht vom nordamerikanischen Roman aus (von Hemingway mehr noch als von Faulkner) und vom italienischen Neorealismus sowie von der marxistischen Literaturkritik, die immer stärker zur Kenntnis genommen wird (Marx und Sartre, Lukács und Brecht, Gramsci), und schließlich vom unmittelbar vorausgehenden spanischen Roman.

Die »realistische« Tendenz, über die wir zu Beginn unserer Abhandlung gesprochen haben, ist kennzeichnend sowohl für den existentialistischen Roman (im allgemeinen mehr humanistisch ausgerichtet) als auch für den sozialen Roman (stärker politisch orientiert). Auch der strukturalistische oder dialektische Roman bekannte sich noch in den 60er Jahren zum Realismus, aber er erweiterte die Dokumentationsfunktion auf eine Breite des sozialen Panoramas und eine Tiefe des individuellen Bewußtseins, wie es sie bis dahin nicht gegeben hatte, und er verhalf auf diese Weise der Romankunst zu unbegrenzter Ausdrucksstärke und Vielfalt (*Tiempo de silencio, Señas de identidad [Identitätszeichen],* usw.).

Der spätere »deskriptive« Roman (fast immer metafiktiv) hat das Bemühen um Realismus aufgegeben und statt dessen seine Zielrichtung auf den Text selber verlagert, auf die Sprache, auf die Erkenntnis, welche mit Hilfe der Vorstellungskraft und des Wortes erlangt werden kann.

Treffsicher beobachtet Darío Villanueva*, daß wir in *Las últimas horas* von Suárez Carreño die erzählerische Simultaneität, die zeitliche Reduktion und die Anwesenheit aller sozialen Klassen vorfinden, nicht jedoch andere Charakteristika von *La colmena*: den erzählerischen Objektivismus, die Montage der Handlungsfolge nach Art der Cinematographie, den ausschließlich linguistischen Niederschlag der Klassenunterschiede, die Heldenrolle des Kollektivs. Man wird jedoch sagen müssen, daß eigentlich *El Jarama* der Roman ist, der den Objektivismus und die kollektive Heldenrolle am konsequentesten realisiert, denn in *La colmena* gibt es eine Figur (Martín Marco, den heimatlosen Intellektuellen), auf die sich die Lektüre konzentrieren kann, aber in *El Jarama* kann das Interesse des Autors und des Lesers nur auf die Menge gerichtet sein. In *El Jarama* finden wir die Widerspiegelung einer konkreten Welt (Flußufer) in einer festumrissenen Zeit (ein Sonntag im August des Jahres 1954) mit Hilfe einer Existenzform, die um so dichter ist, als sie in der Leere und dem Überdruß jener Welt und jener Zeit wurzelt.

Es muß aber auch etwas zur Verteidigung dieses Realismus gesagt werden, gegen den sich um 1962 fast alle wenden zu müssen glaubten, nachdem sie unter der »Magenverstimmung« gelitten hatten, die er hervorrief, oder unter der Wirkungslosigkeit seines Konzepts: »wir glaubten, politische Literatur zu schreiben, und machten in Wirklichkeit weder Literatur noch Politik« (Juan Goytisolo).** Was man diesem Realismus zugute halten muß, ist, daß er nicht blind für die Form war, daß seine soziopolitischen Tendenzen einer inneren Notwendigkeit entsprangen und daß keiner der Romanciers, die ihn vertraten und in hervorragender Weise verkörperten, sich später neuen Entwicklungen verschloß.

Nach der Veröffentlichung von *Tiempo de silencio* und *Volverás a Región* (1967) von Juan Benet wurde es zum Allgemeinplatz, dem sozialen Roman den Anachronismus seiner Tendenz, die Phantasielosigkeit bei der Ausgestaltung seines Stoffes, die Überholtheit seiner technischen Mittel und die Armut seiner Sprache vorzuwerfen. Aber nicht die Tendenz war anachronistisch, sondern die angesprochene soziale Wirklichkeit. Von der Überholtheit der technischen Mittel kann kaum die Rede sein, wenn man feststellt, daß im sozialen Roman moderne Verfahren wie Objekti-

* Villanueva (s. Anmerkungen), 1986.
** Villanueva, 1986, S. 348.

vismus, Bewußtseinsstrom, Diskontinuität und Simultaneität von Zeit und Raum oder Wechsel der Perspektiven angewandt wurden. Armut der Sprache kann man keinem Roman von Cela und Delibes, von Sánchez Ferlosio oder Fernández Santos vorwerfen.

Als man im Jahre 1971 Juan Benet – den konsequentesten Schöpfer des neuen Romantyps – über den Sinn der vorhergehenden sozialen Literatur befragte, sah er sie als Produkt einer notwendigen politischen und kulturellen Opposition, und obwohl er den begrenzten Informationswert und die Kargheit und Trockenheit der Sprache konzedierte, erklärte er, daß »das Bemühen jener Männer, die die Stimme des Protestes erhoben, nicht wenig zu einer größeren Unabhängigkeit der Kultur beitrug und der Ansporn für eine Gegenbewegung war, die, um dauerhaften Wert zu erlangen, sich nicht auf die Opposition gegen die vorangegangene Strömung beschränken dürfe«.[*]

*La colmena*, *Los bravos* und *El Jarama* fanden bald die begeisterte Zustimmung des Kritikers J. M. Castellet sowie Juan Goytisolos: jener pries den Wert der Literatur als »Zeugnis vom Menschen und der Gesellschaft ihrer Zeit«[**], und dieser sah in den drei Romanen wahrheitsgetreue »Gemälde des zeitgenössischen spanischen Lebens«.[***] Um 1969 hingegen wurde die Romankunst mit dokumentarischem und sozialem Charakter unter dem Schlagwort »Generation der Kohlköpfe« schlichtweg verächtlich gemacht.

Die Entstehung dieser realistischen und engagierten Romankunst schrieb Juan Goytisolo im Jahre 1964 der unfreiwillig katalysatorischen Rolle der Zensur zu: »der Roman« – so versicherte er – »erfüllt in Spanien eine dokumentarische Funktion, die in Frankreich und den übrigen Ländern Europas von der Presse wahrgenommen wird, und der künftige spanische Gesellschaftshistoriker muß sich an die Literatur halten, wenn er unter Durchbrechung der Nebelschwaden und des Schweigens unserer Zeitungen das tägliche Leben des Landes rekonstruieren will«.[****] Dazu ist zu sagen: Wenn man den Dokumentationsroman zum ehrenvollen Ersatz einer defizienten und verlogenen Presse reduziert, wird man weder dem Romancier noch dem Leser gerecht; der Roman sieht die Realität nicht nur als Tagesgeschehen wie die Presse: er

---

[*] E. García Rico (s. Anmerkungen), S. 19.
[**] J. R. Castellet, 1957, S. 92.
[***] J. Goytisolo, 1959, S. 26.
[****] J. Goytisolo, 1967, S. 34.

deckt die Erfahrung der Wirklichkeit auf, indem er diese im Bewußtsein zu einer Ganzheit gestaltet.

Reichliche Beispiele für die Desinformation durch die Presse sowie andererseits Belege für die Existenz verantwortungsbewußter Menschen finden sich in dem dokumentarischen Roman *La otra cara*, den José Corrales Egea in den Jahren 1954-56 verfaßte und der erst 1960, und zwar in französischer Sprache, veröffentlicht wurde. Obwohl der Titel »die Kehrseite, der reale Hintergrund« bedeutet, d. h. die innere Geschichte Spaniens in bestimmten Zeiträumen, die in den Überschriften der Teile des Romans angegeben werden (Winter 1950-51 im ersten Teil; Frühling und Sommer 1945 im »Zwischenstück«, Herbst 1954 im zweiten Teil), ist seine dokumentarische Funktion vor allen Dingen politischer Natur: das Scheitern des Streiks von 1951, das noch frühere Scheitern der Hoffnungen auf Veränderung, die sich an das Ende des Weltkriegs knüpften, und schließlich jenes letzte Scheitern im Herbst des Jahres 1954, als die Abkommen mit den USA, das Marienjahr, die Folgen des Konkordats mit dem Hl. Stuhl und das korrupte Bemühen der Regierung, sich um jeden Preis an der Macht zu halten, alle Hoffnungen zunichte machten. Dabei wird die Handlungslinie durch das »Zwischenstück« von 1945 unterbrochen, um zwischen dem zweiten und dem dritten Scheitern eben jenes erste Scheitern hervorzuheben, auf das auch die Augen der Hoffnungsvollsten immer wieder zurückblicken. Aber nicht, weil sie anerkennen, daß die Mißerfolge sich wiederholen, hören einige auf, mutig zu reagieren, so vor allem der enttäuschte junge Wissenschaftler, der am Ende sein oppositionelles Bewußtsein wiedererlangt, das 1945 erwacht, 1950 entmutigt und 1954 neu belebt wurde, als er sich einer Oppositionsgruppe anschloß. Er ist kein so herausragender Held, wie es der Arzt in *Tiempo de silencio* sein wird, aber dennoch widmet ihm der Erzähler die meiste Aufmerksamkeit unter all denen, die das breite Gemälde bevölkern, das sich in seiner Anlage nicht weit von *La colmena* entfernt. Alles ist hier ein Rechenschaftsbericht erlebter sozialer Wirklichkeit (die Gefangenentransporte, die bürokratische Routine, das Wüten der Polizei, die Zensur in Kultur und Lehre, die Arbeitslosigkeit, die Krankheit, das Elend), ein Zeugnis jener »Jahre des Schweigens, angsterfüllten Schweigens«[*], das zwar im Lande geschrieben, aber nicht veröffentlicht werden konnte.

[*] Corrales (s. Anmerkungen), 1980, S. 224.

Zwischen 1951 und 1962 war der Roman auf die Dokumentationsfunktion ausgerichtet, aber das mehr dichterisch bestimmte
Modell, auf das er sich später hinentwickeln sollte, zog auch damals schon einige Schriftsteller in seinen Bann. *Industrias y andanzas de Alfanhuí (Abenteuer und Wanderungen des Alfanhuí;*
1951)*,* die erste Erzählung von Sánchez Ferlosio, schilderte die
Abenteuer eines kleinen Jungen, dessen unbeschränkte Phantasie
den ursprünglichen Wunsch nach ewiger Variabilität verkörpert,
den spielerischen Willen, die Welt zu verändern. *Mrs. Caldwell
habla con su hijo (Mrs. Caldwell spricht mit ihrem Sohn;* 1953) von
Cela war ein surrealistisches lyrisches Experiment: das Liebesbre-
vier einer Mutter für den toten Sohn, erwachsen aus Einsamkeit,
Alter und Wahnsinn. In *El camino, Diario de un cazador, La hoja
roja* und in *Las ratas* (1962) kombinierte Delibes die Dokumentation einer dörflichen oder provinziellen Welt mit einer gefühlvol-
len Durchdringung fremder Seelenleben, die freizügig mit dem
Erinnerungsmaterial schaltet. Von den vielen Romanen jener Epoche waren die einen stärker dokumentarisch *(La resaca,* 1958, von
Juan Goytisolo, *Nuevas amistades, La zanja),* die anderen mehr
dichterisch orientiert, obwohl auch letztere dokumentarische
Züge trugen (so sämtliche Romane von Aldecoa oder *Las afueras*
von Luis Goytisolo).

Die Veröffentlichung von *Tiempo de silencio* und die Verbreitung der lateinamerikanischen Prosa (Borges, Rulfo, Cortázar,
Vargas Llosa, Fuentes, García Márquez, Lezama Lima, Cabrera
Infante) führten im Spanien der 60er Jahre zu einem Bruch mit der
dokumentarischen und sozialen Orientierung des Romans, für den
als weitere Ursachen eine gewisse Ermüdung hinsichtlich der wiederholten Bemühungen sowie eine Wendung des Landes zu be-
schleunigter wirtschaftlicher und sozialer Entwicklung genannt
werden können.

Die Romanciers, die ihre Laufbahn unter dem hier geschilderten
Realismus begonnen hatten, entwickelten neue Formen und stellten sich neuen, inneren und äußeren Anforderungen. Es gibt auch
Schriftsteller, die früher oder später in Schweigen verfallen: Carmen Laforet oder Ana María Matute, obwohl letztere sich seit Beginn ihrer Laufbahn durch eine kühne, schöpferische Phantasie
ausgezeichnet hatte. Ein anderer Fall des Verstummens ist Rafael
Sánchez Ferlosio, der erst 1986 mit *El testimonio de Yarfoz* wieder
ein Werk veröffentlicht, eine apokryphe Geschichte von edler, »al-

ter« Machart. Jesús Fernández Santos befaßt sich immer stärker mit einer Art von Neugestaltung des »historischen Romans«. Beste Beispiele dafür sind *Extramuros* (1978) und *Cabrera* (1981).

In den Romanen Camilo José Celas, die nach 1962 geschrieben wurden *(San Camilo 1936, 1969; Oficio de tinieblas 5, 1973; Mazurca para dos muertos, 1983; Cristo versus Arizona, 1988)* ist vor allem die Anwendung neuer Techniken bemerkenswert, von denen in erster Linie zu nennen sind: das Selbstgespräch bei der Suche nach der persönlichen Identität, das nach außen gewandte Gesellschaftsgespräch, die Öffnung der Rede für eine große Vielfalt intertextueller Bezüge und Experimente, die Tendenz zur Aufhebung der Zeitenfolge, die Montage einzelner Sequenzen, die Enge des physikalischen Raumes in spielerischer Entgegensetzung zur Weite des mentalen Raumes, die Erfassung der Totalität in einem Text, der sich als autonom versteht, die beinahe nur nominale und geisterhafte Beschaffenheit der Figuren außerhalb des Ich, der spielerische Charakter des schöpferischen Prozesses und die kreative Freiheit, die bestrebt ist, sich auf der Höhe des Gedichtes zu bewegen. Dabei darf man nicht vergessen, daß für Cela jedes Romanprojekt einen Prüfstein für seine schriftstellerische Wandlungsfähigkeit darstellte, und man darf auch nicht die semantischen Komponenten vergessen, die erhalten bleiben: die Entfremdung, die Unsicherheit, die Gewalttätigkeit, und die monologische Seinsform der Texte.

Im Werk von Miguel Delibes, das nach der Wende entstanden ist, *(Cinco horas con Mario [Fünf Stunden mit Mario], 1966; Parábola de naufrago, 1969; El principe destronado, 1973; Las guerras de nuestros antepasados, 1975; El disputado voto del señor Cayo, 1978; Los Santos inocentes, [Die heiligen Narren], 1981; Cartas de amor de un sexagenario voluptuoso, 1983; 377 A, madera de héroe, [Das Holz, aus dem die Helden sind], 1987)*, kann man fast alle die neuen Techniken wiederfinden, die wir bei Cela erwähnt haben, nur daß die Figuren bei Delibes niemals bloße Namen sind und daß der Autor weder die Autonomie des Textes noch die reine Selbstgenügsamkeit des Schreibens erstrebt. Delibes zeigt sich immer in der Lage, den Pulsschlag des Mitgefühls deutlich werden zu lassen, sei es, daß er in die Rolle des Sprechers schlüpft, sei es, daß er als Erzähler sein Einvernehmen mit der Figur ausdrückt; und so gelingt es ihm, in den schönen und schlichten Romanen jener Epoche den Schritt von der individuellen Vereinzelung oder der Beschränkung auf eine kleine Gemeinschaft hin zur sozialen, politischen und universalen Solidarität glaubhaft darzustellen (von *La sombra del ciprés* bis zu *Las ratas*): Mario arbeitet für die Gerechtigkeit, der Schiffbrüchige Jacinto für die Freiheit, Pacífico Pérez für die Wahrhaftigkeit und für den Frieden angesichts der Kriege seiner Vorfahren, Víctor Velasco (der Besucher von Herrn Cayo) für die politische Moral, der »unschuldige« Azarías – instinktiv – für die Sache der Ausgebeuteten gegen die Ausbeuter, Gervasio will die Wurzeln der Angst und des Heldentums kennenlernen.

Mehr revolutionär als evolutionär vollzieht sich der Werdegang anderer Romanciers.

Juan Goytisolo, dessen erste Romane mehr lyrischen Charakter trugen, hatte zwischen 1956 und 1962 widerwillig den objektivistischen Realismus übernommen, aber bereits mit *Señas de identidad* (1966) setzte er sich zum Ziel, »die innere Suche und die objektive Dokumentation« miteinander zu verbinden, wie man im Roman selber nachlesen kann. Von da an entwickelte er sich mit seinen weiteren Romanen und mit seinen theoretischen Diskussionen, die er innerhalb und außerhalb derselben führte, zum bewußten Förderer und Gestalter des »Antiromans«, der in seinen letzten Werken einen ausgeprägt »postmodernen« Charakter aufweist.

Ähnliches gilt für Luis Goytisolo. Nach 1963 verläßt er den Dokumentarismus seiner ersten beiden Romane *(Las afueras, Las mismas palabras)* und erarbeitet in den vier Teilstücken des Zyklus *Antagonía* (1973-81) ein außerordentlich komplexes metafiktives Modell. Der Bruch mit dem Dokumentarismus wird sarkastisch in *Recuento* (1973) formuliert, in dessen Schlußkapitel der Held in der Einsamkeit der Gefängniszelle das Vergnügen entdeckt, »*eine neue Realität* zu schaffen, anstatt eine *Geschichte* in einer der hergebrachten literarischen Formen zu erzählen, sei es den Triumph *eines Streiks,* der gleichzeitig der Triumph *einer Gewissensentscheidung* ist, oder die moralische Leere von Menschen, die ein *ausschweifendes* Leben ohne jede *Verpflichtung* gegenüber der Gesellschaft führen oder was sonst an ähnlichen Dingen geschrieben wird«. Er hat dabei »die Empfindung, nur mit Worten *eine sehr viel intensivere Realität* zu gestalten als diejenige Realität, von der jene gesamte Literatur behauptet, eine *Dokumentation* oder Nachbildung zu sein«, und das Ideal, das ihm vorschwebt, ist, »ein Buch zu verfassen, das nicht einen Bezug zur Wirklichkeit darstellt, sondern als eigenständige Wirklichkeit Objekt vielfältiger Bezüge sein könnte, eine *autonome Welt*, über die theoretisch ein Leser mit schöpferischen Impulsen seinerseits einen Roman oder ein Gedicht schreiben könnte, frei von Themen und Formen, eine Schöpfung aus Schöpfungen.«[*]

Betrachten wir abschließend Gonzalo Torrente Ballester, der für einen großen Teil seines mittleren Romanschaffens dem Realismus zuzurechnen ist, wobei es Ausnahmen gibt, wie *Don Juan* (1963). Mit *La saga fuga de J. B.* (1972) beginnt auch bei ihm die Entwicklung zu einer freieren Phantasie, zur spielerischen Invention und zur Metafiktion. In seinem am stärksten phantastischen und lyrischen Roman, dem Tagebuch *La isla de los jacintos cortados* (1980) findet sich diesbezüglich eine aufschlußreiche Überlegung. Der unerschöpfliche Erfinder von Figuren und phantastischen Situationen schreibt aus der Einsamkeit an die geliebte Frau: »Weißt du, daß die Phantasmagorie ermüdet, daß du plötzlich das Interesse an Aldobrandini [einer erfundenen Person] verlierst, und daß du der Reise durch die Zeiten die Bewegung in unserer armseligen Räumlichkeit, das Faulenzen und all die anderen Todsünden vorziehst? Ich würde an diesem Spätnachmittag gerne mein Pensum schreiben, wenn ich wüßte, daß am Ende deine Anwesenheit stünde, das einzig Wirkliche in diesem Tumult von Worten: kein Schattenbild, sondern greifbar, aus Fleisch und Blut.«[**]

Die trügerischen Träume können ebenso ermüden wie die wahrheitsgetreuen Schatten, die prächtige Zeder nicht weniger als der einfache Kohl, die Wolken ebenso wie der Staub.

*Anmerkungen*

Aranguren, José Luis: »El curso de la novela española contemporánea«. In: *Estudios literarios*. Gredos, Madrid 1976, 212-310.

Barral, Carlos: *Años de penitencia*. Alianza, Madrid 1975.

: *Los años sin excusa*. Barral, Barcelona 1978.

Barrero Pérez, Oscar: *La novela existencial española de postguerra*. Gredos, Madrid 1987.

Benet, Juan: *En ciernes*. Taurus, Madrid 1976.

Bonet, Laureano: »Narrativa: primera postguerra«. In: De la Concha, Nora et al., *Literatura contemporánea en Castilla y León*. Junta de Castilla y León, Valladolid 1986, 301-327.

[*] Luis Goytisolo, *Recuento*, Barcelona 1973, S. 622f.
[**] G. Torrente Ballester, *La isla de los jacintos cortados*, Barcelona ²1981, S. 189.

Castellet, José María: *La hora del lector*. Seix Barral, Barcelona 1957.

Cela, Camilo José: *Obra completa*, tomo VII. Destino, Barcelona 1969.

Corrales Egea, José: *La otra cara*. Júcar, Madrid, 1980. (1ª ed., *L'autre face*, Gallimard, Paris, 1960; 1ª ed. en español, *La otra cara*, Librería Española, Paris 1961).

Díaz, Elías: *Pensamiento español 1939-1973*. Edicusa, Madrid 1974.

García, Rico E.: *Literatura y política (en torno al realismo español)*. Edicusa, Madrid 1971.

Gil Casado, Pablo: *La novela social española (1920-1971)*. 2ª ed., Seix Barral, Barcelona 1973.

Goytisolo, Juan: *Problemas de la novela*, Seix Barral, Barcelona 1959.

: *El furgón de cola*. Ruedo Ibérico, Paris 1967; Seix Barral, Barcelona 1976.

Morán, Fernando: *Novela y semidesarrollo*. Taurus Madrid 1971.

Nora, Eugenio G. de: *La novela española contemporánea (1927-1960)*, tomo II, Gredos, Madrid 1962.

Pope, Randolph: *Novela de emergencia, España 1939-1954*. SGEL, Madrid 1984.

Roberts, Gemma: *Temas existenciales en la novela española de postguerra*. 2ª ed., Gredos, Madrid 1978.

Sanz Villanueva, Santos: *Historia de la novela social española (1942-1975)*. Alhambra, 2 vols. Madrid 1980.

Sobejano, Gonzalo: *Novela española de nuestro tiempo*. 2ª ed., Epesa, Madrid 1975.

: »Testimonio y poema en la novela española contemporánea«. In: *Actas del VIII Congreso de la Asociación Internacional de Hispanistas*, I, Istmo, Madrid 1986, 89-115.

Soldevila, Ignacio: *La novela desde 1936*. Alhambra, Madrid 1980.

Spires, Robert: *La novela española de postguerra*. Cupsa, Madrid 1978.

Tamames, Ramón: *La República. La era de Franco*. Alfaguara, Madrid 1973.

Villanueva, Darío: »*El Jarama*« de Rafael Sánchez Ferlosio. Su estructura y significado*. Universidad de Santiago de Compostela 1973.

: »La novela social. Apostillas a un estado de la cuestión«. In: De la Concha, Nora et al., *Literatura contemporánea en Castilla y León*. Junta de Castilla y León, Valladolid 1986, 329-348.

Zola, Émile: *Le roman expérimental* [1880]. Garnier-Flammarion, Paris 1971.

## Rafael Conte
## Die spanische Exilliteratur

Spanien hat das Exil nicht erfunden, hat aber reichlich zu seiner Geschichte beigetragen. Wenn wir einmal von der historischen Tragweite des Exilphänomens und seinen politischen, sozialen und kulturellen Folgen seit der Gefangenschaft des jüdischen Volkes in Ägypten in biblischer Vorzeit absehen, so hat das Exil auch auf dem Gebiet der Literatur eine lange und weitreichende Tradition. Seit den Klagen Ovids am Schwarzen Meer, als er von Tomis seine Bittschriften an Augustus richtete, bis hin zu Thomas Mann, der die Tragödie seines Doktor Faustus auf nordamerikanischem Boden verfaßte, ist das Exil fast eine endemische Konstante der Geschichte der Weltliteratur gewesen. Auch Dante, Voltaire oder Solschenizyn waren Exilanten, und viele Namen ließen sich hier noch anfügen. Das Schrifttum ist immer gefährlich für die Gesellschaft, und die Diktaturen aller Länder und Zeiten – welcher Art sie auch sein mögen – haben stets zum Exil großer Künstler und Schriftsteller geführt.

Gleichzeitig mit der Entstehung der spanischen Nation treten das Exil und die Vertreibung in Erscheinung, wobei beide schon damals gewaltige Ausmaße annahmen. Zur selben Zeit, als die spanischen Karavellen des Christoph Kolumbus in Amerika landen, vollzieht sich auf der Halbinsel die Vertreibung der Mauren und Juden (1492). Auch im 19. Jahrhundert, mit dem Heraufkommen des Liberalismus und der Romantik, finden wieder Verbannungen von erheblichem Ausmaß statt, die ihren Höhepunkt während der »Karlistenkriege« erfahren. Aber zweifellos war das bedeutendste und dramatischste Exil der gesamten spanischen Geschichte jenes, des nach dem Bürgerkrieg von 1936-1939 begann und durch den Sieg der aufständischen Truppen Francos ausgelöst wurde. Der General hatte anfänglich eine eiserne, grauenvolle und eindeutig faschistische Diktatur errichtet, die später einem mehr autokratischen, paternalistischen Regime Platz machte, das dann aber immerhin fast vier Jahrzehnte währte, wenn man die Kriegsjahre mitrechnet: Der Bürgerkrieg brach im Juli 1936 aus; General Franco starb im November 1975 nach schwerer Krankheit. Dann erst wurde der Weg für den Übergang zur Demokratie frei. Jener Krieg, dessen Geist und Ursachen während der langen Jahrzehnte des Franco-Regimes in Spanien lebendig waren, scheint heute völlig aus dem intellektuellen und kulturellen Horizont des demokratischen Spaniens entschwunden zu sein, und für die junge spanische Generation wirkt er wie etwas weit Entferntes und endgültig Vergangenes. Selbstverständlich ist er Bestandteil der Geschichte, hat aber ein für allemal aufgehört, das öffentliche Leben zu beeinflussen. Die spanische Demokratie scheint sich unwiderruflich für das Vergessen entschieden zu haben.

Eine halbe Million Spanier wählte den schmerzlichen Weg des Exils und zerstreute sich in alle Winde, weil sie in ihrem Besitz oder in ihrer Existenz bedroht war, oder weil sie sich schlicht und einfach nicht der strengen diktatorischen Ordnung fügen wollte, die die Sieger von Anfang an instauriert hatten.

Unter diesen vielen Spaniern, die 1939 das Exil wählten, fanden sich zahllose Vertreter intellektueller Berufe: Professoren, Wissenschaftler, Lehrer, Schriftsteller, Journalisten, Juristen, Verleger, Künstler aller Richtungen u. v. a. Aus Gründen der räumlichen Entfernung befand sich ein Gutteil dieser exilierten Intellektuellen in dem damals schon vom Zweiten Weltkrieg bedrohten Europa, vor allem in Frankreich und etwas weniger in Großbritannien, denn die Länder unter nationalsozialistischer oder faschistischer Herrschaft – Deutschland, Italien und Portugal – blieben ihnen verwehrt. Diejenigen, die sich der politischen Linken marxistisch-kommunistischer Prägung stärker verbunden fühlten, wählten osteuropäische Länder, die Tschechoslowakei und vor allem die Sowjetunion, die die Zweite Spanische Republik bis zuletzt wirtschaftlich und militärisch unterstützt hatte. Das Schicksal dieser Exilanten in Europa war auf die Fortsetzung des Kampfes um die Freiheit ausgerichtet, denn der Zweite Weltkrieg brach nur wenige Tage später aus. Als erfahrene, aktive Politiker und im vorhinein gezwungenermaßen gut ausgebildete Soldaten spielten diese in Europa verbliebenen ›Rotspanier‹ eine nicht unbedeutende Rolle in dem heraufziehenden weltweiten Konflikt.

Aber in ihrer großen Mehrheit ließen sich die Exilanten auf dem amerikanischen Kontinent nieder – einige in den Vereinigten Staaten, wenn sie dorthin aus früherer Zeit berufliche Kontakte unterhielten, die meisten jedoch in Lateinamerika. Diese Wahl basierte einmal auf der Gleichheit der Sprache und der kulturellen Nähe, zum anderen war sie durch den ethnischen Nährboden motiviert, den die kontinuierliche Auswanderung von Arbeitskräften in den vorangegangenen Jahrzehnten in diesen Ländern geschaffen hatte. Im allgemeinen öffneten ihnen diese Länder, insbesondere Mexiko unter Präsident Lázaro Cárdenas, bereitwillig ihre Grenzen. Spanien steht somit tief in der Schuld Hispanoamerikas, das seine vertriebenen Bürger so großzügig behandelte. Diese Schuld ist natürlich weitgehend durch die Exilanten selbst erstattet worden, die mit großem Fleiß arbeiteten, schrieben, Verlage aufbauten, im Pressewesen tätig waren, Zeitschriften herausgaben, Lehrtätigkeiten ausübten und sogar Schulen und Universitäten in ihren neuen Heimatländern gründeten. Nur Spanien selbst hat zur Begleichung dieser Schuld nichts beigetragen: zum einen natürlich, weil es dazu nicht in der Lage war, solange die Franco-Diktatur auf ihm lastete; zum anderen aber leistete es auch in den 70er Jahren, als Tausende von Chilenen, Argentiniern und Uruguayern vor den Militärdiktaturen flüchteten und es die Gelegenheit dazu gehabt hätte, keinen nennenswerten Beitrag zu dieser Rückerstattung.

Wir stehen deshalb vor dem seltsamen Phänomen eines Exils, das auf Grund der Zahl der Betroffenen als massiv bezeichnet werden muß, auf Grund der Qualität seiner Opfer in gewisser Hinsicht aber als selektiv charakterisiert werden müßte. Spanien erlitt einen beträchtlichen Aderlaß an Intellektuellen, Künstlern und Schriftstellern, deren plötzliches und tragisches Fehlen sich später als nicht wiedergutzumachender Mangel erweisen sollte. Die spanische Kultur, soweit unser Land selbst betroffen war, gewann ihre alte Gestalt nie wieder zurück, denn abgesehen von dem Bruch, den der Bürgerkrieg verursachte, und von den Auflagen des Franco-Regimes – das eine gelenkte Kultur und Literatur hervorbringen wollte, bei diesem Versuch aber bald scheiterte –, bedeutete das Fehlen ihrer besten Köpfe nicht nur einen schweren Schaden, sondern wurde auch bestimmend für alles, was später folgte. Von daher haben sowohl der Bürgerkrieg als auch das Exil während der langen Periode der Franco-Diktatur ihre Wirkung ausgeübt, und erst jetzt, nach der Wiedererlangung der Freiheit, verlieren sie ihren prägenden Charakter für das Verständnis der Entwicklungstendenzen in Kultur und Literatur der Gegenwart.

Wir haben es also mit einem Exil zu tun, das sowohl massiven wie selektiven Charakter trug und das alle sozialen Klassen und Ideologien erfaßte. Wenn wir uns streng auf das Gebiet der Literatur beschränken, stellen wir fest, daß die Schriftsteller, die diesen dramatischen Weg wählten, aus den verschiedensten Richtungen kamen: es gab Realisten, Vertreter der galanten und erotischen Literatur, Ästhetizisten, Formalisten, Manieristen usw. Einige der größten – es sei nur an Federico García Lorca erinnert – wurden während der Auseinandersetzungen ermordet, andere, und auch darunter sehr bedeutende, blieben im Lande oder kehrten nach kurzem Exil zurück, wobei entweder ihre konservative Grundhaltung oder ihr fortgeschrittenes Alter eine Rolle spielten; es seien hier nur Azorín, Baroja und der Philosoph Ortega y Gasset erwähnt. Das neue Regime versuchte, sie für sich zu gewinnen, allerdings ohne nennenswerten Erfolg. Deshalb wird man grundsätzlich festhalten müssen, daß der Bürgerkrieg und seine Folgen einen traumatischen Bruch in der Entwicklung der spanischen Literatur bedeuteten, die lange Zeit brauchte, um sich wieder zu beleben, und noch längere, um sich zu normalisieren.

Betrachten wir z. B. die Poesie, so entschieden sich nach dem Tode Lorcas folgende Lyriker für das Exil: Juan Ramón Jiménez, Pedro Salinas, Jorge Guillén, Rafael Alberti, Luis Cernuda sowie der Dichter und Philosoph José Bergamín. In Spanien blieben von dieser brillanten »Generation von 27« Gerardo Diego und, in noch stärkerer Opposition zum neuen Regime, Dámaso Alonso und Vicente Aleixandre, die bedeutendsten Repräsentanten des sogenannten inneren Exils, d. h. des freiwilligen und bewußt gewählten Abseitsstehens und Außenseitertums, das jene Spanier von liberaler und demokratischer Denkweise einnahmen, die – aus welchen Gründen auch immer – nicht das Exil im Ausland wählten. Denker wie Américo Castro, Claudio Sánchez Albornoz, José Gaos, Salvador de Madariaga oder Literaturkritiker wie Angel des Río, Enrique Díez Canedo, Ricardo Gullón oder Guillermo Torre verließen ebenfalls die Heimat. Und wenn wir von den Romanciers sprechen, dehnt sich die Liste ins Unendliche aus: Clemente Airó, Luis Amado Blanco, Manuel Andújar, José Ramón Arana, César Arconata, Max Aub, Francisco Ayala, Arturo Barea, Manuel D. Benavides, Virgilio Botella Pastor, Javier Bueno, Clemente Cimorra, José de la Colina, Francisco Contreras Pazos, José Corrales Egea, Rosa Chacel, Eugenio F. Granell (zugleich surrealistischer Maler), José Herrera Petere, Benjamín Jarnés, María Teresa León, Paulino Massip, Simón Otaola, Antonio Porras, José Antonio Rial, Antonio Robles, Cipriano Rivas Chérif, Roberto Ruiz, Esteban Salazar Chapela, Luis Santullano, Ramón J. Sender, Arturo Serrano Plaja, Segundo Serrano Poncela, Eduardo Zamacois usw., um nur Namen von einiger Bedeutung zu nennen. Zwei Fälle entziehen sich der Einordnung. Bei dem einen, Ramón Gómez de la Serna, handelt es sich objektiv um einen Exilanten, aber obwohl das neue Leben in Argentinien sich in seinem Fall als außerordentlich schmerzvoll erwies, schloß er sich nie der Gemeinschaft der Exilanten an; und bei dem anderen, Ramón Pérez de Ayala, handelt es sich ursprünglich um einen Exilanten, der aber vor seiner Rückkehr nach Spanien nichts mehr veröffentlichte, und der auch nie mehr zum Genre des Romans zurückfand, das er im Jahre 1928 aufgegeben hatte. Außerdem müßte noch auf zwei Varianten des Exils eingegangen werden, zunächst auf die Schriftsteller, die in den nicht-kastilischen Sprachen Spaniens schrieben – der katalanischen, baskischen und galicischen – und deren Exil viel schwieriger verlief, weil ihnen die Leserschaft und der Nährboden ihrer Sprache fehlten. Hier wären zu nennen die Galicier Castelao, Rafael Dieste, Lorenzo Varela, Neira Vilas, Eduardo Blanco-Amor oder die Katalanen Agustí Bartra, Xavier Benguerel, Pere Calders, Ferran de Pol, Joan Puig i Ferreter, Mercè Rodoreda, Joan Sales oder Vicens Riera Llorca. Sodann müßte von den Vertretern der jüngeren Generationen gesprochen werden, die den Weg des Exils wählten, nachdem sie eine Zeitlang unter dem Franco-Regime gelebt hatten, oder auch von den Kindern der ersten Exilantengeneration und schließlich von jenen, die andere Sprachen – vor allem Französisch und Englisch – wählten, um ihre literarischen Werke zu schaffen: hier stoßen wir auf Namen wie Fernando Arrabal, Michel del Castillo, Xavier Domingo, Tona de Gamez, Manuel Lamana, Miguel de Salabert, José Luis de Villalonga oder auf den Namen jenes Autors, der in Frankreich als Mitglied der Résistance gegen die Deutschen kämpfte, später führendes Mitglied der verbotenen spanischen kommunistischen Partei war, bevor er 1964 dann von Santiago Carrillo und der Pasionaria ausgeschlossen wurde und den Felipe González 1988 zum Kulturminister der sozialistischen Regierung ernannte: Jorge Semprún.

Wie man sieht, stehen die Aufzählungen für eine Welt, die faszinierend und chaotisch, disparat und ungereimt zugleich ist und die sich doch als außerordentlich fruchtbar erweisen sollte. Hier mischen sich Gattungen, Ideologien, Stilrichtungen und Generationen in einer Weise, daß sie uns ein drittes Charakteristikum der

Exilliteratur an die Hand geben: jeder Schriftsteller suchte seinen eigenen Weg und schuf sein Werk gemäß den neuen Lebensbedingungen in der Fremde, seiner Persönlichkeit und seiner Weltanschauung, wodurch ein extremer Individualismus vorherrschend wird. Es handelt sich also bei der Exilliteratur um ein Phänomen, das gleichzeitig massiv, selektiv und individuell genannt werden muß. Wie lassen sich so verschiedene Gegebenheiten unter einen Begriff fassen?

Wohl ist es wahr, daß diese Autoren ähnliche Lebenserfahrungen machten, die von der Zweiten Spanischen Republik und vom Bürgerkrieg herrührten, und daß diese Erfahrungen ihnen gemeinsame Anliegen und Themen vermittelten. Auch hatten sie ihren Sprach- und Lebensraum zur gleichen Zeit verloren, und wenn sich auch viele wieder im spanischen Sprachbereich niederließen, so war dies doch nicht ihre Heimat. Tatsächlich sind die Unterschiede zwischen dem Spanisch, das man im Mutterland spricht und schreibt, und dem der lateinamerikanischen Länder beträchtlich, trotz der Harmonisierungsversuche der Sprachakademien in den verschiedenen Ländern, die übrigens zumeist erst jüngeren Datums sind. Daher haben es viele dieser Schriftsteller vorgezogen, bei der Abfassung ihrer Werke einen ersichtlichen stilistischen Konservatismus obwalten zu lassen, obwohl es einige wenige Autoren gibt, die sich den literarischen Schaffensformen ihrer Gastländer angenähert haben. Es handelt sich also, von Ausnahmen abgesehen, um eine Literatur, die rückwärts blickt, und zwar sowohl in ihrer Thematik – Spanien, das sie vertrieben hat – als auch in ihren stilistischen Eigenarten. Hinzufügen muß man noch, daß die große Mehrheit dieser Schriftsteller unglücklicherweise nie wieder zurückgekehrt ist. Einige wurden durch den Tod daran gehindert, andere hatten sich im Exil eine tragfähige familiäre und berufliche Lebensgrundlage geschaffen, weshalb sie schließlich lieber in ihren neuen Heimatländern blieben, als sich den Ungewißheiten des spanischen Lebens auszusetzen, als dieses nach so vielen Jahren der Diktatur zur Demokratie zurückfand. In ihrer Mehrzahl reisten – und reisen – sie nach Spanien, blieben auch wohl zu kurzen Aufenthalten, kehrten aber nie endgültig zurück. Juan Ramón Jiménez, Luis Cernuda, Pedro Salinas und Arturo Barea starben im Exil; Max Aub, Claudio Sánchez Albornoz, Salvador de Madariaga und Ramón J. Sender konnten wenigstens vor ihrem Tode noch einmal nach Spanien reisen. Jene Autoren, denen es gelang, für immer zurückzukehren, konnten dann in ihrer alten Heimat große Triumphe feiern: so Rosa Chacel, Francisco Ayala, Manuel Andújar, Maria Zambrano und Rafael Alberti.

Das gesamte Phänomen des Exils ist, wie man sieht, kompliziert und tragisch. Die kulturelle und literarische Wirksamkeit dieser Exilanten spielte sich außerhalb der spanischen Grenzen ab, die ihnen einige Jahrzehnte lang mehr oder weniger verschlossen blieben. Entsprechend wurden ihre Bücher im Ausland veröffentlicht, fern von ihrem vertrauten Publikum, in einer Vielzahl verschiedener Länder, in verschiedenartigen Verlagen – von denen viele nur kurzlebig waren – und ohne ausreichende Kommunikationsmöglichkeiten untereinander. Es handelt sich folglich um eine Produktion, die hinsichtlich ihrer wirtschaftlichen Infrastruktur, ihrer Verlagshäuser, ihres Vertriebs und ihrer Rezeption über keine feste Grundlage verfügte, was eine noch viel schwerwiegendere Konsequenz zeitigte: vieles ging verloren, und diese Verluste sind im Lauf der Zeit bereits unersetzlich geworden.

Tatsächlich hat die Ausdauer einiger im Lande verbliebener Intellektueller, die in Zeitschriften oder Institutionen mit oppositioneller, liberaler Gesinnung arbeiteten, langsam und unaufhaltsam dazu beigetragen, daß die Exilliteratur ihren Weg zurück nach Spanien fand. Die ersten Anstrengungen zu Beginn der fünfziger Jahre – zehn Jahre nach dem Ende des Bürgerkriegs, als schon viele bedeutende Werke im Ausland veröffentlicht worden waren – wurden von einigen Persönlichkeiten unternommen, die von ihren ursprünglich franquistischen Positionen zur demokratischen Opposition übergewechselt waren: José Luis López Aranguren, Dionisio Ridruejo und Luis Rosales; hinzu trat der eine oder andere Artikel in den Zeitschriften »Vertice« und »Alcalá« sowie das stetige Wirken der Direktoren der Zeitschrift »Insula«, die während der gesamten Franco-Ära eine achtenswerte Funktion der Verteidigung und Verbreitung der Werte sowohl des inneren als auch des äußeren Exils ausübte. Ricardo Gullón, Domingo Pérez Minik, José Domingo, Juan Luis Alborg und Eugenio de Nora lenkten später die Aufmerksamkeit auf einige Vertreter des Exils, und weitere Publikationen wie die Zeitschriften »Triunfo« und »Cuadernos para el Diálogo«, oder Periodika wie die nicht mehr existierenden »Madrid« und »Informaciones« wandten sich dieser Aufgabe mehr oder weniger spät zu, wobei sich die Rückkehr der Poesie am frühesten und gründlichsten vollzog und die Essayistik über die Universitäten ihren Weg ins Land nahm. Schwerer und komplizierter gestaltete sich der Heimweg der Erzählkunst, die ja eine deutlichere Sprache spricht und größeren Rückhalt beim Lesepublikum findet, weshalb sie auch am intensivsten von der Zensur des Franco-Regimes überwacht wurde. In diesem Zusammenhang muß unbedingt das berühmte Buch *Narrativa Española fuera de España* von Marra-López erwähnt werden, ein grundlegendes Werk, das 1963 in Spanien erschien und später nie wieder aufgelegt wurde. Marra-López war – ebenso wie Gullón, Nora oder Alborg – ein junger Professor, der schon bald in die Vereinigten Staaten emigrierte und dort grundlegende Pionierarbeit für die Rezeption der spanischen Exilprosa leistete.

Von 1966 an begannen einige spanische Verlage, diese vermeintliche Goldgrube in ihrer Reichweite zu entdecken und publizierten vereinzelte Werke von Exilschriftstellern. Allerdings muß man sagen, daß diese Rettungsaktion in der letzten Dekade des Franco-Regimes – die unter dem Namen ›operación retorno‹ bekannt wurde – immer unvollständig, ungeordnet, chaotisch und von der Zensur beeinträchtigt blieb, denn die engagiertesten Texte – die das spanische Publikum natürlich am meisten interessierten – erschienen, wenn überhaupt, nur in schwer verstümmelter Form. Auf alle Fälle war auch der wirtschaftliche Erfolg nicht überwältigend, wie das Beispiel eines Unternehmens zeigt, das speziell für diese Rettungsaktion ins Leben gerufen worden war, nämlich des Verlags Andorra, der seine Werke in Spanien vertrieb, obwohl der Firmensitz im Fürstentum Andorra lag, und der schließlich seine Tätigkeit einstellen mußte, weil wirtschaftliche Schwierigkeiten zu den Problemen mit der Zensur des Franco-Regimes traten.

Auf alle Fälle trugen die Bedeutung und die Größe der Werke und Autoren, die – trotz des Durcheinanders – langsam und unaufhaltsam unter großen Schwierigkeiten nach Spanien drangen, dazu bei, die Vernachlässigungen etwas zu mildern, die die Prosa im Lande selbst erlitten hatte, und zwar sowohl hinsichtlich ihrer ideologischen als auch ihrer ästhetischen Auseinandersetzungen. Der Begriff der »Exilliteratur« setzte sich bei den progressiven spanischen Intellektuellen jener Jahre entschieden durch, sowohl im Verlagswesen als auch an den Universitäten, und er wurde gelegentlich bis zum Exzeß hochgehalten, d. h. jedem Werk, das aus dem Ausland kam, wurden von vornherein eine Daseinsberechtigung und eine hohe ästhetische Qualität zuerkannt, manchmal sogar auf Kosten dessen, was im Rahmen des inneren Exils geschaffen wurde. Die grundsätzliche und undifferenzierte Gegenüberstellung von Literatur aus dem Landesinneren und solcher des Exils war ungerecht und fehlerhaft. Daher bedeutete die Zuerkennung des Nobelpreises für Literatur im Jahre 1956 an Juan Ramón Jiménez, der in Puerto Rico lebte, eine Anerkennung der spanischen Poesie dieses Jahrhunderts und der spanischen Exilliteratur überhaupt, so wie die Preisverleihung an Vicente Aleixandre im Jahre 1977, nach der Wiederherstellung der Demokratie, die spanische Poesie und Literatur würdigte, die in der langen Dunkelheit des Franco-Regimes trotz aller Einengungen und Schwierigkeiten im Inneren des Landes geschaffen worden war.

Aber ist dieser Begriff der »Exilliteratur« wirklich eine literarische Kategorie? Offensichtlich nicht. Man kann ihn nicht mit einer bestimmten künstlerischen Definition verbinden, er beinhaltet keine ästhetische Kategorie, er ermöglicht keine Diskussion dieser Art, sondern umfaßt lediglich eine historische und politische Charakterisierung, die zum einen auf der Thematik basiert, nämlich dem Sujet vom verlorenen Vaterland, das es um jeden Preis wiederzugewinnen gilt, und zum anderen auf der Bewahrung einer Sprache, die stärker auf die Vergangenheit ausgerichet ist als auf die Zukunft. Das trifft vor allem auf die Erzähler zu, nicht so sehr auf die Welt der Poesie, die zeitloser, immaterieller und weniger realitätsgebunden ist und sich leichter den äußeren Zwängen entzieht (wie sie ja auch besser des wirtschaftlichen Erfolges entbehren kann), und es gilt auch nicht für den Bereich der Wissenschaft und der Philosophie, der an beamtete Lehrkörper gebunden ist, die sich für sein Leben und Gedeihen als unentbehrlich erwiesen haben. Dichter und Denker entzogen sich deshalb leichter den Beschränkungen durch die Zensur und den Markt, die sich damals übrigens mit großer Geschwindigkeit veränderten. Die Exilliteratur konnte deshalb kein Heilmittel für die Literatur des Heimatlandes sein, und sie stellte auch kein literarisches Modell dar. Dessen ungeachtet war die Lektüre dieser Romane und Gedichte von fundamentaler Bedeutung für das Publikum in Spanien, das sie zur Zeit ihrer Entstehung nicht kennenlernen und diesen Zeitverlust auch nie wieder ganz ausgleichen konnte. Wie wäre die Entwicklung der spanischen Literatur verlaufen, wenn die Werke dieser Schriftsteller schon zum Zeitpunkt ihrer Entstehung in die Heimat gelangt wären? Diese Frage kann niemand zuverlässig beantworten. Auf jeden Fall bereicherte diese Produktion die Literaturgeschichte des Landes, die während des Franco-Regimes weitgehend von ihren eigenen Ursprüngen abgeschnitten war. Die Rezeption dieser Werke aus dem Exil, wenn auch nur bruchstückhaft, verspätet und ungeordnet, ist zu einem Schlüsselerlebnis für die nachfolgenden Generationen geworden, die dadurch, wenn auch mit zeitlicher Distanz, ihr Geschichtsbild, ihr kulturelles Erbe und ihre Vorstellungen von ihrem Vaterland vervollständigt haben. Die Rezeption der Exilliteratur hat den Spaniern in der Heimat geholfen, sowohl ihre Vergangenheit wie ihre Gegenwart – bis zur Wiederherstellung der Demokratie – zu verstehen, indem sie die weißen Flecken füllte, die die Diktatur hinterlassen hatte. Das erklärt auch den anfänglichen Enthusiasmus, als man diese verborgenen Schätze entdeckte. Wenn die Rezeption methodisch halbwegs vollständig und etwas früher erfolgt wäre, hätte sie vielleicht der Berufung des Exils gerecht werden können, nämlich seiner engen und natürlichen Verschmelzung mit der Literatur der Heimat. Viele Schriftsteller gingen ins Exil, als sie schon berühmt waren, andere wurden hingegen erst im Exil zu Schriftstellern; wieder andere schrieben vor, während und nach Beendigung des Exils, so daß dieses nur eine Etappe in einem weitergespannten Werk darstellte, und diese Schriftsteller wehren sich teilweise gegen die Etikettierung »Exilschriftsteller«. Francisco Ayala ist z. B. so weit gegangen zu erklären, daß die »wahren« Exilanten die Schriftsteller der Heimat gewesen seien, die unter einer Zensur und unter Beschränkungen litten, von denen die im Ausland lebenden Autoren frei waren.

Die Assimilation der Exilliteratur durch die gegenwärtige spanische Kultur ist leider in einer traumatischen, zwanghaften Weise erfolgt und hat viele Täuschungen und Mißverständnisse hervorgebracht, die nur die Zeit heilen kann. Seit der Wiederherstellung der Demokratie galt ein Gutteil der kulturellen Bemühungen der bürgerlichen Gesellschaft, des Kulturbetriebs und der Regierung und Institutionen der Heimholung des Erbes aus dem Exil; zwei herausragende Beispiele sind die Rückführung des berühmten Bildes *Guernica* von Picasso sowie die Heimkehr der Philosophin María Zambrano. Im Jahre 1976, ein Jahr nach dem Tode Francos, veröffentlichte der Verlag Taurus ein Sammelwerk in sechs Bänden unter dem Titel *El exilio español de 1939,* das von Professor José Luis Abellán herausgegeben wurde und bis heute das vollständigste Werk zu diesem Thema ist. Die Bände drei und vier handeln vom Thema unserer Arbeit, nämlich von der Philosophie, der Kultur und der Literatur; die einzelnen Beiträge wurden verfaßt von José Luis Abellán selbst, von Manuel Andújar, Antonio Risco, Sáenz de la Calzada, José Luis de la Loma, Aurora de Albornoz, Santos Sanz Villanueva, Ricardo Domenech und Germán Gullón; der erste Band, der eine allgemeine Einführung in das Gesamtthema bietet, wurde von dem verstorbenen Professor Vicente Llorens verfaßt, der selber einen großen Teil seines Lebens im Exil verbrachte und wichtige Arbeiten über die spanische Romantik und das Exil von Liberalen und Romantikern des 19. Jahrhunderts geschrieben hat.

Ende der 70er Jahre hatte die Mehrzahl der Werke des Exils ihren Weg auf den spanischen Markt gefunden – wobei sie natürlich ihren ursprünglichen Stellenwert veränderten –, heute nehmen sie ihren Platz in den Universitätsstudien und im breiten Strom der spanischen Literatur ein. Verstorben sind Salvador de Madariaga (in der Schweiz), Sánchez-Albornoz (in Argentinien), der Lyriker Juan Rejano (in Mexiko), Ramón J. Sender (in den Vereinigten Staaten), Juan Larrea (in Chile), und nach ihrer Rückkehr in die Heimat noch viele andere, wie die Katalanen Mercè Rodoreda und Joan Sales; dann José Bergamín, der Rebell und unversöhnliche Gegner der Monarchie, Jorge Guillén, der als erster Autor die höchste Auszeichnung der internationalen spanischen Sprachgemeinschaft, den Cervantes-Preis, erhalten hat. Rafael Alberti wurde Abgeordneter, erhielt ebenfalls den Cervantes-Preis und ist noch immer schöpferisch tätig. Auch die Philosophin María Zambrano wurde mit dem Cervantes-Preis geehrt (sie starb 1991 in Madrid). Francisco Ayala wurde in die ›Real Academia Española‹ aufgenommen und erhielt den Nationalpreis der Spanischen Literatur, der auch Rosa Chacel zuteil wurde und der das Gesamtwerk auszeichnet. Den Erzählungen von Manuel Andújar wurde die zweifelhafte Ehre zuteil, zu Fernsehserien verarbeitet zu werden. Juan Gil-Albert veröffentlicht in seiner valencianischen Heimat eine eindrucksvolle Ausgabe seiner gesammelten Werke. Der Barceloneser Verlag Anthropos publiziert das Gesamtwerk des Philosophen Juan David García Bacca, der weiterhin in seinem Exil in Ekuador lebt, und gibt unter dem anschaulichen Titel *Memoria rota* eine Sammlung heraus, die dazu bestimmt ist, die noch unveröffentlichten Werke der Exilliteratur – und das sind viele – zu erhalten. Um diesen allgemeinen Überblick zu beschließen, und bevor wir uns der Erörterung einiger der bedeutendsten Prosa-schriftsteller der Exilliteratur zuwenden, müssen wir noch einmal an das erinnern, was wir bereits gesagt haben: Die Bestimmung der Exilliteratur – die eine außerliterarische und negative Kategorie ist – liegt in ihrer Aufhebung, in ihrem Verschmelzen mit dem Strom der Literatur ihres Heimatlandes. In unserem Falle haben der Um-fang, die Größe und ihre historische Bedeutung sie jedoch über ihre eigenen Möglichkeiten herausgehoben. Sie ist spät und unvoll-ständig nach Spanien gelangt, und keine späteren Bemühungen können dieses Übel ungeschehen machen. Als endlich alles publi-ziert werden konnte, war der günstige Moment schon verstrichen, und Geschmack und Mode – sowie die kommerziellen Interessen des Marktes und die Politik der Versöhnung – legten es nahe, einen Neuanfang auf anderer Grundlage zu versuchen. Aber die Fakten, die Namen und die Werke liegen nun einmal vor, und die Historie hat soviel Eigengewicht, daß nichts und niemand sie jemals ändern kann. Damit die Exilliteratur in die allgemeine Kulturgeschichte des Landes in ihrer Gesamtheit eingebettet wird, ist es notwendig, weiterhin zu suchen und zu forschen und die Texte und ihre Ent-stehungsbedingungen zu studieren. Wie der nordamerikanische Philosoph spanischen Ursprungs, Georges Santayana, einmal ge-sagt hat, sind die Völker, die ihre Geschichte vergessen, dazu ver-dammt, sie noch einmal zu durchleben, und das ist etwas, das jeder zeitgenössische Spanier nicht nur ablehnt, sondern fürchtet wie der Teufel das Weihwasser.

Drei große Romanciers hatten ihr Lebenswerk schon abgerundet, als sie 1939 ins Exil gingen. Während der Zeit, die sie außerhalb Spaniens zu leben gezwungen waren, haben sie es kaum noch ver-ändert. Ramón Perez de Ayala hatte sein erzählerisches Werk schon im Jahre 1928 für abgeschlossen erklärt und veröffentlichte konsequenterweise bis zu seinem Tode in Spanien, wohin er relativ früh zurückgekehrt war, keine weiteren Romane mehr. Ramón Gómez de la Serna, der 1939 nach Buenos Aires übergesiedelt war, hat niemals politisch Stellung bezogen, so daß man ihm sogar den Status des Exilschriftstellers abgesprochen hat, obwohl er bis zum Tode in seiner Wahlheimat lebte, von der aus er nur einmal eine Reise nach Spanien unternahm, die für ihn zu einer großen Enttäu-schung wurde. Auch wenn sich das Exil in keiner Weise in seinem Werk widerspiegelt – außer in seinen autobiographischen Büchern, wo es eher wie eine einfache Auswanderung erscheint – veröffentlichte er daselbst einige Romane und Erzählungen, wie *Novelas superhistóricas, El hombre perdido* (das von einigen für ein Meisterwerk gehalten wird), *Piso bajo* und *Las tres gracias.* Schließlich schrieb auch Eduardo Zamacois während seines langen Exils nur einen einzigen Roman, *El asedio de Madrid,* und einen bedeutenden Memoirenband *Un hombre que se va,* um sich für den Rest seines Lebens anderen Arbeiten zu widmen. Er war der große Anreger des volkstümlichen spanischen Romans im ersten Drittel des Jahrhunderts, der Vertreter einer galanten und heiteren Erzählweise, die von den Massen konsumiert wurde, was zu einer – allerdings übertriebenen – Unterbewertung seines Werkes beitrug.

Viele exilierte Intellektuelle kamen aus den kulturellen Zirkeln, die sich um den Philosophen Ortega y Gasset und die »Revista de Occidente« gebildet hatten. Ortega war der »spiritus rector« der literarischen Avantgarde in der Dekade vor dem Bürgerkrieg, und er setzte den Begriff der »enthumanisierten Literatur« in Umlauf, unter dem die erzählerischen Versuche einer stilistischen und formalen Erneuerung gefaßt wurden, die durch den Bürgerkrieg fast vollständig zum Erliegen kamen – ein Begriff, der allerdings häufig mißbräuchlich verwendet wurde, denn keiner dieser Schriftsteller verfiel ganz der theoretisch befürworteten »Enthumanisierung«, obwohl nahezu alle mit der Avantgarde geflirtet hatten.

Der geistige Führer dieser Richtung und begeisterter Schüler Ortegas war zweifellos Benjamín Jarnés, der bei seinem Aufbruch ins Exil schon auf ein umfangreiches, exquisites Werk zurückblicken konnte. Er lebte von 1939 bis 1948 in Mexiko, kehrte dann schwerkrank nach Spanien zurück, wo er ein Jahr später verstarb. In seinem mexikanischen Exil veröffentlichte er viele Bücher, Anthologien, Studien, Biographien und arbeitete als Journalist und Hochschullehrer, desgleichen verfaßte er drei große und einen kleineren Roman, außerdem hinterließ er noch ein Manuskript, das mehr als dreißig Jahre später in Spanien publiziert werden sollte. Da er aber als einziger das Thema des Krieges behandelt, kann er der Exilliteratur zugerechnet werden. Die Titel der Werke lauten: *La novia del viento, Venus dinámica, Eufrosina y la gracia, Orlando el pacífico* und *Su línea de fuego.* Ein weiterer Schriftsteller, der sich schon vor dem Krieg einen Namen als Journalist gemacht hatte, hieß Corpus Barga (Pseudonym für Andrés García de la Barga). Er ist in die Literaturgeschichte vor allem mit seinen vier Memoirenbänden *Los pasos contados* eingegangen und veröffentlichte in Venezuela seinen einzigen Roman, *Hechizo de la triste Marquesa,* einen satirischen ›Esperpento‹ (Schauerposse) von der besten Art. Der bekannte Gelehrte und Diplomat Salvador de Madariaga widmete einen Teil seines Schaffens schon seit der Vorkriegszeit dem erzählerischen Genre und veröffentlichte während seines langen Exils zwei weitere Romane philosophischer Natur, *Ramo de errores* und *La camarada Ana,* sowie eine Reihe von historischen Romanen unter dem Sammeltitel *Esquiveles y Manriques,* die aus sieben Werken besteht, in denen die Schicksale zweier Familien während der Entdeckung und Eroberung Amerikas erzählt werden. Ein weiterer feinsinniger und humorvoller Erzähler, Estéban Salazar Chapela, ging nach London ins Exil, von wo aus er drei wichtige Romane veröffentlichte, *Perico en Londres, Desnudo en Picadilly* und die zugleich humoristische und todernste Phantasie *Después de la bomba.* Ein anderer großer Schriftsteller, Dichter und Essayist, zeichnete sich nach dem Bürgerkrieg als Romancier aus, veröffentlichte seine Romane aber erst viel später, als er schon wieder in Spanien lebte, wohin er 1947 nach kurzem Exil zurückgekehrt war: es handelt sich um Juan Gil-Albert. Die Spuren des Exils finden sich stärker in seiner Lyrik als in seinem erzählerischen Werk.

Aber die drei großen Namen dieser Gruppe, bei denen das Erlebnis des Exils zur endgültigen Ausgestaltung ihres Lebenswerkes beitrug, wobei zwei von ihnen in ihrem späteren Schaffen noch über diese dramatische Phase hinauswuchsen, heißen Max Aub, Rosa Chacel und Francisco Ayala. Aub und Chacel begannen als Anhänger der formalistischen und ästhetisierenden Literatur der Vorkriegszeit im Umkreis von Ortega y Gasset. Max Aub wurde in Paris als Sohn jüdisch-deutscher Eltern geboren, die später nach Valencia übersiedelten, wo der künftige Schriftsteller die spanische Sprache erst im Alter von vierzehn Jahren erlernte. Er begann als ein vorwiegend intellektualistischer, avantgardistischer und ästhetisierender Schriftsteller, der in der Vorkriegszeit die reine Schönheit suchte, so in *Geografía* oder *Fabula verde.* Desgleichen unternahm er Versuche mit dem Theater, die er niemals ganz aufgab, obwohl es stets Probleme mit der Aufführbarkeit seiner Werke gab. Max Aub stellt sich von Anbeginn dar als ein autodidaktischer Schriftsteller, jedoch voller Weisheit und Stilgefühl,

Idealismus und Gerechtigkeitssinn, ein phantasiebegabter und einfallsreicher Zeuge der Zeit. Im Exil schuf er eins der grundlegenden Erzählwerke dieser Stilrichtung, das er unter den Sammeltitel *El laberinto mágico* stellte, eine umfangreiche Serie, die sich zusammensetzt aus fünf großen Romanen, einem Drehbuch, einigen Theaterstücken und zahlreichen Erzählungen, die alle den spanischen Bürgerkrieg und seine Folgen zum Thema haben. Die Romane tragen Titel, die sich aufeinander beziehen, *Campo cerrado*, *Campo abierto*, *Campo de sangre*, *Campo del moro* und *Campo de los almendros;* das erwähnte Drehbuch trägt den Titel *Campo francés*, und die Erzählbände firmieren unter den Bezeichnungen *No son cuentos, Cuentos ciertos, Ciertos cuentos* sowie *La verdadera historia de la muerte de F. F. (Francisco Franco)*. Von seinem Wohnsitz in Mexiko aus schrieb er ununterbrochen – schließlich gab er sogar eine Zeitschrift heraus, »Sala de Espera«, für die er die Beiträge, Theaterstücke, Essays, Gedichte und Memoiren alleine verfaßte. Unter all seinen Werken verdienen besondere Erwähnung die beiden umfangreichen, traditionellen, an Galdós erinnernden Romane *La Calle de Valverde* und *Las buenas intenciones*, zwei meisterhafte Spiele, *Juego de cartas* (ein Roman, der auf ein Kartenspiel geschrieben ist, das man mischen kann) und *Josep Torres Campalans*, die biographische Studie eines ungarischen Malers und seiner hypothetischen Bilder und Zeichnungen. Auch schrieb er eine Biographie Luis Buñuels und eine Art Tagebuch einer Reise durch Spanien – das er allerdings erst viel später besuchte – unter dem Titel *La gallina ciega*. Aub starb 1972 in Mexiko.

Eine weitere bedeutende Figur dieser Gruppe, gänzlich individualistisch und nicht zu klassifizieren, ist Rosa Chacel, die sich vor dem Kriege den Ortega-Schülern anschloß und ihren ersten, intellektualistischen Roman *Estación, ida y vuelta* sowie weitere Texte in der »Revista de Occidente« veröffentlichte. Nach ihrem Exil in Argentinien und Brasilien schloß sie sich der Gruppe um Victoria Ocampo und die Zeitschrift »Sur« an. Sie veröffentlichte nur wenig, aber dieses Wenige war von ungewöhnlicher Strenge und Erlesenheit. Von den Romanen sind zu nennen die imaginäre Biographie einer Geliebten des romantischen Dichters Espronceda mit dem Titel *Teresa*, die *Memorias de Leticia Valle* und ihr gewichtigstes Werk, *La sinrazón* sowie die Erzählungen *Sobre el piélago* und *Ofrenda a una virgen loca*. Nach Spanien zurückgekehrt, wo sie heute lebt und schließlich zu Ruhm gelangt ist, hat sie die Trilogie

*Barrio de maravillas, Acrópolis* und *Ciencias naturales* veröffentlicht, dazu die Erzählungen »Icada«, »Nerda«, »Diada« und die erzählerischen Fragmente *Novelas antes de tiempo,* außerdem zahlreiche Essays und Gedichte. Ihre Literatur ist außerordentlich
intellektualistisch, komplex, facettenreich, voller tiefgründiger
und barocker psychologischer Studien und gleichzeitig materiali-
stisch und idealistisch. Rosa Chacel ist sich immer treu geblieben,
ohne durch die historischen Wechselfälle, denen sie sich ausgesetzt
sah, verwirrt zu werden.

Die letzte bedeutende Figur dieser Gruppe ist Francisco Ayala,
ein Denker, Soziologe, Hochschullehrer und Erzähler von außerordentlicher Redlichkeit und Tiefe. Aus Granada gebürtig, veröffentlichte er seinen ersten Roman im Alter von 19 Jahren, mit 25
war er bereits Universitätsprofessor und hatte vier weitere erzählerische Werke publiziert. Das erste war ein Roman traditionellen
Zuschnitts, dann aber näherte er sich der »enthumanisierten«
Avantgarde und der Gruppe um Ortega und seine »Revista de Occidente«. Im Exil zögerte er zunächst, zur erzählenden Prosa zurückzukehren, aber als er dann wieder zu schreiben begann, hatte
er sich zu einem klassischen Moralisten, einem ironischen Intellektuellen und außergewöhnlich kreativen Schriftsteller entwickelt,
zunächst in den Erzählungen *Los usurpadores* und *La cabeza del
cordero,* dann in den Romanen *Muertes de perro* und *El fondo del
vaso.* Letzterer enthält in der spanischen Literatur zweifellos die
tiefgründigste Analyse des Wesens der Macht. Schließlich präsen-
tierte er sich in der *Historia de macacos* als Satiriker und in *El jardín
de las delicias* als Elegiker und Skeptiker, wobei das letzte Werk
sein Ansehen in Spanien definitiv sicherte.

Ein anderer Schriftsteller, César M. Arconada, dient als Binde-
glied zwischen dieser ursprünglich stärker intellektualistischen
und ästhetisierenden Gruppe und jener des kämpferischen sozialen Realismus der republikanischen Jahre, deren Mitglieder von
Anfang an eine entschiedene Kampfbereitschaft und eine enge
Verbundenheit mit der Republik bekundeten. Arconada gehörte
ursprünglich zur avantgardistischen Gruppe um die Zeitschrift
»La Gaceta Literaria«, trat dann aber zum Kommunismus über
und ließ sich nach dem Bürgerkrieg in Moskau nieder, wo er 1967
starb. Seine drei ersten Romane erschienen in Spanien vor und
während des Bürgerkrieges, *La turbina, Reparto de tierras* und *Los
pobres contra los ricos.* Während der langen Jahre des Exils veröf-

fentlichte er nur einen weiteren Roman, *Rio Tajo,* sowie einen Band mit Erzählungen. Der Schriftsteller Manuel Benavides, der dem Journalismus und der Dokumentationsliteratur nahestand und schon vor dem Krieg als Erzähler bekannt geworden war, veröffentlichte im mexikanischen Exil *Los nuevos profetas* und *La escuadra la mandan los cabos.* An dieser Stelle müßte noch ein kommunistischer Schriftsteller erwähnt werden, Jesús Izcaray – mit *Las ruinas de la muralla* und *Madame García tras los cristales* –, ferner Virgilio Botella Pastor, der nach dem Krieg als Romancier hervortrat und seine Erlebnisse aus dem Krieg und dem Exil breit und getragen darstellte in Werken wie *Por qué callaron las campanas, Asi cayeron los dados, Encrucijadas, Tal vez mañana* und *El camino de la Victoria.* Zu erwähnen wäre auch José Ramón Arana mit seinem kleinen Meisterwerk *El Cura de Almuniaced* oder mit *Can Girona,* ferner Luis Amado Blanco, der sein Exil trotz seiner Haltung als praktizierender Katholik als Anhänger Fidel Castros beendete und der beachtliche Erzählungen schrieb wie »Doña Velorio«, »Un pueblo y dos agonías« und »Cuidad rebelde«. José Herrera Petere veröffentlichte im Exil nur den Roman *Niebla de cuernos,* allerdings fanden sich später zwei weitere, die während des Krieges publiziert worden waren und heute schwer zugänglich sind, *El acero de Madrid* und *Cumbres de Extremadura.*

Aber die großen Namen dieser Gruppe, über die wir ausführlicher berichten müssen, heißen Ramón J. Sender, Arturo Barea, Manuel Andújar, Paulino Masip und Serrano Poncela. Ramón José Sender ist einer der größten Erzähler der spanischen Literatur unseres Jahrhunderts, Verfasser von beinahe hundert Romanen und schon in der Vorkriegszeit berühmt durch seinen ersten Roman *Imán* (über den Krieg in Marokko) bis hin zu *Mister Witt en el Cantón,* für den er den Nationalpreis für Literatur erhielt.

Engagiert auf seiten der Anarchisten und Kommunisten – mit letzteren überwarf er sich bald – ging er zunächst nach Mexiko, dann in die Vereinigten Staaten ins Exil, wo er im Jahre 1982 starb, nicht ohne in den letzten Jahren des Franquismus noch einmal nach Spanien gereist zu sein. In seinem ausgedehnten Werk hat Sender alle Themen berührt, vom Phantastischen bis zum Realistischen, vom Historischen bis zum Symbolischen, vom Spanischen bis zum Amerikanischen, und selbstverständlich ist nicht alles von gleichbleibender Qualität. Aber er ist der Verfasser von Meisterwerken wie *Requiem por un campesino español (Requiem für einen spanischen Landmann), El lugar de un hombre,* den drei ersten Bänden der Serie *Crónica del alba, El verdugo afable, El rey y la reina (Der König und die Königin), Epitalamio del prieto trinidad,* der metaphysischen Erzählung »La esfera« oder *La aventura equinoccial de Lope de Aguirre,* sowie von vielen anderen Büchern von höchstem Interesse; wie den *Novelas ejemplares de cíbola, Los cinco libros de Ariadna (Die fünf Bücher der Ariadne), Las criaturas saturnianas* und *Las efemerides* oder den Erinnerungen von *Monte odina.* Sender ist immer durch die Leichtigkeit seiner Feder gefährdet, aber er ist ein vortrefflicher Schriftsteller und ein außergewöhnlicher Zeitzeuge, vielleicht sogar der mit den weitestgespannten Interessen.

Paulino Masip schrieb, anders als Sender, nur zwei Romane, einige Erzählungen, drei Theaterstücke und viele Filmdrehbücher während seines Exils in Mexiko. Wenn er auch als Schriftsteller nicht zu vergleichen ist, so verfaßte er doch einen der besten Romane über den Bürgerkrieg, *El diario de Hamlet García,* ein zauberhaftes Werk, heiter, tief und eigenwillig. Arturo Barea veröffentlichte während des Krieges einen Band Erzählungen und ging dann nach London ins Exil, wo er – zunächst in englischer Übersetzung – seine berühmte Trilogie *La forja de un rebelde* publizierte, die aus drei Bänden besteht: *La forja, La ruta* und *La llama,* und eine der besten literarischen Chroniken über das spanische Leben vom Beginn des Jahrhunderts bis zum Bürgerkrieg darstellt. Auch Segundo Serrano Poncela, Professor, Journalist und Verfasser bedeutender literarischer Essays, der 1976 in Venezuela starb, hat ein wichtiges erzählerisches Werk kompilieren können, zunächst mit realistischen Erzählungen, die von moralischer Tiefe zeugen – »La venda«, »La raya socura«, »Un olor a crisantemo« – und später mit Romanen von unverkennbarer Bedeutung, wie dem existentialistischen *Habitación para hombre solo,* dem historischen *El hombre de la cruz verde* und dem symbolischen und biblischen *La viña de Nabot,* der vom Bürgerkrieg handelt. Die intellektuelle Tiefe dieser Bücher stellt ihren Verfasser in die vorderste Reihe dieses Panoramas.

Schließlich muß in diesem knappen Überblick noch eine der komplexesten und rigidesten Figuren dieser literarischen Strömung erwähnt werden, ein Schriftsteller, der, auch wenn er sich von Anfang an zu einem engagierten Realismus bekennt, nichtsdestoweniger bis zum Exzeß an der Form arbeitete und immer wieder versuchte, seine Inhalte ins Symbolische zu überhöhen: Manuel Andújar trat erst nach dem Krieg und in seinem mexikanischen Exil, aus dem er 1964 nach Spanien zurückkehrte, als Erzähler, Dichter, Essayist und Dramatiker in Erscheinung. Gemeinsam mit Arana gründete er die Zeitschrift »Las Españas« – eine der wichtigsten des Exils, in dem die kulturellen und literarischen Zeitschriften nur so aus dem Boden schossen. Später arbeitete er für den mexikanischen Verlag Fondo de Cultura Económica und für den spanischen Verlag Alianza. Sein Werk beginnt mit der erzählerischen Darstellung der Situation Spaniens in den Jahrzehnten vor dem Bürgerkrieg in *Llanura, El vencido* und *El destino de Lázaro,* wobei er früher schon einen anderen Roman über die Jahre der Republik veröffentlicht hatte, der später wiederentdeckt werden sollte, *Cristal herido.* In *Partiendo de la angustia* verarbeitet er mexikanische Themen, und mit *Historias de una historia* schrieb er sein Meisterwerk über den spanischen Bürgerkrieg, dem die Romane über das Exil, *Cita de fantasmas,* und die Rückkehr, *La voz y la sangre,* folgen sollten. Schließlich hat Andújar dieses gesamte Material unter einem Sammeltitel vereinigt, der seine weitgefaßte literarische Reflexion über Spanien umspannt, *Lares y penates.*

Es müssen noch die Autoren genannt werden, die in galicischer und katalanischer Sprache geschrieben und bedeutende Werke verfaßt haben. Unter den Galiciern ist zunächst Rafael Dieste zu nennen, der Verfasser eines außerordentlichen, zauberhaften, folkloristischen und phantastischen Erzählbandes, *Historias e invenciones de Felix Muriel,* der inmitten eines gewichtigen essayistischen, dramatischen und lyrischen Werkes steht; sodann Eduardo Blanco-Amor, der schon in seiner Jugend auswanderte, in den Jahren der Republik in Spanien lebte und schließlich ins Exil ging. Er ist der Verfasser hervorragender Romane, wie *La Catedral y el niño, La parranda, Los miedos* und *Aquella gente.* Sowohl Dieste als auch Blanco-Amor starben in Spanien, nachdem sie definitiv heimgekehrt waren.

Die Liste der exilierten katalanischen Schriftsteller ist sehr umfangreich. Einige kamen bald wieder zurück, wie Joan Sales, der Verfasser eines meisterhaften Romans, *Incierta gloria,* oder wie Xavier Benguerel – *Gorra de plato, El hombre en el espejo, Los fugitivos, Icaria Icaria* und viele mehr; andere wie der Lyriker Agustí Bartra – *Cristo de 200000 brazos* – oder der Erzähler Pere Calders – *El primer Arlequín, Crónicas de la verdad oculta, La sombra de la atzavara* – erst Jahre später, wenn auch nicht so spät wie eine außergewöhnliche Erzählerin, die nach ihrer Rückkehr und noch kurz vor ihrem Tode in Katalonien und im übrigen Spanien zu Ruhm und Ehren gelangte, Mercè Rodoreda, die Verfasserin des außerordentlichen *La plaza del diamante (Auf der Plaça del Diamant)* oder von *Espejo roto (Der zersprungene Spiegel)*, aber auch von *La Calle de las Camelias, Jardín frente al mar, Cuanta cuanta guerra* und *La muerte y la primavera*.

Einige Autoren wechselten im Exil die Sprache: Michel del Castillo ist ein französischer Schriftsteller, was auch für Jorge Semprún gilt. Von seinen berühmten Romanen seien hier genannt: *El largo viaje (Die große Reise)*, *La segunda muerte de Ramón Mercader (Der zweite Tod des Ramón Mercader)*, *El desvanecimiento, Aquel domingo (Was für ein schöner Sonntag!)*, *La algarabía (Algarabía)*, *La montaña blanca (Der weiße Berg)* und *Netchaev ha regresado (Netschejev ist zurück)*. Daneben verarbeitete er in spanischer Sprache seine Erfahrungen als kommunistischer Untergrundkämpfer im Spanien Francos und sein Zerwürfnis mit der Partei sowie seinen Parteiausschluß in *Autobiografica de Federico Sánchez (Autobiographie)*. Das Exil des Spanischen Bürgerkriegs findet vielfältiges Echo in der Literatur. Sie verhilft uns Spaniern dazu, die Folgen des einschneidendsten Ereignisses unserer jüngsten Geschichte besser zu verstehen und nicht zu vergessen.

## José-Carlos Mainer
## Die Wende der sechziger Jahre:
## Luis Martín-Santos, Juan Goytisolo,
## Juan Benet

Es ist bereits ein Topos, daß Anfang der sechziger Jahre bedeutende Veränderungen in Spanien stattfanden. Ihnen war eine durchgreifende Wirtschaftsreform vorausgegangen, die von Fachleuten aus dem Umkreis des Opus Dei (man nannte sie mit einer Mischung aus Mißtrauen und Bewunderung die *Technokraten*) in den Jahren von 1957 (Abwertung der Peseta) bis 1959 (Stabilitätsplan) durchgeführt worden war. Gleichzeitig gelang eine politische Reform, die einige der auffallendsten faschistoiden Überbleibsel eliminierte und im Jahre 1958 den Begriff des ›Movimiento Nacional‹ zum gemeinsamen Nenner einer Interessengemeinschaft werden ließ, unter dem die sentimentalen Erinnerungen der Sieger des Bürgerkriegs, der Pragmatismus der neuen Kapitaleigner und die dreiste Selbstsicherheit der jungen Technokraten zusammengefaßt werden konnten. Vielleicht mehr als je zuvor konnte man nun vom *Franquismus* als der globalen Kennzeichnung des Regimes sprechen: dieses Amalgam von »Meinungsfamilien«, das durch einen militärisch geprägten Autoritarismus zusammengehalten wurde, entsprach dem krankhaften Mißtrauen des Machthabers in idealer Weise.

Aber jene inneren Anpassungsvorgänge kamen nicht ohne einen bescheidenen Tribut an die Unordnung aus, die von Franco und seinen Getreuen so sehr gefürchtet wurde. Im April des Jahres 1962 lief die größte Streikbewegung ab, die sich seit 1939 ereignet hatte, und Anfang Juni desselben Jahres lud die Europäische Bewegung zu ihrem Treffen in München einige spanische Oppositionspolitiker – bezeichnenderweise unter Ausschluß der kommunistischen Partei – ein, was die erste Annäherung zwischen den Christdemokraten und den vom Regime zähneknirschend geduldeten Monarchisten einerseits und den verstreuten sozialistischen Politikern der Emigration andererseits zur Folge hatte. Was man »die wilde Ehe von München« nannte, war zwar nur eine Episode, wurde jedoch vom Regime selbst hochgespielt, da es sie als einen unerträglichen Verrat seiner Schützlinge empfand und letztendlich wohl als ein warnendes Vorzeichen künftiger Desertionen. 1963 erließ der neue und dynamische Informationsminister Fraga Iribarne das Pressegesetz, durch welches das Wiedererscheinen von »Revista de Occidente«, jenes alten Schaufensters einer liberalen Sicht der europäischen Kultur, und die Gründung der »Cuadernos para el Diálogo«, einer dem Franquismus gegenüber unverhüllt kritischen Zeitschrift, begünstigt wurden. Aber in diesem Jahr mußte der Minister auch die ganz alte Rhetorik der Verleumdung einsetzen, um dem Imageverlust des Franco-Regimes entgegenzuwirken, als dieses den kommunistischen Parteifunktionär Julián Grimau nach einem skandalösen Prozeß voller Unregelmäßigkeiten wegen angeblicher Delikte aus der Zeit von 1936-1939 erschießen ließ. Die allgemeine Indignation hinderte das Regime und seinen Minister Fraga nicht daran, 1964 aus Anlaß »der 25jährigen Friedensperiode« ihre spezielle Auffassung vom Willen der Überwindung des Bürgerkriegs und der Hoffnung auf künftige Zusammenarbeit kundzutun: Die vielen Millionen Touristen der spanischen Badesaison jenes Jahres wurden von Plakatwänden überrascht, auf denen nie gesehene Industrielandschaften, neue und expandierende Stadtviertel sowie schon von einer verspäteten, aber rasch zunehmenden Motorisierung verstopfte Straßen abgebildet waren. Es schien, als ob die Wirtschaftswunderjahre auch in den Südwesten Europas vordrangen, obwohl ein Gutteil des im Umlauf befindlichen Geldes von den Überweisungen der Gastarbeiter in Deutschland, Frankreich oder Belgien herrührte, und obwohl die ETA in diesem Jahr die Schlagzeilen der Weltpresse mit ihren unheilvollen Aktivitäten zu füllen begann.

Außerdem waren aber auch der Kampf um die Freiheit und seine Frontstellungen fest im öffentlichen Leben etabliert. Diese Frontstellungen betrafen die Nationalitätenfrage, die moralische Krise der Universität und der einsichtigeren Elemente der Mittelklasse sowie das kämpferische Bewußtsein der Arbeiterbewegung. Auch wenn es paradox erscheinen mag, daß der wirtschaftliche Wohlstand den Protest und die Unzufriedenheit genährt haben soll, so wird dieser Umstand doch leicht erklärlich, wenn wir uns vor Augen halten, daß das internationale Klima der Entspannung in die gleiche Richtung wirkte: die Ergebnisse des Vatikanischen Konzils ließen viele Katholiken sowie eine Reihe von Priestern ihre politische Zugehörigkeit zum Franquismus neu überdenken; die revolutionären Ausstrahlungen der Dritten Welt (vor allem Kubas und Algeriens) entflammten die Herzen vieler Studenten, die massenweise die »kulturellen« Verhaltensweisen der jugendlichen Protestbewegungen jener Epoche übernahmen. Die Ausweisung des Abtes von Montserrat, Aureli Escarré, im Jahre 1965 war ein Symptom für den Bruch eines Teils des Klerus mit dem Regime und darüber hinaus ein Höhepunkt der katalanischen Widerstandsbestrebungen. Und die Entlassung der Professoren Tierno Galván, García Calvo und Aranguren aus ihren Universitätsämtern im selben Jahr stellte nicht nur einen hervorragenden Kristallisationspunkt für die drängende studentische Unruhe dar, sondern wurde auch Signal für den Bruch der Intellektuellen, gleich welcher Herkunft, mit einer unvorzeigbar gewordenen Politik. Schließlich markierte 1966 der Wechsel der Anhängerschaft der alten franquistischen Gewerkschaften zur geheimen, prokommunistischen Arbeiterorganisation ›Comisiones Obreras‹ anläßlich der Wahlen zu den »gewerkschaftlichen Vertretungskörperschaften« das Ende jeder populistischen Annäherungsmöglichkeit an die soziale Realität und bedeutete die Volljährigkeitserklärung für eine Arbeiterklasse von neuartigem Zuschnitt, die trotz geringer theoretischer Bildung schnell mit Hilfe ihrer Anwälte und »freigestellten« Mitglieder den Kern einer künftigen Organisation auf die Beine stellte.

Alle diese Ereignisse waren allerdings weit weniger aussagekräftig, wenn man sie ausschließlich aus der Perspektive des Bewußtseins der Intellektuellen jener Zeit betrachtete. Was heute wie der Beginn der Auflösung des 1939 gegründeten Regimes erscheinen mag, wirkte damals auf viele Menschen wie ein Sarkasmus der Geschichte: die wirtschaftlichen Erfolge, die Invasion ausländischer Touristen, der beabsichtigte Eintritt in die Europäische Gemeinschaft, das weitgehende Scheitern von Streiks und Demonstrationen, die Eintönigkeit der offiziellen Propaganda (mit einem Fernsehen, das sich zur bevorzugten geistigen Nahrung entwickelte), die Fußballsiege in den europäischen Wettbewerben – das alles konnte gedeutet werden als schlimme Vorzeichen für ein langes Weiterbestehen des Regimes, das mit der heuchlerischen Toleranz der demokratischen Regierungen Europas und mit der grenzenlosen Gleichgültigkeit seiner eigenen Untertanen rechnen durfte. Letztere kümmerten sich mehr um den Erwerb eines Autos oder einer Wohnung als um die Diktatur, die sie mittrugen. Für die Intellektuellen jener Epoche lag die Zeit ihrer großen Kämpfe, ihrer Leidenschaften, ihres Einvernehmens mit dem Volk in den schwierigen fünfziger Jahren mit ihrem ungünstigen internationalen Hintergrund des kalten Krieges. Dagegen präsentierten sich diese sechziger Jahre unter dem Zeichen einer historischen Müdigkeit, einer starken Enttäuschung und einer Revision der optimistischen Vorhersagen und überkommenen Taktiken in vielen Bereichen. Als Beispiel sei die denkwürdige Spaltung der kommunistischen Partei in den Jahren 1964 und 1965 genannt, die den Ausschluß von Fernando Claudín und Jorge Semprún zur Folge hatte: das, was man damals als Spaltertum und Defätismus bezeichnete, war strenggenommen nicht nur das Eingeständnis einer Niederlage, sondern darüber hinaus die Forderung nach einer flexiblen Strategie und nach der Anerkennung der Notwendigkeit von Allianzen mit den »bürgerlichen« Parteien.

Gegen Ende jenes bewegten Jahres 1964 schrieb der Dichter Jaime Gil de Biedma (der sich wie die meisten Intellektuellen im Dunstkreis des Kommunismus bewegt hatte) in »The Nation« einige aufschlußreiche Zeilen: »Zwischen den letzten Monaten des Jahres 1960 und den ersten des Jahres 1962 waren wir Spanier einem mühseligen psychologischen Anpassungsprozeß unterworfen, von dessen Bedeutung wir uns erst später Rechenschaft abgelegt haben: Wir glaubten nicht länger an die Möglichkeit, daß das franquistische Regime anders als durch den natürlichen Tod oder durch den freiwilligen und höchst unwahrscheinlichen Rücktritt des Bürgerkriegssiegers verbunden mit der Ernennung eines Nachfolgers seines Vertrauens enden könnte.«[*]

Eine ähnliche Mutlosigkeit kann man auch bei anderen bedeutenden Autoren jener Zeit feststellen, so etwa in den Worten eines zweiten großen Dichters – und Freundes von Jaime Gil –, José Angel Valente. In seinem Buch *La memoria y los signos* aus dem Jahre 1966 wirkt der sechste Abschnitt wie ein gelungenes Brevier des Kummers und der Hoffnungslosigkeit einer Generation von Geschlagenen: es fehlen darin weder die Erinnerung an den weit zurückliegenden Heroismus – so in dem Gedicht: »John Cornford, 1936«, das die Erinnerung an den Tod eines Brigadisten im Bürgerkrieg wachhält, oder »Si supieras«, das Antonio Machado gewid-

---

[*] »Carta de España o todo era Nochevieja en nuestra literatura al comenzar 1965«, in: *El pie de la letra. Ensayos (1955-1979)*, Barcelona 1980, S. 200.

met ist, dessen 15. Todestags man im Jahr 1964 gedachte –, noch die historische Metapher der Resignation – »Maquiavelo en San Casciano« – noch die Bekräftigung des antifranquistischen Glaubens – »El sacrificio«, »Ahora« –, aber den ergreifendsten Ton finden jene Verse, in denen der Kampf wie eine unwiederbringliche Vergangenheit und die Gegenwart wie etwas schicksalhaft Fremdes erscheinen. »Ramblas de julio, 1964«, beschwört, wie »hier das Bürgertum süß erblüht ist« und wie es »deshalb nutzlos ist, sich die Seele aus dem Leib zu schreiben«. Und »Melancolía de destierro« findet in seinen Anfangszeilen eine treffende Chiffre für das endgültige Scheitern einer Illusion:

> Das Schlimmste ist, zu glauben,
> daß man recht habe, weil man einmal recht gehabt hat,
> oder zu hoffen, daß die Geschichte die Uhr zurückstellen
> und uns unbeschädigt die Zeit wiedergeben könnte,
> in der wir noch einmal von vorn beginnen möchten.

Nicht von vorn beginnen zu können: diese Unmöglichkeit ist ein bevorzugter Topos des literarischen Wandels, der jene Jahre voller politischer Paradoxa und persönlicher Ängste begleitete. Das Bild der Gebärmutter – teils positiv, teils negativ –; die Notwendigkeit eines Gesprächspartners, den man mit den eigenen Widersprüchen ausstatten konnte; der Drang, die konventionelle Sprache mit Hilfe der Ironie, des Sarkasmus oder der Parodie zu zerstören oder zu verfärben; der Hang, in der Erinnerung an die Vergangenheit die weithergeholte Erklärung für eine unbefriedigende Gegenwart zu suchen – all das gehörte zum obligatorischen Ritual eines Exorzismus gegenüber einer fehlgeschlagenen, absurden historischen Entwicklung. Auf diese Weise wurde eine künstlerische Neuorientierung vorgenommen, die in vielen Fällen den radikalen Bruch mit der eigenen literarischen Vergangenheit und stets eine Anklage gegen den sozialen Realismus mit seiner dinglichen Sprache und seinen banalen Symbolen beinhaltete, der sich als ein so untaugliches Werkzeug für soziale Veränderungen und für die Beeinflussung der Menschen erwiesen hatte. Diese Schriftsteller, die kurz vor dem Bürgerkrieg geboren waren und ihn als Kinder erlebt hatten, wollten sich mit Hilfe ihrer eigenen Biographien Rechenschaft ablegen über das, was ihnen die antifranquistischen Ideologien nicht hatten erklären können. Und andererseits verabscheuten sie die Illusion und den potentiellen Leserkreis, der sie im Grunde gar nicht zur Kenntnis nahm. Jener »psychologische Anpassungsprozeß«, von dem Gil de Biedma sprach, erfüllte sie mit Skepsis bezüglich der Zukunft der sozialen Literatur und verlieh ihnen ein Gefühl des Scheiterns, sowohl ästhetisch als auch politisch, hinsichtlich ihrer eigenen bisherigen Leistung. Als Gil de Biedma eine Bilanz der literarischen Neuerscheinungen des Jahres 1964 zog, konnte er zu seinem Bedauern fast nur das Komödiantentum Celas und die ehrbare Vulgarität von Miguel Delibes anführen. Der Rest war bedeutungslos, mit Ausnahme »einer Katastrophe: des Todes des Schriftstellers und Psychiaters Luis Martín-Santos, der bei einem Autounfall ums Leben gekommen war. Obwohl sein Gespür für den Rhythmus der Sprache nur schwach entwickelt war (…), besaß er ein beachtliches literarisches Talent und war der intelligenteste, gebildetste, ideenreichste und professionellste Schriftsteller der gesamten neueren Literatur (…) Sein erster und einziger Roman, *Tiempo de silencio (Schweigen über Madrid)*, füllt zusammen mit *La colmena (Der Bienenkorb)* von Cela und *El Jarama (Am Jarama)* von Sánchez Ferlosio die äußerst dürftige Liste der wirklich wertvollen Romane, die seit dem Bürgerkrieg erschienen sind.«

Besser kann man die Wirkung nicht wiedergeben, die dieser Roman aus dem Jahre 1962 auf seine wenigen Leser ausübte, die mit ihrer historischen Hoffnungslosigkeit und dem Überdruß an den neorealistischen Formeln zu kämpfen hatten. *Tiempo de silencio* – ein glücklich gewählter Titel, nach dem viele den stummen Schmerz jener Zeit benennen würden – schien in der Tat das Ende des sozialen Romans zu bezeichnen, so wie – dreihundert Jahre zuvor – der *Quijote* des Cervantes durch den Gebrauch desselben Schmelztiegels das Ende des Ritterromans herbeigeführt hatte: durch eine systematische Lächerlichmachung seiner Verfahrensweise (das cervantinische Modell war Martín-Santos nicht fremd, der in der Mitte seines Romans eine pedantische Interpretation des *Don Quijote* einfügte, als Beispiel klarsichtigen Eigensinns gegenüber der Heuchelei der übrigen Welt). Das Thema, das in *Tiempo de silencio* entwickelt wird, hätte allerdings auch perfekt in eine jener typischen, neorealistischen Darstellungen über die Kluft zwischen den sozialen Klassen und den Verfall der Mittelschicht gepaßt, um nicht zu sagen – wie manche getan haben –, daß Martín-Santos in diesem Fall eine Problematik ausgegraben hat, von der auch der pessimistische Pío Baroja entzückt gewesen wäre (den Martín-Santos bewunderte und intensiv gelesen hatte): der Held des Romans ist ein junger Arzt, Pedro, der als Stipendiat eines öffentlichen Gesundheitszentrums an einem sinnlosen Forschungsprojekt über die Verbreitung der Krebskrankheit mitarbeitet. Zufällig wird er in den schmutzigen Fall einer Abtreibung verwickelt, die ein anderer an einem Mädchen vorgenommen hat, das in den Slums der Außenbezirke von Madrid lebt. Gleichzeitig gerät er unbeabsichtigt in eine sexuelle Beziehung zu der Enkelin seiner Hauswirtin. Nachdem er von der Polizei wegen der Abtreibung verhaftet worden ist, gelingt es ihm, wieder freizukommen, aber nur, um zu erleben, wie seine frischgebackene Verlobte von dem wütenden Slumbewohner Cartucho umgebracht wird, der das erstgenannte Mädchen umworben hatte und überzeugt ist, daß der Arzt an ihrem Tod schuld sei. Nachdem alles aufgedeckt worden ist, wird Pedro in Schanden aus dem Forschungszentrum entlassen und beschließt, Landarzt zu werden und sich mit dieser bescheidenen Berufstätigkeit zufrieden zu geben.

Der gesamte Handlungsverlauf konzentriert sich auf den kurzen Zeitraum eines Tages und vor allem einer endlosen und halluzinatorischen Nacht; er gehorcht einer strengen Gleichzeitigkeit und einer inneren Gliederung, die in Form von Fragmenten und nicht, wie im konventionellen Roman, von Kapiteln vorgenommen wird, und schließlich und vor allem schlägt er sich in einer dynamischen Beschreibung nieder, in welcher der innere Monolog, die sarkastische Beschreibung durch einen unbeschwerten und launigen Erzähler und die fromme Interpretation durch einen zweiten näherstehenden Erzähler einander abwechseln. Wie die Kritik seinerzeit angemerkt hat, war *Tiempo de silencio* – in seiner zeitlichen Konzentration und der Explosion seiner Sprache – die erste und legitimste spanische Erbschaft des *Ulysses* von James Joyce, einschließlich der systematischen Verwendung von kulturellen Mythen oder von Wortspielen (die nicht immer unbedingt gelungen sind, noch häufig eine große Belesenheit verraten). Aber weder war das Madrid des Jahres 1949 – in dem die Geschichte des Arztes Pedro lokalisiert ist – das Dublin der Jahrhundertwende, noch reichten die künstlerischen Absichten von Martín-Santos so weit wie die von Joyce. In unserem Fall wird der reale und erlebte Inhalt der Geschichte dem Leser in unzweideutiger und geordneter Form geboten, da der Autor vermeiden möchte, daß sich irgend etwas seiner Spottlust entzieht.

So sehen wir an uns die Impotenz des akademischen Lebens vorüberziehen, das sich auf Forschungen versteift, die in den USA bereits durchgeführt worden sind, aber auch die sterile Dummheit der Bohèmekünstler, die sich über die Scherze von Pedros Freund Matías amüsieren, oder die aufgeblähte Lächerlichkeit des einflußreichen »Philosophen« vor einer Zuhörerschaft von eleganten Damen, in der die Mutter von Matías den Vorsitz innehat – eine grausame Karikatur von Ortega y Gasset zur Zeit seiner Rückkehr nach Madrid. Und wenn die oberste gesellschaftliche Schicht im Madrid der Nachkriegszeit mit solch unbarmherziger Deutlichkeit geschildert wird, so finden wir die gleiche bissige Schärfe bei der Beschreibung des speziellen »Lumpenmilieus« der Hauptstadt, einer undurchdringlichen Welt, aus der das Unglück über den Arzt hereinbricht, weil er es gewagt hat, sich in sie hinein zu begeben. Wir stoßen auf den gleichen Spott bei der Darstellung des Mittelstandsmilieus der Frauen aus der Pension, die den Arzt als Ehemann zur Strecke bringen möchten: die Großmutter, Witwe eines Offiziers, der auf den Philippinen gekämpft hat, fungiert als augenzwinkernde, falsche Ehrung der Rhetorik von 1898; die Mutter, eine alleinstehende, schweigsame und unterwürfige Frau, die von einem Don Juan aus der Gästeschaft verführt worden ist, repräsentiert in gewisser Weise die Eselsgeduld der bürgerlichen Generation, die den Krieg miterlebt hat, und Dorita, der letzte Sprößling, verkörpert die Mischung aus Berechnung und Großzügigkeit, Vitalität und Routine, mit der die Mittelschicht in der Nachkriegszeit überlebte.

Am härtesten geht der Roman jedoch ausgerechnet mit Pedro, seinem Helden, ins Gericht, der bei oberflächlicher Betrachtung als Opfer einer unglücklichen Verkettung von Umständen erscheinen könnte, der aber in Wirklichkeit mitschuldig an seinem moralischen Ruin ist. Der unvorsichtige Arzt kann nicht nein sagen, als Amador ihn zu dem sterbenden Mädchen mitnehmen will. Nach einer in einem absurden Bohèmemilieu durchzechten Nacht dringt er in das Schlafzimmer von Florita ein, und handelt sich so durch das Beisammensein mit dem jungen Mädchen eine unausweichliche Heiratsverpflichtung ein – die Großmutter erwartet ihn schon auf seinem Zimmer. Danach akzeptiert er die Anklagen der Polizei ebenso wie die komplizierten Befreiungsmanöver, die ihm Matías vorschlägt. Ohne sich wirksam zu verteidigen, läßt er die Entlassung aus dem medizinischen Versuchszentrum über sich ergehen und sucht die Eingliederung in die reaktionärsten Kreise der spanischen Gesellschaft, indem er die Laufbahn eines Landarztes wählt, der eines Tages eine gute Partie machen und seine viele Freizeit mit der Jagd auf Niederwild verbringen wird. Pedro ist kein Widerstandskämpfer gegen die nationale Mittelmäßigkeit, sondern ein schwacher und großspuriger Hampelmann, dem schließlich nur das Bewußtsein seines Irrtums bleibt: ein negatives Symbol dafür, wie Intelligenz sich mit der größten moralischen Insuffizienz verbinden kann.

An dieser Stelle sollten wir uns daran erinnern, daß Luis Martín-Santos ein angesehener Psychiater war, der – zwar ohne Erfolg, aber nicht ohne Verdienste – versucht hatte, eine Professur in dieser Fachrichtung zu erhalten, und der seine extrovertierte Persönlichkeit in strenger Selbstdisziplin ausgebildet hatte, nachdem er in seiner Kindheit sehr einsam gewesen war und als Heranwachsender häufige Konflikte mit seinem Vater, einem General des Sanitätsdienstes, auszutragen gehabt hatte. Diese persönliche Erfahrung und vor allem seine wissenschaftliche Nähe zu den Grundlagen der existentialistischen Psychoanalyse erklären sowohl die rätselhaften Aspekte in der Figur Pedros als auch die pessimistische Diagnose von Martín-Santos hinsichtlich einer Gesellschaft, die starrsinnig in ihrer Unreife und ihrem Egoismus verharrte. Desgleichen begründen sie auch das dichte symbolische Gewebe, das *Tiempo de silencio* unter der Oberfläche durchzieht und das den Roman zu einem dankbaren Text für die semiotische Hermeneutik macht. Das vielleicht am häufigsten auftauchende Element ist das Bild des Uterus, der gleichzeitig als Ort der Vernichtung und als Zufluchtsstätte für die verlorene Unschuld gesehen wird: es ist kein Zufall, daß die beiden wichtigsten Episoden der Handlung in der Durchführung einer Abtreibung, welche den Tod der Patientin verursacht, und im Scheitern des Helden bei einem Geschlechtsakt bestehen, wobei dieser Akt von drei Frauen als Zeichen ihrer sozialen Erlösung sehnsüchtig erwartet wird (für den Helden allerdings ein Unterpfand künftiger Schwierigkeiten und sozialer Degradierung ist). Auch scheint es kein Zufall zu sein, daß Pedro, nachdem der gesamte Prozeß seines Scheiterns vollendet ist, sich als »kastriert« betrachtet und sich in seine Lage als Eunuche wie in eine Plazenta eingesetzt sieht. In dem Monolog heißt es: »Es ist bequem, Eunuche zu sein, es ist beruhigend, keine Hoden mehr zu haben, es ist angenehm, trotz der Kastration Luft und Sonne zu genießen, während man schweigend dahinwelkt. Warum sollte man verzweifeln, wenn man schweigend welkt, während die

,tassung seiner Erzählung, und deshalb steckt sie voller zweifel-
hafter, privater Scherze, voller biographischer Bezüge und letztlich voller Elemente einer Gesprächskultur, wie sie der niveauvol-
len >Tertulia< und einer schlagfertigen Phantasie zu eigen sind,
wodurch die Erzählung den Charakter einer geglückten Improvisation erhält. Es scheint in der Tat, als habe er auf ihre Niederschrift nicht viel Zeit verwandt, wie sehr sie auch einen langen
Entwicklungsprozeß im Denken ihres Verfassers widerspiegelt:
die Folge ist, daß *Tiempo de silencio* – ein Roman, der unzählige,
einander widersprechende Interpretationen hervorgerufen hat und
in Dutzenden von Auflagen erschienen ist – viele Merkmale des
Werks eines intelligenten und seiner Sache sicheren »Dilettanten«
aufweist. Der Autor hatte zuvor lediglich einige humoristische Erzählungen geschrieben. Das Wunderbare und Einmalige dieses
Werkes liegt darin begründet, daß es Martín-Santos mit unfehlba-
rer Sicherheit gelang, den sprachlich angemessenen Ton für das zu
finden, was er als einen heftigen Angriff gegen die Enge des spanischen Geistes seiner Zeit verstand und darüber hinaus als ein
Schulbeispiel für wahren kritischen »dialektischen Realismus«,
den er seinen Kollegen und Freunden aus dem neorealistischen, literarischen Madrid vorführen wollte. Beides ist ihm in vollendeter
Weise geglückt.

Nach diesem Vorlauf konnte es ihm nicht leichtfallen, einen
neuen Roman zu verfassen, aber die Befriedigung über die günstige
Aufnahme von *Tiempo de silencio* regte ihn dazu an, und in dem
kurzen Zeitraum, der zwischen der Veröffentlichung dieses ersten
Werkes und seinem Tod (im Februar 1964) lag, bereitete er umfangreiche Materialien für *Tiempo de destrucción* vor, die 1975
ohne eine endgültige Anordnung veröffentlicht wurden. Auf-
schlußreich ist, daß die Erzählung einen Ausgangspunkt hat, der
sich direkt auf das vorhergehende Werk bezieht: Agustín, die zentrale Figur, ist ein junger Richter, der voller Angst seine Impotenz
entdeckt, als er zur Erlangung erster sexueller Erfahrungen eine
Prostituierte aufsucht. Seine Situation ist in gewisser Weise identisch mit derjenigen Pedros, als dieser sich durch die Umstände
kastriert sieht: für beide hört die Sexualität auf, eine Gefahr zu bedeuten, aber wenn Pedro dadurch zu seinem resignativen Arrange-
ment mit einem unbedeutenden Provinzleben getrieben wird, so
wird bei Agustín im Gegenteil durch dieses Ereignis sein forschen-
der Geist geweckt, sein Wille, die verborgenen Ursachen zu ermit-

teln und, wie er es von seinem Beruf her gewöhnt ist, die Schuld festzustellen. Der zweite Teil des Romans hätte die Ereignisse der richterlichen Untersuchung darlegen sollen, die Agustín hinsichtlich der eigenartigen Ermordung eines Homosexuellen durchführte, in welche Mitglieder des baskischen Großbürgertums verwickelt waren. In diesem Milieu sollte der Held übrigens seine sexuelle Potenz in den Armen einer adligen Dame, der Gattin des Mordverdächtigen, wiedergewinnen; im letzten Teil der Erzählung hätte Agustín einen symbolischen Tod zwischen den Büßern der Osterzeremonien in einem Dorf in La Rioja gefunden, nachdem er die volle tödliche Absurdität der traditionellen spanischen Gewaltverherrlichung erfahren hatte. Und so wartete wieder ein tragisches Ende auf denjenigen, der gegen die Mysterien des Stammesverbandes aufzubegehren versuchte, was in diesem Fall um so schwerer wiegt, als die positiven Aspekte des begabten Agustín sich vorteilhaft von der Unbesonnenheit und Schwäche Pedros in *Tiempo de silencio* abheben. Der Autounfall, der dem Leben von Luis Martín-Santos ein jähes Ende setzte, zog keinen Schlußstrich unter eine literarische Karriere, deren Fortwirken, wie ich angedeutet habe, zumindest fragwürdig war. Sicherlich vernichtete der Unfall jedoch einen Menschen von großer Anziehungskraft, dessen bahnbrechendes Schaffen einen Einschnitt im Denken der spanischen Intelligenz über ihr Land und vor allem über sich selbst darstellte.

Das Buch *Señas de identidad (Identitätszeichen;* 1965) von Juan Goytisolo, ein stilistisches Experiment und ein kraftvoller Versuch der Selbsterforschung, wäre ohne den Roman von 1962 nicht entstanden. Eigenartigerweise sind beide Titel zu Leitworten ihrer Zeit geworden: wenn »Zeit des Schweigens« eine ganze Epoche charakterisiert, so schien »die Identitätszeichen suchen« oder »die Zeichen der verlorenen Identität wiederfinden« das gemeinsame Motto in jeder politischen Diskussion der nationalen Linken während der ersten Jahre des Übergangs zu sein (seltsames Schicksal eines Buches, das ausgerechnet einen Kreuzzug gegen jede konzeptuelle Fixierung einer spanischen Nation einleitete).

Sowohl in dieser als auch in anderer Hinsicht zeigte *Señas de identidad* eine größere emotionale Spannkraft als jenes Evangelium des Rationalismus mit dem Titel *Tiempo de silencio,* und wenn der Roman von Martín-Santos mit einigen kleinen, durch die Zensur bedingten Auslassungen publiziert werden konnte, so mußte das Werk Goytisolos in Mexiko erscheinen, wo es allerdings von einem Verlagsunternehmen veröffentlicht wurde, das in enger Verbindung mit Seix-Barral, dem Verlag des Erzählwerks von 1962, stand. Im Gegensatz zu seinem Vorgänger war der Barceloneser Schriftsteller bereits durch beachtliche Leistungen auf dem Gebiet der sozialen und engagierten Literatur aufgefallen: sein zweites Erzählwerk *Duelo en el paraíso (Trauer im Paradies; 1955)* galt als emblematische Metapher für die problematische Beziehung seiner Generation zum Bürgerkrieg, den sie im Kindesalter erlebt hatte; *Juegos de manos* (1954), *El circo* (1957) oder *Fin de fiesta (Das Fest der anderen; 1962)* waren höchst pessimistische Untersuchungen über die Orientierungslosigkeit der bourgeoisen Jugend Spaniens, und Reiseberichte wie *Campos de Níjar* (1960) oder *La chanca* (1962) – beide über die wasserarme und verelendete Landschaft um Almería – stellten gefühlvolle Bemühungen um eine Solidarisierung mit dem Schmerz eines geknebelten und erniedrigten Volkes dar, allerdings mit der Zurückhaltung, welche durch die Wachsamkeit der Zensur und das schlechte Gewissen des Reisenden nahegelegt wurde. 1963 war Juan Goytisolo somit einer der erfolgreichsten Schriftsteller der neorealistischen Generation von 1950 und zugleich einer der aktivsten Zeitungsschreiber im Ausland, wo er als freier Mitarbeiter beim Verlag Gallimard (Paris) und als regelmäßiger Gast der kubanischen Regierung Fidel Castros in Erscheinung trat. Ebenso regelmäßig reihte ihn die regierungsnahe Presse Spaniens unter die »Spanienfeinde« ein, die versuchten, die glänzenden Ergebnisse der Politik Francos in den Schmutz zu ziehen.

Seine weltanschauliche Haltung sowie die Überzeugung, in seiner Heimat verleumdet und verkannt zu werden, kamen bei Juan Goytisolo zum vollen Durchbruch in den zwei Jahren des Schweigens, die zwischen dem Erscheinen von *Pueblo en marcha* (1963), einer Reportage aus Kuba, dem letzten seiner »sozialen« Werke, und der Veröffentlichung des Romans von 1965, *Señas de identidad,* liegen. Es ist deshalb nicht erstaunlich, daß das daraus hervorgegangene Buch, wie das auch für Martín-Santos gilt, einer Autobiographie nahekommt, obwohl in diesem Falle der Protagonist Alvaro Mendiola Goytisolo viel nähersteht als Pedro seinem Autor. Mendiola, der unerbittliche Sucher seiner »Identitätszeichen«, stellt sich uns als ein junger Intellektueller dar, welcher sich gerade von einem Herzanfall erholt, der ihn auf Dauer zum Invaliden machen wird und der auf eine persönliche Krise zurückgeht, die eng mit der ihn am stärksten bedrängenden Erinnerung verbunden ist: den Dreharbeiten zu einem Film über die aktuelle Realität des Ortes Yeste – in den trockenen Landstrichen des Südwestens Spaniens –, dessen Erstaufführung eine heftige öffentliche Polemik und eine polizeiliche Verfolgung ausgelöst hat, in deren Verlauf seine Produzenten als Vaterlandsverräter, als entwurzelte Intellektuelle usw. beschimpft worden sind. Alle Elemente dieser Episode – so hat Goytisolo mit großer Bestimmtheit erklärt – haben einen festen Bezug zur Wirklichkeit und gehen auf den Film über Almería, *Notes sur l'émigration* (1962), zurück, den er mit den Cineasten Paolo Brunatto und Jacinto Esteva als Illustration zu seinen schon bekannten Reiseberichten über die Region gedreht und dessen Erstaufführung in Mailand eine feindselige Kampagne in einem Teil der spanischen Presse ausgelöst hatte (es entbehrt nicht der Komik, daß wir unter den Namen der Polizisten, die uns Goytisolo in seiner Schilderung nennt, zwei vertraute Gestalten wiederfinden: die Kritiker Dámaso Santos und Enrique G. Badosa. Nicht mehr auf einer realen Grundlage, sondern auf einer symptomatischen, literarischen Entscheidung Goytisolos basiert die Funktion Yestes als eines Ortes, in dem während der Jahre der Republik und später während des Bürgerkrieges brutale soziale Unterdrückungsmaßnahmen stattfanden und in dem der Vater sowie ein entfernter Verwandter des Erzählers Alvaro Mendiola im Rahmen der republikanischen Repressalien gegen die Ortsgewaltigen auf grausame Weise getötet wurden: So verbindet Goytisolo sein gegenwärtiges Mitgefühl für die unterdrückten Bauern mit der lebendigen Erinnerung an eine wohlbekannte Vergangenheit, die durch ihr Blutvergießen sein Engagement ebenfalls wachruft. Schmerzliches Bild der Schuld und der Versöhnung, des Ineinanderfließens von Vergangenheit und Gegenwart, über dem sich als einheitlicher Bau diese Erzählung erhebt, ein gewolltes Zeichen des Widerspruchs, den das Spanien der beginnenden sechziger Jahre durchlebt – und der ihm nicht bewußt wird.

Erwähnt werden soll noch, daß die Perspektive der Erzählung die einer leidenschaftlichen Beschwörung der Erinnerung ist, mit deren Hilfe Alvaro Mendiola die wichtigsten Augenblicke seiner Lebensgeschichte rekapituliert. Die Erinnerung umschließt selbstverständlich eine schonungslose Reflexion über die Nutzlosigkeit des Kampfes gegen Franco, über das geringe Format seiner Gegner und schließlich über das moralische Elend, in das diejenigen versunken sind, die hätten erlöst werden sollen. Letztendlich ist es die Chronik einer persönlichen Enttäuschung und der schmerzliche Abschied von einer geistigen Berufung zur Teilnahme am öffentlichen Leben, eine Bewußtseinsverdunkelung, hinter der nichts mehr aufscheint: »Besser die Zerstörung, das Feuer« lautet ein Motto von Luis Cernuda, das am Anfang des Buches steht; »Gestern ist vergangen, Morgen ist nicht gekommen« ist ein weiterer trostloser Vers von Francisco de Quevedo, dem Vorgenannten ebenso beigegeben wie ein weiterer entsetzlicher Ausspruch von Mariano José de Larra, »Der Friedhof ist drinnen in Madrid; Madrid ist der Friedhof«.

Auf diese Weise gewinnt jedes Aufblitzen der Erinnerung im Gedächtnis Alvaro Mendiolas die Transzendenz eines grundlegenden Symptoms im Prozeß der historischen Abdankung und moralischen Impotenz des Antifranquismus in jenen Jahren der spanischen Geschichte. So wird uns auch das Begräbnis des alten Professors Ayuso, einer intellektuellen Persönlichkeit der Opposition, dargestellt, das dazu dient, auf dem Barceloneser Friedhof von Montjuic über andere, weitaus berühmtere Tote des Spanischen Bürgerkriegs nachzudenken. Aber die würdevolle Gestalt Ayusos kontrastiert im selben Kapitel mit der Banalität des alten Führers von Estat Catalá (einer Unabhängigkeitspartei im Untergrund), der für die ersten Versuche des Straßenkampfes nur Verachtung übrig hat und es vorzieht, von seinen internationalen Verbindungen, seinen Informationen aus erster Hand oder einer Familienfeier zu Ehren des hingerichteten katalanischen Präsidenten Lluis Companys zu sprechen, bei welcher Gelegenheit Alvaro – wie er sagt – Gelegenheit fand, die eleganten Töchter der vornehmen Barceloneser Gesellschaft kennenzulernen. Und später, als sich Alvaro an seine Pariser Jahre erinnert, ruft er sich auch die republikanische Versammlung im Hause des Dr. Carnero in Erinnerung. Letzterer war ein Prototyp des wirren und geschwätzigen Exilanten, vergraben in seine Erinnerungen an die Vergangenheit und gefesselt von unsinnigen Diskussionen über irgendwelche Vorrechte, die er mit anderen Lemuren der Emigration austrug. Alle suchen in dem Bürgerkrieg und in ihrer Niederlage eine Legitimität, die längst keinen Sinn mehr hat, nicht einmal als Alvaro und seine Freunde in Yeste nach den noch existenten Spuren des Brandes forschen, der das Land in Flammen gesetzt hat. Jener

Krieg ist auch Anlaß der beklagenswerten Verwirrung eines Pariser Clochards, der behauptet, bei den Internationalen Brigaden des Jahres 1936 gekämpft zu haben, sich aber nur noch erinnert, von General Queipo de Llano befehligt worden zu sein, einem der volkstümlichsten Führer der faschistischen Erhebung. »Der ewige Bürgerkrieg… Was geht er uns an?«, ruft eine der Figuren, die bei der peinlichen Erzählung des Clochards anwesend sind, voller Verlegenheit aus.

Und dennoch ist diese hartnäckige Erinnerung an den Krieg die geistige Nahrung aller: sie treibt sie ins Exil, sie regt ihre Nachforschungen an, sie aktiviert das Gedächtnis. Daher gräbt das erste Kapitel die Kindertage Alvaros während des Bürgerkrieges aus, in denen sein Kindermädchen und er sich für Märtyrer der Religion halten, weil einige anarchistische Milizionäre ihren Spaß mit ihnen treiben, nur um sie schließlich wieder nach Hause zurückzuschikken. Und daher evoziert das dritte Kapitel mit eindrucksvoller Plastizität die Geschichte Yestes in der bewegten Vorkriegszeit: die Schicksalswende mitsamt dem bitteren Ausgang im Leben Antonios, eines Aktivisten, verfolgt wegen seiner Überzeugungen und inhaftiert in jenem Ort, wird inbrünstig erzählt. Die Ursache des Bürgerkrieges herauszufinden, ist lebenswichtig für Alvaro, der als Kind in Südfrankreich im Exil lebte und dort vom Tode seiner Familie erfuhr: »Mon Dieu, pauvre petit. Les rouges ont assassiné son papá.«

Aber was bleibt von jenem Heroismus, jenen Schändlichkeiten, all den Gräbern, die – mit ihrem Schweigen, wie diejenigen von Montjuic, oder ihrer Beredsamkeit, wie diejenigen von Yeste – von der Realität des Krieges künden? Alvaro Mendiola vergegenwärtigt sich das Bild seiner Landsleute in Paris, wohin sie durch das europäische Wirtschaftswunder und die Lohnanpassungen in ihrem Heimatland getrieben worden sind: »streitsüchtige und großsprecherische Landsleute«, die er »nacheinander bewundert, geliebt, idealisiert, geduldet, verachtet, gemieden hatte«, und die nicht besser waren als die emigrierten Politiker in ihren geschwätzigen Gesellschaftszirkeln, die Gedichte nach Schema schrieben und phantastische Geschichten über ihre baldige Rückkehr verbreiteten. Aus jenem Spanien der sechziger Jahre kommt der Romancier Fernández, der soeben den Premio Planeta erhalten hat und mit der größten Selbstgefälligkeit bekennt, daß er kein Wort Französisch spreche, daß er nicht das geringste Interesse für

Faulkner oder Sartre verspüre, daß er die französische Gastrono-
mie nicht schätze und daß er die Sittenlosigkeit im Ausland zutiefst
verachte. In Spanien hat sich in der Tat Grundlegendes geändert,
aber um den Preis viel selbstgefälliger Vulgarität, viel plumper
Fortschrittskomik:

die Lederschuhe ersetzen nach und nach die bescheidenen Hanfschuhe wer
früher zu Fuß zur Arbeit ging fährt heute mit dem Rad die Radfahrer von
ehedem haben heute Motorräder und die ehemaligen Motorradfahrer rollen heute triumphierend in einem SEAT 600 oder Renault 4 CV durch die
städtische Landschaft anstelle des verdrießlichen und traurigen Einheitsge-
richts bieten die Restaurants heute umfangreiche Speisekarten die entge-
genkommenderweise gleich in mehrere Sprachen übersetzt sind die arbei-
tende Bevölkerung konsumiert Milch und Eier und manchmal sogar
Hühner am Sonntag (...) sie sind die greifbare Frucht unserer Politik im
Dienste eines Mannes und einer Nation vor uns erhebt sich die Stimme unserer Toten die Festigkeit derer die uns befehligten das Vermächtnis derer
die ihr Blut gaben der Wille derer die nicht mehr unter uns sind und diesen
Willen dieses Vermächtnis dieses Gebot müssen wir aufrecht erhalten mit
der Waffe in der Hand es genügt nicht daß die Schlacht geschlagen ist (...)[*]

Der besondere Sprachfluß des Textes, den ich zitiert habe, mischt
ohne Unterbrechung die triumphale Redeweise und die rhetorischen Topoi der offiziellen Denkungsart – sie könnten gut einer
der »Botschaften« entnommen sein, die Franco am Ende eines jeden Jahres an die Bevölkerung richtete: der Sieg, den Gott dem
Diktator auf dem Schlachtfeld verliehen hatte, war die einzig mögliche Legitimation der Herrschaft, und die Stimme seiner toten
Anhänger (die allein ein Anrecht auf Gedenken hatten) tönte wie
ein Befehl zum Gehorsam, selbst inmitten des bescheidenen Kon-
sumgenusses der Halbinsel, der an Kleinwagen, überfüllten Strän-
den und preiswerten Textilien sein Genüge fand. Aber trotz
alledem bleibt noch eine Spur von Würde: gerade in diesem Kapitel
VII – dem ich die oben angeführten Zeilen entnommen habe –
wechseln diese sarkastischen Beobachtungen zur spanischen Gegenwart mit der in Dialogform erzählten Geschichte von José Ber-
nabeu, dem alten Kämpfer. Er, der inhaftiert, verfolgt und aus
seiner Heimat vertrieben wurde, der einen Teil seiner Familie leiden und schließlich sterben sah, verkündet heute seine Freiheit und
seinen Stolz, die auf pathetische Weise mit einem Stuhl verbunden
sind – nämlich dem von Companys –, von dem er sagt, daß er nur

[*] J. Goytisolo, *Identitätszeichen* (suhrkamp taschenbuch 1133), Frankfurt/M. 1985,
 S. 447f.

solchen Menschen gestatte, sich darauf niederzulassen, die seiner würdig seien. Aber diese Aufzählung von Symptomen einer Desillusionierung könnte dem Leser ein falsches Bild von dem Roman *Señas de identidad* vermitteln, der keine fragmentarische Chronik ist, sondern eine Erzählung, deren tragende Säule jenes individuelle Bewußtsein ist, von dem sie ihren Ausgang nimmt und auf das sie sich bezieht: das Bewußtsein Alvaro Mendiolas. Und es ist ein Roman, der einerseits die erzählerische Objektivität der dritten Person als Perspektive sucht oder auch die des Monologs, wo es die innere Logik des Berichts erfordert, der aber andererseits, wenn er die Sphären der Subjektivität umkreist, eine eigenartige grammatische Form der Annäherung findet: die Verbform der zweiten Person. Nun ist es nicht so, als ob es zu diesem Zeitpunkt nicht schon Vorläufer dieses ungewöhnlichen Gebrauchs gegeben hätte (denken wir nur an das ›Vous‹, an das sich die Erzählung *La modification* von Michel Butor richtet, oder an einige Abschnitte aus dem Roman des Mexikaners Carlos Fuentes *La muerte de Artemio Cruz*), aber es scheint angebracht, auf die Bedeutsamkeit dieser Aussageweise in *Señas de identidad* hinzuweisen: ihr Gebrauch schafft eine taktische Distanz, die das Ich sich selber gegenüber einhält, einen Aufruf zur Differenzierung im Hinblick auf die absolute Subjektivität des Berichtes in der ersten Person, wodurch diese Aussageweise einerseits als Vorwand für Ermahnungen ins Spiel gebracht wird, andererseits als Form der Anteilnahme, aber stets als Ausdruck eines beständigen, unerbittlichen Kampfes zwischen dem Bewußtsein und dem Instinkt. Bewußtsein in Fleisch und Blut möchte Alvaro Mendiola sein, und deshalb ist das Erzähltempus der Gegenwart, die Zeitstufe, von der aus die Erinnerung tätig wird, durchsetzt mit Ausblicken auf eine neue Kultur, auf eine neue Welt: dort finden wir den sanften Hedonismus des gut gekühlten Weines aus Fefiñanes, den der Erzähler ununterbrochen trinkt, den etwas verwelkten Luxus des bürgerlichen Familienlebens, von dem aus er sich an seine Vergangenheit erinnert, an die Werbung um Dolores, seine Frau, und sogar an die Musik – Mozarts *Requiem*, Couperins *Leçons de Ténèbres*, Mahlers *Kindertotenlieder* –, die ein Plattenspieler an seiner Seite folgsam abspielt. Dieses Gefallen an einer verfeinerten Geistigkeit und eine gewisse Vorliebe für moralisch zweideutige Bereiche öffnen schon den Weg zu den späteren Werken Goytisolos: eine flüchtige Episode – die Begegnung mit einem Algerier in den Straßen von Paris – läßt schon das Bekenntnis späterer Werke zur Homosexualität vorhersehen, obwohl die Frau in diesem Fall noch den Hauptbezugspunkt bildet. Gelegentlich kommt der Ödipus-Komplex ins Spiel, dem wir schon in dem Roman von Luis Martín-Santos begegnet sind. Auch hier denkt Alvaro: »An Dolores' Bett treten, ihren Atem hören, ihren Körper streicheln, die Lippen über den Bauch gleiten lassen, hinunter zur Vagina, darin bleiben, eine Zuflucht suchen, dich in ihrer Tiefe verlieren, wieder an deine vorgeburtliche Existenz im Mutterleib anknüpfen. Ach, sagtest du dir, wärst du doch niemals zur Welt gekommen.«

Dieselbe Nähe des Du als grammatikalischer und psychologischer Bezugspunkt des Textes erscheint bereits im Titel des dritten bedeutenden Romans der sechziger Jahre: *Volverás a Región* von Juan Benet, der 1969 nach einem langwierigen Entstehungsprozeß veröffentlicht wurde. Nach Aussage seines Autors hatte er bereits Mitte der fünfziger Jahre begonnen. Später trug die Blindheit vieler Verleger wesentlich dazu bei, die Veröffentlichung des Manuskripts zu verzögern, da sie ihm keine Chance beim Publikum einräumten. Was jedoch die Substanz betrifft, so ist die Verwandtschaft dieses Romans mit den beiden zuvor untersuchten nur sehr entfernt. Juan Goytisolo und Juan Benet sind zwei Schriftsteller, die sich gegenseitig in bezeichnender Weise ignoriert haben; Benet war hingegen einer der besten Freunde von Martín-Santos, und es ist gut möglich, daß er indirekt das Vorbild für die Gestalt des Matías in *Tiempo de silencio* war und für den zwischengeschalteten Erzähler und Kameraden Agustíns in *Tiempo de destrucción*. Beide Schriftsteller begannen ihre literarische Karriere auf den Seiten der »Revista Española« von 1953, in der Benet sein kleines Theaterstück *Max* veröffentlichte. Er studierte damals Straßen- und Tiefbautechnik – die in Spanien angesehenste und anspruchvollste technische Disziplin, die in der Regel automatisch Zugang zu einer herausgehobenen Stellung als akademischer Staatsbeamter gewährte –, und er übt diesen Beruf bis heute aus: diese Aktivität, die so weit von allem Literarischen entfernt liegt sowie seine auskömmliche, persönliche Situation haben sicher einiges zu der bemerkenswerten Unabhängigkeit seines Standpunktes als Schriftsteller beigetragen und haben ihn vor allem immer wieder zu der Feststellung veranlaßt, daß er nur aus Spaß an der Schriftstellerei geschrieben habe, ohne sich Richtlinien oder Einschränkungen zu unterwerfen, motiviert allein durch die Freude an der schöpferischen Tätigkeit und vielleicht zusätzlich durch das Vergnügen, sich unbedenklich über die Handwerksregeln seiner professionellen Kollegen hinwegzusetzen.

Seine Arbeit als Ingenieur führte ihn auch in den Norden der Provinz Léon, wo er am Bau des Staudamms von Porma mitwirkte. Dies wurde für ihn zum Anlaß, die künstlerische Umformung jener schroffen geologischen Realität, jenes armen und schlecht erschlossenen Landstrichs mit seiner dünnen Besiedlung und seiner finsteren Bevölkerung in ein Phantasieland vorzunehmen, das noch lange in der Geographie der spanischen Literatur weiterleben wird: dort wurde ›Región‹ geboren, als Name einer Stadt und ihrer Umgebung (zu denen das entsprechende Eigenschaftswort ›regionato‹ lautet), die vom Oberlauf des Torce durchflossen werden und die ein schroffer Bergrücken von Maceta trennt, dem Endpunkt der Eisenbahnlinie, die aus der Ebene aufsteigt und gleichzeitig die Rivalin der Stadt Región ist (offenbar kannte Benet die Faulknerschen Erfindungen der Stadt Jefferson und der Grafschaft Yocknapatawpha sehr gut wie auch – nach seiner eigenen Aussage – das von Euclides da Cunha erfundene Canudos und das spätere Macondo von Gabriel García Márquez). Die erfundene Landschaft erschien zum ersten Mal in einigen Erzählungen des Buches *Nunca llegarás a nada (Du wirst es zu nichts bringen;* 1965), die trotz ihrer Qualität von Publikum und Kritik lange Zeit nicht beachtet wurden, und sie erreichte dann ihre Vollendung in *Volverás a Región,* einem Höhepunkt, der vom Autor selbst so bald nicht wieder erreicht wurde. Schließlich strömte sie wie eine plazentare Obsession in sein gesamtes späteres Schaffen ein, einschließlich der jüngsten Sequenz *Herrumbrosas lanzas (Rostige Lanzen),* deren erster Band sogar eine detaillierte Landkarte der imaginären Región enthält, auf der sich den begeisterten Anhängern des Mythos von ›Región‹ in kartographischer Abbildung u. a. folgende Aussichten bieten: die beängstigende Höhe des Berges Monje, die schwierige Paßstraße des Socéanos-Gebirges, die Einsamkeit von El Hurd (das von dem Berg Víboras drohend überragt wird) sowie der Verlauf des Flusses, der die Städte Bocentellas, Burgo Mediano und das eigentliche Región miteinander verbindet… eine Toponomastik, die eine Synthese der ausdrucksvollsten und gewaltigsten Aspekte Spaniens zu geben sucht, ebenso wie die trostlose und heimgesuchte Landschaft, der sie den Namen verleiht, ganz offensichtlich eine Synthese des Nationallebens vermitteln soll.

Región und seine Welt sind nämlich aus der anregenden Verschränkung verschiedener Motivationen hervorgegangen: Zunächst aus der Betrachtung der Landschaft am Fuß des Cantabrischen Gebirges sowie dem Wunsch, aus ihr eine Vision eines spanischen Wesens zu entschlüsseln; zweitens aus der Idee, dort eine Mythologie von Personen und Geschehnissen anzusiedeln – ewige Rachefeldzüge, schreckliche Entartungen, gebrochene Versprechen, geschändete Gräber, geheimnisvolle Aufträge –, die eine gewisse Beziehung, wie Benet selbst eingestanden hat, zu seiner Lektüre von Sir James Frazers *The Golden Bough* sowie zu seiner unverhohlenen Vorliebe für britische Gespenstergeschichten haben. An dritter und wichtigster Stelle haben sie die Funktion, den Schauplatz für eine Besessenheit vom Bürgerkrieg abzugeben, die aus Juan Benet einen hervorragenden Spezialisten für militärische und taktische Fragen gemacht hat, so als ob es darum ginge, ihn auf diese Weise für den verborgenen Wunsch zu entschädigen, an den Ereignissen, die sein Leben und das Schicksal seiner Generation bestimmten, teilgenommen zu haben und sei es nur im nachhinein. Während für Juan Goytisolo das »du«, an das sich die Anrede in *Señas de identidad* richtet, eine prekäre moralische Objektivation des »ich« ist, welches in seiner Erinnerung den Bürgerkrieg und seine Folgen noch einmal durchlebt, sind bei Juan Benet die Erfindung von Región und die Ansiedlung der Auseinandersetzung in dieser imaginären Welt ein geglückter Versuch der Distanzierung, eine Art Beherrschung der Wirklichkeit durch die Phantasie. Und das erklärt auch die wiederholte Bedeutung, die in den Romanen des endlosen Zyklus über Región ein anonymer Reisender hat, der einige Male als erzählerische Hypothese ohne aktive Rolle im Erzählgeschehen und bei einigen anderen Gelegenheiten als Zeuge der langen Gespräche anderer figuriert: so in »Viator«, einer Erzählung aus dem Jahre 1972, die nur eine knappe Zusammenfassung der Bedeutung jener seltsamen Landschaft zu geben scheint. Die Wirkung des Titels: *Volverás a Región* hängt gerade von dieser Zweideutigkeit ab: man weiß nie, ob er sich auf den Reisenden – Leser – Beobachter bezieht, der hier und da wie eine Art stummer Zeuge der Beschreibungen auftaucht, oder ob er auf die Anwesenheit der Heldin selbst anspielt, die nach Región zurückgekehrt ist, mit der Absicht, weiter über das zu sprechen, was ihr vor Jahren zugestoßen ist... Der Gebrauch der zweiten Person paßt in diesem Falle bestens zu einem allgemeinen Charakteristikum der Erzählungen Benets: es sind Überlagerungen von Monologen (eher als Dialoge), die einige Personen an andere richten in dem vergeblichen Bemühen, sie von irgend etwas zu überzeugen oder vielleicht auch sich selbst von etwas zu überzeugen, das ihnen bereits bekannt ist… So erhält seine Literatur einen gewissen Aspekt theatralischer Unwirklichkeit, da die Sprache der Redenden keinerlei Anklang an die Umgangssprache aufweist, sondern sich ohne Schwanken zu den literarischen Höhen erhebt, die die Schriftsprache erfordert. Die Welt Benets ist der bewußte Versuch, in Literatur zu verwandeln, was gewöhnlich als Keimzelle persönlicher Bekenntnisse oder als Vorwand für ehrgeizige, transzendentale Spekulationen in Erscheinung tritt.

Vor allem ist es aber eine ungewisse Welt, in der (wie im Alptraum oder im Märchen) alles Wahrheit und Lüge ist; alles kann sich den Luxus der Ungenauigkeit, des Ungefähren, der Unordnung erlauben. So beginnt etwa *Volverás a Región* folgendermaßen: »Es steht fest, daß der Reisende, der Región verläßt, um in sein Gebirge zu gelangen und dabei der alten Landstraße folgt – denn die neue ist schon lange nicht mehr neu –, sich gezwungen sieht, eine kleine, hochgelegene Einöde zu durchqueren, die endlos erscheint.«

Man könnte auf so engem Raum nicht mehr Widersprüche und ungenaue Ausdrücke finden, obwohl der Text mit einer Bestätigungsformel beginnt – »Es steht fest« –, die allerdings durch das Nachfolgende schnell dementiert wird: die schnellste Landstraße ist die alte, denn die neue ist nicht mehr neu; eine Einöde ist gleichzeitig klein und endlos… Was kann man da noch Gewisses und Eindeutiges von den nachfolgenden Seiten erwarten, wo eine Person »Rumbal oder Rombal oder so ähnlich« heißen kann und wenig später unter den Namen Rembal, Rubal, Robal, Rumbás usw. erscheint. Im gleichen Tenor geht es weiter. Der Handlungsverlauf von *Volverás a Región* ist von jedem der Interpreten, die sich hindurchgekämpft haben, auf verschiedene Weise dargestellt worden, und die einzig einleuchtende Schlußfolgerung ist vielleicht die, daß es gar nicht wichtig ist, ihn überhaupt zu ermitteln, wenn schon die chronologische Reihenfolge und die Kohärenz der Namen unseren Denkformen ständig zuwiderlaufen. Juan Benet hat diese Bandbreite des Zufalls und der Unbestimmtheit zweifellos bewußt einkalkuliert, denn er möchte dem Leser nur einige Hauptlinien nahebringen, die keiner weiteren Unterstützung bedürfen als einer

Ansammlung leidenschaftlicher Widersprüche: der Zwang, an den Ort zurückzukehren, wo man intensiv gelebt hat, die Macht, die uns drängt, im Bannkreis der Rätsel zu bleiben, die uns gefesselt haben, die Gewalt als Auslaßventil für das, was unser Verständnis übersteigt, das Bedürfnis, für die verborgenen Motive unserer Handlungsweise bei jemandem Verständnis zu finden, wenn wir selbst nicht fähig sind, sie für uns zu akzeptieren... Davon handelt letztendlich *Volverás a Región,* wobei der innere Zusammenhang des Erzählten nicht so wichtig erscheint.

Dessen ungeachtet wird inmitten von Passagen mit komplexer Syntax und seltener Präzision des Ausdrucks, inmitten dichter Beschreibungen einer heruntergekommenen und verrotteten Welt, die oft scharfsinnige psychologische Beobachtungen enthalten, unsere Aufmerksamkeit von den Schatten einiger unvergeßlicher Figuren in Anspruch genommen, die die Szene von Región bevölkern: eine Frau – die Tochter des Generals Gamallo, des Eroberers der Gegend im Bürgerkrieg –, die zurückgekehrt ist, um die Atmosphäre wiederzufinden, in der sie die Liebe als eine Mischung aus Leidenschaft und Gewalttätigkeit kennenlernte, während sie als Gefangene der Republikaner von Región, der Gegner ihres Vaters, lebte; dann die Gestalt dieses Vaters, der die Frau seines Lebens in einem seltsamen Kartenspiels gegen einen reich gewordenen Bergmann verloren hat, dem diese rätselhafte Frau eine Goldmünze als Talisman geschenkt hatte; ein Arzt, Dr. Daniel Sebastián, der der Tochter Gamollos anvertraut, daß er ebenfalls in jene geheimnisvolle, beim Spiel verlorene Frau verliebt war und daß er aus Verzweiflung damals die Tochter des Schrankenwärters einer Bahnlinie, die niemals in Betrieb genommen wurde, geheiratet hat (so wie er dann niemals die Ehe mit dem armen Mädchen vollzog, das er aus seinem Milieu gerettet hatte); ein anonymer, kranker Jugendlicher (vermutlich der Sohn der rätselhaften Frau und des Bergmanns), den der Doktor in seiner alten Klinik behandelt und der ihn schließlich ermordet, die Besitzerin eines Hotels, in dem die Tochter des Generals einen Teil ihrer Liebesgeschichte erlebte, und Trägerin des seltsamen Namens Muerta; ein geheimnisvoller geisteskranker Wächter, der alle Personen erschießt, die die Ebene von Mantua durchqueren – Anspielung auf den Heiligen Hain von Aricia, von dem Frazer spricht –, und dessen letzter Schuß die aufgestaute Spannung dieses Buches löst. Nur eine der genannten Figuren trägt einen eindeutigen Namen, vielleicht weil sie der Deus ex machina des Fieberwahns aller anderen ist und, nach den Worten des Erzählers, der Anfang des Untergangs von Región: María Timoner, die geheimnisvolle Frau, die Gamallo beim Kartenspiel verlor und deren Sohn vergeblich auf ihre Rückkehr wartet. Andererseits ist sie die Einzige, die in der gesamten Erzählung durch ihre beständige Abwesenheit hervorsticht. Denn die andere allgegenwärtige Persönlichkeit ist der Bürgerkrieg, der einst die Menschen und das Leben jener verdammten Landschaft aufwühlte und dessen Verlauf in ausführlicher Breite geschildert wird: »Der gesamte Verlauf des Bürgerkrieges in dem Bezirk von Región wird verständlich« – schreibt Benet ganz bewußt – »wenn man begriffen hat, daß er in mehr als einer Hinsicht ein Modell in kleinerem Maßstabe und langsamerem Verlauf der Ereignisse auf der gesamten Halbinsel war.« Wie sieht dieses Modell aus? Der Roman beschreibt es uns mit aller Bestimmtheit: ein Feldzug von Truppen, die zur Eroberung ausrücken, eine geglückte Verteidigung als Reaktion, ein neuer, ungeordneter und höchst verlustreicher Angriff, der aber vom nationalistischen Generalstab bedenkenlos gebilligt wird, am Ende eine langdauernde Agonie des republikanischen Widerstandes. Und im Hintergrund Intrigen, unbegründete Begeisterung, sinnlose Grausamkeit, Rachegelüste wie diejenigen Gamallos, Erniedrigungen, die Ermüdungserscheinungen einer jahrhundertalten Geschichte... *Volverás a Región*, der Roman, der die Überlegenheit der Literatur gegenüber der Dokumentation postuliert, ist gleichzeitig durch eine List des Schicksals eine brillante Reflexion über den Bürgerkrieg.

*Nissa Torrents*
# Eine anachronistische Lektüre:
## Ana María Matute und Juan Marsé
## in den siebziger Jahren

Ana María Matute und Juan Marsé, zwei der bedeutendsten Barceloneser Schriftsteller der 70er Jahre, haben vieles in ihrer Phase des
subjektiven Neorealismus gemeinsam: den Alptraum des Spanischen Bürgerkrieges und der Nachkriegszeit; die Ablehnung der
Gegenwart, die Matute in der Nostalgie und Marsé im Zynismus
zu sublimieren sucht, schließlich eine desinteressierte Haltung gegenüber der Armut – halb franziskanisch bei Matute, sardonisch
bei Marsé –, die das Gewicht des Politischen und des Sozialen reduzieren möchte. Das Individuelle fungiert bei ihnen als Mikrokosmos des Historischen, indem dieses in persönliche Anekdoten
fragmentiert und mit vielfältigen erzählerischen Kunstgriffen zu
einem literarischen Patchwork verwoben wird.

Matute stützt sich auf eine anspruchsvolle literarische Tradition,
die von der Bibel und den Märchen der Brüder Grimm, Andersen,
J. M. Barrie und Lewis Carroll bis zur großen nordamerikanischen
Romankunst, speziell der Südstaaten, reicht, ohne die spanische zu
vernachlässigen. In diesem Fächer von Einflüssen fällt vor allem
der starke Anteil einer tragischen und unheimlichen Kinderlitera-
tur auf. Marsé, ebenfalls eifriger Leser der nordamerikanischen Erzählkunst der dreißiger und vierziger Jahre, läßt den Einfluß von
Hollywood erkennen, speziell den des Melodrams und des Kriminalfilms sowie der cinematographischen Montage, die es ihm erlaubt, lineare und argumentative Strukturen zu modifizieren.
Marsé bezeichnet sich als »Zeitgenossen«, als »Sohn des Nichts«,
aber sein früher Postmodernismus verhindert nicht, daß Pijoaparte
(der Held aus *Ultimas tardes con Teresa* [*Letzte Tage mit Teresa;*
1966]) ein eindeutiger Erbe unserer pikaresken Tradition ist.

Die lyrische Stimme Matutes, durchdrungen von der Liebe zur
Natur und gezeichnet vom Schmerz, steht im Gegensatz zur zynischen, kargen und urbanen Sprache Marsés. Der Blick Matutes ist
der einer Frau, verschleiert vom Schmerz über verstorbene Kin-

der; der Blick Marsés ist männlich, obwohl der Panzer der Logik, den sein Geschlecht sich gern anlegt, Risse zeigt. In den Kommentaren des Autors, von denen seine gesamte Prosa durchsetzt ist, scheint immer wieder eine Parteinahme durch, die er gern zurückdrängen würde. Beide Autoren möchten zum Leser vorstoßen, aber Matute spricht uns über die Empfindungen an, beansprucht Mitleid und Sympathie für ihre Tode und Einsamkeiten, während Marsé, der Moralist in einer Welt ohne Moral, seine Prosa wie einen Kinnhaken wirken läßt, geladen mit Zorn und Enttäuschung.

Der deskriptive Anthropomorphismus Matutes ist das Ergebnis ihres Pantheismus und ihrer Sehnsucht nach einer paradiesischen Welt, während der bissige Zynismus Marsés der Sprößling einer urbanen, verwirrenden und entfremdeten Realität ist, die Außenseiter ohne Klassenbewußtsein sowie arrogante Bourgeois hervorbringt, für welche die Welt ein Spiel ist, bei dem sie nur gewinnen können.

Obwohl offensichtlich stärker realistisch und in der Urbanität wurzelnd, stellt auch das Werk Marsés nur die literarische Rekonstruktion von Welten dar, die er einkapseln möchte, um zum Exorzismus zu gelangen, einem Exorzismus, den auch der fatalistische Lyrismus Matutes sucht, der aus dem Glauben der Autorin an die unerbittliche Hinfälligkeit des menschlichen Seins herrührt.

Ana María Matute wurde 1926 in Barcelona geboren. Ihre Kindheit war durch Krankheiten gezeichnet, weshalb sie schließlich aufs Land gebracht wurde, um wieder zu Kräften zu kommen. In ihrer kindlichen Vorstellungswelt verschmolzen Natur und Tod, und der Ausbruch des Bürgerkriegs in ihrem zehnten Lebensjahr verwandelte ihre Todesgedanken in tägliche Realität. Die durch die Krankheit bedingte Einsamkeit und Kontaktlosigkeit wurde durch die künstliche Teilung des Landes verstärkt, die sie von ihren geliebten Großeltern trennte.

Das Versagen der Erwachsenenwelt, verkörpert durch die Barbarei des Bürgerkriegs, schließt das Versagen der Rationalität und der Systeme, die in ihr begründet sind, mit ein, vom ökonomischen System bis hin zum Erziehungswesen, ohne die Amtskirche zu vergessen, die eine sehr zweifelhafte Rolle spielt. Obwohl die Figuren sich ihrer Umwelt entziehen möchten, werden sie von den Institutionen bedrängt, fast immer mit katastrophalen Folgen. Die Fatalität beherrscht dieses zutiefst traurige Werk, wobei selbst die Kinder, ihre bevorzugten Helden, dieser Trauer nicht entgehen.

Weder in der Realität noch im Mythos ist Erlösung zu finden. Die Fülle der christlichen Bilder und Anspielungen mildert den Schrecken nicht. Christus ist ermordet worden, und das leere Kreuz verwandelt sich in eine bedrohliche Form, in ein Emblem des Todes, das auf die mörderischen Rituale aller Generationen in seinem Umkreis hinabschaut.

Matute hat wenig Interesse an linearen Handlungsverläufen und Argumentationsketten, und selbst ihre umfangreichsten Romane sind nur eine Ansammlung von Erzählungen. Fragmentiert und fragmentarisch, bilden sie eine Welt aus kleinen Vorkommnissen, alltäglichen Anekdoten, die durch die mehr oder weniger distanzierte Erzählweise in der ersten oder dritten Person zusammengehalten werden. Der Lyrismus und der Schmerz geben ihrem Werk den einheitlichen Charakter und den unverwechselbaren Stil. Die Schwäche der inneren Struktur beeinträchtigt ihre umfangreicheren Werke, in denen es ihr nicht gelingt, ihre leidenschaftliche, poetische Intensität durchzuhalten. Der Lyrismus der Sprache, der sich in den Erzählungen und Novellen als so wirkungsvoll erweist, wirkt dann leicht süßlich. Der geschraubte Stil kontrastiert mit dem kindlichen Alter ihrer Helden und mit der Welt der Bauern- oder Fischerdörfer, in denen diese vornehmlich leben. Die Stimme der Verfasserin ist stets gegenwärtig und beraubt die Figuren ihrer Autonomie.

Vielleicht entspricht der intime Ton der Erzählweise der Notwendigkeit, eine zerbrochene Welt, die von Allgemeinplätzen und vom Machtstreben beherrscht wird, zu stabilisieren, eine entfremdete Welt, der die Dichterin ihre eigene, aus kleinen, individuellen Einheiten bestehende Welt entgegensetzen möchte: Familie, Dorf, Freunde, Spiele, Phantasie, ideale Freundschaft, eine Fülle der Innerlichkeit, die nur als ein unerreichbarer Traum existiert. Die Ratio und ihre Ungeheuer quälen die Figuren, die nicht einmal in der Welt des Magischen Frieden finden. Der Zauber ist kein tieferes Wissen, sondern ein Bereich, der von Zufälligkeiten beherrscht wird und aus unbegreiflichen Vorahnungen besteht, die die Angst des Menschen verstärken. Seine einzige Gewißheit liegt im Tod.

In »La ronda«[*], einer ihrer bewundernswertesten Erzählungen, benutzt Matute die Geschichte von Kain und Abel als Symbol und Metapher des Bürgerkrieges. Die Hauptfiguren sind einberufen worden, und der Titel spielt auf die Kneipentour an, die die Solda-

[*] in: El tiempo, Ed. Destino, Barcelona 1966.

ten vor ihrer Abreise zur Front unternehmen, um ihre letzte Nacht als Zivilisten im Alkohol zu ertränken. In der Erzählung spielen Kain und Abel die Rolle von tragenden Säulen einer Gesellschaft, die auf Gegensätzen basiert und über der vielleicht ein rächender Gott thront, welcher den Sohn vergessen hat, den er zu ihrer Erlösung schickte und von dem nur noch ein unheilverkündendes Kreuz übrig ist, welches Entsetzen verbreitet, ohne zu trösten.

Weitere zerstörerische Gegensätze unterteilen die Menschen in Denkende und Handelnde, in Intellektuelle und Arbeitstiere, je nach ihrer Herkunft. Die Ursünde, ganz wörtlich verstanden als der sündhafte Ursprung des Menschengeschlechts, lastet auf den Figuren, die unfähig sind, diese zu verbalisieren. Der Protagonist, Miguel Bruno, mordet bei seiner Geburt: die Mutter stirbt bezeichnenderweise, indem sie ihn ans Licht der Welt bringt, sie selbst ein Licht, das schicksalhaft ausgelöscht wird, um ein neues zu entzünden. Diesen Muttermord kann er nur büßen, indem er selber zum Sühnopfer wird. Das Blut, das bei der Geburt fließt, ist ein ambivalentes Symbol: Leben und Tod zugleich, wobei letzterer das Übergewicht hat. Das rote Blut ist ein Leitmotiv im gesamten Werk Matutes.

Von seiner Herkunft ist Miguel dazu gezwungen, als Arbeitstier auf dem Felde zu wirken, eine Bestimmung, die sich auch erfüllt. Aber eines Tages kommt er in die Schule, und dort lernt er lesen, rechnen und lügen. Die ersten zwei Fächer vergißt er schnell wieder, nicht jedoch das letzte, das seine ländliche Unschuld zerstört, ohne ihm neue Möglichkeiten zu eröffnen. Die Lüge, die durch die Schule (eine gesellschaftlich notwendige und kulturell erwünschte Institution) vermittelt wird, dient Matute als Paradigma für die Korruption aller überpersonellen Strukturen.

Miguel lebt mit seinem Vater und einem schwachsinnigen Bruder in einem fensterlosen und ständig von Rauch erfüllten Haus, ein symbolisches Bild seines ausweglosen und unklaren Lebens. Das Haus steht nicht im Dorf selbst. Aller emotionalen Wärme entbehrend, hört man drinnen nur den Hufschlag der Pferde, der Todespferde der keltischen Kosmogonie, wenn sie durch Negromonte traben. Die einzigen Erkenntnisse, die den Rauch durchdringen, sind empirischer Natur, nämlich jene, die sich unmittelbar aus der Arbeit herleiten und die in ihrer ungeheuren Begrenztheit Angst und Aberglauben nur verstärken. Es gibt keine Antworten, und keiner wagt zu fragen. Die Arbeit ist Notwendigkeit und abstumpfendes Opium, das allerdings wegen des tückischen Wirkens der Schule und ihrer destabilisierenden Elemente keine schmerzstillende Funktion entfaltet. In der Schule trat Miguel in Kontakt mit dem Sozialen, mit der Gruppe und mit einem Wertsystem, das das Überleben der Tüchtigsten zu sanktionieren schien, eine Überlegenheit, die Miguel mit der körperlichen Kraft verwechselte. Groß und stark, negierte er alles, was nicht mit dem simplizistischen Schema, das ihn favorisierte, zu vereinbaren war. Das Denken und die Überlegung erschienen ihm als Schwächen minderwertiger Wesen, bis die Gewißheit des Todes ihn dazu brachte, sich mit seinem eigenen Sein und den existentiellen Fragen zu beschäftigen, die er als Mann der Tat hatte verdrängen wollen.

Ebenfalls hier lernte er Victor, den Sohn des Lehrers, kennen, wie er dazu bestimmt, die Arbeit der Familie weiterzuführen. Dieser Junge lebte mehr schlecht als recht von den ererbten Wörtern, dem entgegengesetzten Weg der Erkenntnis, im Vergleich zu den rudimentären empirischen Kenntnissen, die die Gesellschaft Miguel zubilligt. Victor, der seine Mutter ebenfalls verloren hat –, der Waisenstand, wörtlich oder metaphorisch, gehört untrennbar zu den Kindergestalten Matutes – unterwirft sich der körperlichen Überlegenheit Miguels und erweist sich auf dem offenen Feld der Kämpfe und Liebschaften als Verlierer. Als einziger im Dorf, der »gerne und gut redete«, drängten ihm seine intellektuellen Fähigkeiten – ein geschlossenes Terrain – schicksalhaft die Kainsrolle auf, des geistigen Erbauers von Städten und Überlebenden im Kampf gegen einen Abel, der alles andere als unschuldig ist, da er den Fragen keinen Einhalt gebieten kann und sein eigenes Räsonieren sicherstes Anzeichen für seinen bevorstehenden Tod ist.

Der drohende Tod konfrontiert Miguel mit den aufgeschobenen existentiellen Fragen, aber er verzweifelt mangels eines befriedigenden Diskurses. Der Rauch im Zimmer ist seine Lebensbedingung, ein Rauch, der immer schwärzer wird, bis er in die Finsternis des Todes übergeht. Bei seinem Fragen über sich und das Leben findet er nur den Tod.

Beim Herannahen des rituellen Opfers füllt sich der Bericht mit melodramatischen Vorzeichen, mit Anklängen an andere Kalvarienberge. Der Weg Miguel-Abels zum Tode ist tragisch und schicksalhaft. Miguel folgt Victor-Kain »wie verzaubert«, aber der Mörder überlebt (abweichend von der Urgeschichte) das andere Drama des Brudermordes – den Bürgerkrieg – nicht, und er gründet keine Stadt und wird auch nicht Vater einer Völkerschaft. Die Gesellschaft, die den brudermörderischen Krieg entfacht hat, verhält sich grausamer als der biblische Gott. Im Spanien des Jahres 1936 gab es keinen Osten »jenseits von Eden«. Der Mensch lebt in der Gesellschaft, und diese samt ihren Institutionen entscheidet über sein Schicksal. Es gibt keinen Ausweg aus der Armut, der Einsamkeit und der Inkommunikation.

Auch die Liebe, die Form der Erlösung im Märchen, paßt nicht in diese Welt. In »El tiempo«, der Erzählung, die dem Buch den Titel gibt, verflicht Matute zwei Geschichten miteinander; die des armen Knaben, dessen Kindheitsglück durch den Tod des Vaters zerstört wird, durch den er zur Arbeit und zu einem frühzeitigen Erwachsenendasein verurteilt wird, und die Geschichte des schönen Mädchens mit feuerroten Haaren – rot wieder als Symbol des Todes –, Halbwaise durch den Tod seiner exzentrischen Mutter, die mit ihrem Nonkonformismus und ihrer künstlerischen Berufung außerhalb der Gesellschaft stand.

Die Kinder begegnen sich und lieben sich inmitten der Feindseligkeit der Gesellschaft, die sie als bloße Lasttesel betrachtet. Ihre Einsamkeit, ihr hartes Leben hat sie dazu gebracht, von ihren Erinnerungen und Sehnsüchten zu leben. Pedro träumt von seinem Vater, dem Fischer, und Paulina von ihrer schönen Mutter, einer Tänzerin, deren rote Schuhe sie als Talisman aufbewahrt. Erneute Anklänge an die Bibel, Peter, der Fischer, Paulina (von Paul), die Künstlerin, aber wie in einem Märchen von Andersen führen diese Schuhe, die Schatztruhe ihrer Träume, das Mädchen und ihren Geliebten schicksalhaft zum Tode, einem Tod, der als die Erlösung aus diesem irdischen Jammertal dargestellt wird: »Zeit. Zeit. Jetzt hatte er keine Zeit mehr, aber eine ungeheure Freude überfiel ihn, eine endlose Kette von Bildern, von gewonnenen Dingen, schön, in der Seele… wir können nicht warten. ›Wir müssen uns vor der Zeit retten‹, hörte er verworren. Der Schrei kam. Er durchbohrte sie. Er ließ sie zurück. Wütend und kalt, den Nebel durchbohrend, verschwand der Schrei erneut hinter den letzten Felsen.«

In ihrem vielleicht gelungensten Roman, *Primera Memoria (Erste Erinnerung;* 1960), einem Text, der am Anfang der Trilogie *Los Mercaderes (Die Krämer)* steht, sind die biblischen und literarischen Anspielungen außerordentlich zahlreich. Das Eingangsmotto aus Jeremias, dem fatalistischsten Buch der Bibel, bestimmt den Ton des gesamten Erzählwerks: »Der Herr hat dich nicht gesandt; aber in seinem Namen machst du, daß dies Volk sich auf Lügen verläßt.« (Jeremias 28,15). Dieses Zitat umfaßt gleichermaßen die Kirche, hier in Gestalt des Paters Mayol, eines hochmütigen Intriganten; die Großmutter, die das lokale Geschehen beherrscht und eine Stütze der Kirche ist; die zivile Gesellschaft und ihre Institutionen sowie alle die falschen Propheten, die in Seinem Namen einen Krieg segneten, den sie blasphemisch als »Kreuzzug« bezeichneten.

Die Handlung ist unbedeutend, die Geschehnisse spielen sich gewissermaßen hinter den Kulissen ab, als ob die Erzählerin, ein Mädchen an der Schwelle zu einer Jugend voller Ängste und Schamgefühle, die grausame Welt, in die sie sich beim Verlassen des Kindesalters einordnen muß, mit Schleiern verhängen wollte. Wie bei der Mehrheit der kindlichen Hauptfiguren ist auch Matia Waise; mütterlicherseits im wörtlichen Sinne und väterlicherseits dadurch bedingt, daß der Vater im Heer der Republikaner kämpft. Durch diese Lebensumstände wird Matia eine Bewegungsfreiheit zuteil, die weder ihrem Geschlecht noch ihrer sozialen Stellung entspricht; es handelt sich um eine vom Bürgerkrieg durcheinandergebrachte Welt, in der eine Zeitlang alle Werte, Sitten und Gebräuche außer Kraft gesetzt sind.

Matia findet Aufnahme bei ihrer Großmutter, der matriarchalischen Herrin des Ortes, deren Haus auf einer Insel liegt, abgetrennt vom ursprünglichen Festland wie sie selber. In ihrer Phantasie hat das Haus etwas von einem Zauberschloß und die Großmutter etwas von einer Hexe, aber Matute läßt die Phantasie niemals völlig Oberhand über die Realität gewinnen und verleiht der bösen Hexe einige sozio-ökonomische Züge, die ausreichen, um sie historisch klar einzuordnen. Als katholische Feudalherrin identifiziert sie die Interessen ihrer Klasse mit denen der Gesellschaft insgesamt; sie läßt Messen lesen, um die franquistischen Siege zu feiern; sie herrscht mit eiserner Hand und verlangt von ihren Untergebenen Gehorsam, erwartet allerdings von den Familienangehörigen nur die Wahrung der Form. Lügen und Heuchelei sind Masken, die sie zynisch handhabt. Die Befehlshaber brauchen nicht zu glauben, aber sie müssen Einvernehmen und Respekt hinsichtlich der geltenden Normen zur Schau stellen, und ihre Darstellung muß überzeugend sein. Die Exzentrizität ist für die Reichen – den Herrn von Son Major – ein Spiel, welches das Gleichgewicht stört, aber nicht zur Tragödie führt. Die Armen hingegen – José Taronjé – bezahlen die Übertretung der Normen mit dem Tode.

Die Erzählerin, Matia, wehrt sich gegen die Welt der Erwachsenen, eine Welt der Toten, indem sie diese durch die Welt der Phantasie ersetzt und zu ihren Märchen Zuflucht nimmt. Sie versucht, ihren eigenen Mangel an Liebe durch die Zuneigung zu ihrer Puppe Gorogó zu sublimieren, die sie verbirgt, um sie nicht mit anderen teilen zu müssen. Sie wendet aber für diese (exzentrische) Negerpuppe nicht soviel Zeit auf wie für ihren geliebten Peter Pan. Gorogó, der keine äußeren Geschlechtsmerkmale aufweist, ist ein Wunschbild für Matia, deren androgyne Neigungen nicht ausgesprochen werden, aber in all ihren Handlungen offen zutage treten. Sie kämpft gegen ihr Geschlecht und ihre Sexualität, will nicht schön sein und spielt nur mit Jungen, rudert, springt, trinkt und raucht wie sie, um ihre Ablehnung zum Ausdruck zu bringen: »Etwas wie eine seltsame Scham, wobei ich mich an die Dinge erinnerte, die Borja und Juan Antonio von Männern und Frauen erzählten. Und ich sagte mir: ›Nein, vielleicht ist das auch nur eine Lüge.‹ Und ich wünschte mir, daß der Tod ebenfalls nur ein Schwindel wäre.«

Tod und Sexualität sind gleichermaßen entsetzlich, und in den verworrenen Vorstellungen einer Heranwachsenden erscheinen sie wie Synonyme, »dunkle Angelegenheiten Erwachsener«, mit denen Matia nichts zu tun haben möchte: »Als ob jener ungezügelte Lauf zum Brunnen des Lebens, den ich seit meiner Verweisung von Nuestra Señora de los Angeles unternahm, von Insekten und Ratten, Echsen, feuchten Würmern und rosa Raupen belauert worden wäre: und ich wollte schreien und sagen: Oh, nein, nein, halte mich bitte auf. Haltet mich auf, ich wußte nicht, wohin ich lief, ich will nichts weiter kennenlernen.«

Das Wissen und die Sexualität vermischen sich. Die Relegation aus der Oberschule mit dem melodischen Namen ›Nuestra Señora de los Angeles‹, eine Wiederholung des Geburtstraumas, signalisiert ihren Eintritt in eine andere Wirklichkeit, aus der es kein Zurück mehr gibt. Die erste Vertreibung erfolgte unfreiwillig, die zweite war das Resultat eines bewußten Aktes der Auflehnung: der Tritt vor das Schienbein der stellvertretenden Direktorin, Vorläuferin der bösen Hexe (Großmutter), gegen die sie sich schon nicht mehr offen aufzulehnen wagt. Dieser Tritt stellt die Grenze ihres Rebellentums dar. Ihre neue, insulare Umgebung ist eine

Welt der Verkleidungen und Maskeraden, und langsam geht bei ihr der Wunsch, die obszöne Realität zu negieren, in Heuchelei und Unterwerfung über.

Ihre Freudschen Ängste (Angst, daß schlangenförmige Tiere in sie eindringen und das Dunkel des Innenlebens enthüllen könnten, das alle vor ihr verbergen und von dem sie nichts wissen will) verwirren sie, und Matia entwickelt Strategien, um sich ausschließlich ihrer Erinnerung und der unbestimmten, verworrenen Liebe zu einer verlorenen Zeit zuzuwenden. Sie sehnt ein Wunder herbei, das die Zeit anhalten könnte, und als sie den geheimnisvollen Herrn von Son Major, Sankt Georg den Außenseiter, kennenlernt, den Drachentöter und Verteidiger wehrloser Jungfrauen, ist sie wie verzaubert von ihm und hofft, daß er sie vor ihrer unvermeidbaren Bestimmung zur Mutter und Ehefrau, einer Bestimmung zu Blut und Tod, bewahren werde.

Die rote Farbe zieht sie an und stößt sie ab. Manchmal stellt sie sich vor, rote Haare zu haben; das verbotene Kognakglas Tante Emilias, das der frustrierten Frau in den Vierzigern erlaubt, von Jorge de Son Major zu träumen, ist rot, und Manuel, der Freund Matias, ist gleich in zweifacher Hinsicht rot, einmal aufgrund seiner Haarfarbe, die auf eine inakzeptable Volkszugehörigkeit, nämlich die jüdische, hinweist, und dann hinsichtlich der in gleicher Weise inakzeptablen politischen Orientierung des Vaters. Das einzige Rot, das nicht angesprochen wird, ist das Rot, das wie ein unheilbringender Schatten das gesamte Werk umlagert: das Rot des Menstruationsblutes, das es ihr unmöglich macht, die Zeit und den Körper zu verleugnen, ein Blut, das von einem anderen Blut verdeckt und überflutet wird: dem des Bürgerkrieges.

Am Anfang ist der Krieg eine angenehme Überraschung für die Kinder, denn er durchkreuzt die Routine und ermöglicht unvorstellbare Freiheiten. Nach und nach ergreift seine hinterhältige Zerstörungskraft aber von der kindlichen Mentalität Besitz, die ihn ritualisiert, im Spiel andere Bürgerkriege zu neuem Leben erweckt und den Antisemitismus auf der Insel steigert, der in faschistischen Zeiten doppelt furchtbar ist. Vorbereitungen und Kampf: die Kinder begeben sich immer in wohlgeordnetem Zug auf den Dorfplatz und verwenden Signale und Kommandorufe, erfüllen die Forderungen des Ritus, und ihre Kämpfe werden zur Metapher aller Bürgerkriege, jener Kriege, die regelmäßig unter religiösen Vorwänden geführt worden sind, um ihre Barbarei zu verdecken.

Das Biblische gewinnt grundlegende Bedeutung. Der ursprüngliche Brudermord nimmt wieder Gestalt an im Bürgerkrieg der Eltern und den regelmäßigen Kämpfen der Kinder, und in der Tragödie Manuels und seines Adoptivvaters finden sich deutliche Anklänge an das Leben Jesu. Manuel, einer der Beinamen Christi, ist der Adoptivsohn von José Taronjé, der nach dem Märtyrertod des leiblichen Vaters den Opfermantel anlegt, und das Abendmahl, den Ölberg und den Kreuzweg erlebt. Vater und Sohn repräsentieren in gewissen Augenblicken Christus – eine Anspielung auf die Trinität –, und ihre Peiniger stimmen in der öffentlichen Rechtfertigung ihrer Handlungsweise überein, indem sie versuchen, das Persönliche hinter einer Maske des öffentlichen Interesses zu verbergen. José Taronjé wird aus politischen Gründen, mit anderen Worten: aus Motiven der Erwachsenenwelt, ermordet, wobei man sich einer »illegalen« Form bedient, während sein Sohn aus Gründen persönlicher Mißgunst geopfert wird. Aber wenn wir die zwei Passionsgeschichten vergleichen, stellen wir fest, daß das persönliche Element auch in der des Vaters vorkommt – Neid der Henker wegen seiner relativen Wohlhabenheit dank der Ehe mit Sa Malene – und in der des Sohnes das politische, insofern Borja seine Eifersucht hinter wirtschaftlichen Argumenten versteckt und Manuel des Diebstahls bezichtigt. Borja spielt die Rolle des Judas und Matia die des Petrus, denn aus Angst vor Strafe verschweigt sie die Wahrheit. Das Leugnen des biblischen Petrus war auf seine niedrige Herkunft zurückzuführen, auf seine Klasse, die immer in Furcht vor der Macht lebte. Die Angst Matias ist geschlechtsspezifisch, und ihre Auflehnung hält dem Druck ihrer Klasse und ihrer Familie nicht stand. Indem sie aufgibt, fügt sie sich in die traditionelle Unterwürfigkeit ihres Geschlechts und kappt die Verbindung zur weniger verdorbenen Welt der Kindheit. Die Anspielungen beziehen sich nicht nur auf das Christentum, sondern deuten auch auf andere Mythen unseres Kulturkreises hin. Wenn Manuel den toten Vater beerdigt, verkörpert er auf seine Weise die Auflehnung der Antigone; Manuel, der rothaarige Judenchrist, Symbol der christlichen Verfehlungen, Sündenbock.

Der Eintritt in die Erwachsenenwelt ist ein Rubikon, der das Ende der Unschuld bezeichnet und den die Autorin als Resultat einer aktiven Sünde – Borja und sein Verrat – oder einer passiven – Matia und ihr einvernehmliches Schweigen – darstellt. Der gesamte vorherige Lebenslauf Matias, ihr wortloser Widerstand, ihre

Weigerung, geschlechtsspezifische Unterschiede anzuerkennen, helfen ihr nicht in dieser schicksalhaften Pubertät. Auch nicht ihr Scharfblick, der die Gesundheit ihrer Beine (die Kraft der Heranwachsenden) mit dem Schrecken der Erwachsenwelt kontrastiert: »Aber im Leben, so schien mir, gab es etwas übermäßig Reales. Ich wußte – weil man es mir immer wiederholt hatte –, daß die Welt etwas Schlechtes und Großes war. Und mich ängstigte der Gedanke, daß sie vielleicht noch schrecklicher sein könnte, als ich sie mir vorstellte. Ich betrachtete die Erde und sagte mir, daß wir auf den Toten lebten und daß die steinige Insel mit ihren großen Blumen und ihren Bäumen aus übereinandergeschichteten Toten bestand.«

Der scharfsichtige Blick wird zur schuldhaften Klarsicht – der des Erwachsenen –, die Beine sind zu nichts mehr nütze. Die Kinderwelt, in der die Zeit stillstand, verschwindet: »Und ich, mit geöffneten Augen, wie eine Strafe (Die ›Insel Niewieder‹ existierte nicht, und die ›Junge Sirene‹ erlangte nicht die Unsterblichkeit der Seele, weil die Männer und Frauen nicht lieben, und sie behielt nur ein paar nutzlose Beine und verwandelte sich in Schaum)«.

Am Ende des Romans stellt sie sich selbst unter den Schutz der Lüge und der Klasse, die ihren Verrat legitimiert. Sie wird in die Schule zurückkehren und die herrschenden Hierarchien anerkennen. Matia wird wie ihre Tante Emilia lernen, zu schauen ohne zu sehen, und es wird mit ihr unerbittlich bergab gehen. Matute erlaubt wieder keinen Ausweg. In der Erwachsenenwelt finden Phantasie und Märchen keinen Platz. Die Schuld wird sie bis zu ihrem Lebensende begleiten, aber sie wird lernen, sie zu verbergen.

Borges behauptet, daß es keine unschuldige Lektüre gebe. Wenn Matute eine Feministin »avant la lettre« ist, so fällt es schwer, bei Juan Marsé eine extreme Misogynie zu übersehen, die er unter der Maske des moralischen Kommentars und unter einem grausamen Sarkasmus verbirgt, den er als Ironie verkleidet. Vargas Llosa wies in seiner Besprechung von *Últimas tardes con Teresa* darauf hin, daß die schematische Funktion, wie sie vom Autor gezeichnet wird, die Figuren ihrer Selbständigkeit beraubt und daß die umfangreichen Abschweifungen die mögliche und notwendige Kritik an einer »jeunesse dorée« untergraben.

Heute erweckt der Roman, wie so viele Werke der sechziger Jahre, vorwiegend historisches Interesse. Er ist Produkt einer Dekade, in der man aus Leidenschaft oder Überzeugung (wie die Anhänger des sozialistischen Realismus) schrieb. Das Literarische blieb sekundär, und der konzeptionelle Schematismus hatte eine gewisse Armut der Erzähltechniken zur Folge.

Der subjektive Neorealismus der ersten Werke Marsés ist asozialer Art und paßt sich seinen unterprivilegierten Figuren an, die das System nicht anklagen, sondern sich integrieren wollen. Marsés Lumpenproletarier sind keine Rebellen, sondern geblendet vom Reichtum der anderen. Sie sehnen sich danach, in die reichen Kreise mit ihren stereotypen Wohlstandsattributen aufzusteigen, leben in den Außenbezirken der Stadt und sind in doppelter Hinsicht Randfiguren, einmal wegen der Wohnlage und zum anderen wegen der Herkunft (es handelt sich um Emigranten). Ihre graue und fremde Stadt ist verwandt mit dem Buenos Aires von Roberto Arlt, mit dem Santa María von Onetti und mit dem Lima von Vargas Llosa. In der Beschreibung des Vorstadt-Barcelonas, das in seinem verregneten Grau die Stimmung der Figuren widerspiegelt, liegt eine der Hauptleistungen Marsés, wenn er auch in seiner Darstellung nicht die Intensität der enttäuschten Leidenschaft Arlts, die unerträgliche Mittelmäßigkeit Onettis oder die Gestaltung eines breiten Panoramas wie Vargas Llosa erreicht, das als Allegorie des gesamten Landes fungieren könnte.

Während die Heranwachsenden bei Matute ihre Unschuld verewigen wollten und die reale Welt ablehnten, wollen sie bei Marsé in einer der »realen« Welten leben: in der Konsumwelt, die unter dem Einfluß des Hollywood-Glamours und seines Abklatsches in der Regenbogenpresse steht.

Die geographische Lage ist von großer Bedeutung. Der ersehnte Stadtteil liegt im Zentrum, aber die Figuren weisen eine Exzentrizität auf, die sie destabilisiert und aushöhlt. Die Entfremdung des Daseins folgt auf die Erkenntnis der sozialen Entfremdung: »So verharrten sie eine Zeitlang, kapriziös in ihrer Haltung und ohne es zu wagen, einen Entschluß zu fassen, voller Zweifel, ob es etwas Besseres gebe, als ob eine geheimnisvolle und zufällige Gewißheit sie zum x-ten Male inmitten einer Ruine von Ungewißheiten und sonntäglichen Enttäuschungen erstarren ließe, mit sorgfältig gekämmten Haaren und weit geöffneten Augen, die nichts sahen, die keine Perspektive hatten: wieder einmal war die Stadt nur die stumpfe Abbildung eines umherziehenden Photographen, die Dekoration eines Scharlatans. Der Nachmittag war dicht und unfreundlich unter einer schwarzen Wolkenmasse. Die Zweige der Platanen trugen noch keine Blätter, und in den Aussparungen der Straßendecke, in die sie eingelassen waren, stand der Schlamm. In irgendeinem Kino, in irgendeiner Lokalität mußte es jetzt angenehm sein...« (So in: *Encerrados con un solo juguete.*)

Das Nichts ist ihr Lebensraum, kein dramatisches Nichts, sondern das Ergebnis einer Kette von Frustrationen, die die Welt aller Farben und Optionen beraubt. Als frustrierte Zuschauer können die Figuren Marsés ihre Herkunft nicht überwinden. Die Vorstadt ist ein Purgatorium, zu dem es keinen Himmel gibt. Figuren und Ambiente möchten etwas anderes sein und sind doch nur heruntergekommene Scheinexistenzen, ein Bild der Mittelmäßigkeit.

Während der Bürgerkrieg bei Matute noch unvermeidliches Hintergrundgemälde war, erfüllte bei Marsé (1933 in Barcelona geboren) die Nachkriegszeit dieselbe Funktion: als ein Horror der Mittelmäßigkeit, dem alles Heroische fremd ist und zu dem nur Besiegte passen. Während bei Matute die Nostalgie dominierte, herrschen bei Marsé die Trugbilder vor, das »ich möchte, aber ich kann nicht«, der Wunsch, etwas anderes zu sein.

Der erste Roman Marsés, *Encerrados con un solo juguete,* veröffentlicht 1960 und überarbeitet 1969, ist beeinflußt von Pratolini (allerdings ohne dessen Mitgefühl) und vom Neorealismus des italienischen Films, wobei die formalen Aspekte hier stärker sind als der Inhalt und die soziale Botschaft. In diesem Roman bemüht sich Marsé vor allem um die Schaffung eines hoffnungslosen Ambientes, in dem einige mittelmäßige und korrupte Gestalten leben, die als Gradmesser des moralischen Niveaus des Landes in den unmittelbaren Nachkriegsjahren dienen. Die Farbe des Romans, ein Schwarzweiß ohne Kontraste, zeigt den Einfluß einer Filmkunst, die sich bemühte, das Stereotyp zum Archetyp zu erheben: den Einfluß des amerikanischen Kriminalfilms, den Marsé in seinen Jugendjahren gut gekannt hat. Die Personen interessieren ihn nur als Figuren in der Stadtlandschaft, mit der sie die Grautöne und die Frustrationen teilen, und die meisten kommen über das Stadium des Entwurfs nicht hinaus. Nur Andrés, mit seinem unausgegorenen Nietzsche-Enthusiasmus und seinen existentialistischen Attitüden verdient die Aufmerksamkeit des Autors, obwohl auch er dem Druck der Umwelt nicht entgeht, dieser ungeheuren, alltäglichen Langeweile.

Die Repräsentation ersetzt die Authentizität, die Suche nach dem eigenen Sein. Die Nachkriegszeit ist ein repressiver Hintergrund, der kein Infragestellen zuläßt. Die Menschen können nur versuchen, mit Hilfe existierender Bilder zu leben, mit Bildern aus einer anderen Kultur, die dadurch, daß sie sie kolonialisieren, ihre Entfremdung und ihre existentielle Leere noch steigern. »In dem Taxi, das sie wieder in den oberen Teil der Stadt brachte, küßten sie sich noch einmal, noch einmal wollten sie jenen Bildern von sich selbst Gestalt verleihen, die sie so gehätschelt, so bis ins kleinste Detail ausgearbeitet hatten, noch fühlten sie sich nicht frustriert, und sie küßten sich lange, mit einer Inbrunst, die weit über das Vergnügen und über ihre Jugend und Freiheit hinausreichte, und sie ermüdeten sich mit ständigen und unbequemen Schaustellungen.« Obwohl jung, können sie sich weder lieben noch die Sexualität genießen, denn sie werden von Bildern versklavt, die ihr Verhalten so schicksalhaft bestimmen, wie das bei Matute der Ablauf der Zeit und die soziale Herkunft taten, wodurch in beiden Fällen die Möglichkeit der Authentizität ausgeschlossen und eine Herrschaft der Heuchelei und Gemeinheit begründet wird.

Die Familie Tinas, aus verarmter Mittelschicht, ist unfähig, den Teufelskreis des Müßiggangs zu durchbrechen und der Vergangenheit zu entfliehen; sie verkommt, ohne Widerstand zu leisten. Der Bürgerkrieg hat ihre Glanzzeit beendet, und die Abwesenheit des Vaters, eines nach Brasilien geflüchteten, republikanischen Freiberuflers, zerstört die Familienstruktur, die nun von einer weinerlichen Frau in den Vierzigern beherrscht wird, die zu allem bereit ist, um ein wenig Sex und ein paar Peseten zu bekommen. Obwohl das Buch seiner Mutter gewidmet ist, hat der Autor der Mutterfigur übel mitgespielt und ihr jede positive Eigenschaft abgesprochen.

Der Krieg hat die Familien ihrer Oberhäupter beraubt, und ohne den Vater können sie nicht standesgemäß leben. Den Frauen fehlt die notwendige Souveränität, und da sie immer einen zweiten Platz einnahmen, können sie das soziale Gefüge der Familie nicht aufrecht erhalten. So geht es mit der Familie bergab, wobei der Grad des Verfalls und des Niedergangs extreme Ausmaße erreicht. Die Söhne versinken ohne Vater in eine Apathie, aus der sie sich nicht befreien können, und sie empfinden seine Abwesenheit als eine Art von Kastration. Die Mutter Tinas ist ein menschliches Häuflein Elend, und die von Andrés, die hart arbeitet, um ihren untätigen Sohn zu ernähren, eine arme, erschöpfte Frau, der wir jedoch kein Mitleid entgegenbringen können.

Für die Frauen gibt es keine Rettung, sie können sich nicht von den Stereotypen freimachen. Ob jung oder alt, fleißig oder faul, alle verdienen dieselbe Behandlung. Tina ist ein loses Geschöpf, das raucht, Illustrierte liest, sich die Nägel lackiert und davon träumt, daß ihr Vater sie in das Land ihrer Träume, nach Brasilien, holt, und die fleißige Schwester von Andrés, die ebenfalls zu seinem Unterhalt beiträgt, wirkt wie eine Nonne, deren Arbeit keinerlei Respekt verdient.

Wenn der Krieg die bürgerliche Fassade zerstört hat, indem er die Lügen aufdeckte, auf denen die Institution der Familie beruht, so hat die Nachkriegszeit die Arbeiterklasse ruiniert, da sie die Arbeit in eine Form der Sklaverei verwandelt hat, die den menschlichen Geist untergrub und jede Auflehnung verhinderte. Ebenfalls von der Regenbogenpresse gefesselt, masturbieren diese Sklaven, die einen Fünfzehn-Stunden-Tag abzuleisten haben, mit den Bildern dieser Zeitschriften und werden sich der eigenen Entfremdung nicht einmal bewußt. »Sie kauten langsam, mit gesenkten Köpfen und abwesender Miene; jemand erwärmte den Henkelmann mit dem Gasbrenner, ein anderer las in dem fettigen Blatt einer Illustrierten, das als Umschlagpapier für die Mahlzeit gedient hatte, er las interessiert, gläubig und suhlte seine Phantasie und Gutgläubigkeit in Farbreportagen über Männer und Frauen, die es im Leben zu etwas gebracht hatten.«

Andrés, die Hauptfigur, Sohn eines gefallenen Republikaners, hat das politische Erbe seines Vaters in eine inaktive, intellektuelle Klarsicht umgewandelt, die ihn von den »Sklaven« trennt, mit denen er sich nicht solidarisiert. Im Gegenteil: »...jener Klang stummer Klagen über Täuschungen, unsagbaren Schmerz und Einsamkeit, die von jedem Mann, von jedem Arbeitsplatz auf ihn zuströmten; all das war ihm zuwider, machte ihn zu einem Fremden.« Die Reaktion auf diese doppelte Entfremdung, die soziale und die individuelle, treibt ihn zu einem »acte gratuit« persönlicher Befreiung: dem Verlust von einigen Gramm Gold, der für seinen Ausschluß aus der Arbeitswelt sorgt.

Als ein Entwurzelter verbindet er sein Schicksal mit dem der verarmten Bourgeoisie und hofft wie sie auf ein Wunder. Anstatt sein Schicksal in die Hand zu nehmen, lebt er von der Arbeit seiner Mutter und seiner Schwester und tut so gut wie gar nichts mehr.

Wie der Meursault Camus' (*L'étranger*), ohne allerdings zum Verbrecher zu werden, entwickelt sich Andrés zu einem Betrachter allen Niedergangs und greift selbst nicht ein, wobei er die Haltung eines über-den-Dingen-stehenden Philosophen zur Schau trägt.

Er hat keinen Sinn für Mitgefühl. Die Unterlegenen, wie etwa die Frauen oder die Arbeiter, verdanken ihre Niederlage einem inneren Versagen, das alle Formen der Gewalttätigkeit zu rechtfertigen scheint: den Mißbrauch Tinas und ihrer Mutter durch den geheimnisvollen Martín und das Elend Guilléns, des Freundes des toten Vaters, der genauso verächtlich ist wie die Mutter Tinas. Nur die Moral der Sieger gilt. Das historische Moment wird ausgeschaltet, indem die Niederlage als Folge einer Reihe individueller Fehler dargestellt wird, was in den Söhnen ein Gefühl der Willkür hervorruft, das jedes soziale Engagement ausschließt und eine Menschenfeindlichkeit erzeugt, die keine Hoffnung auf die Zukunft läßt: »Die Leute nehmen keine Rücksicht auf dich, Tina. Genausowenig wie auf mich. Mach dir nichts vor. Für uns gibt es das nicht, wie oft haben wir darüber gesprochen. Ich habe eine Art fixe Idee, die mich seit dem Krieg verfolgt: wir leben wie in einem großen Wartesaal, alles ist vorläufig...«

*Ultimas tardes con Teresa* (1966), das den angesehenen Literaturpreis Biblioteca Breve erhielt, war ein kühnes und originelles Werk in einer Dekade, in der die kulturelle Mittelmäßigkeit und politische Repression dominierten. Der Tourismus hatte zaghaft begonnen, die frigiden Moralvorstellungen des Nationalkatholizismus zu zerbrechen. Seine Devisenerträge und die Überweisungen der Gastarbeiter ermöglichten das Aufkommen einer Konsumgesellschaft, deren Genüsse durch das neue Fernsehen verbreitet wurden, das präfabrizierte Bilder des Vorbildlichen und Wünschenswerten in die Häuser der Bourgeoisie und in die Kneipen der einfachen Leute übermittelte. Zum Auto, zum Fernsehen und zur Lotterie traten als neue Mythen die phantastischen Schwedinnen und die klugen Französinnen, die durch die Verdrängung der Hollywood-Blondinen das Ausmaß der kulturellen Kolonisierung nur noch vertieften.

In dem ausgedehnten Roman dienen die 23 Motti zu den einzelnen Kapiteln dem Autor als Plattform für seine moralischen Kommentare. Sie bilden einen Untertext, der zur Erzählhandlung Stellung bezieht. Wie im Kamera-Auge Dos Passos' in der USA-Trilogie liegt der innere Zusammenhang des Werkes in den Epigraphen. Die beiden ersten scheinen sich zu widersprechen. Baudelaire spricht von einer tiefen Schönheit, die der Veränderung der Verhältnisse nicht widersteht, und Espronceda als Romantiker und Darwinist preist eine Schönheit, die zum Motor des sozialen Wandels wird: »Und wo auf der Welt, bei welchem Volk / erlangt nicht Ansehen, Macht und Herrschaft / Ein Jüngling von starkem und tapferem Herzen, / klarem Verstand und eherner Kraft?« Indem er Espronceda und seine exaltierte Romantik ironisch benutzt, demontiert Marsé die Theorien des Sozialdarwinismus, an deren Gültigkeit der Held glaubt. Durch diesen Kunstgriff entlarvt er nicht nur die individuelle Lebenslüge des Protagonisten und die soziale, wie sie im Gesetz des Stärkeren angelegt ist, sondern er nimmt auch den Ausgang des Romans vorweg. Manolo ist von ungewisser Herkunft, ein Mischling aus dem Süden, das heißt, er ist ein Außenseiter in doppelter Hinsicht. Sein Hang zu phantasieren wird genährt durch seine körperliche Schönheit, durch den Umstand, daß er in einem Palais aufgewachsen ist, in dem seine Mutter als Dienstmädchen gearbeitet hat, und durch die Hörspiele, die er in den Küchen und Schlafsälen der Dienstmädchen gehört haben muß, welche ja ebenfalls Außenseiterinnen waren. Diese träumerische Versponnenheit bringt ihn dazu, sich eine märchenhafte Vergangenheit zu erfinden und auf ein Wunder zu warten. Manolo, ein halber Analphabet, träumt davon, die Prinzessin auf der Erbse zu sein und komponiert sich eine Figur, die etwas von Aschenputtel und etwas vom verzauberten Prinzen hat, der auf einen Kuß wartet, um von seiner Froschexistenz erlöst zu werden. Deshalb erscheint ihm seine Begegnung mit der reichen Teresa Serrat als ein Akt ausgleichender Gerechtigkeit. Auch wenn es die verkehrte Welt ist, stellt Teresa den Märchenprinzen dar, der seinen wahren Wert entdeckt und es ihm ermöglichen wird, die Stellung einzunehmen, die ihm von Geburt und Herkunft zusteht.

Ständig von einer Umwelt bedrängt, die ihn erniedrigt, lebt Manolo von Bildern und Sehnsüchten. Er verliebt sich in das junge Fräulein, landet aber im Bett des Dienstmädchens, und sein Spitzname »Pijoaparte«[*] – neben »Cocacoña« von Sánchez Ferlosio einer der großen Spitznamen unserer Literatur – weist auf den Widerspruch zwischen Wunsch und Wirklichkeit hin, einen Widerspruch, der zur zerstörerischen Polarität gerät. Der Spitzname

---

[*] A. d. Ü.: Pijoaparte, wörtlich etwa: eitler, eingebildeter Junge, der aber abseits steht.

ist nicht nur ein humoristisches Element, sondern geradezu eine Enthüllung.

Das Motto von San Juan de la Cruz warnt vor der Mittelmäßigkeit, sich mit den Brosamen vom Tisch des Reichen zu begnügen, etwas, wozu Pijoaparte immer bereit ist. Er, Strandgut des Lebens, nimmt jedes Almosen gerne entgegen. Die Moral ist dabei ein unerschwinglicher Luxus und – für die Reichen – eine überflüssige Angelegenheit.

Die Leitsprüche, die der Frau gewidmet sind, zeichnen sie entweder als Luxusgegenstand oder als männermordendes Wesen. Teresa erfüllt beide Funktionen. Für den Außenseiter stellt sie einen faszinierenden Traum dar; als Frau aus dem Zentrum der Stadt, Blondine mit Cabriolet, entspricht sie dem Epigraph von Pedro Salinas: »Zärtlich schmachtende Mädchen, die Automobilen entsteigen, rufen mich«, aber auch dem Zitat aus einem Kinofilm: »In Wirklichkeit riskierte der Gangster sein Leben, damit die Platinblonde ungestört Kaugummi kauen konnte.«

Allerdings wird Pijoaparte nicht zum Gangster, sondern bleibt ein armseliger Motorraddieb und beendet seine Laufbahn mit einem trostlosen und unheroischen Gefängnisaufenthalt. Und als er eine politische Vergangenheit für sich erfindet, um Teresa zu beeindrucken, glaubt ihm keiner, und er kann nicht wie in der Aufschrift aus Othello sagen: »Sie liebte mich wegen der Gefahren, die ich auf mich genommen habe.« Ironischerweise hat er von Othello nur die dunkle Hautfarbe, die ihn absondert, nicht aber den Heroismus.

Wie in seinem vorhergehenden Werk benutzt Marsé gern Techniken, die ursprünglich vom Film kommen: »flash back«, Unterteilung mehr nach Bildfolgen als nach Kapiteln, »zoom in«, scheinbare Objektivität der Kamera, direkte Zitate aus bewunderten Filmen (Teresa als Eve Marie Saint in *On the Waterfront*), aber vor allem sucht er die atmosphärische Gestaltungskraft der Kamera zu erreichen, um sein Panorama einer bourgeoisen und gespaltenen Stadt zu zeichnen, die den Bürgerkrieg schon vergessen hat. Deshalb auch die zahlreichen und ausgedehnten Beschreibungen, aber er erreicht weder die scheinbare Distanziertheit noch die Realitätsnähe, die den guten kommerziellen Film auszeichnen.

Der Autor selbst läßt sich in dem Augenblick vernehmen, in dem das Verhalten der Figuren zweideutig erscheinen könnte. Marsé gesteht ihnen keine Autonomie zu und unterwirft den Leser einer gesteuerten Lektüre, mit häufigem Mißbrauch der Parenthese, die so typisch für die Epoche ist. So beschreibt er zum Beispiel eine Gruppe Studenten: »Überzeugt von ihrer eigenen Wichtigkeit (und folglich humorlos, unfähig zur Ironie), waren sie wie erstarrt bei dem Gedanken an die mögliche Wichtigkeit auch des anderen.« *Ultimas tardes con Teresa* ist letztlich ein Roman mit manichäischer Moralkonzeption.

Barcelona ist in zwei entgegengesetzte Pole unterteilt. Ein Zentrum gibt es nicht, wohl aber den erstrebenswerten Norden: San Gervasio, wie alle Nordviertel von prächtigen Blondinen bewohnt, die »Elle« lesen, in Cabriolets umherfahren und in prächtigen Villen wohnen, und daneben den abstoßenden Süden: Monte Carmelo, der Kongo in den Augen von Teresas Mutter, dieser Karikatur einer bourgeoisen Frau, für die alle Armen Schwarze oder Gelbe sind, die auf einen Domund warten, der sie erlöst, so wie Manolo auf die weiße Hand wartet, die seine naturgegebene Vornehmheit anerkennt.

In der geteilten Stadt zieht die Klassenzugehörigkeit ebenso scharfe Grenzen wie die Geographie, und in jedem der Teilreiche errichtet die Gesellschaft ihre Hierarchien. Wie im Lima von Vargas Llosa steht der vertikale Kontakt nur den oberen Schichten offen. Die unteren betrachten die Stadt wie durch ein umgekehrtes Teleskop. Ebenso ausgestoßen wie jeder Drittweltbewohner, leben sie inmitten der Umweltverschmutzung und der Dunkelheit: »Der Wind vom Meer kommt nicht bis hier, sondern stirbt viel früher, erstickt durch den schmutzigen Dunst, der sich über den buntscheckigen Hafen- und Altstadtvierteln erhebt, und durch den Rauch der Fabrikschlote.«

Marsé untersucht das Panorama seiner Stadt und stürzt sich in einen Kreuzzug mit dem Ziel, die bürgerlichen Studenten und ihre angebliche Opposition zum Regime zu demaskieren. Die Arbeiter und ihr damals schon gut organisierter Kampf existieren für den Autor nicht, und der Straßenbahnerstreik sowie andere gemeinsame Aktionen der Studentenschaft und der Arbeiter werden lächerlich gemacht und abgewertet zur bloßen Masturbation einer Gruppe von Impotenten und Voyeuren, die eine Reihe verschiedenartiger, aber selten erfüllter Liebesabenteuer erleben.

Die jungen Männer gehen in die Politik, um ihre Impotenz zu sublimieren (Luis Trías) oder ihre zweifelhafte Sexualität hinter einer Maske der Gleichgültigkeit zu verbergen (Ricardo), und die jungen Frauen, um begehrt zu werden. Die Impotenz von Luis Trías de Giralt, einem der Studentenführer, ist ein Versagen, das alle seine Pläne zunichte zu machen droht. Das Motto zu Beginn des Kapitels, das die Desillusion Teresas nach dem enttäuschenden Koitus schildert, ist dem nationalen Börsenbericht entnommen: »Nach einigen vorübergehenden Belebungen führten die heftigen Ausschläge kurz vor Ende zu Lustlosigkeit und Schwäche auf beiden Seiten, und zum Schluß herrschte Flaute.«

Der sarkastische Humor, mit dem die impotente oder abartige Sexualität der bourgeoisen Jugend beschrieben wird, kontrastiert mit dem elegischen Humor, der bei der Beschreibung der männlichen »Natürlichkeit« Pijoapartes zutage tritt, der als dunkelhäutige Traumfigur, als südlicher »Señorito«, sein Herrenrecht ausübt, wenn auch nur über die Dienstmädchen: »Er führte sein Glied in das Mädchen ein, wie jemand in eine Gesellschaft eintritt: erregt, feierlich, strahlend und wunderbar begabt mit einer zeremoniellen Phantasie der Geste.« Ein Augenblick des Triumphes, der seinen Glanz verliert, als Manolo feststellt, daß es sich um ein Dienstmädchen handelt, was er angesichts ihrer Erfahrenheit im Bett eigentlich schon geahnt hatte.

Pijoaparte hat eine klare Vorstellung von der Sexualmoral, die sich mit seinem Respekt für die Hierarchien und für die Reichen deckt. Die Prinzessinnen sind Jungfrauen, die Proletarierinnen zeigen nur falsche Scham oder ruinieren den Mann, den sie mit jedem erdenklichen Mittel unterwerfen (die Schwangerschaft) und schließlich vernichten, etwa indem sie einen schändlichen Exhibitionisten aus ihm machen, wie im Fall seines Freundes Sans oder »dessen, was nach fast zwei Jahren in der mörderischen Ehemaschine Rosas noch von ihm übrig geblieben war.«

Bei Teresa gelingt es ihm nicht, den Koitus zu vollziehen, aber nicht, weil er wie der junge Herr impotent wäre, sondern weil er es nicht wagt, obwohl er immer von diesem ruhmvollen Augenblick geträumt hat (auch dies eine Form von Impotenz). Den Widerstand Lolas, eines Mädchens seiner Klasse, kommentiert er mit folgenden Worten: »Hau ab und bewahr dir deine Ehre.« Und der allwissende Erzähler fügt hinzu, vielleicht um die Brutalität des Machos etwas abzumildern: »...(Lola) begann zu ahnen, weshalb die Erotik manchmal nicht nur aus diesem perversen und tierischen Aneinanderreiben der Haut bestehen kann, sondern auch aus dem verzweifelten Versuch, gewissen Träumen, gewissen Lebenserwartungen eine feste Form zu verleihen.« Unser Pijoaparte sucht die Schönheit im Beischlaf, eine Schönheit, die dem Mädchen versagt ist, da man ihm beigebracht hat, die Beine zu schließen, um eine Schwangerschaft zu vermeiden.

Für ihn ist es ein poetischer Akt, einen sonnengebräunten Körper zu lieben, eine Form von Machterwerb, und deshalb bleibt er schließlich an Maruja hängen: »Vielleicht weil ihn, wie bei jedem Sommeranfang, jene weitverbreitete kollektive Neurose, glücklich zu sein, mit besonderer Heftigkeit ergriff, ebenso wie das goldene Prestige des Geldes, das sich wie ein goldfarbener Honig über die alten Küsten des Mittelmeers ergießt, das inmitten des Sonnenglanzes wie ein wahrer Lebenskeim treibt und das in einigen besonders heißen, endlosen Nächten wie Alkohol ins Blut dringt. Was er wirklich in den Armen von Maruja suchte, war all das, was sie mit ins Bett brachte, wenn sie nach ihrer Arbeit von den hellerleuchteten Terrassen oder aus den großen Salons, die schon in nächtlicher Stille lagen, herabstieg.«

Teresa wird nach dem Scheitern ihrer Bemühungen, ihre Jungfräulichkeit zu verlieren, zur Voyeuse; eine Entwicklung, die dem Autor natürlich erscheint bei einer Frau ihrer Klasse, die auf die natürlichen Qualitäten von Dienstmädchen und Kammerburschen neidisch ist: »Sie konnte nicht der Versuchung widerstehen, durch das Schlüsselloch zu schauen. Das Bild, das sich ihr bot, war von einer Schönheit, die sie ihr Lebtag nicht vergessen würde. Maruja lag ausgestreckt auf dem Bett, mit geschlossenen Augen und einem lieblichen Lächeln, und der Junge, der mit nacktem Oberkörper, braungebrannt und ungekämmt auf dem Bettrand saß, beugte sich langsam zu ihr hinab, um sie zu küssen.« Wie in den Hollywoodfilmen nach Erlaß des Hays-Gesetzes bleibt alles im Rahmen der Wohlanständigkeit. Das Mädchen, das auf dem Bett ausgestreckt liegt, stellen wir uns nackt vor; den Mann mit bloßem Oberkörper jedoch mit einer Hose bekleidet.

Der Roman scheint geschrieben aus der Perspektive eines Voyeurs, der seine Veranlagung unter der Maske des Moralisten zu verbergen sucht, eines Voyeurs, der den Humor als Tarnung benutzt.

Der herrschende Nationalkatholizismus, die allgemein verbreitete Praxis, den Zugang zur Sexualität über die Prostitution zu suchen, die erzwungene Jungfräulichkeit der Mädchen und die allgemeine Repression werden nicht analysiert. Aber die Impotenz des

Studentenführers, die ihn abqualifiziert, gibt Anlaß zu einem Angriff auf Freud, Simone de Beauvoir, die Exilanten sowie die Intellektuellen und die bürgerliche Opposition gegen das Franco-Regime. Die Opposition der Arbeiterklasse hingegen wird nicht einmal erwähnt, obwohl der Roman zu einer Zeit spielt, in der die kommunistische Gewerkschaft (Comisiones Obreras) anfing, im ganzen Land Fuß zu fassen.

Wie bei Matute ist die Gesellschaft nicht zu erschüttern. Das Individuum kann nicht gegen seine Herkunft ankämpfen. Die Außenseiter: Pijoaparte mit seinem Aufstiegswillen und Maruja, die sich nicht an die herrschenden Moralgesetze hält, werden bestraft. Maruja stirbt wie im schlimmsten Melodrama an einer unerwarteten Krankheit, als sie Mutter wird, und Manolo endet im Gefängnis, wie das für die Nonkonformisten seiner Gesellschaftsschicht üblich ist. Der Status quo bleibt gewahrt, und unser Pícaro, Pijoaparte, weiterhin im Abseits stehend, erhält im Gegensatz zu Lazarillo nicht einmal eine Chance.

## Michi Strausfeld
## Der spanische Roman seit 1975

Seit Beginn der 70er Jahre hatte sich die spanische Gesellschaft in vielen Bereichen trotz der autoritären franquistischen Herrschaft stillschweigend liberalisiert. Die meisten Spanier verhielten sich, als existiere bereits die reale, und nicht die vom Diktator proklamierte organische Demokratie im Lande. Natürlich gab es immer wieder Rückschritte, denn gerade in den letzten Jahren vor Francos Tod versuchte der starrsinnige General, jede Veränderung zu verbieten und die Entwicklung zu einer freien Gesellschaft zu erschweren, wenn nicht zu verhindern. Daher häuften sich die Beschlagnahmungen und Geldbußen für die Presse (besonders gegen die Zeitschriften »Triunfo«, »Cuadernos para el Diálogo« oder »Cambio 16«), fanden Zensureingriffe gegen Romane und Essays statt (natürlich wurden einige Verlage sorgfältiger ›beobachtet‹ und häufiger ›indiziert‹), verbot man Konzerte der engagierten katalanischen Liedermacher oder prüfte jeden Liedtext, verhörte man Intellektuelle oder durchsuchte ihre Wohnungen (besonders nach dem Garrottieren des jungen Anarchisten Puig Antich im März 1974, ein Tod, der die spanische und internationale Öffentlichkeit wild empörte – selbst der Papst hatte um Begnadigung gebeten): all das gehörte bis zu Francos Tod zum Kulturalltag. Die Bestätigung der Todesurteile gegen fünf angebliche baskische ETA-Mitglieder sorgte noch im September 1975 für eine Verhärtung der Situation – der Weg zur politisch und kulturell mündigen Gesellschaft steckte voller Hindernisse, das Tauziehen mit der verknöcherten Administration dauerte unentwegt an. Verständlich, daß die Spanier den Tod ihres Caudillo nach seiner sechswöchigen Agonie mit Champagner feierten.

In den letzten Jahren der Diktatur Francos und in denen des Übergangs zur Demokratie spielten die Schriftsteller und Intellektuellen Spaniens einen wichtigen Part. Das Regime scheute die offene Verfolgung jener im Ausland geachteten Persönlichkeiten, um seinen Ruf nicht weiter zu gefährden, und die Spanier nutzten diesen bescheidenen Spielraum, um ihre Freiheiten zurückzugewinnen, leisteten politische Opposition z. B. durch Artikel in meinungsbildenden Zeitschriften wie »Triunfo«, die größte Verbreitung fanden, und übernahmen manche Aufgaben der noch nicht existierenden politischen Parteien. Der legendäre Ruf mehrerer Intellektueller gründet auf der Zivilcourage, die sie in diesen Jahren im Clinch mit den starren franquistischen Behörden und Beamten bewiesen.

Die Umwandlung der spanischen Gesellschaft stand in diesen Jahren eindeutig im Mittelpunkt des öffentlichen Interesses, und die Kultur behauptete nur einen Platz am Rande. Man las begeistert die Romane der lateinamerikanischen Autoren, die in so augenfälligem Kontrast zur eher bescheidenen eigenen Produktion standen. Die Diktaturen der Länder der sogenannten *Cono Sur* (Argentinien, Chile, Uruguay) hatten Tausende von Exilanten nach Spanien geführt, so daß die politisch-kulturelle Diskussion auch von ihnen stark geprägt wurde. Die Empörung über die dortigen Unrechtregime implizierte die Kritik am eigenen.

Nach Francos Tod erwarteten viele Spanier sogleich eine neue Blüte ihrer Literatur, vergleichbar jener der 30er Jahre, als Unamuno, Machado, Jiménez, Ortega y Gasset oder die »Generation von 27« publizierten. In den Schubladen mußten die Meisterwerke verborgen liegen, die infolge der Zensur nicht hatten publiziert werden können und die nahtlos anknüpfen würden an jene so produktiven Jahre der Republik. Zur allgemeinen Enttäuschung geschah jedoch zunächst nahezu nichts. Besser gesagt, nichts Spektakuläres, denn natürlich fanden zahllose Veränderungen und Neuerungen statt, die erst im Rückblick Konturen gewinnen. So erschien beispielsweise wenige Monate vor dem endgültigen Dahinsiechen des Diktators (die täglichen Krankenberichte waren spannender als ein Thriller und hielten die gesamte Bevölkerung in Atem) der erste Roman eines jungen barcelonesischen Autors, Eduardo Mendoza (* 1942), *La verdad sobre el caso Savolta (Die Wahrheit über den Fall Savolta)*, ein umfangreiches und spannendes Werk, das die revolutionären Unruhen von 1917 bis 1919 in Barcelona zum Thema hat. Protagonist des Buches ist die Stadt, das bunte Gemisch ihrer Bewohner, Ober- und Unterschicht, verwickelt in einen politischen Mordfall, den ein störrischer Kommissar unbedingt aufklären will. Hier klangen völlig unbekannte literarische Töne an, die sogleich von Literaturliebhabern wahrgenommen wurden. Das Buch erhielt den Preis der Kritik, während das breite Publikum, fasziniert von der generellen Umstrukturierung des Landes, mit wichtigeren Dingen beschäftigt war als mit der Lektüre eines historischen Politkrimis, so unterhaltsam und spannend er auch sein mochte.

Eduardo Mendoza war jedoch nicht der erste Autor, der Leben in die Literaturszene Spaniens brachte. Schon in den frühen 70er Jahren bemühten sich mehrere junge Schriftsteller und Dichter, unter dem Einfluß der lateinamerikanischen Romanciers zum einen und Juan Benets zum anderen, neue Wege aus der öden Literaturlandschaft Spaniens zu finden. Der sozialkritische Realismus sorgte nur noch für gelangweiltes Gähnen, die strukturalistischen Experimente nach französischem Vorbild für ein gequältes Lächeln. Altmeister wie Camilo José Cela oder Miguel Delibes schrieben zwar wie gewohnt weiter und bewahrten ihren Leserkreis, fanden jedoch keinen Anklang beim jüngeren Publikum. Juan Goytisolo schlug eine literarische Pirouette, schrieb sich frei von seinen frühen Texten und legte *Identitätszeichen* vor. Die Zensoren qualifizierten das Manuskript als blasphemisch ab und verboten die Publikation. Der Roman erschien daher in Mexiko, wurde daheim aber unter dem Ladentisch gehandelt und natürlich eifrigst gelesen. Juan Benet, Außenseiter im Literaturbetrieb damals wie heute, publizierte anspruchsvolle Erzählungen und Romane, in denen er die von ihm geschaffene imaginäre Landschaft »Región« weiter erkundete. Ein schmales, aber interessiertes Lesepublikum hielt ihm stets die Treue, und der literarische und persönliche Einfluß Benets auf viele jüngere Autoren, die heute im Mittelpunkt der Aufmerksamkeit stehen, ist unbestreitbar.

Insgesamt bot die spanische Literatur der 70er Jahre dennoch ein wenig aufregendes Bild. Aufsehen erregte hingegen unverändert nahezu alles, was die lateinamerikanischen Romanciers publizierten, denn sie lieferten die entscheidenden Anstöße für eine neue und lebendige Literatur in der gemeinsamen Sprache und bewiesen immer wieder, daß innovatorische Werke möglich waren. Sie wurden zur harten Konkurrenz spanischer Autoren, denen es am großen epischen Atem mangelte und die sich diesen Herausforderungen nicht gewachsen sahen. Viele fühlten sich verunsichert und verstummten für Jahre, während die lateinamerikanischen Kollegen die Bestsellerlisten okkupierten und sechsstellige Verkaufszahlen erzielten – für spanische Autoren unvorstellbar.

Nach 1975 wandelte sich Spanien politisch und gesellschaftlich in atemberaubender Schnelle. In wenigen Jahren gab es eine Vielfalt von Neuerungen, die sowohl im In- wie Ausland für ungläubiges Staunen und Bewunderung sorgten. Verständlicherweise geriet die Literatur darüber vorübergehend in Vergessenheit.

Schon 1978 schienen die Spuren des Diktators wie vom Erdboden weggewischt, und Vizcaíno Casas, Verfasser eines opportunistischen Bestsellers mit dem Titel *Y al tercer año resucitó* (Und im dritten Jahre stand er wieder von den Toten auf), beschwor bereits nostalgisch die guten alten Zeiten. Der Volksmund ergänzte den Titel jedoch voller Genuß: »und wäre sicherlich sofort freiwillig ins Grab zurückgekehrt.« Franco hätte sein »christkatholisches« Land vermutlich nicht wiedererkannt, denn Spanien hatte Tabula rasa ohne Gewalt gemacht, und dies trotz der kontinuierlichen Provokationen seitens der ETA-Terroristen, trotz der vielen Entführungen und Mordanschläge.

Verschiedene Wellen schwappten nun über das Land. Zahllose Publikationen: elementare Aufklärungsbroschüren (»Was ist Kommunismus, Feminismus, Anarchismus, Gewerkschaft« etc.), Pornohefte, Aufarbeitung und Richtigstellung der unmittelbaren Vergangenheit seit dem Bürgerkrieg in Handbüchern oder dicken Wälzern, erste spanische Veröffentlichungen wichtiger Titel der exilierten Autoren sowie die der internationalen Klassiker der Gegenwart (Brecht, Camus, Grass, Henry Miller, Sartre usw.), die Francos Zensoren stets verboten hatten. Innerhalb kürzester Zeit erschien eine Unzahl von Büchern, und viele (anspruchsvolle) wurden gleich hunderttausendfach verkauft (so *Der spanische Bürgerkrieg* von Gabriel Jackson oder die *Rückforderung des Conde don Julián* von Juan Goytisolo). Spanien hatte ein ungeheures Nachholbedürfnis, die durch den Bürgerkrieg geschlagenen Wunden sollten endgültig heilen. Unrecht mußte wiedergutgemacht, der Anschluß an die Moderne (Europa, USA) möglichst sofort gefunden werden. Inmitten dieser Turbulenzen blieben die Erstlingswerke junger spanischer Autoren verständlicherweise weitgehend unbeachtet, denn Bücherfluten überschwemmten die Ladentische, und es war außerordentlich schwierig, sich gegen sie zu behaupten. Erstaunlicherweise verebbten sie jedoch ebenso schnell, und zurück blieb lediglich ein Bewußtsein von Frustration, Ernüchterung, *desencanto* (Entzauberung): War das alles, was von der Demokratie erwartet werden konnte? Kein Höhenflug, kein Genie in Sicht, lediglich Normalität und Mittelmaß?

Nichts konnte damals verächtlicher klingen. Die großen Hoff-

nungen zerrannen, man resignierte, zog sich ins Privatleben zurück, nahm die neuen Freiheiten als Selbstverständlichkeit und
richtete sich ein in dieser »Normalität«, der ersten seit Beginn des
Bürgerkriegs. Und plötzlich, unvermutet, wurde es wieder ernst:
der Staatsstreichversuch vom 23. Februar 1981 und der spektaku-
läre Überfall auf das Parlament – weltweit *live* übertragen – rückten das Gespenst der Diktatur in Tagen voller Sorge wieder vor
Augen. 1982 folgte dann der Sieg der Sozialisten, der die großen
Erwartungen der Mehrheit der Spanier von neuem beflügelte. Die
Intellektuellen vertrauten jetzt darauf, daß der notwendige und ge-
wünschte *cambio*, die Erneuerung der Gesellschaft von Grund auf,
endlich möglich würde, da die mehrheitlich jugendlichen Regie-
rungsmitglieder im Gegensatz zu ihren Vorgängern ja nicht dem
Franco-Apparat entstammten.

Es schien, als habe sich die Demokratie nun endgültig im Bewußtsein aller Spanier etabliert. In dieser Zeit macht sich jetzt auch
der Aufschwung der Literatur, vor allem des Romans, bemerkbar.
Hierfür einige Beispiele: Während der erste, bereits erwähnte Roman von Eduardo Mendoza *Die Wahrheit über den Fall Savolta*
trotz Verleihung des Kritikerpreises und Verfilmung in zehn Jahren bei weitem keine einhunderttausend Käufer fand, erreichte der
Autor 1986 mit seinem vierten Buch, *La ciudad de los prodigios*
*(Die Stadt der Wunder)*, innerhalb von Monaten diese für spanische Autoren magische sechsstellige Zahl, die bislang nur Lateinamerikanern vorbehalten schien. – Juan José Millás (* 1946) erhielt
1977 für seinen Roman *Visión del ahogado* überschwengliches Kri-
tikerlob. Aber die bescheidene Erstausgabe von 3000 Exemplaren
konnte erst nach Jahren verkauft werden. Auch sein nächstes Werk
*El jardín vacío* (1981) fand großen Anklang in den Medien, während das Publikum weiterhin zurückhaltend blieb. Seine beiden
letzten Romane hingegen, *El desorden de tu nombre (Dein verwir-*
*render Name; 1988)* und *La soledad era esto (Das war die Einsam-*
*keit; 1990)* – ausgezeichnet mit dem angesehenen Literaturpreis
Nadal 1990 – standen auf den Bestsellerlisten und verkauften sich
zigtausendfach.

Unübersehbar fand ein Wechsel in der Einstellung der Spanier
zu ihren Autoren statt. Hierfür noch einige Beispiele, von jüngeren
Autoren. Die durch ihre fesselnden Reportagen berühmte Journa-
listin Rosa Montero (* 1951) hat seit 1979 fünf Romane publiziert,
die sofort zu Verkaufserfolgen wurden. Der letzte, *Temblor*

(1990), ein Science-fiction-Märchen, wenn man will, stand seit Erscheinen auf den Hitlisten. Julio Llamazares (* 1955) machte mit zwei schmalen, poetischen Romanen Furore: In *Luna de lobos* (*Wolfsmond;* 1985) greift der Autor ein bislang unbeachtet gebliebenes Thema auf, den Überlebenskampf einiger Männer, die am Ende des Spanischen Bürgerkrieges, getrennt von ihren Familien und immer in der Angst, entdeckt zu werden, in den unwirtlichen Bergen Nordspaniens Unterschlupf gefunden haben und Jahre, zum Teil Jahrzehnte dort verbringen. Auch der zweite Roman, *La lluvia amarilla* (*Der gelbe Regen*) aus dem Jahre 1988, beschäftigt sich mit einem Thema, das die jungen Autoren meist ignorieren: dem ländlichen Spanien, dem Leben der letzten Bewohner eines verlassenen Bergdorfes. Beide Bücher sind inzwischen Longseller.

Diese Beispiele ließen sich beliebig vermehren. Man spricht bereits, in Anlehnung an den »Boom« der lateinamerikanischen Autoren, von einem »Boom des spanischen Romans«. Seit mehreren Jahren widmen die Medien den zahlreichen, mehrheitlich jungen Schriftstellern viel Aufmerksamkeit, berichten stolz von ihren Erfolgen auch außerhalb der Landesgrenzen. Die Pyrenäen, bislang ein nahezu unüberwindliches Hindernis für den Literaturtransfer, oder zumindest ebenso mühsam wie das Überschreiten der dreitausend Meter hohen Berge, scheinen plötzlich geschrumpft zu sein. In Frankreich, Italien, Deutschland und England beobachten die Verleger jetzt interessiert die Literaturszene der iberischen Halbinsel und lassen »neue« Romane übersetzen. Zum ersten Mal wird Spanien so Bestandteil der europäischen Kultur, nicht nur als Nehmender, wie zuvor üblich, sondern auch als Gebender.

Die erzählende Prosa steht Ende der 80er Jahre in voller Kraft. Sie liegt auch an erster Stelle in der Gunst der Leser, deren Begeisterung für die lateinamerikanischen Romane plötzlich geschrumpft ist. Und in jeder Buchsaison erscheinen Titel bislang unbekannter und oft ganz junger Schriftsteller. 1989 machte Luis Landero (* 1948) mit einem ersten Roman, *Juegos de la edad tardía,* Furore und erhielt dafür sowohl den Kritiker- wie auch den Spanischen Nationalpreis für Literatur. Auf den Büchertischen stapeln sich die Novitäten, so daß selbst die eifrigsten Leser diese Bücherflut kaum noch bewältigen können.

Wer schreibt nun all diese vielen Romane? Das Phantombild des Durchschnittsautors hat José María Guelbenzu (* 1944) einmal so beschrieben: zwischen dreißig und fünfundvierzig Jahre alt, meist männlich, abgeschlossenes Studium, Wohnsitz Madrid oder Barcelona, obwohl der Geburtsort oft in der Provinz liegt. Nahezu alle verdienen ihren Lebensunterhalt mit einer Tätigkeit, die gerne in den Medien oder verwandten Bereichen liegt. Ihr erstes Buch erscheint meist mit Hilfe eines der zahllosen Literaturpreise, die Verlage, Bürgermeister, Provinzen, Versicherungsgesellschaften oder Banken verleihen (Kulturmäzenatentum steht in Mode). Oft schicken die angehenden Schriftsteller ihr Manuskript auch direkt an einen Verlag oder einen Agenten, und die Chancen, publiziert zu werden, sind heute größer als je zuvor. Dies erklärt auch das aktuelle Überangebot an leicht geschriebenen Texten, aber ›literatura light‹ (ein Modewort) findet (noch immer) Anklang, die Kritiker zeigen sich (noch immer) nachsichtig mit einem Erstling. Dennoch deutet sich bereits der Wandel an: der Leser, der das Schaffen der neuen Autoren interessiert verfolgt, stößt an die Grenzen seiner Aufnahmefähigkeit. Die Existenz des ›neuen Romans‹ ist inzwischen zur Selbstverständlichkeit geworden, so daß alte Qualitätsansprüche wieder zur Geltung kommen. In einem Jahrzehnt konnten sich jedoch etwa fünfzehn junge Autoren etablieren, und sie verfügen über einen zahlenmäßig so imponierenden Leserkreis, wie ihn wohl nur wenige andere europäische Schriftsteller kennen. Auflagen von dreißig-, vierzig- oder fünfzigtausend Exemplaren sind durchaus keine ungewöhnlichen Ziffern für die ›jungen‹ Romanciers, so daß sich viele von ihnen jetzt allein dem Schreiben widmen können und damit ihren Lebensunterhalt sichern. Das galt früher als unerreichbarer Wunschtraum und ist bestes Indiz dafür, wie schnell die Veränderungen der spanischen Buchkultur vonstatten gegangen sind.

›Einen eigenen Weg gehen‹ könnte der Leitspruch dieser neuen Autoren Spaniens lauten, die (fast alle) nach dem Bürgerkrieg geboren wurden und den Franquismus nur als Kinder und Jugendliche miterlebten (unterschiedlich hart, je nach Alter und familiären Gegebenheiten); unbeirrt einen persönlichen Weg einschlagen, mit dem Credo des »Individualismus als einzig möglicher Ästhetik«, wie viele übereinstimmend behaupten. Keine engagierte Literatur oder Texte, die sich einer bestimmten Tendenz verschreiben. Jeder hat seinen persönlichen Lektürekanon erstellt, konnte frei wählen aus einem riesigen Angebot. Fragt man nach besonderen Vorlieben, fallen häufig folgende Namen: Borges, Cortázar, Vargas Llosa, Onetti, die angelsächsische Literatur, Handke, Bernhard, Botho Strauß. Spuren und Varianten dieser so unterschiedlichen Bücher finden sich heute in manchem spanischen Roman: Kombination von Krimi und Politthriller, Seelenerkundung und Rückzugsgefechte, Abenteuerlust und gesellschaftliches Miteinander, auch die beliebte ›Beziehungskiste‹ fehlt natürlich nicht. Aber fast alle Autoren bemühen sich, dem Leser die Lust am Buch nicht zu vertreiben: Langweilen soll sich niemand, Lesevergnügen ist hehres Ziel. Literatur ist keine Bildungspflicht mehr, sondern Kür. Die Konkurrenz mit anderen Medien zwingt zu erzählender Ökonomie. Ob Juan José Millás aus dem Leben eines erfolgreichen Verlagsdirektors mit gescheiterter Ehe und Psychoanalyse berichtet oder Javier Tomeo (* 1931) von einer neurotischen Mutter-Sohn-Beziehung, ob Alejandro Gándara (* 1957) die Ängste eines zum Erfolg verurteilten Mittelstreckenläufers schildert oder José María Guelbenzu den nächtlichen Alptraum eines Mannes, der soeben einen Mord begangen hat (war es wirklich Mord oder nur ein Hirngespinst?), ob Alvaro Pombo (* 1939) die Nachkriegskindheit im wohlhabenden Elternhaus aufrollt oder Antonio Múñoz Molina (* 1956) das Leben eines Literaturstudenten in den letzten fünf Jahren des Franquismus, ob Jesús Ferrero (* 1952) seinen Schauplatz nach Ostasien verlegt, Javier Marías (* 1951) ironisch reflektierend das Leben eines »sentimentalen Mannes« erzählt, Adelaída García Morales (* 1945) ein junges Mädchen die Geschichte ihres Vaters rekonstruieren läßt und seinen Selbstmord zu erklären versucht, ob Cristina Fernández Cubas (* 1945) eine neue Robinsonade mit ökologischen Konnotationen ausstattet, Julio Llamazares die Einsamkeit im Maquis oder verlassenen Bergdorf einfängt oder Rosa Montero die Frau-Mann-Beziehungen mit ihren immergleichen und stets neuen Dominanzformen entlarvt – die Vielfalt der Themen ist letztlich ebensowenig überraschend wie die Vielzahl der Autoren. Diese Verschiedenheit von Stilen und Inhalten, von Erzählrhythmus und Tonfall, Schauplätzen und Zeiten charakterisiert die zeitgenössischen Romane der »Generation der 80er«, wie ihre Verfasser manchmal schon klassifiziert werden. Vermutlich hat die zu Beginn des Jahrzehnts oft geringgeschätzte und inzwischen so angenehme politische Normalität viel zu dieser Renaissance der Erzählprosa beigetragen.

Neben die triumphierenden, zur Zeit von Medien und Publikum verwöhnten jungen Schriftsteller muß sogleich ein Dreigestirn des Literatenhimmels gestellt werden: Rosa Chacel (* 1898) lebte viele Jahrzehnte im Exil in Brasilien und kehrte erst 1972 nach Spanien zurück. Sie erhielt 1988 den Spanischen Nationalpreis für Literatur, den ihr das Kulturministerium für ihr Gesamtwerk verlieh. Sie publiziert weiterhin, Romane und Memoiren, und man sieht sie in animiertem Gespräch auf vielen gesellschaftlichen Treffen. Rafael Alberti (* 1902), mit zahlreichen Preisen geehrt (u. a. mit dem Cervantes-Preis 1983), legt in unregelmäßiger Folge Kapitel seiner in Arbeit befindlichen Memoiren vor, schreibt Gedichte, hält Lesungen aus seinem Werk und ist inzwischen eine legendäre Gestalt. Die Philosophin und Essayistin María Zambrano (1904-1991), lange Jahre im Exil und in Spanien wenig beachtet, zog seit der Verleihung des Cervantes-Preises 1988 die Aufmerksamkeit von Lesern und Kritik auf sich, und ihr philosophisch-poetisches Werk wird endlich in Spanien neugedruckt und dadurch zugänglich. 1990 erschien ein neuer Essay der Lieblingsschülerin von Ortega y Gasset, »Los bienaventurados«, in dem sie nochmals auf zentrale Themen und Erfahrungen zurückgreift: das Exil, die Aufgabe der Philosophie, die Bedeutung des Schauens und der Poesie.

Diese drei Persönlichkeiten, die jahrzehntelang unter schwierigen Umständen im Exil lebten, erfahren heute spontane Zuneigung und Verehrung, vielleicht auch als bescheidene Versuche von Wiedergutmachung. Ihre Gesamtwerke wurden im eigenen Land erst nach 1975 gedruckt und gewürdigt.

Ebenfalls kontinuierlich, ja unermüdlich schreibt Camilo José Cela (* 1916), 1989 mit dem Nobelpreis geehrt, dessen letzte Bücher von höchst unterschiedlicher Qualität auf kein sehr großes Interesse beim Publikum stoßen. Miguel Delibes (* 1920), »lebender Klassiker«, publizierte 1987 ein schönes Buch, *377A, Madera de héroe* (*Das Holz aus dem die Helden sind*), in dem er die Kindheit von Gervasio García de la Lastra schildert, bis dieser sich freiwillig zur Marine meldet und in den Bürgerkrieg zieht. Seine Ideale vom heldenhaften Soldatenleben prallen bald mit dem alltäglichen Grauen zusammen, und Delibes gelingt es, die Gesellschaft der Vorbürgerkriegszeit einprägsam und überzeugend zu schildern. Gonzalo Torrente Ballester (* 1910), Cervantes-Preisträger 1987, publiziert ebenfalls regelmäßig, und seine allgemeine Anerkennung fand in den 80er Jahren statt. Während er in den 70er Jahren als Literat für den vielbeschworenen kleinen Kreis galt, trotz einstimmigen Kritikerlobs für den hervorragenden Roman *La saga/ fuga de J. B.*, verkaufen sich seine neuen Bücher heute in damals unvorstellbaren fünf- und sechsstelligen Auflagen.

Bei Torrente Ballester und Delibes kam der enorme Publikumserfolg in den achtziger Jahren auch dank der Verfilmung einzelner Werke zustande. Die mehrteilige Fernsehfolge von *Los gozos y las sombras (Licht und Schatten)*, einer Trilogie, die bei ihrem Erscheinen 1957-1963 nur geringe, eben die damals übliche Beachtung fand, führte zu einer Neuentdeckung sämtlicher Romane des Autors. Miguel Delibes, dessen Buch *Las ratas* (1962) längst Schullektüre ist, eroberte die Leser 1981 von neuem mit dem schmalen Roman *Los santos inocentes (Die heiligen Narren)*, dessen gelungene Verfilmung ihm auch internationalen Ruhm einbrachte.

Spätestens jetzt wird deutlich, daß die Lesegewohnheiten sich gewandelt haben in Spanien, obwohl die UNESCO-Statistiken das Land unverändert auf einen der drei untersten Plätze in Europa verweisen, wenn untersucht wird, wie viele Bücher pro Kopf und pro Jahr gelesen werden. Die starke Verlagsindustrie (mehr als 40000 Neuerscheinungen) klagt zwar zu Recht über zuwenig Leser, aber dennoch läßt sie nahezu jedes interessante ausländische Buch binnen kürzester Frist übersetzen. Der Spanier ist heute ohne Zweifel weltoffener als je zuvor in seiner Geschichte.

Neben den traditionellen Erzählern stehen die avantgardistischen Einzelgänger: Juan Goytisolo (* 1931) hat sich mit seinen drei letzten Romanen, die alle in den achtziger Jahren erschienen, *Makbara, Paisajes después de la batalla (Landschaften nach der Schlacht)* und *Las virtudes del pájaro solitario*, ganz bewußt in eine Außenseiterposition begeben und geht seinen Weg konsequent hin zu einer neuen, revolutionären Roman- und Sprachkunst. Wie Arno Schmidt glaubt er, daß ihn vermutlich erst spätere Generationen verstehen werden, obwohl ihm auch heute eine gar nicht kleine Gruppe von Lesern die Treue hält.

Julian Ríos (* 1941) lieferte fast zehn Jahre lang Teile aus seinem in Arbeit stehenden Roman *Larva*, ein Werk, das den Rahmen der spanischen Literatur sprengt und sich als iberische Variante von Joyce versteht. Der Untertitel *Babel, una noche de San Juan* deutet bereits auf das Sprachfeuer hin, das der Autor über 600 Seiten verbreitet, auf die Entfaltung von Musikalität und Plastizität eines jeden Wortes, die aus dem Roman eines der ehrgeizigsten literarischen Abenteuer der 80er Jahre gemacht haben.

Juan Benet (* 1927), seit je Außenseiter, wenngleich aus anderen Gründen als Juan Goytisolo oder Julián Ríos, ragt wie ein Leuchtturm aus der spanischen Literaturlandschaft. Seine dichten, sprachlich ausgefeilten und stets herausragenden Werke ziehen trotz aller Leseschwierigkeiten ein wachsendes Publikum in Bann, und die »Benetianer« bilden eine loyale Gefolgschaft. Seine Meisterwerke *Volverás a Región* (1968), *Una meditación* (1970), *Saúl ante Samuel* (1980) und die noch nicht abgeschlossene Tetralogie *Herrumbrosas lanzas,* 1983 ff. *(Rostige Lanzen)* sowie der letzte Roman *En la penumbra* (*Im Halbschatten;* 1989) sind Meilensteine in der Geschichte der spanischen Literatur der letzten zwanzig Jahre und exemplifizieren literarische Seriosität: Benet hat nie eine Konzession gemacht, nie seine hochgesteckten Ziele verraten, nie die Ansprüche an sich und den Leser reduziert. Aus dem Abseits – sein erstes Buch trägt den Titel *Nunca llegarás a nada (Du wirst es zu nichts bringen)* – stieß er zur Spitze vor. Dort steht er unangefochten.

In den achtziger Jahren publizieren drei Schriftstellergenerationen zugleich, wie aus dem soeben Gesagten deutlich wird. Daneben muß man noch die Autoren erwähnen, die in Katalanisch, Galicisch oder Baskisch publizieren, denn auch in den traditionellen Autonomien hat sich das literarische Panorama seit 1975 grundlegend verändert. Die reiche katalanische Tradition, mit ihrer mehr als tausendjährigen Geschichte (die 1988 gefeiert wurde), soll hier als erste genannt werden. Da Franco die regionalen Sprachen verboten hatte und auf den Hausgebrauch beschränken wollte, fiel es den Autoren besonders schwer, ihre Kultur lebendig zu erhalten. Die Geschichte des Widerstands der Katalanen gegen das Publikationsverbot ihrer Sprache füllt Bände. 1962 gab es bescheidene Erleichterungen, die zur Gründung eines heute renommierten Verlages führten, *Ed. 62,* der eine Art Bestandsaufnahme des Vorhandenen versuchte und neue katalanische Literatur und Poesie veröffentlichte, obwohl die Zensoren hier ganz besonders aufmerksam prüften, ob keine subversiven Texte eingeschmuggelt würden. Ebenfalls 1962 erschien der Roman von Mercè Rodoreda (1909-1983), *Auf der Plaça del Diamant,* der inzwischen in zwanzig Sprachen übersetzt wurde. Die Autorin hatte viele Jahre geschwiegen und im Exil gelebt. Dieses Buch bewies, daß die Literatur in katalanischer Sprache dennoch überlebt hatte. Die Leser waren begeistert und lasen auch alle anderen Werke der Autorin, deren Protagonisten meist weiblich sind. Diese Frauengestalten – ob Aloma, Colometa oder Teresa – mit ihren alltäglichen Problemen, ihren Sorgen und Mühen, um das Überleben der Familie zu sichern, mit ihrem bescheidenen Glück, ihren Ehen und Kindern, graben sich fest ins Gedächtnis ein. Mercè Rodoreda verwendet einfache Worte, aber die poetische Bildkraft ihrer Sprache zieht den Leser sogleich in Bann. Llorenç de Villalonga (1897-1980) fand große Anerkennung mit seinem (auch erfolgreich verfilmten) Roman *Bearn,* in dem er die Dekadenz der Aristokratie Mallorcas in elegischem Ton beschreibt. Joan Perucho (\* 1920) gewinnt der Wirklichkeit durch Ironie und das Aufdecken ungeahnter Facetten neue Dimensionen hinzu, verquickt auch verschiedene Epochen zu einer verblüffenden Einheit, wie z. B. Mittelalter und Gegenwart in seinem phantastischen *Llibre de cavalleríes* (erschienen 1957). In *Les històries naturals (Der Nachtkauz)* verbindet er wieder höchst unterschiedliche Welten, nämlich die nicht-rationale der Vampire mit der des Wissenschaftlers, und das geheimnisvollschauderhafte Geschehen findet als Hommage des Autors selbstverständlich in seiner katalanischen Heimat statt.

Es ist unmöglich, im Rahmen dieses Aufsatzes die vielen Autoren Kataloniens zu erwähnen, die in wenigen Jahren eine enorme Vielfalt von literarischen Werken geschaffen haben. Wichtig für die Pflege und Erhaltung der Sprache in den schwierigsten Jahren der franquistischen Repression war das Werk der Lyriker: z. B. von J. V. Foix (1893-1987) oder Salvador Espriu (1913-1985). Ihre Gedichte haben Platz gefunden in der Weltgeschichte der Lyrik dieses Jahrhunderts. Pere Calders (\* 1912), der von 1939 bis 1962 im Exil in Mexiko lebte, ist durch seine humorvollen und skurrilen Kurzgeschichten berühmt; Montserrat Roig (\* 1946) oder Quim Monzó (\* 1952) publizieren seit Mitte der 70er Jahre sowohl Romane wie Erzählungen und erzielen heute damit ähnliche Triumphe wie ihre »kastilischen« Generationskollegen; sie werden auch sogleich ins Spanische übersetzt.

Ähnliches gilt für Galicien. Der ›klassische‹ Autor dieses Jahrhunderts, der ebenfalls die Sprache der Region trotz aller Schwierigkeiten wahrte, heißt Alvaro Cunqueiro (1912-1981). 1955 veröffentlichte er in Galicisch *Merlín e familia (Merlin und Familie;* 1991), die Geschichte des Zauberers Merlín, der mit sieben Wissen ausgestattet ist. Berichtet werden zahlreiche Begebenheiten aus seinem abwechslungsreichen Leben, in denen der Autor die Tradition Galiciens, die voll ist von Sagen und Legenden, Märchen und wundersamen Dingen, guten und bösen Geistern, kunstvoll einfängt. Cunqueiro verzaubert den Leser wie der Geschichtenerzähler, der von Dorf zu Dorf zieht und die Bewohner abends stundenlang unterhält.

Carlos Casares (* 1941) oder Alfredo Conde (* 1945) publizieren Romane und Erzählungen in galicischer Sprache. Ihre Bücher werden sogleich ins Spanische übersetzt (manchmal übernehmen die regionalen Autoren selbst diese Aufgabe), und auch sie zählen zur zeitgenössischen Generation der erfolgreichen Romanciers Spaniens. Alfredo Conde erhielt für seinen Roman *Xa vai o griffón no vento* (1985) den Spanischen Nationalpreis für Literatur sowie den Kritikerpreis. Als baskischer Repräsentant sei hier Bernardo Atxaga (* 1951) genannt, der für seinen Band mit Erzählungen *Obabakokak* (1988), in denen er die orale Erzählweise kunstvoll wiedergibt, ebenfalls den Spanischen Nationalpreis für Literatur erhielt.

Die Lebendigkeit der heutigen Prosawerke Spaniens ist auch noch auf zwei weitere »Novitäten« zurückzuführen, die zuvor im hiesigen Panorama fehlten. Dies sind zum einen die Kriminalromane, zum anderen Kinder- und Jugendbücher spanischer Schriftsteller. Internationale Berühmtheit erlangte der Inspektor Pepe Carvalho, der die kniffligsten Fälle immer mit Humor zu lösen vermag und seinen angelsächsischen Vorbildern in nichts nachsteht. Natürlich bringt sein Verfasser Manuel Vázquez Montalbán (* 1939) Seitenhiebe auf die Gesellschaft und politische Anspielungen in seine Romane ein, und Pepe Carvalho ist wie sein Erfinder ausgesprochener Gourmet. Auch Andreu Martín (* 1949) oder Juan Madrid (* 1947) haben bereits zahlreiche Kriminalromane vorgelegt, und ihre Gangster streunen durch die Unterwelt von Barcelona oder Madrid, je nach Geburtsort der Verfasser.

Renommierte spanische Autoren schreiben heute Kinder- und Jugendromane, eine vor fünfzehn Jahren undenkbare Vorstellung, blieb »Literatur« doch allein dem Erwachsenenbereich vorbehalten. Ein Schriftsteller konnte mit der sicheren Mißachtung und dem Unverständnis des Kulturbetriebs rechnen, sollte er sich in die Niederungen des Kinderbuchs begeben und das Tabu brechen. Heute sieht die Lage anders aus. José María Merino (* 1941) erhielt viel Lob für seine Abenteuertrilogie *El oro de los sueños (Das Gold der Träume), La tierra del tiempo perdido, Las lágrimas del sol.*

Sein Protagonist, Miguel Villacé Yólotl, ein Mestize, lebt in der Zeit der Conquista und nimmt an mehreren Eroberungszügen im Azteken-, Maya- oder Inkareich teil. So werden viele wundervolle Geschichten aus den alten Chroniken der Entdeckung und Eroberung der Neuen Welt lebendig, die der Autor alle fasziniert gelesen hat. Merino schreibt jetzt sowohl für Erwachsene wie Jugendliche, und dies ist etwas gänzlich Neues für Spanien. Gleiches gilt für Alejandro Gándara, der in seinem ersten Jugendbuch, *La mitad del cielo*, die Erlebnisse eines geschiedenen Vaters schildert, der seinen beiden Kindern stets das Besondere bieten möchte. Nach einem Flugzeugabsturz in unwirtlichen Bergen lernen sich die drei Personen erst wirklich kennen, es fallen die Masken. Carmin Martin Gaite (* 1925) publizierte nach zwölfjährigem Schweigen ebenfalls ein Buch für Jugendliche, *Caperucita en New York*, eine phantasievolle Geschichte, in der ein junges Mädchen (Rotkäppchen) eine Clocharde trifft, die sich als Freiheitsstatue entpuppt. Die Tatsache, daß Kinder- und Jugendbücher endlich aus dem Ghetto der Subliteratur entlassen wurden und Autoren heute die Herausforderung akzeptieren, gute Romane für ein jüngeres Publikum zu schreiben, ist eine noch junge Entwicklung und wird den Literaturbetrieb der 90er Jahre vermutlich deutlich beleben.

Der Unterschied zwischen dem literarischen Leben 1975 und 1990 springt ins Auge, wie dieser knappe Überblick zu verdeutlichen versucht hat. Die Romanciers haben in den 80er Jahren die Anerkennung der spanischen Kritik und Leser gefunden und ihre Bücher erzielen hohe, früher einfach undenkbare Auflagen. Innerhalb der spanischen Gesellschaft behaupten diese Autoren heute einen prominenten Platz, und die Spanier sind stolz darauf, daß ihre jungen Literaten nun auch im Ausland Anerkennung finden. Fast alle publizieren Meinungsartikel in den angesehenen Tageszeitungen, vor allem in »El País«, halten Vorträge an Universitäten und werden so häufig zu Symposien und Lesungen eingeladen, daß ihr Terminkalender jetzt fast immer voll ist. All dies hätte 1975 niemand für möglich gehalten, wartete man doch damals auf die großen Werke aus der Schublade. Viele der in den letzten fünfzehn Jahren publizierten Romane werden wahrscheinlich dazu beitragen, daß die Klischees von Sonne, Stierkampf und stolzem Spaniertum endlich in Vergessenheit geraten. Und die Vielfalt des Vorhandenen verspricht Lesevergnügen für die unterschiedlichsten Interessenten.

# Joaquím Molas
## Die Schiffe Pantagruels

### I.

*Die katalanische Literatur zwischen 1888 und 1939*

Das halbe Jahrhundert von 1888 bis 1939, d. h. von der Weltausstellung in Barcelona bis zur Besetzung der Stadt durch die Truppen Francos, war ein außergewöhnlicher Zeitabschnitt. Die Kultur, insbesondere die Literatur, bildete einen sozial und formal geschichteten Prozeß, der aus seinen Spannungen und seinem kreativen Potential eine eigene Dynamik entwickelte, die gleichzeitig auf die großen europäischen Fragestellungen hin geöffnet war. Die neue Bourgeoisie bildete beispielsweise im Gegensatz zu den im übrigen Spanien herrschenden Verhältnissen eine Gesellschaft modernen Zuschnitts, die eine Reihe von Bewegungen freisetzte, welche sich in ihrem Nacheinander, Miteinander und Gegeneinander als außerordentlich ergiebig erwiesen. Tatsächlich öffnete sich Katalonien in den achtziger Jahren plötzlich dem modernen Europa, nachdem es sich bis dahin trotz der Dynamik der »Renaixença« (Renaissance) – des Einflusses der französischen Romantik, des schottischen Psychologismus, der deutschen rechtshistorischen Schule, der neuen, von Friedrich Diez begründeten, romanischen Philologie usw. – darauf beschränkt hatte, seine primären internen Probleme zu lösen: Wiederbelebung des literarischen Gebrauchs der Sprache, Wiederentdeckung der historischen Vergangenheit und der mündlich überlieferten Volkskultur, Verbreitung seiner programmatischen Prinzipien in den Gebieten von Rosellón, Valencia und Mallorca, mit einem Wort Erweckung des Nationalbewußtseins und Bestimmung seines Inhalts. »Som l'any de l'Exposició«, sagte einer seiner bedeutendsten Akteure, Joan Maragall.

»Wir befinden uns im Jahr der Weltausstellung. Jedermann weiß, was das bedeutet. Barcelona erwacht zum modernen europäischen Leben. Es herrscht große Bewegung: breite Straßen werden gezogen, und mit ihrer Hilfe entwickelt sich das Stadtzentrum zur ›neuen Stadt‹. Alle Welt spekuliert an der Börse, jedermann gewinnt; der Luxus der Neureichen prangt auf den Promenaden und in den Theatern; ein Weltstadtgefühl verbreitet sich überall, ein Größenwahn bemächtigt sich der Menschen: es ist der Goldrausch.«

»Der französische Naturalismus hält prunkvoll Einzug in die Kunst und die Literatur: unsere Geisteswelt modernisiert sich; die gefragten Persönlichkeiten heißen Ixart und Sardá im Bereich der Kritik und des Journalismus, Narcís Oller in der Romankunst, Casas und Rusiñol in der Malerei, Apel·les Mestres ist der Dichterkönig; die Rhetorik und der Romantizismus werden gleichermaßen verspottet und verdrängt: alles muß direkt aus dem Leben kommen: alles soll glatt, klar, natürlich sein...!«

Trotz aller Spannungen ergab sich die Möglichkeit einer Zusammenarbeit zwischen der Bourgeoisie und den Intellektuellen, die von einem bestimmten Zeitpunkt an die Planung eines idealen Kataloniens ermöglichte. Tatsächlich geriet die häufig problematische Zusammenarbeit, die zwischen Handel und Industrie und den Führern der ›Renaixença‹ existiert hatte, während der bourbonischen Restauration ins Schwanken. Auf der einen Seite stand die naturalistische Gruppe, die im wesentlichen von zwei Kritikern, Josep Ixart und Joan Sardá, und einem Romancier, Narcís Oller, gebildet wurde. Sie identifizierte sich mit der Sache der Bourgeoisie und verteidigte, wenn auch nicht deren Interessen, so doch ihre Aspirationen. Oller beispielsweise konstruierte eine fiktive Welt, mit deren Hilfe er nicht nur sein großes Gemeinschaftsabenteuer (La febre d'or) mystifizierte, sondern auch seine individuellen Probleme und Ängste (Pilar Prim). Auf der anderen Seite stand Apel·les Mestres, der mit seinen Zeichnungen, Gedichten, Partituren und Theaterstücken das Modell einer reinen und totalen Kunst verwirklichen wollte. Er fühlte sich durch den Materialismus der zeitgenössischen Gesellschaft abgestoßen und opponierte gegen sie. Überhaupt herrschten in den modernistischen Kreisen Auflehnung und Außenseitertum. Der Modernismus war in den Jahren einer politischen und philosophischen Krise – Scheitern der liberalen Staatsform in Spanien, Verlust der letzten überseeischen Kolonien, Verlust des Vertrauens in die Vernunft und den Fortschrittsgedanken – entstanden, und man kann ihn nur vom Bruch des Künstlers mit seiner sozialen Umwelt her verstehen. Gleichzeitig wurde er aber nur möglich durch den Reichtum und Snobismus der Bürger Barcelonas, die in der Lage waren, die wunderbare Architektur eines Gaudí zu finanzieren oder den Palau de la Musica Catalana zu stiften und ein Verlagswesen zu unterhalten, das aus einem Buch auch einen Kunstgegenstand machen konnte. In einigen Fällen, wie z. B. bei Rusiñol, war der Bruch mehr scheinbar als wirklich. In anderen Fällen hingegen verlief er so ernst, daß er zum Exil (Jaume Brossa, Josep Pijoan) oder zum Selbstmord (Raimon Casellas, Hortensi Güell) führte.

Für beide Seiten bedeutete die Lösung der Krise in einem aggressiv nationalistischen Sinne eine entscheidende Wende. Die Bourgeoisie erkannte, daß sie zur Schaffung und Verbreitung ihres Modernisierungsprogramms auf die Intellektuellen angewiesen war; und die Intellektuellen erkannten ihrerseits, daß sie zur Realisierung ihrer kulturellen Reformen die politische und wirtschaftliche Unterstützung durch die Bourgeoisie brauchten. Und so kam es zu einer Periode intensiver Zusammenarbeit, die eng mit dem Namen des Staatsmannes Enric Prat de la Riba verknüpft ist und die unter Leitung von Eugeni d'Ors eine der fruchtbarsten kulturellen Bewegungen des 20. Jahrhunderts hervorbrachte: den ›Noucentisme‹. Mit dem Tode Prats und dem Ende des Ersten Weltkriegs begann eine neue Phase des Schwankens, die durch die nachfolgenden politischen Ereignisse verstärkt wurde: Arbeitskämpfe, Diktatur des Generals Primo de Rivera, usw. Eine Gruppe, zweifellos die größte, versuchte die Zusammenarbeit aufrechtzuerhalten, was sich in einigen Fällen als bequem erwies, in anderen jedoch eine Reihe von Konzessionen erforderlich machte. Eine andere Gruppe, mit der experimentellen Avantgarde eng verbunden, nahm eine kritische und ablehnende Haltung ein. Laut einer Darstellung sagte zum Beispiel Dalí, der stark vom Breton des Zweiten Manifests beeinflußt war, 1931 auf einer von einer marxistischen Partei der äußersten Linken organisierten Versammlung:

»Es sei nötig, die moralische Revolution einzuleiten und vor allem die republikanischen und demokratischen Ausdrucksformen der bürgerlichen Moral anzugreifen. Im Namen der Surrealisten lädt er dazu ein, in die subversive Welt der Überwirklichkeit hinabzusteigen und scheiße auf die 25 000 geplanten Schulen, auf die Ortega y Gassets, auf die Marañóns Spaniens. Diese Kultur verkörpere so schändliche Ideen wie jene vom Vaterland und von der Familie. In dieser Zeit der Flüchtlingsgesetze machten sich die Intellektuellen durch ihr Schweigen mitschuldig. Der Streik habe die

Positionen der politischen Parteien auf schändliche Weise deutlich gemacht, besonders die der Linken, und ihnen gegenüber bliebe nach Meinung des Redners als einzige Möglichkeit der revolutionäre Glaube derjenigen, die ihm zuhören. Er empfehle, sich von allen Sentimentalitäten zu lösen, auf die Fahne des Vaterlandes zu spucken, die Eltern mit dem Revolver zu bestrafen und in die Welt der Subversion hinabzusteigen.«

## Der modernistische Diskurs

Der Modernismus war, wie in ganz Europa, ein ergiebiges Experimentierfeld auf ideologischem, künstlerischem und literarischem Gebiet. Ideologisch schwankte er zwischen den starrsten und den offensten Positionen, zwischen einem Karlisten wie Alexandre de Riquer, einem liberalen Konservativen wie Miguel dels Sants Oliver oder einem Republikaner wie Gabriel Alomar. Die eigentlich modernistische Gruppe allerdings, die unter anderen von Jaume Brossa und Santiago Rusiñol gebildet wurde, begründete die regenerationistische Literaturkritik, die mit ihrer Idee von Modernität gelegentlich dem Anarchismus nahestand, wobei sie diese Idee weitgehend mit dem Vitalismus Nietzsches oder mit einem mehr oder weniger symbolistischen Impressionismus identifizierte. Auf literarischem Gebiet, auf dem der Modernismus präraffaelitische, parnassische und symbolistische Elemente unbesorgt vermischte, führte er alle möglichen Experimente durch. Zum Beispiel unterwarf er das Sonett und den freien Vers einer Reihe von Variationen, die zu wirklichen Neuentdeckungen gerieten. Der Hexameter erlangte unter der Feder von Joan Maragall und Miguel Costa i Llobera eine vollendete Musikalität. Santiago Rusiñol führte in Spanien das Prosagedicht ein (*Oracions*, 1897). Im Jahre 1904 erfand Gabriel Alomar bei dem Versuch, eine neue Bezeichnung für den modernistischen Regenerationismus zu finden, der durch das Denken der deutschen Romantik neu belebt worden war, Konzept und Vokabel des »Futurismus«. Dieser Begriff wurde später mit anderem Inhalt von Marinetti übernommen und verbreitet und beeinflußte in einigen Aspekten den »Ultraismus« von Borges. Ein Jahr später, 1905, unternahm Rafael Nogueras Oller, damals noch ein unbekannter Dichter, ausgehend von Lewis Carroll und den Verfahrensweisen der Volksdichtung, einige Versuche in visueller Poesie.

Zweifellos sind Miquel Costa i Llobera, Joan Alcover und Joan Maragall die drei bedeutendsten Dichter dieser Strömung. Costa schuf mit seinen *Horacianas*, die 1879 begonnen und 1906 veröffentlicht wurden, einen außerordentlich klassischen und in seiner Beredsamkeit und Heiterkeit sehr ausgewogenen Diskurs. Im Gegensatz dazu entwickelte Alcover, der wie Costa aus Mallorca kam, einen intimen und dramatischen Diskurs mit entfernten Anklängen an Leopardi. Maragall schließlich, der mit seinen Artikeln in der Tagespresse zu einer Art kritischen Gewissens der katalanischen Gesellschaft wurde, kultivierte einen synthetischen und visionären Realismus und formulierte eine Dichtungstheorie, in der er seine persönlichen Erfahrungen mit platonischen oder romantischen Ideen (Novalis, Poe) verschmolz. Sein episches Gedicht *El comte Arnau*, das aus einer Reihe einzelner, miteinander verknüpfter »Visionen« hervorgegangen ist, folgt in formaler Hinsicht den Regeln, die Poe und Baudelaire für diese Gattung aufgestellt haben. Die Romanciers, wie »Victor Català« (Pseudonym für Caterina Albert) und Prudenci Bertrana, zerbrachen die strenge Architektur des realistischen Romans des 19. Jahrhunderts und nahmen dichterische Visionen und Volksmärchen in ihn auf. Von daher pflegten sie eine Vorliebe für Erzählungen und Kurzgeschichten, in denen sie sich als wahre Meister erweisen. In diesem Sinne ist Joaquim Ruyra, der die reinsten Formen und eine fast klassizistische Harmonie aufweist, der bedeutendste von ihnen, vor allem aufgrund seiner Erzählungen aus der Sammlung *Pinya de rosa*. Das Theater schließlich wechselte zwischen dem Ideendrama Ibsenscher Art (Joan Puig i Ferrater) und dem symbolistischen Gemälde (Santiago Rusiñol, Adrià Gual) und näherte sich in seinen größten Augenblicken einer Gattung, die gleichzeitig aus Handlung, Poesie, Plastik, Gesang und Ballett besteht (Apel·les Mestres).

## Das Idealbild Kataloniens

Eugeni d'Ors, Josep Carner und »Guerau de Liost«, die durch die strenge Schule des Modernismus gegangen waren, entnahmen demselben die Forderungen, die sich am besten mit dem umfassenden kulturellen Entwicklungsplan vereinbaren ließen, den die Bourgeoisie durchführen wollte. Indem sie diese Forderungen angemessen veränderten, erweiterten und vertieften, machten sie daraus etwas völlig Neues: den ›Noucentisme‹. Apel·les Mestres und »Guerau de Liost« stellten zum Beispiel eine direkte Beziehung zwischen Natur und gotischer Architektur her. Costa i Llobera, der dieselben philosophischen und ästhetischen Krisen durchlaufen hatte wie Mestres, aber über eine größere Begabung verfügte, stellte das Gedicht, und auf anderer Ebene die Beziehung Griechenland-Rom/Katalonien-Mallorca in dasselbe Begriffsystem wie Ors und Carner. Alomar und Ors machten sich zum Anwalt desselben Konzeptes »Katalonien-Stadt«, d. h. eines Kataloniens, das in einen riesigen, urbanen, kosmopolitischen und hochzivilisierten Komplex umgewandelt werden sollte. Alexandre Plana und Josep Carner widmeten sich weiter der Kurzgeschichte, wobei letzterer sie am Vorbild Joaquim Ruyras ausrichtete. Aber sehr bald fand sich das ›noucentistische‹ Projekt, das sich rationalistisch und klassizistisch gestaltete, in direktem Gegensatz zum Modernismus, der visionär und offen blieb. (Die mehr oder weniger unverhüllt geführte Kontroverse ›Víctor Catalàs‹ mit den ›noucentistas‹ hinsichtlich des ›Ruralismo‹, d. h. der Natur als Gegenstand der Kunst, zeigt den Abstand zwischen beiden Gruppen sehr deutlich.) Und so kam es zu einem schnellen und heftigen Bruch. Die Gruppe des ›Noucentisme‹, die über einen größeren kulturellen Apparat verfügte und von der herrschenden Bourgeoisie unterstützt wurde, verdrängte die Modernisten buchstäblich von der Szene, so daß diese sich in das mehr volkstümliche Milieu der Stadtviertel und Landbezirke zurückziehen mußten.

Tatsächlich entwarfen Bourgeoisie und ›noucentistas‹ auf der Grundlage einer sehr begrenzten politischen Autonomie, die kaum zwanzig Jahre dauerte, ein kulturelles Programm, das wir in großen Zügen umreißen wollen. Vor allem ging es darum, ein europäisches, demokratisches und kulturell aktives Katalonien zu schaffen; ein Katalonien, das in gewisser Weise an die Situation und Möglichkeiten gegen Ende des 15. Jahrhunderts anknüpfen sollte, die durch die historischen Umstände zunichte gemacht worden waren – Vereinigung mit Kastilien, imperialer Ehrgeiz der Habsburger, bourbonischer Absolutismus usw.

Carles Riba sagte zum Beispiel: »Unsere Vergangenheit hat nicht in einer Dämmerung geendet, sondern in einem Morgenrot: der Renaissance des 15. Jahrhunderts.« Und er fügte hinzu: »Man muß sich einmal unsere damaligen Möglichkeiten vorstellen: die katalanische Außenpolitik versprach, im Konzert der neuen Völker eine wirkungsvollere Rolle zu spielen, als es dann die unserer Unterdrücker tat. Und ein *Tirant lo Blanc* und ein Roís de Corella ließen zumindest die Ankunft eines Ariost erwarten.«

Zweitens ging es darum, die Sprache rigoros zu systematisieren, das heißt, sie zu einer geregelten, flexiblen und nuancenreichen Sprache sowohl für den sozialen als auch für den wissenschaftlichen und literarischen Gebrauch zu entwickeln. Drittens sollte das griechische Erbe, oder allgemein das Erbe des klassischen Altertums zu neuem Leben erweckt werden, sodann sollten die wesentlichen Elemente der Volkskultur gesucht, definiert und weiter verwendet werden – das, was Maragall in einem Brief an den Komponisten Felip Pedrell »las madras del alma catalana« nannte, – und nicht zuletzt sollten die drängendsten Probleme der modernen Zeit exakt registriert werden, von den philosophischen und wissenschaftlichen bis hin zu den künstlerischen und literarischen. Viertens mußten die notwendigen wissenschaftlichen und pädagogischen Institutionen geschaffen werden: das »Institut d'Estudis Catalans«, das bedeutende Forschungsaufgaben wahrnahm; die »Estudis Universitaris Catalans«, eine Art Paralleluniversität, dazu bestimmt, die staatliche Universität zu ersetzen, und die während der Zweiten Spanischen Republik die Grundlage der Autonomen Universität von Barcelona; dann eine »Universidad Industrial«, die für die Ausbildung von Technikern bestimmt war; eine »Junta de Museos«, welche die Kunstschätze des Landes inventarisieren und bewahren sollte; eine »Biblioteca Nacional de Cataluña«, die als Sammelstelle der kulturellen Vergangenheit und als modernes Arbeitszentrum fungieren sollte, usw. Den letzten Punkt in diesem Programm bildete die Förderung der wissenschaftlichen Forschung und der kreativen künstlerischen Tätigkeit.

Von den großen Gestalten des ›Noucentisme‹ war Eugeni d'Ors, in dem sich der kulturelle Voluntarismus mit dem dekadenten oder zumindest symbolistischen Raffinement verband, derjenige, der die philosophischen Grundlagen des Programms schuf *(Glosari)* und der daneben versuchte, das Modell eines antirealistischen Romans zu entwerfen, der zwischen Essay und Fiktion stehen sollte und der, auch wenn er im Prinzip scheiterte, ein so grandioses Ergebnis zeitigte wie *L'oceanografia del tedi*. Jaume Bofill i Mates, besser bekannt unter seinem Pseudonym »Guerau de Liost«, entwarf eine anspruchsvolle poetische Trilogie über die Stadt als Ideal der Zivilisation, von der er nur die zwei ersten Teile veröffentlichte: *La muntanya d'Ametistes*. Hier versuchte er, die Natur zu zivilisieren, d. h. sie ihres ländlichen Charakters zu entkleiden, und in *La ciutat d'ivori* stellte er sie im Gegensatz zur elfenbeinernen Stadt dar. Seine Höhepunkte erreichte Guerau de Liost, der kunstvoll und präzise arbeitete, allerdings mit Liebesgedichten *(Ofrena rural)* und Satiren *(Somnis)*. In den Gedichten, die Josep Carner zwischen 1904 und 1914 verfaßte, unterwarf er Situationen und Ereignisse des täglichen Lebens einem intensiven Idealisierungsprozeß, wobei ihm gelegentlich das Landleben, wie in *Els fruits saborosos*, zu einer Sammlung von Klischees geriet. Von 1914 an vollzog er dank der Entdeckung der modernen englischen Lyrik eine grundlegende Wende, die ihn in vieler Hinsicht zur Teilnahme am Abenteuer der »reinen Poesie« veranlaßte, und ihn nach dem Spanischen Bürgerkrieg zu einem symbolistischen Humanismus führte, dem er zwei seiner bedeutendsten Werke verdankt: das Versepos *Nabí* (über den biblischen Mythos von Jonas) und das Theaterstück *El Ben Cofat i l'Altre* (über eine aztekische Legende). Schließlich stimmte auch der aus Rosellón stammende Josep Sebastià Pons, stark beeinflußt vom französischen Postsymbolismus, mit manchen programmatischen Punkten des ›Noucentisme‹ überein und verlieh ihnen, ebenso wie Carner, in seinen bedeutendsten Gedichten *(Cantilena)* in höchst humaner Weise gültige Form.

### Rhetoriker und Terroristen

Aus den Reihen der ›noucentistas‹ gingen um das Jahr 1916 die zwei Gruppierungen hervor, die die zeitgenössische Dichtkunst spalteten und die Jean Paulhan nach der Art ihrer Behandlung des linguistischen Materials »Rhetoriker« und »Terroristen« nannte. Erstere verstanden, wie Valéry, die Literatur als eine schöpferische Gestaltung der Sprache, während letztere sie, wie Breton, als eine Zerstörung oder als ein Abenteuer auffaßten. Clementina Arderiu, Tomàs Garcés und vor allem Marià Manent und Carles Riba sind die berühmtesten Repräsentanten der ersten Gruppe. Manent, einer der eifrigsten Schüler Carners, blieb den theoretischen Forderungen des Postsymbolismus immer treu, die er weiterentwickelte in seinen Essays über die dichterische Schöpfung, oder, besser gesagt, über den Augenblick, in dem ein Zustand der Emotionen – oder der Imagination – sich in Form eines Gedichts organisiert, wo in einigen wenigen Versen, die mit langen Parenthesen des Schweigens versehen werden, die Landschaft zur Materie der Kontemplation oder Meditation umgeformt wird. Riba, der sich unter dem Einfluß von Maragall und Ors zum Dichter heranbildete, veröffentlichte in seiner Jugend zwei maßgebliche Werke des ›Noucentisme‹, einen Lyrikband, die *Estances,* und ein literaturtheoretisches Buch, die *Escolis.* Seit den zwanziger Jahren leitete er dann jedoch einen Prozeß der Identifikation von Leben und Literatur ein und zugleich eine Synthese und Reinigung der in Frage stehenden Materialien, die ihn auf dem Gebiet der Kritik zu einer Position brachte, welche etwa auf halbem Weg zwischen De Sanctis – Vossler und Valéry lag und dazu führte, daß er die Mechanismen des zu analysierenden Werkes zunächst zerlegte und dann wieder zusammensetzte. Auf dem Gebiet der Dichtkunst machte er sich zunächst Valérys Idee von einer »reinen Poesie« zu eigen und ging dann, nach dem Bürgerkrieg, dazu über, die Ergebnisse seiner künstlerischen Tätigkeit in zwei grundlegenden Werken zu »humanisieren«: *Elegies de Bierville* und *Salvatge cor.*

Joaquim Folguera, der früh verstarb, und J. V. Foix sind die berühmtesten Vertreter der zweiten Gruppe. Aber die beiden, die eng mit dem Experiment der »Rhetoriker« verbunden waren, trieben das »terroristische« Konzept niemals bis zur letzten Konsequenz, sondern nutzten es nur als kulturelles oder als persönliches Experiment. Foix, der in einem emblematischen Vers gesagt hatte, »m'exalta el nou i m'enamora el vell«, d. h. »mich erregt das Neue, und mich bezaubert das Alte«, versuchte tatsächlich in einem lyrischen Universum voller Phantasie, aber auch voller philosophischer Anklänge, die Tradition und die Moderne, die Realität und den Traum miteinander zu verbinden. Er betrachtete sich nicht als Dichter, sondern als poetischen Forscher, beteiligte sich an dem kubistisch-futuristischen Abenteuer, übersetzte einige Dadaisten und wirkte neben Joan Miró und Salvador Dalí an der großen surrealistischen Explosion der zwanziger und dreißiger Jahre mit. Andererseits schuf er die vollendeten Sonette der Sammlung *Sol, i de dol,* in denen er einen voluntaristischen Rationalismus und eine Metaphysik platonischer Denkart konzipierte. Josep M. Junoy schließlich, der nicht ausdrücklich am ›noucentistischen‹ Programm mitwirkte, aber mit vielen seiner Ideen übereinstimmte, veröffentlichte eine Reihe von Gedichten und Prosastücken kubistisch-futuristischer Machart, wobei er in einem dieser Stücke aus dem Jahre 1916 die völlige Umwandlung der ›Art poètica‹ in Formulierungen forderte, die stark an die später von Kurt Schwitters verwendeten erinnern.

Z.
.
.
.
.
.
.A

Auf jeden Fall stammten die radikaleren »terroristischen« Produktionen aus den volksnäheren Kreisen, in denen in gewissem Sinne der modernistische ›regeneracionismo‹ weiterlebte. Oder sie kamen aus dem Bereich der bildenden Künste, die sich ja in einer freieren und universaleren Sprache ausdrücken. Joan Salvat-Papasseit zum Beispiel, der das futuristische Erbe Alomars weiterführte und wie Junoy die magische Stilform des japanischen *Haiku* kultivierte, schuf ein schmales Werk, das, ausgehend von kubistisch-futuristischen Anfängen, in einem elegischen und *naiven* Realismus endete, der, damit wir uns recht verstehen, gewissen Aspekten eines Apollinaire oder eines Max Jacob nahestand *(Poema de la rosa als llavis)*. Salvador Dalí, der anfänglich die Malerei und Literatur als komplementäre Ausdrucksformen benutzte, veröffentlichte zwischen 1926 und 1936 verschiedene Gedichte und Prosastücke von einem minuziösen und korrosiven Lyrismus. Sein Weg führte von der ›heiligen Objektivität‹ der ersten Texte, einer Mischung aus ›Orsismo‹ und ›Esprit Nouveau‹, zum Surrealismus und belebte ihn dann mit seiner paranoid-kritischen Methode; einer Methode, die er schon in einem von der Zeitschrift »Hèlix« im März 1930 veröffentlichten Vortrag dargelegt hatte und die er später auf französisch weiterentwickeln sollte *(La femme visible, La Conquête de l'Irrationnel,* usw.).

Insgesamt bieten der Roman und das Theater ein verschwommeneres, unklareres Bild. So nahm zum Beispiel der Roman nach einigen Jahren der Krise die Modelle des 19. Jahrhunderts mehr oder weniger in der durch Dostojewski (Joan Puig i Ferrater, Sebastià Juan Arbó) oder durch Proust (Miquel Llor) aktualisierten Form wieder auf. Andere, wie Carles Soldevila, konstruierten mit Hilfe einer synthetischen, von den Spuren des 19. Jahrhunderts gereinigten Prosa einen modernen und korrosiven psychologischen Romantyp, der in mancher Hinsicht an Gide erinnerte.

Zweifellos heißen die beiden bedeutendsten wenn auch sehr verschiedenartigen Vertreter Francesc Trabal und Josep Pla. Trabal, der die Bewegung der Avantgarde von ferne mitgemacht hatte, schuf ein poetisches Universum von großer Kunstfertigkeit und Einfallsreichtum, voller Phantasie und Humor, das Lösungen im Absurden suchte *(Judita)*. Sein bester, aber gleichzeitig traditionellster Roman, in dem er unter Verwendung einer musikalischen Struktur nicht die Laufbahn eines einzelnen Helden, sondern einer ganzen sozialen Gruppe verfolgt, heißt *Vals*. Josep Pla schuf dagegen eine umfangreiche Memoirenliteratur, in der er die persönliche Erfahrung und die unmittelbare Aktualität zur historisch-moralischen Erfahrung erhöhte und einige traditionelle Gattungen neu belebte, wie z. B. das Sittengemälde, die Biographie, den Reisebericht, den Roman oder den Essay. Seine Memoiren sind allerdings nicht linear oder deskriptiv, sondern gewissermaßen fließend und fragmentarisch, und sie tragen Charakteristika der vertraulichen Mitteilung, der mehr oder weniger ideologisierten Dokumentation, gelegentlich auch der direkten und unverhohlenen Fabulierkunst. *(Quadern gris, Cartes de lluny* usw.)

Das Theater schließlich schwankte zwischen der Schauspielkunst eines Carles Soldevila, der so bedeutende Stücke wie *Civilitzats, tanmateix!* inszenierte, und dem breitgefächerten Repertoire, in dem der Schwank und die volkstümlichen Dramendichtungen Josep M. de Sagarras vorherrschten. Sagarra, bedeutender Dichter und hervorragender Romancier, hatte eine freche Chronik über das »süße Leben« der Barceloneser Aristokratie der zwanziger Jahre verfaßt *(Vida privada).* Nach dem Krieg versuchte er erfolglos, sein Repertoire mit Hilfe des existentialistischen Prosadramas zu erneuern *(Galatea).*

Für die katalanische Literatur bedeuteten die Republik und der Bürgerkrieg einen doppelten Anstoß zur Erweiterung, zur Vertiefung und zur volkstümlichen Korrektur des ›noucentistischen‹ Programms, das durch den Triumph General Francos in voller Blüte abgetötet wurde. Auf literarischem Gebiet bemühten sich z. B. die »rhetorischen« Gruppen, die wesentlichsten Entdeckungen der Avantgarde zu übernehmen. Und auf der anderen Seite versuchten die »Terroristen«, den Umsturz zum offenen, sozialen Kampf oder zumindest zur sozialen Kritik einer Gesellschaft auszuweiten, die in der Auseinandersetzung zwischen Faschismus und Kommunismus stand. So versuchte Bartomeu Roselló-Pòrcel, der mit 24 Jahren im Bürgerkrieg starb, das Modell Ribas von der reinen Poesie zu verwirklichen, verwendete aber gleichzeitig viele barocke Stilmittel, und für einige seiner größeren Dichtungen wie *Auca* die Mechanismen traumartiger Transformation. Auf der anderen Seite verwarf der nationalistische und bissige »Pere Quart« (Pseudonym für Joan Oliver) ausdrücklich den Surrealismus *(Decapitacions)* und besang 1936 in Worten, die an die britische ›public poetry‹ erinnern, die chemisch reine Revolution *(Oda a Barcelona)*. Nach der Katastrophe des Bürgerkrieges verfaßte Oliver, der auch das Schauspiel *(Ball robat)* und das Revolutionsstück *(Allò que tal vegada s'esdevingué)* kultivierte, eine bittere und pessimistische Abhandlung über die menschliche Bedingtheit, die stellenweise eine harte Kritik am Franco-Spanien beinhaltet.

## II.

*Schematische Ergänzung
zu weiteren fünfzig Jahren katalanischer Literatur,
von 1939 bis 1989*

Seit dem Jahre 1939 stand die katalanische Literatur unter dem Druck der Erlasse des Franco-Regimes und zweier weiterer negativer Phänomene, die sich besonders stark in den 60er bis 80er Jahren auswirkten, nämlich der starken Einwanderung von Arbeitskräften aus dem Süden Spaniens und der Einführung moderner Technologien, die vom Staat und den multinationalen Konzernen kontrolliert werden. Trotz dieser behindernden Faktoren spiegelt die katalanische Literatur die verschiedenen europäischen und amerikanischen Modelle getreu wider, wobei sie gelegentlich begrenzte Bewegungen hervorbringt, wie z. B. den »historischen Realismus«, vorherrschend von etwa 1958 bis 1970. Im Gegensatz dazu verschwindet praktisch das volkstümliche oder für den breiten Konsum gedachte Kunstschaffen, das sich bestenfalls, wie in den meisten Ländern, auf Übersetzungen aus dem Englischen beschränkt sowie auf die sklavische Nachahmung bestimmter Modelle des Chansons, des Theaters und des Genreromans, speziell des Kriminalromans (Ferran Torrent). Die ›Nova cançó‹, die im Rahmen des historischen Realismus entstand, nimmt eine Zwischenstellung zwischen der Kunst im eigentlichen Sinne und dem volkstümlichen Schlager ein (Raimon, Joan Manuel Serrat, Lluís Llach usw.).

Auf dem Gebiet der Lyrik bestehen die »rhetorische« und die »terroristische« Richtung fort, allerdings mit wesentlichen Modifikationen. Ausgehend von den jeweils vorherrschenden Modellen, die vom Postsymbolismus Rilkes oder Ribas bis zum »historischen Realismus« und von dort bis zur angelsächsisch inspirierten Lyrik reichen, pflegen die Dichter im allgemeinen einen alltäglichen Intimismus, voller kulturalistischer Einsprengsel und moralischer Reflexionen (Màrius Torres, Joan Vinyoli, Vincent Andrés Estellés, Gabriel Ferrater, Segimon Serrallonga, Narcís Comadira). Vor und nach 1939 schuf Salvador Espriu mit einer elliptischen und symbolträchtigen Sprache einen poetischen, erzählerischen und dramatischen Diskurs intimistischer Art, in dem die groteske Beobachtung *(Ariadna al laberint grotesc)* mit der metaphysischen Meditation *(El caminant i el mur)* oder dem politischen Engagement *(La pell de brau)* abwechselt. *Primera història d'Esther,* eine Improvisation für das Puppentheater, deren Handlung sich gleichzeitig im biblischen Susa und im mythischen Sinera, d. h. Arenys de Mar, abspielt, stellt eine großartige Synthese seiner Welt dar, die gleichzeitig lokal und universal geprägt ist. Anders als er unternimmt Josep Palau-Fabre von der Position der surrealistischen Avantgarde aus eine dramatische Suche nach der eigenen Identität. Und Joan Brossa, den bildenden Künsten eng verbunden, forscht auf dem Gebiet der klassischen Formen (Sonett, sapphische Ode, Sestine) und gleichzeitig auf dem der Realität und der Alltagssprache; ein Unterfangen, das ihn nacheinander zur Anti-Poesie, zur szenischen, visuellen und gegenständlichen Poesie geführt hat. In der szenischen Poesie verschmelzt Brossa Materialien des synthetischen Theaters der Avantgarde mit solchen der Pop-Kultur, vom Melodrama bis zur Verwandlungskunst, zum Ballett oder zum Striptease. Pere Gimferrer schließlich, der Verfasser einiger Tagebücher, in denen er das kulturelle Spiel, das linguistische Experiment und die cinematographische Visualisierung miteinander verbindet, läßt das gesamte Panorama der zeitgenössischen Poesie entstehen, vom Barock bis zu J. V. Foix oder Octavio Paz.

Im Roman, der in diesen Jahren durch einige herausragende Werke auffiel, gab es die psychologische Studie (Maria Aurèlia Capmany), gelegentlich mit religiösen Implikationen (Joan Sales), und den dokumentarischen Text (Vincenç Riera-Llorca, Josep M. Espinàs). Mercè Rodoreda und Llorenç Villalonga, von denen erstere stärker der Phantasie und letzterer stärker dem Rationalismus nahestanden, entwickelten ein Romanmodell, in dem die Prosa, voller Symbole und kultureller Bezüge, sowohl intimistische *(La Plaça del Diamant, La meva Cristina)* als auch mythische Anklänge *(Mort de Dama, Bearn)* aufwies. Baltasar Porcel, der seine Laufbahn mit dokumentarischen Romanen begann, erreichte seine brillantesten Leistungen mit einer persönlichen Variante des Text-Romans *(Les primaveres i les tardors)*. Daneben haben einige Romanciers und Erzähler in die Welt der Fiktion bestimmte Elemente der Avantgarde aufgenommen. Pere Calders sucht zum Beispiel in der Alltagswelt alles, was sie an Phantastischem und Überraschendem enthält *(Cròniques de la veritat oculta);* Jordi Sarcanedas, von Apollinaire und Breton beeinflußt, entdeckt die verschiedenen Gesichter der Realität *(Mites);* Joan Perucho verwischt mit einer Mischung aus Buchgelehrsamkeit und Pop-Materialien die Grenzen, die die Historie von der Welt der Fiktion trennen *(Les històries naturals, Botànica oculta);* Terenci Moix und Quim Monzó arbeiten von verschiedenen Grundlagen aus mit Pop-Materialien. Manuel de Pedrolo, der Verfasser eines umfangreichen, in sich ungleichgewichtigen Werkes, verwirklicht eine Reflexion über die menschliche Bedingtheit und versucht gleichzeitig eine Synthese aller Errungenschaften, die der Roman seit Proust hervorgebracht hat.

Das Theater schließlich hat, abgesehen von den Versuchen eines realistischen (Josep M. Benet i Jornet) oder absurden Dramas (Manuel de Pedrolo) wie auch von den individuellen Experimenten von Espriu und Brossa (die sich deutlich voneinander unterscheiden) eine Praxis entwickelt, die im Prinzip mehr Wert auf die Möglichkeiten der Montage legt als auf die rein textlichen Aspekte und die einige der einschneidendsten Neuerungen der europäischen Bühne übernimmt, darunter die von Artaud, Brecht und Grotovski (Ricard Salvat, Feliu Formosa, Albert Boadella [»Els Joglars«] und »Els Comediants«).

## Basilio Losada
## Die galicische Literatur

### Die Renaissance *(Rexurdimento)* des 19. Jahrhunderts

Bis zum 15. Jahrhundert bilden das Galicische und das Portugiesische eine linguistische Einheit, die die Philologen als ›gallego-portugués‹ bezeichnen. In Galicisch-Portugiesisch wurden im 13. und 14. Jahrhundert die Gedichte der großen ›cancioneiros‹ verfaßt (*Cancioneiros* von Ajuda, in der Vatikanischen Bibliothek und in der Nationalbibliothek von Lissabon) und die *Cantigas* von Alfonso X. Die Unabhängigkeit Portugals im 12. Jahrhundert bringt dann in einem sehr langsamen Prozeß, der erst im 16. Jahrhundert greifbare Ergebnisse zeitigt, Unterschiede im Galicischen hervor. Galicien blieb mit der kastilischen Krone verbunden, und das Kastilische wurde zur Bildungssprache, während sich das Galicische zu einem ländlichen Dialekt reduzierte. Obwohl eine reiche, mündlich überlieferte Dichtung existiert, fehlen die Schriftzeugnisse. Die Zeit vom 15. bis zum 19. Jahrhundert nennt man daher die »dunklen Jahrhunderte«.

Die literarische Wiederbelebung des Galicischen ist eine Folge der Romantik und ihrer Hochschätzung der Volkskulturen. Im 19. Jahrhundert war das Galicische noch die Erstsprache von 95% der galicischen Bevölkerung; heute von 80%, womit die Zahl der Galicisch Sprechenden bei etwa zwei Millionen liegt.

Die herausragende Figur der galicischen Literatur des 19. Jahrhunderts heißt Rosalía de Castro (1837-1885). Sie begann ihr literarisches Schaffen mit Jugendgedichten in spanischer Sprache, aber schon im Jahre 1860 veröffentlichte sie ein grundlegendes Werk in Galicisch und schuf damit ein Kernstück der kulturellen Renaissance Galiciens: die *Cantares gallegos*. In diesem Buch geht Rosalía de Castro von der volkstümlichen Lyrik der mündlichen Tradition aus und errichtet auf dieser Basis ihr eigenes Gedicht. Ausgehend von der Psychologie des galicischen Landbewohners und seiner Sprache, die kaum umgeformt wird, gelingen ihr einige Gedichte, die zutiefst volkstümlich sind und zugleich durch die geschickte Integration der anonymen Quellen in ihre ausgesprochen persönliche Schöpfung den Rang eines literarischen Kunstwerkes erhalten. Der Erfolg trat augenblicklich ein, und Rosalía de Castro wurde zu einer mystischen Figur ihres Heimatlandes. Die *Cantares gallegos* fanden einen Widerhall bis hin in den politischen Bereich, wie ihn die Autorin selbst nicht erwartet hatte. Im Jahre 1880 veröffentlichte sie ihr zweites Buch in galicischer Sprache, *Follas novas*. In diesem neuen Werk unterscheidet sich die Quelle ihrer Inspiration deutlich von der der *Cantares*. In *Follas novas* tritt eine tiefere, angstvolle Rosalía de Castro hervor, die in dramatischer Weise in ihr Inneres eintaucht bis zu dem Punkt, wo sie eine existentialistische Dichtung schafft, die wesentliche Aspekte der Lyrik des 20. Jahrhunderts vorwegnimmt und die besten Traditionen der Romantik weiterführt (Hölderlin, Leopardi, Heine). Das Thema der Einsamkeit erreicht die Dimension der Heideggerschen Angst. Die Einsamkeit (›saudade‹) wird nicht als eine zufällige Situation verstanden, sondern als zentrale Bedingung des menschlichen Seins. Parallel zu diesem Thema der existentiellen Einsamkeit und des Schmerzes – auch des physischen – als Weg der Einsamkeit entwickelt Rosalía de Castro andere Themen, in denen ihre Sensibilität neue Wege für die Lyrik erspürt: das soziale Bewußtsein mit der Anklage der elenden Situation der Landbevölkerung, die ausgebeutet und zur Emigration verurteilt wird, oder das religiöse Thema. Die Poesie Rosalías erscheint beherrscht vom Schweigen Gottes und vor allem vom Mysterium des Schmerzes der Unschuldigen. Die Dichterin erhebt ihre zornige Stimme gegen Gott, und sie tut es aus der Angst heraus und gleichzeitig aus einem tiefen Glauben: aus dem Bedürfnis nach einem Gott, der ihr stumm und fern erscheint. In dieser Situation ist sie oft der Versuchung zum Freitod ausgesetzt. Als metaphysisch verwurzelte Dichterin, als soziale Dichterin, als Dichterin einer Religiosität, die Gott auf dem Weg über den Zweifel sucht, als Dichterin, die heute sogar als Feministin reklamiert wird, erlangt Rosalía de Castro eine universale Dimension. Von der Folklore bis hin zur Metaphysik zeigte ihre Stimme im 19. Jahrhundert die Ausdrucksmöglichkeiten einer unterdrückten Sprache und trug entscheidend zu ihrer Aufwertung bei.

Im Jahre 1884 kehrte Rosalía de Castro wieder zur spanischen Sprache zurück mit dem Gedichtband *En las orillas del Sar (An den Ufern des Sar)*, der zusammen mit dem Werk Bécquers als eine der grundlegenden Erneuerungen der spanischen Poesie seiner Zeit gilt. *En las orillas del Sar* setzt die Thematik von *Follas novas* fort:

existentielle Angst, Furcht vor dem Glück, Bewußtsein der Einsamkeit verbunden mit einer sozialen Verantwortung, die sie dazu
bringt, sich zur Verteidigerin der Armen und Erniedrigten aufzu-
schwingen. Aber die große Neuartigkeit dieses Buches in spanischer Sprache liegt in der Metrik der Gedichte, die für ihre Zeit
revolutionär war und schon die Neuerungen des Modernismus
vorwegnahm.

Seit Rosalía de Castro verfügt die galicische Sprache über einen
modernen Klassiker. Nach fünf Jahrhunderten des Vergessens hat
sie die literarische Tradition ihrer Region wieder aufgenommen.

Zwei weitere große Dichter des 19. Jahrhunderts setzen das reformerische Vorhaben Rosalías fort und diversifizieren es. Diese
Dichter sind Manuel Curros Enriquez (1851-1908) und Eduardo
Pondal (1835-1917). Curros ist ein liberaler Lyriker, antiklerikal,
Sänger des Fortschritts und der Auflehnung der Unterdrückten in
dem Werk *Aires da miña terra* (1880). Pondal stützt sich auf die
weit zurückliegende keltische Vergangenheit Galiciens als Modell
der Würde und Freiheit. Beeinflußt von der keltischen Dichtung
des Schotten Macpherson, läßt Pondal die Mythen Galiciens aus
der Zeit vor der römischen Eroberung und der nachfolgenden Ro-
manisierung wieder lebendig werden.


## Die Generation der Zeitschrift »NOS«

Im Jahre 1920 erscheint die erste Nummer einer Zeitschrift mit
Namen »Nós«, die vollständig in Galicisch verfaßt ist und ein Mo-
dernisierungsprogramm für die Literatur der Region entwickelt.
Die Autoren der Zeitschrift sind Intellektuelle mit bester akademischer Ausbildung, die aus verschiedenen Fachgebieten kommen,
aber alle den festen Willen zeigen, ihrem Land zu dienen, und sich
der Pflege und Veredelung der Sprache verpflichtet fühlen. Im 19.
Jahrhundert hatte sich die galicische Literatur im wesentlichen auf
die Lyrik beschränkt. Die Schriftsteller der Gruppe »Nós« schaffen die moderne galicische Prosa. Sie interessieren sich vor allem
für den philosophischen Essay und versuchen auf diese Weise, hinter den kulturellen Einzelphänomenen den tiefen, geistigen Urgrund Galiciens zu erforschen. Die Zeitschrift »Nós« erschien von
1920 bis 1936, als Franco ihre Verbreitung untersagte. Die bedeutendsten Schriftsteller der Gruppe »Nós« heißen Alfonso R.

Castelao, Vincente Risco und Ramón Otero Pedrayo.

Alfonso Rodríguez Castelao (1886-1950) ist eine vielseitige Persönlichkeit: Maler, Politiker, Erzähler, Dramatiker und Erforscher der Volkskunst. Läßt man seine Essays über die Wortkreuzungen in der bretonischen und galicischen Volkskunst einmal beiseite und betrachtet nur sein literarisches Werk, so verdienen unsere Aufmerksamkeit in erster Linie der Roman *Os dous de sempre* (1934), der Band mit Erzählungen unter dem Titel *Retrincos* (1934) und das Theaterstück *Os vellos non deben de namorarse*, das 1941 in Buenos Aires uraufgeführt wurde. Castelao ist ein Klassiker der galicischen Sprache, der in seinem Werk eine vollkommene Harmonie von Archaik und Modernität erreicht und der vor allem eine bis dahin – wenn man von Rosalía de Castro absieht – unbekannte Fähigkeit zeigt, den Nuancen des menschlichen Geistes Ausdruck zu verleihen. *Os dous de sempre* erzählt die parallele Geschichte zweier Figuren mit Namen Rañolas und Pedriño, die seit ihrer Kindheit miteinander befreundet sind. Rañolas hat schlechte persönliche Ausgangsbedingungen (er ist arm und gelähmt), während Pedriño, obwohl Opfer einer deformierenden Erziehung, über ausreichende Mittel verfügt, um persönlichen Erfolg zu erzielen. Er scheitert jedoch an seiner Willensschwäche und seinem Konformismus. Diese Mängel Pedriños kontrastieren mit der Energie Rañolas, des Mannes der Tat, des Anarchisten, der verbissen seine Behinderung überwindet. Es handelt sich um parallele Biographien mit Elementen des pikaresken Romans, komponiert aus einer Ansammlung von kurzen, kupferstichartigen Episoden, in denen ein pessimistischer, gutmütiger Humor vorherrscht, der für das Werk Castelaos charakteristisch ist.

Die Farce *Os vellos non deben namorarse*, ein Meisterstück des galicischen Theaters, weist eine symmetrische und für die volkstümliche Farce typische Struktur auf. Drei alte Männer verlieben sich in junge Frauen und fallen dieser späten Liebe zum Opfer. Das Thema des Greises, der mit einer jungen Frau verheiratet ist und von ihr betrogen wird, begegnet uns häufig in Volksstücken, erhält hier jedoch eine originale Fassung durch die Sensibilität des Autors und Malers, der sein Werk als visuelles Schauspiel konzipiert, in dem Masken, Beleuchtung, Garderobe und Farbreichtum der Dekoration den artistischen Hintergrund für ein Werk volkstümlichen Ursprungs bilden. Die Symmetrie der drei parallelen Geschichten kulminiert in der Schlußszene auf einem Friedhof, in der die drei Greise über die Torheit ihrer späten Liebe jammern.

Im Werk Castelaos ergänzen sich der Zeichner und der Schriftsteller, nicht nur weil er seine Bücher selbst illustriert, sondern weil seine Erzählungen in besonderer Weise mit plastischer Sensibilität angegangen werden und die Illustration nicht nur schmückendes Komplement des literarischen Werkes ist, sondern unverzichtbares Element, wie in den verschiedenen Büchern mit dem Titel *Cousas* deutlich wird, die 1931 in endgültiger Form erschienen. In *Cousas* entspricht jeder Zeichnung eine (manchmal extrem kurze) Erzählung, für welche die Zeichnung wesentliche Interpretationsmomente liefert. Man hat im Hinblick darauf von einem neuen literarischen Genre, dem »literarisch-plastischen«, gesprochen.

Gewissermaßen am Rande der reinen Belletristik stoßen wir auf das Buch *Sempre en Galiza,* das 1944 in Buenos Aires erschien. Im Grunde sind es die politischen Memoiren Castelaos, der von 1920 bis zu seinem Tod im Exil zu den geistigen Vätern des galicischen Nationalismus zählte. Neben den Erinnerungen an seine Aktivitäten als Parlamentarier und im Bürgerkrieg sowie später im Exil enthält dieses Buch seine nationalistische Gedankenwelt und eine ernsthafte und umfassende Erörterung der kulturellen Wurzeln Galiciens.

Vicente Risco (1884-1963), ein bedeutender Ethnograph, der als Literat aus der Schule des Symbolismus hervorgegangen ist (Mallarmé, Maeterlinck, D'Annunzio) und sich für den Buddhismus und die Hindu-Kultur interessierte, schloß sich 1919 dem galicischen Nationalismus an und wurde Chefredakteur der Zeitschrift »Nós«. Er veröffentlichte den seinerzeit bedeutsamen Essay *Teoría do nacionalismo galego* (1920); ferner Erzählungen wie *O porco de pé* (1928), und ein interessantes Buch mit Erinnerungen an seinen Aufenthalt in Deutschland (*Mitteleuropa,* 1934), ein Bericht über das Deutschland der Weimarer Republik und die Anfänge des Nationalsozialismus, die er selbst miterlebt hatte.

Ramón Otero Pedrayo (1888-1976) ist der große Romancier dieser Gruppe. Er verfaßte ein umfangreiches Werk, aus dem vor allem *Fra Vernero* (1934) herausragt, eine romanhafte Biographie des deutschen Romantikers Zacharias Werner, wobei dieser Dramatiker nur den Anlaß liefert, um ein unterhaltsames Panorama Europas am Ende des 18. und Anfang des 19. Jahrhunderts bis hin zu Napoleon zu entwickeln. In *Os camiños da vida* (1928) entwirft er ein breites historisches Gemälde der Entwicklung des ländlichen

Galiciens von den Überresten des Feudalregimes bis zur beginnenden Industrialisierung und der Ablösung der alten Feudalherren durch eine Mittelschicht von Kaufleuten, der jede Beziehung zu ihrem Land fehlt. Von seiner Ausbildung her war Otero Historiker und Geograph (er lehrte Geographie an der Universität von Santiago), was in der Gestaltung des Hintergrundes seiner Romane offenbar wird. Sie sind häufig in der Übergangszeit vom alten Galicien (das mittelalterliche Formen und Strukturen bis weit ins 20. Jahrhundert hinein bewahrte) bis zur Öffnung gegenüber dem restlichen Spanien und der beginnenden industriellen Revolution angesiedelt. Von seiner Ideologie her ist Otero Pedrayo ein Konservativer. Er lehnt die modernen Entwicklungen ab, die zur Entwurzelung der Landbevölkerung führen und sie wenig später zum Proletariat der industriellen Außenbezirke der Städte machen. Unter Modernität versteht Otero auch die Industrialisierung, die lediglich aus ökonomischen Interessen von einer Mittelschicht vorangetrieben wird, die kulturell desinteressiert ist und keine Beziehung zu den geistigen Wurzeln des Landes und seiner Sprache bewahrt. Aus dem äußerst umfangreichen journalistischen Werk Oteros – Tausende von Artikeln, die nur teilweise in Buchform erschienen sind – ragen die kurzen Essays aus *O espello na serán* (1966) heraus, die ein vortreffliches Bild der Stadt Santiago de Compostela im Wandel der Zeiten vermitteln, mit einem deutlichen Schwerpunkt in der Epoche, die Otero Pedrayo besonders interessierte: der des Niedergangs der alten Aristokratie.

Die barocke Prosa Oteros mit ihren gewagten syntaktischen Wendungen ist überraschend modern. Glänzend, sprachschöpferisch – bis in den lexikalischen Bereich –, versucht das weitgespannte erzählerische und essayistische Werk Oteros in einer gewaltigen Anstrengung, die galicische Sprache flexibel zu machen. In den Jahren unmittelbar nach seinem Tode geriet er zunächst in Vergessenheit, aber unlängst hat sein hundertster Geburtstag mit den entsprechenden Gedenkfeiern seinen Rang als größter Romancier seiner Heimat erneut gefestigt. Trotz seiner Vorliebe für das Galicien des 19. Jahrhunderts war Otero beileibe kein Nostalgiker auf literarischem Gebiet. Er verfolgte die Entwicklung der europäischen Literatur sehr genau und verfaßte zu jeder neuen Strömung kritische Anmerkungen für die Zeitschrift »Nós«. Im Jahre 1926 übersetzte er einen Teil des *Ulysses* von Joyce ins Galicische. Den stärksten Einfluß erhielt er allerdings von der konservativen französischen und deutschen Romantik, vor allem von Chateaubriand. Über seinen Bildungsweg und seine Jugendjahre schrieb er einen interessanten autobiographischen Roman, *Arredor de sí* (1930), der darüber hinaus eine Analyse seiner Generation liefert, einen Bericht vom geistigen Abenteuer einiger Männer, die in der Liebe zu ihrer Sprache und ihrer Kultur zu sich selbst finden.

## Die Bewegungen der Avantgarde

Die Zeitschrift »Nós« hatte mit ihrem Interesse für die letzten Manifestationen der europäischen Kunst der Zwischenkriegszeit einen Weg eröffnet, um die galicische Literatur von den Restbeständen der Heimatdichtung des 19. Jahrhunderts zu befreien. Nichtsdestoweniger erwies sich die Situation der galicischen Literatur in soziologischer Hinsicht als wenig zufriedenstellend. Eine kleine Gruppe von Intellektuellen schuf ein literarisches Werk von unbezweifelbarer Qualität und Strenge, ohne Widerhall in jener Gesellschaft zu finden, für welche dieses Werk bestimmt war. Die Landbevölkerung und die Seeleute, die ihre Sprache bewahrt hatten, waren meist Analphabeten, da Galicisch nicht in der Schule gelehrt wurde. Die Stadtbevölkerung sowie die führenden Schichten des Landes bedienten sich des Spanischen als der einzig offiziellen Sprache. Unter diesen Umständen, d. h. ohne eine interessierte Bourgeoisie, gingen die reformerischen Experimente der Avantgarde ins Leere oder sie beschränkten sich auf die Bemühungen von Schriftgelehrten, die sich in einer immer schöneren und gewählteren Sprache ausdrückten und sich dabei immer weiter vom umgangssprachlichen Galicisch entfernten. Im Jahre 1922 verfaßten Alvaro Cebreiro und Manuel Antonio das Manifest *Máis alá*, in dem sie eine Neuorientierung des literarischen Schaffens forderten, die mit den thematischen und stilistischen Reformbestrebungen übereinstimmen sollte, welche sich in den etablierten Literaturen Europas vollzogen. Es wurden Zeitschriften herausgebracht (»Alfar«, »Ronsel«, »Cristal«), die einen beachtlichen Einfluß auf die akademischen Kreise der Universität von Santiago de Compostela ausübten. Bezeichnend ist allerdings, daß sich diese revolutionären Bewegungen in der Literatur und den bildenden Künsten nicht gegen ihre unmittelbaren Vorgänger, die Männer der Generation »Nós« richten, sondern gegen die Autoritäten des 19. Jahrhunderts. Es handelt sich also um eine Revolution, die keine übertriebenen Spannungen hervorrufen will, sondern lediglich die Tradition läutern möchte.

Die herausragende Figur der lyrischen Avantgarde der zwanziger Jahre heißt Manuel Antonio (1900-1929). Als Schiffssteuermann verbrachte er sein ganzes Berufsleben auf Segelschiffen, die damals noch den Atlantik befuhren. Sein Seemannsleben spiegelt sich in seinem dichterischen Werk wider, in besonderer Weise in dem Buch *De catro a catro* (1928). Dieses Werk ist die beste Schöpfung der avantgardistischen Lyrik Galiciens. Es handelt sich, kurz gesagt, um eine Ansicht des Meeres von vier Uhr morgens bis vier Uhr nachmittags, der Zeitspanne einer Wache auf der Brücke eines Segelschiffes. Der Seemann und Dichter Manuel Antonio erforscht die Stunden der Seefahrt und formt sie um zu originellen Bildern von Tag und Nacht in der Einsamkeit.

> Aboia un esbardar de maruxías
> tentando os ceos sen atopar a lúa.
>   Pero a lúa, esta noite
>   desertou dos almanaques.
> Murcha entre dúas follas
>   – violedas, pensamentos –
> do manual póstumo
>   – outono, madrigaees –
> que versifiquei eu.
>
> Mansas vagas unánimes
> reorgaízanse detrás do vento.
> Cando pase a rafega derradeira
> diránnos adeus
> co pano branco do gaf-tope.

(Es erhebt sich ein Tumult der Wellen, / der den Himmel betastet, ohne den Mond zu finden. / Aber der Mond ist heute nacht / aus den Kalendern geflüchtet. / Welk zwischen zwei Blättern / – Veilchen, Gedanken – / des postumen Handbuchs / – Herbst, Madrigale – / das ich in Verse setzte. / Sanfte, gleichförmige Wellen / sammeln sich wieder hinter dem Wind. / Wenn die letzte Sturmbö vorüberfegt / wird sie uns Adieu winken / mit dem weißen Tuch von der Mastspitze.)

Obwohl *De catro a catro* eine streng avantgardistische Grammatik aufweist – mit Pierre Reverdy und Jean Epstein als Vorbildern – und durchgängig unzusammenhängende, synkopierte Bilder verwendet, erscheint uns das Werk heute weitaus weniger avantgardistisch, als es zu seiner Zeit gesehen wurde. Zunächst einmal handelt es sich um ein uneinheitliches Buch, im Grunde genommen ein einziges Gedicht über das Meer und die Einsamkeit. Diese strenge Architektur, dieser »Plan«, in dem Sinne, in dem Pavese von »Büchern mit einem Plan« spricht, verleiht der Gesamtheit der Gedichte eine architektonische Dimension. Die Tatsache, daß das besungene Meer keine Abstraktion ist, sondern eine in der Seele des Dichters fest verankerte Lebenserfahrung, wird deutlich in der Konsistenz der Gedichte, durch die sie sich ebenfalls vom rein artifiziellen Spiel unterscheiden, auf das die meisten Werke der lyrischen Avantgarde der zwanziger Jahre infolge ihrer Bildbesessenheit beschränkt blieben.

Manuel Antonio, der ein Jahr nach Erscheinen dieses lyrischen Tagebuchs über Seefahrt und Einsamkeit sehr jung verstarb, veröffentlichte zu Lebzeiten nur *De catro a catro,* das den bezeichnenden Untertitel trug »Follas sen data de un diario de abordo«. Im Jahre 1972 begann die Publikation seiner *Obras completas,* die verschiedene unveröffentlichte Bücher umfassen (hervorragende Werke, aber keines von größerer Bedeutung als das zu Lebzeiten veröffentlichte), Briefe, Übersetzungen dichtungstheoretischer Schriften aus dem Französischen und andere vermischte Texte.

Aus der üppigen lyrischen Avantgarde im Galicien der Zwischenkriegszeit ragt in besonderer Weise Alvaro Cunqueiro (1911-1981) hervor. Cunqueiro begründet nach einigen wenig bedeutenden Anfangswerken die Richtung, später ›neotrovadorismo‹ genannt, die in einer Hinwendung zu den grazilen Formen und der Musikalität der mittelalterlichen, galicischen Liedersammlungen bestand. Man muß sich klarmachen, daß die Renaissance der galicischen Literatur im 19. Jahrhundert ohne klassische Vorbilder, auf die man sich hätte stützen können, vonstatten ging, denn die mittelalterlichen Dichter standen noch nicht in regulären Ausgaben zur Verfügung. Lediglich in Deutschland, an der Universität Marburg, waren sie um das Jahr 1870 in äußerst beschränkten und nur für den Universitätsgebrauch bestimmten Auflagen erschienen. 1928 begann der portugiesische Gelehrte José Joaquim Nunes dann mit der Veröffentlichung der Werke mittelalterlicher galicisch-portugiesischer Dichter, und diese Texte, bis dahin praktisch unbekannt, begeisterten die jungen Dichter, die sie von einer modernen Sensibilität her umgehend rezipierten, nachahmten und nachschufen. Bevor er sein ›neotrovadoreskes‹ Experiment begann, hatte Cunqueiro, unter dem offenkundigen Einfluß Paul Eluards und nach der leidenschaftlichen Lektüre Bretons, gelungene surrealistische Versuche unternommen wie *Poemas do sí e do non* (1933). Aber sein Durchbruch als vom Mittelalter inspirierter Dichter erfolgte im Jahre 1934 mit der Veröffentlichung des Werkes *Cantiga nova que se chama riveira*. In ihm erwies sich Cunqueiro als mehr denn ein geschickter Nachahmer der mittelalterlichen Rhythmen und Metren. Tatsächlich verfügt der vieltalentierte Autor über mittelalterliche Sensibilität, die sich auf wunderbare Weise in unserem Jahrhundert entfaltet, und er ist ein Schöpfer von zugleich kräftigen und subtil lyrischen Rhythmen. Er vermag mittelalterliche Formelemente in Gedichte von heute zu implantieren, wie etwa den strophischen Parallelismus. In den Gedichten Cunqueiros findet sich mehr als literarische Archäologie: Schöpferkraft, ursprünglicher Lyrismus und eine bewegende Melancholie, die alle seine Gedichte durchdringt, ihnen Tiefe verleiht und sie dem zeitgenössischen Leser nahebringt. Kurz vor seinem Tode veröffentlichte er ein weiteres, für die galicische Lyrik entscheidendes Buch: *Herba aquí e acolá* (1980). In seinem letzten Werk behandelt Cunqueiro Erinnerungen an Lektüren und Reisen, berichtet von Träumen und Phantasien, als ob er ein Resümee seines Lebens vor dem Hinscheiden gebe. Die heitere Melancholie dieser Gedichte, ihr feiner Humor, die Vollkommenheit der Beschwörung vergangener Bilder, gelesener Bücher, realer oder erfundener Persönlichkeiten machen aus *Herba aquí e acolá* eines der größten Werke der galicischen Lyrik aller Zeiten. Das erkannten auch die jungen zeitgenössischen Dichter, kaum älter als zwanzig, denn sie haben aus diesem letzten Werk des Autors ein lyrisches Brevier gemacht, eine Art Stundenbuch, eine beständige Quelle der Inspiration und der Belehrung.

*Deica Abril*

Quitando a pucha direiche:
¡deica as rosas que veñen!
Carlota, Ofelia ou Pía
sexa un destes o teu nome ou outro,
deica as rosas que veñen!
Sob a choiva ou ao sol, agárdame,
e non deixes que o vento te leve;

morrer é moi doado,
volverei aínda que co vento te foses,
que cinza sexan os ollos meus
que buscarte prometeron
cando volvan as rosas.

O tempo vai e ven e vira,
e eu feito de soños,
sen saber quén ha morrer primeiro.
Deica as rosas que veñen,
o corazón coma a roda dun moíño,
días e días sen saber quén vivirá en abril
tí, Carlota, Ofelia ou Pía,
ou eu, xa perdido no tempo,
a pucha na man, hedra por dentro
e a poeira que escusa o rastro
das rosas que foron, perdido no mundo
deica as rosas que veñen.

(Bis zum April / die Mütze ziehend, werde ich dir sagen: bis zum Erblühen der Rosen! / Charlotte, Ophelia oder Pia / wie immer du heißen mö-
gest / bis zum Erblühen der Rosen! / Bei Regen oder Sonne, warte auf
mich, / und sieh, daß dich der Wind nicht davonträgt; / sterben ist ganz
einfach, / ich werde wiederkehren, auch wenn du mit dem Wind auf und
davon bist, / auch wenn meine Augen Asche sind, die versprochen haben,
dich zu suchen / wenn die Rosen wieder blühen.

Die Zeit kommt und geht und wechselt / und ich bestehe aus Träumen /
ohne zu wissen, wer als erster stirbt. / Bis zum Erblühen der Rosen, / das
Herz wie ein Mühlrad, / Tag um Tag ohne zu wissen, wer im April leben
wird / du Charlotte, Ophelia oder Pía / oder ich, schon verloren in der
Zeit, / die Mütze in der Hand, innen Efeu / und der Staub, der verharkt
wird / von den Rosen, die waren, verloren in der Welt / bis zum Erblühen
der Rosen.)

Aber das Werk Cunqueiros beschränkt sich nicht auf gekonnte
surrealistische oder vom Mittelalter inspirierte lyrische Produktionen oder die angstvolle Warnung vor dem Tode. Cunqueiro
schreibt auch eine hervorragende Prosa in galicischer oder in spanischer Sprache. Sein Durchbruch als Erzähler erfolgt relativ spät.
Sein erstes Buch in galicischer Prosa war *Merlín e familia (Merlin
und Familie;* 1955), dem ein Jahr später *As crónicas do sochantre*
folgte. Die erzählerische Welt Cunqueiros basiert auf einer brillanten Vorstellungskraft. Figuren des Mittelalters, die mit gro-

ßer Gelehrsamkeit, welche oft in den Bereich der reinen Phantasie hinüberspielt, nachgeschaffen werden. Gestalten aus alten Büchern, die dank der phantasievollen Prosa Cunqueiros in unserer Zeit zu neuem Leben erwachen. Er entwickelte einen »magischen Realismus«, lange bevor dieses Konzept durch das Werk der lateinamerikanischen Erzähler in Mode kam. In der Prosa Cunqueiros geht es, wie bei seiner Poesie, nicht um einen bloßen Schematismus, sondern um ein Einleben in die Welt vergangener Jahrhunderte, das weit über die literarische Gelehrsamkeit hinausreicht und Teil seiner künstlerischen Sensibilität ist. Cunqueiro, ein Mensch des Mittelalters, fand sich zur Freude seiner Leser in unser Jahrhundert versetzt. Er starb, als die Art von Literatur, bei deren Wiedergeburt in Spanien er mitgewirkt hatte – Humor, Phantasie, Fabulierkunst, erzählerische Anmut –, sich nach den Übertreibungen des sozialen Realismus während der letzten Jahre der Franco-Diktatur endlich durchzusetzen begann. In anderen Werken präsentiert Cunqueiro volkstümliche Gestalten Galiciens, aber ohne in den rigorosen Schematismus der Heimatdichtung des 19. Jahrhunderts zu verfallen: *Escola de menciñeiros* (1960) ist ein repräsentatives Werk für diese lyrische und magische Vision der Bauernwelt. Cunqueiro schrieb auch Theaterstücke, wie *Don Hamlet,* eine Neubearbeitung des Shakespeareschen Themas und gleichzeitig eine Anregung, die dänische Sage, die den englischen Dramatiker inspirierte, mit neuen Augen zu lesen.

Anxel Fole (1903-1986) hat kurze Erzählungen voller mysteriöser Geschehnisse und lyrischer Passagen verfaßt. Geschichten von Gespenstern, von Wölfen, in denen der erzählerische Grundstock aus der volkstümlichen mündlichen Erzähltradition Galiciens durch lyrische Elemente der Avantgarde bereichert wird. *A lus do candil* (1953) und *Terra brava* (1955) enthalten das Wesentliche seines Schaffens.

Neben Cunqueiro und Fole ist Eduardo Blanco-Amor (1900-1979), ein bedeutender galicischer Erzähler der Zeit nach dem Spanischen Bürgerkrieg, der seine Ausbildung in Buenos Aires im Kreise der zahlreichen galicischen Emigranten erhielt. *A es morga* (1959) ist ein kurzer, gelungener Roman von außerordentlicher Intensität, in dem die Geschichte einer brutalen, nächtlichen Sauferei einiger Asozialer erzählt wird, die schließlich einen Mord begehen. Der Roman bietet sich dem Leser als die mündliche

Wiedergabe eines Prozesses dar, in welchem die Vorkommnisse jener absurden und tragischen Nacht abgeurteilt werden. Der Autor benutzt ausschließlich die Antworten der Hauptfigur, um das Klima wachsender Spannung einer Nacht erstehen zu lassen, die in der Verworrenheit eines Besäufnisses verlebt wurde. Die Fragen des Richters tauchen in der Erzählung nicht auf. Der analphabetische Steinklopfer Cibrán berichtet die Ereignisse der letzten 48 Stunden in einer Sprache, in der die Charakteristika der mündlichen Ausdrucksweise überwiegen: es ist die Sprache der Unterschicht einer Kleinstadt (Ourense), wo sich die Ereignisse abspielten.

Blanco-Amor benutzt zum erstenmal in der galicischen Literatur den Jargon der Elendsviertel, der weit entfernt steht vom Akademismus und Reinheitsstreben seiner Zeitgenossen, und noch weiter entfernt von der bäuerlichen Sprache, in der sich die Helden der meisten galicischen Erzählwerke üblicherweise ausdrückten. Aus dieser Armenviertelsprache zieht der Autor bemerkenswerte Ausdrucksmöglichkeiten. Die mündliche Diktion spielt mit Redensarten und stehenden Wendungen, die der Erzählung eine gewisse Leichtigkeit geben, welche mit der Tragödie kontrastiert, die uns berichtet wird. Von dem Augenblick an, in dem Cibrán Canedo am frühen Montagvormittag das Haus von A. Raxada, einer befreundeten Prostituierten, verläßt, bis zu der Zeit, wo er sich mit seinen Freunden aus den Slums, Eladio Vilarchao und Juan Fariña, trifft und die drei ihr absurdes Abenteuer mit viel Alkohol und Sex beginnen, und weiter bis zur Zeit des Mordes, der ihr Leben ruiniert, vergehen nur vierundzwanzig Stunden. In dieser Zeit offenbart ein Fresko jämmerlicher Gestalten aus der Unterschicht die existentielle Unfähigkeit, der tragischen Verwicklung zu entrinnen, die man, vor dem Hintergrund des Dauerregens und der Warnung vor dem, was geschehen wird, vorausahnt. Der Roman *A esmorga* steht von der trostlosen Stimmung her – und durch den Gebrauch des bitteren Humors der Verlierer – in einer Reihe mit *La colmena (Der Bienenkorb)* von Camilo José Cela oder mit *Tiempo de silencio (Schweigen über Madrid)* von Martín-Santos, obwohl er weniger komplex in seiner Gedankenführung ist und vom Umfang her kaum mehr als hundert Seiten umfaßt. Später veröffentlichte Eduardo Blanco-Amor den ehrgeizigeren Roman *Xente ao lonxe* (1972), der möglicherweise aber weniger gelungen ist. Gedacht als ein historischer Fries, wies er als Hintergrund die sozialen Konflikte seiner kleinen Geburtsstadt Orense auf.

Der Bürgerkrieg bedeutete für die Kultur und für den literarischen Gebrauch der galicischen Sprache einen schweren Schlag, der bis zu einer Bedrohung ihres Fortbestehens reichte. Mit dem Sieg General Francos wurden die kulturellen Institutionen der Region unterdrückt oder staatlichem Einfluß unterworfen und die Veröffentlichung von Büchern in Galicisch verboten – nicht ausdrücklich, aber mit Hilfe des Einflusses der Zensur. Tatsächlich wird zwischen 1936 und 1946 kein Buch in der Landessprache veröffentlicht. Dafür erscheinen viele Publikationen in den Kreisen der Emigranten in Lateinamerika, besonders in Buenos Aires, wo sich seit dem 19. Jahrhundert Hunderttausende von Galiciern niedergelassen hatten, die dort soziale und kulturelle Einrichtungen von großem Ansehen und Einfluß schufen. Die Gruppe der Exilschriftsteller – Luis Seoane, Rafael Dieste und der schon erwähnte Eduardo Blanco-Amor – leistete mit Hilfe dieser Institutionen gewaltige Arbeit. Indem sie Verlage und Radioprogramme, Zeitschriften und Kurse für galicische Sprache, Geschichte und Literatur organisierten, hielten sie die Kultur der Heimat am Leben. Bis 1955 ließ sich dabei nicht die geringste Hoffnung auf eine Normalisierung des galicischen Kulturlebens erkennen. Im Jahre 1955 wurde der Verlag Galaxia gegründet, der voller Engagement und unter der ständigen Bedrohung durch die Zensur eine Reihe von Büchern veröffentlichte und schließlich eine Verlagsbasis für die jüngeren Autoren bildete, auf deren Werken zum großen Teil die Bedeutung der galicischen Gegenwartsliteratur beruht.

Der Widerstand gegen die Diktatur geht einerseits von den Gruppen der Exilanten in Argentinien, Uruguay und Mexiko aus, und andererseits von den Männern des inneren Exils, die unermüdlich und ohne unmittelbare Aussicht auf Veröffentlichung weiter arbeiteten und auf eine bessere Zukunft hofften. Die Haltung dieser Intellektuellen des inneren Widerstands wird repräsentiert durch das dichterische Werk Celso Emilio Ferreiros (1912-1979). Das weitgespannte und vielseitige Werk dieses Dichters wird von einem leitenden Element beherrscht: seiner verbalen Aggressivität, seiner verfluchenden Heftigkeit, seiner bitteren Anklage der sozialen Ungerechtigkeiten. Seine Gedichte fallen deshalb in den Bereich des sogenannten sozialistischen Realismus, der allerdings durch Elemente der avantgardistischen Lyrik, in deren Reihen Celso Emilio Ferreiro debütiert hatte, gemildert wird. Aus seinem Werk ragt besonders ein Buch hervor, das von der Mitte der sechziger Jahre bis ins nächste Jahrzehnt hinein in ganz Spanien zum Symbol des kulturellen Widerstandes gegen das Franco-Regime wurde. Dieses Buch trägt den Titel *Longa noite de pedra* (1966). Vielleicht enthalten andere Bücher des Autors, wie *O soño sulagado* (1955), vollkommenere Gedichte und gelungenere Bilder, aber keines erreicht an Kraft und Anklage dieses Zeugnis einer Zeit. Zunächst 1962 in Galicisch veröffentlicht, erschien es 1967 in einer zweisprachigen Ausgabe mit einigen Gedichten, die von der Zensur unterdrückt worden waren, und diese galicisch-spanische Ausgabe wurde zu einem der glänzendsten Erfolge der zeitgenössischen Poesie in Spanien. Sehr bald wurde die Stimme Celso Emilios dadurch verstärkt, daß seine Gedichte vertont und von »Protestsängern« aus dem Universitäts- oder dem Arbeitermilieu verbreitet wurden, bis es schließlich in den siebziger Jahren zur Gewohnheit wurde, daß zum Abschluß von sogenannten ›subversiven‹ Versammlungen Lieder mit Texten aus *Longa noite de pedra* gesungen wurden. Celso Emilio ging 1966 nach Caracas ins Exil und kehrte erst 1976 nach Spanien zurück.

In *Longa noite de pedra* stützt sich die Schärfe der Anklage auf lyrische Techniken, die auf eine lange Ausübung der »imaginistischen« Poesie der zwanziger Jahre zurückgehen. Folglich erhält das Werk seinen Wert nicht nur durch die Kühnheit seines Protestes oder durch die Treffsicherheit seiner Anklage, sondern wie wir heute sehen, verlieh gerade diese technische Virtuosität der anklagenden Stimme des Dichters Wirksamkeit. Als politisch engagierter Dichter mußte Celso Emilio Ferreiro, wie Blas de Otero im Spanischen oder Pere Quart im Katalanischen, um die Zensur zu umgehen, Techniken gebrauchen, die sich gelegentlich der Parabel nähern, oder er mußte das, was in seinen Texten an Zeitkritik enthalten war, verschleiern, indem er es auf die Vergangenheit bezog oder auf Verhältnisse in anderen Ländern, die mit denen Spaniens vergleichbar waren. »Investiga a verda de do teu tempo / e alcontrarás a túa poesía« (Erforsche die Wahrheit deiner Zeit / und du wirst die Poesie finden) sagte Celso Emilio. Und um die Wahrheit seiner Zeit zu erforschen, bedient er sich der proletarischen Sprache Galiciens. Das Gedicht, welches das gleichnamige Buch *Longa noite de pedra* einleitet, ist zum Symbol dessen geworden, was jene Jahrzehnte für die Kultur und die Sprache der Region bedeuteten:

O teito é de pedra.
De pedra son os muros
e as tebras.
De pedra o chan
e as reixas.
As portas,
as cadeas,
o aire,
as fenestras,
as olladas,
son de pedra.
Os corazóns dos homes
que ó lonxe espreitan,
feitos están
tamén
de pedra
I eu, morrendo,
nesta longa noite
de pedra.

(Das Dach ist aus Stein. / Aus Stein sind die Mauern / und die Nebel. / Aus Stein der Boden / und die Gitter. / Die Türen, / die Ketten, / die Luft, / die Fenster, / die Blicke / sind aus Stein. / Die Herzen der Menschen, / die von ferne zusehen, / sind gemacht / auch sie / aus Stein, / und ich liege im Sterben / in dieser langen Nacht / aus Stein.)

Celso Emilio war ein Symbol. Heute, nachdem die »lange Nacht aus Stein« überwunden ist, weist die galicische Literatur einen Glanz und einen Reichtum auf, wie sie ihn niemals gekannt hat, seit sie im Mittelalter eine der großen Dichtungssprachen der westlichen Welt war. Junge Lyriker, Erzähler und Essayisten bereichern heute Tag für Tag die literarische Tradition Galiciens.

## Jon Juaristi
# Die baskische Literatur

Bevor wir uns der jüngsten Geschichte der baskischen Literatur zuwenden, erscheint es angebracht, einen Blick auf die soziolinguistische Entwicklung der Gemeinschaft zu werfen, in welcher sich diese Literatur entfaltet. Im Baskenland – das die spanischen Gebiete Vizcaya, Guipúzcoa, Alava und Navarra sowie einen Teil des französischen Departements der Atlantischen Pyrenäen umfaßt (die Bezirke Labourd, Basse-Navarra und Soule) – hat seit dem Mittelalter immer ein Nebeneinander verschiedener Sprachen existiert. Das ›euskera‹ oder Baskische erreichte seine größte geographische Ausdehnung um die Zeit des 10. und 11. Jahrhunderts. Von da an ist es beständig zurückgegangen. Um 1900 konzentrierte sich die baskisch sprechende Bevölkerung auf die spanischen Küstenprovinzen (Viscaya und Guipúzcoa), auf einen schmalen Streifen des nördlichen Alava (Kreis Villareal und das Tal von Aramayona), auf die westlichen Täler der Pyrenäen Navarras und auf die Region des französischen Baskenlandes. Allerdings ist die Verteilung der baskisch Sprechenden innerhalb dieser Zone sehr unterschiedlich – in den wichtigen Städten wie Bilbao, San Sebastián oder Bayonne bilden sie klar die Minderheit, und der Westen der Provinz Vizcaya, östlich des Nervión-Flusses, gehört seit vielen Jahrhunderten zum kastilischen oder spanischen Sprachgebiet – und selbst wo sie die Mehrheit ausmachen, leben sie Seite an Seite mit großen Bevölkerungskreisen, die der baskischen Sprache nicht mächtig sind. Hinzu kommt noch die extrem hohe dialektale Aufspaltung des ›euskera‹, wenn man bedenkt, daß die Anzahl seiner Sprachangehörigen kaum mehr als eine halbe Million beträgt (etwa ein Viertel der Gesamtbevölkerung des Baskenlandes). Die Baskologen pflegen acht Dialektgruppen zu unterscheiden (›vizcaíno‹, ›guipuzcoano‹, ›altonavarro septentrional‹, altonavarro meridional‹, laburdino‹, ›bajonavarro occidental‹, ›bajonavarro oriental‹ und ›suletino‹), aber das ist nicht alles: Sicher trifft folgende Formulierung eines berühmten baskischen Literaturhistorikers noch besser zu: »Stärker noch als umgrenzte Dialekte gibt es im baskischen Sprachgebiet Isoglossen, die sich auf unentwirrbare Weise kreuzen, so daß ein und dieselbe Ortschaft auf Grund eines Sprachmerkmals zu einer bestimmten Variante gehört, auf Grund eines anderen Sprachmerkmals aber zu einer anderen Variante in Beziehung steht, usw.«[*] Die Unterschiede zwischen den verschiedenen Dialekten sind derart groß, daß man die Einheit des ›euskera‹ an sich in Frage gestellt hat. Für den spanischen Dialektforscher Gregorio Salvador »gibt es überhaupt kein einheitliches ›euskera‹, vielmehr gibt es acht baskische Sprachen… In jeder von ihnen existieren darüber hinaus bemerkenswerte dialektale Eigenheiten: es lassen sich fünfundzwanzig klar unterschiedene Dialekte ermitteln«.[**] Demgegenüber hat der Indogermanist Luis Michelena, der führende Vertreter der baskischen Philologie der Gegenwart, erklärt: »Die Diskussion ist müßig, solange man nicht über eine Technik verfügt, die es erlaubt, sie präzise, d. h. quantitativ, zu entscheiden. Die Einschätzung des Grades der Verschiedenheit ist darüber hinaus notwendigerweise relativ: für einen Linguisten sind die Unterschiede nicht groß, und wenn der Linguist auch noch Komparatist ist, wird er sie sogar herzlich unbedeutend finden.«[***] Die Debatte bleibt jedoch offen, und noch steht bei weitem nicht fest, ob das ›euskera‹ eine einheitliche, eine zusammengesetzte oder eine Mehrzahl von Sprachen ist. Auf jeden Fall sind von den acht anerkannten Dialekten – oder acht Sprachen, wenn man Gregorio Salvador folgt – nur vier zu Grapholekten oder geschriebenen Dialekten geworden: das ›laburdino‹, das ›suletino‹, das ›vizcaíno‹ und das ›guipuzcoano‹. Und auch dieser Vorgang vollzog sich relativ spät.

Der erste literarische Text in ›euskera‹ ist eine Gedichtsammlung, die 1545 in Bordeaux gedruckt wurde: Die *Linguae Vasconum Primitiae,* von dem Kleriker Bernard Dechepare aus Niedernavarra verfaßt, enthalten religiöse Verse und Liebesgedichte sowie einige Lobgesänge auf die baskische Sprache. Allerdings legt das Vorherrschen der doktrinären, in ausgesprochen didaktischer Absicht verfaßten Gedichte es nahe, das Buch als einen kleinen Katechismus in Versform zu betrachten. Unter dem Ancien régime war die baskische Literatur im Grunde genommen rein religiöser

[*] Luis Villasante, *Historia de la literatura vasca,* Ed. Aranzazu, Oñate 1979.
[**] Gregorio Salvador, *Lengua española y lenguas de España,* Ed. Ariel, Barcelona 1987.
[***] Luis Michelena, *Sobre el pasado de la lengua vasca,* Ed. Anuamendi, San Sebastian 1964.

Natur und diente ausschließlich dazu, die Lehren der Gegenreformation in der baskisch sprechenden Landbevölkerung zu verankern. Erst zu Beginn des 19. Jahrhunderts tritt eine weltliche Literatur zaghaft in Erscheinung (auch diese zum großen Teil von Geistlichen verfaßt); dabei handelt es sich um eine politisch engagierte Literatur, welche die ›Fueros‹ oder Privilegien der Basken gegen die zentralistischen Reformen verteidigte, durch die sie von Seiten der liberalen Regierungen seit 1839 bedroht wurden. Die separatistische und ultrakonservative Entwicklung der baskischen Literatur verschärft sich seit 1876, dem Jahr, in dem die Regierung von Antonio Cánovas del Castillo endgültig die ›Fueros‹ der baskischen Provinzen abschafft.

Im Jahre 1895 gründet der aus Bilbao stammende Sabino Arana Goiri die Nationalistische Baskische Partei (PNV), deren Programm sich die politischen Bestrebungen eines großen Sektors des Klerus und der ländlichen Bourgeoisie zu eigen macht. Diese fühlten sich beunruhigt durch die schnellen sozialen Veränderungen, welche das Baskenland als Folge eines beschleunigten Industrialisierungsprozesses durchmachte, der mit dem Verlust der ›Fueros‹ seinen Anfang nahm. Das nationalistische Programm fordert die Rückkehr zu den Zuständen vor 1839, die in den Schriften von Arana Goiri Züge eines mythischen Goldenen Zeitalters annehmen. Vom Augenblick ihrer Gründung an erweist sich die Nationalistische Baskische Partei als eine politische Kraft, die ultrakonservativ, katholisch und gleichermaßen feindselig gegenüber dem Liberalismus der bürgerlichen Kreise aus Industrie und Bergbau wie gegenüber dem Sozialismus eingestellt ist, der sich unter den Arbeitern der Gruben und Stahlwerke auszubreiten beginnt. Da diese ihre Arbeitskräfte weitgehend von außerhalb holten, zeigte der baskische Nationalismus bereits von seinen Ursprüngen her eine heftig fremdenfeindliche, ideologische Komponente, die anfänglich die Reinheit der baskischen Rasse betonte und später dann den engen Zusammenhalt der nationalen Gemeinschaft auf der Grundlage der Sprache, der Folklore und der Literatur.

Der ordnungsliebende Charakter des Begründers des baskischen Nationalismus veranlaßte ihn, eine Reinigung der Sprache zu fordern – einen linguistischen Purismus mit dem Ziel, das ›euskera‹ in seinem unverfälschten Urzustand vermittels der Elimination aller Wörter romanischen Ursprungs wiederherzustellen – und die allgemeinen Richtlinien festzulegen, an denen sich die bas-

kische Literatur künftig orientieren sollte. Die nationalistische
Poetik Arana Goiris, die im Anhang zu seinen *Lecciones de Orto-
grafía del Euskera Bizkaino* (Bilbao, 1896) niedergelegt ist, sollte
erst dreißig Jahre später von den baskischen Schriftstellern akzeptiert werden, als während der letzten Jahre der Diktatur des Generals Primo de Rivera eine Gruppe von Dichtern unter Leitung des
Geistlichen José des Ariztimuño (»Aitzol«) die Modernisierung
der baskischen Poesie nach folgenden Grundsätzen durchzuführen versuchte:

a) Bruch mit den metrischen Formen folkloristischen oder volkstümlichen Ursprungs

b) Übernahme der Richtlinien Arana Goiris

c) Versuch, eine dichterische Sprache auf der Grundlage eines von
neulateinischen Lehnwörtern gereinigten Idioms zu schaffen –
das ›euskera garbija‹ (›reine euskera‹)

d) Einfügung einer symbolistischen Bildhaftigkeit

e) politische Aktivierung der Poesie, ihre Umwandlung zu einer
Waffe im Dienste der nationalistischen Propaganda.

Diese literarische Bewegung brachte zwar einige beachtliche
Werke hervor – *Biozkadak* (Vorgefühle) von Luis de Jáuregi
(»Jautarkol«), 1929; *Bide Barrijak* (Neue Wege) von Estepan de
Urquiaga (»Lauaxeta«), 1931; *Biotz begietan* (Im Herz und in den
Augen) von José María de Aguirre (»Xabier Lizardi«) 1932; und
*Barne-muinetan* (Im innersten Mark) von Nicolás Ormaechea
(»Orixe«) 1934 –, aber im Jahre 1934 mußte selbst Aitzol das Schei-
tern seiner Initiative eingestehen, die beim Publikum keinen An-
klang gefunden hatte. Die Künstlichkeit der Sprache – des ›euskera
garbija‹ – war zweifellos in erster Linie verantwortlich für das
Scheitern der Reform, die Aitzol und seine Anhänger, die ›Olerkariak‹ (Die Dichter), durchzuführen versucht hatten. Zu dem aus-
drücklichen Eingeständnis der Grenzen seines Unternehmens, das
Aitzol selbst abgab, traten die Stimmen anderer Baskologen wie
Severo Altube oder Justo Mocoroa (»Ibar«), die die Exzesse des
Purismus kritisierten und die Rückkehr zu einer lebendigen,
volkstümlichen Sprache forderten, zum wahren ›euskera‹ – mit seinem großen Anteil von Wörtern romanischen Ursprungs –, zur
einzigen Sprache, die für die baskischsprechende Bevölkerung verständlich wäre. Diese Kritik traf zusammen mit der politischen
Kehrtwende der Nationalistischen Baskischen Partei während des
sogenannten ›bienio negro‹ (Schwarzes Biennium, 1934-1935) zu

demokratischen Positionen, einer Wende, die im Februar 1936 sogar dazu führen sollte, daß sich der baskische Nationalismus der Volksfront anschloß. Der Richtungswechsel in der Literatur zeitigte keine brillanten Ergebnisse. Lediglich der zweite Gedichtband von Lauaxeta, *Arratsberan* (Es wird Nachmittag), erschienen 1935, spiegelte einen Aspekt der neuen »populistischen« Programmpunkte wider, indem er auf den übertriebenen Purismus der frühen Werke des Verfassers verzichtete und sich Anregungen aus der traditionellen Poesie – den folkloristischen Balladen – holte. Damit beschritt er einen ähnlichen Weg wie Lorca in seinem *Romancero gitano* (dessen Einfluß auf die zweite Gedichtsammlung Lauaxetas übrigens nur zu deutlich ist). Daneben schrieb Orixe etwa zur selben Zeit eine umfangreiche Dichtung, *Euskaldunak* (Die Basken), in der er mit großem Geschick die Formen der volkstümlichen Lyrik nachahmte. Dieses Werk sollte allerdings erst 1950 veröffentlicht werden.

Der Bürgerkrieg zerstörte die neuen Tendenzen, die in der Dichtung der ›Olerkariak‹ zutage traten, und nicht nur diese, sondern die baskische Literatur insgesamt. Zwischen Juli 1936 und Juni 1937 besetzten die Truppen Francos mit italienischer und deutscher Hilfe die baskischen Provinzen und beendeten die kurze Periode politischer Autonomie unter der Koalitionsregierung, die von der Nationalistischen Baskischen Partei geführt wurde. Die Generation der ›Olerkariak‹ verschwand. Xabier Lizardi war im Jahre 1933 verstorben, Aitzol und Lauaxeta wurden von den Franquisten erschossen, Orixe ging ins Exil.

Im Lande selbst übten die Sieger eine strenge Zensur aus, die in der Praxis nicht nur die Auslöschung der baskischen Literatur, sondern auch diejenige des ›euskera‹ zur Folge hatte, das als »separatistische Sprache« verboten wurde. Das Wiederaufleben der baskischen Literatur vollzog sich im Exil. Im allgemeinen stellte die literarische Produktion der vierziger Jahre einen Rückschritt gegenüber derjenigen der Zweiten Republik dar, aber sie gab der baskischen Literatur das, was sie in diesen schweren Zeiten am meisten benötigte: Kontinuität. Im Jahre 1945 erschien nach achtjähriger verlegerischer Pause in Mexiko ein Buch mit Gedichten in ›euskera‹ unter dem Titel *Urrundik* (Aus der Ferne). Sein Verfasser, Telesforo Monzón Olaso (1914-1980), Minister in der baskischen Regierung während des Bürgerkriegs, gehörte jetzt der Exilregierung an. *Urrundik* verkörpert am besten den beherrschenden Zug der baskischen Literatur bis zur Mitte der nachfolgenden Dekade: eine melancholische Erinnerung an das verlorene Vaterland, begleitet von einer gewissen masochistischen Resignation hinsichtlich des Märtyrerschicksals, das die Geschichte für das baskische Volk reserviert zu haben schien. Zwei Jahre später, 1947, publizierte Monzón in Biarritz einen weiteren Gedichtband, *Gudarien egiñak* (Die Heldentaten der baskischen Soldaten), eine Nachkriegsdichtung epischen Charakters, die in ihren Grundzügen jener Literatur sehr ähnlich war, die damals auf seiten der Sieger geschrieben wurde.

Kurz vor Ausbruch des Bürgerkrieges hatte der eng mit der Gruppe der ›Olerkariak‹ verbundene Schriftsteller und Jesuit Joaquín Zaitegui (1906-1983) Spanien verlassen. Von seinem Wohnsitz in Guatemala aus veröffentlichte er 1946 ein Buch mit religiöser Lyrik, *Goldaketan* (Arbeiten), das der Poetik der Gruppe um Aitzol aus der Zeit vor der Krise von 1934 entsprach. Im Jahre 1950 gründete er die Zeitschrift »Euzko-Gogoa« (Baskische Seele), die zunächst in Tegucigalpa erschien und an der Orixe bald mitarbeitete. Ein herausragender Intellektueller der Nationalistischen Baskischen Partei, Isaac López Mendizabal, gründete in Buenos Aires den Verlag »Ekin«. Der größte Teil der dort erschienenen Bücher war in Spanisch verfaßt, und nur ein ganz geringer Prozentsatz der Verlagsproduktion galt literarischen Themen. Nichtsdestoweniger publizierte »Ekin« die zwei einzigen baskischen Romane der vierziger Jahre, *Joainixio* (1946) des guipuzcoanischen Geistlichen Juan Antonio Irazusta und *Ekaitzapeán* (Im Strom) von J. Eizaquirre. Beide halten sich an den kostumbristischen Kanon der Erzählkunst aus der Vorkriegszeit.

Es dauerte lange, bis eine literarische Aktivität im Baskenland selbst wieder aufgenommen wurde. Im Jahre 1948 betrieben einige nicht-nationalistische Schriftsteller (José Miguel Azaola und Antonio Arrúe) das Erscheinen eines literarischen Bulletins des Provinziallandtages von Guipúzcoa, »Egan« (Flügel), in welches Beiträge in baskischer Sprache aufgenommen wurden. Ein Jahr später veröffentlichte der Franziskaner Salvador Michelena im Verlag des Klosters von Aránzazu einen umfangreichen Gedichtband *Arantzatzu: Euskal sinismearen poema* (Aránzazu: Gedicht des baskischen Glaubens). Neben dem Heiligtum von Loyola, um das Geburtshaus des Begründers des Jesuitenordens herum erbaut, stellte das Franziskanerkloster von Aránzazu in Quate (Guipúzcoa) seit dem 16. Jahrhundert eines der aktivsten kulturellen Zentren des Baskenlandes dar. Mehrfach zerstört und wieder aufgebaut, entwickelte es sich zu einem bedeutenden Wallfahrtszentrum, von dem aus Balladen, religiöse Legenden usw. verbreitet wurden. In seiner Kirche beherbergt es das Bild der Hl. Jungfrau von Aránzuzu, die nach der Überlieferung am Ende des Mittelalters erschien und eine Ära der Unterdrückung und des Leidens beendete. Von diesem Thema handelt auch das Buch Michelenas: von der Legende der Erscheinung der Hl. Jungfrau, und es beinhaltet, wenn auch religiös verschlüsselt, einen Appell zum kulturellen Widerstand.

Der Aufruf Michelenas verhallte nicht ungehört. Das Kloster von Aránzazu erlangte eine besondere Bedeutung für die baskische Literatur der folgenden Jahre. Neben den zahlreichen Franziskanern, die nach dem Vorbild von Salvador Michelena an der linguistischen und literarischen Renaissance teilnahmen, besuchten einige der bedeutendsten Schriftsteller der folgenden Jahrzehnte das Kloster, und in Aránzazu leitete im Jahre 1968 die Akademie der baskischen Sprache auch den Vereinheitlichungsprozeß der Schriftsprache ein.

Ende der vierziger Jahre nahm die Akademie der Baskischen Sprache – gegründet 1918 anläßlich des I. Kongresses der Gesellschaft für baskische Studien; geschlossen nach dem Bürgerkrieg durch das Franco-Regime – unter dem politischen Schutzschild einiger franquistischer Baskologen ihre Tätigkeit wieder auf. (Zu diesen Protektoren zählte u. a. der Philologe Antonio Tovar, ein sehr bekannter Intellektueller und ehemaliges Mitglied der Falange.) Die nationalistischen Schriftsteller betrachteten diese Initiative in der Mehrzahl mit Argwohn, aber einige ließen sich herbei, an der Akademie mitzuarbeiten, da sie alle gebotenen Möglichkeiten ausschöpfen wollten.

Einer der nationalistischen Intellektuellen, die an der Wiedereröffnung von ›Euskaltzaindia‹ (so hieß die Sprachakademie auf baskisch) mitwirkten, war der Guipuzcoaner Luis Michelena Elissalt (1914-1987). Er hatte während des Bürgerkriegs im baskischen Heer gekämpft, war dann von den Franco-Anhängern gefangengenommen und zum Tode verurteilt worden. Nach seiner Begnadigung und Entlassung aus dem Gefängnis hatte man ihn erneut wegen geheimer Widerstandtätigkeit inhaftiert. Nach mehrjährigem Gefängnisaufenthalt trat er in die Direktion der Zeitschrift

»Egan« ein und führte von ›Euskaltzaindia‹ aus die Kampagne für die linguistische Normierung des ›euskera‹. Jahre später erhielt Michelena als Nachfolger von Antonio Tovar den Lehrstuhl für indoeuropäische Sprachwissenschaft an der Universität Salamanca. (Tovar selbst hatte den Lehrstuhl »Manuel de Larramendi« für baskische Studenten an dieser Universität gegründet.) Mit der Zeit wurde Michelena zur herausragendsten Gestalt der zeitgenössischen baskischen Philologie und zum Vorkämpfer der Vereinheitlichung der Sprache. Anfangs mußte er aber gegen die Opposition der jungen Schriftsteller ankämpfen, die ihn – völlig zu Unrecht – beschuldigten, mit dem Franco-Regime zusammenzuarbeiten.

Das Jahr 1950 wurde Ausgangspunkt einer kräftigen Erholung des literarischen Lebens in den baskischen Provinzen, an welcher die Bemühungen der beiden Michelena (die übrigens nicht miteinander verwandt waren) großen Anteil hatten. In diesem Jahre wurde *Euskaldunak* von Orixe veröffentlicht, ein Werk über das wir schon gesprochen haben, ferner *Alostorrea* (Der Turm von Alós), ein historischer Roman des Guipuzcoaners Jon Echaide. Zur gleichen Zeit erschien die erste Nummer der Zeitschrift »Euzko-Gogoa«, und »Egan« wurde nun vollständig auf ›euskera‹ publiziert. Die erste Generation der Nachkriegsschriftsteller trat jetzt in die Öffentlichkeit.

Diese Generation, deren Angehörige zwischen 1925 und 1935 geboren sind, hatte nicht am Bürgerkrieg teilgenommen. Obwohl zwischen ihren Mitgliedern bedeutende Unterschiede existierten, hatten sie mehrere Charakteristika gemeinsam, die ihnen eine kollektive Persönlichkeit verliehen mit bisher in der baskischen Literaturgeschichte unbekannten Zügen. In der Mehrzahl hatten sie das Baskische durch eigene Bemühungen erlernt, da es nicht die Sprache ihres Elternhauses war. Ihr Autodidaktentum erstreckte sich auch auf andere Gebiete: fast alle ersetzten das Fehlen einer Universitätsausbildung durch die wahllose Lektüre philologischer und sozialwissenschaftlicher Werke. Als Söhne nichtnationalistischer Familien der Mittelschicht entdeckten sie den baskischen Nationalismus erst spät und übernahmen ihn mit dem typischen Fanatismus von Konvertiten. Allerdings entfernte sie ihre radikale Ablehnung demokratischer Prinzipien von der Nationalistischen Baskischen Partei und führte sie dazu, eine Neuformulierung des Nationalismus auf totalitären, marxistisch-leninistischen oder neofaschistischen Grundlagen zu versuchen. Ihre Ablehnung der Demokratie basierte dabei auf der Gleichsetzung mit der »bürgerlichen« Ideologie der Alliierten, gegen die sie einen unverhohlenen Groll hegten, weil diese sich mit dem Fortbestehen des Franco-Regimes abgefunden hatten. Als Agnostiker oder eingestandene Atheisten verloren sie keine Gelegenheit, ihren Antiklerikalismus öffentlich kundzutun, was ihnen in dem konfessionell orientierten literarischen Milieu die Gegnerschaft der vorhergehenden Generation eintragen und sie in den Ruf von »Verdammten« oder zumindest von Provokateuren bringen mußte. Dennoch veröffentlichten sie zunächst alle ihre Gedichte, Erzählungen und Essays in »Euzko-Gogoa«, der Bastion der nationalistischen Orthodoxie, und erst im Jahre 1956, als Joaquín Zaitegui mit seiner Zeitschrift nach Biarritz übersiedelte, verließen sie diese und arbeiteten für »Egan« und die Akademie der baskischen Sprache. Das Namensverzeichnis dieser Generation ist ziemlich umfangreich. Wir wollen aber nur drei Schriftsteller erwähnen, da sie einen bedeutenden Einfluß auf die nachfolgenden Generationen ausübten.

Jean Mirande (1925-1972) wurde in Paris geboren, seine Eltern stammten aus Soule. Er lernte ›euskera‹, nachdem er seine Schriftstellerlaufbahn in Bretonisch begonnen hatte. Sein Baskischlehrer hieß Andima Ibinagabeitia, ein Exilant aus Vizcaya, der zur Leitung von »Euskao-Gogoa« gehörte. In dieser Zeitschrift und in »Egan« veröffentlichte Mirande den größten Teil seiner Gedichte, Artikel und Erzählungen. Gegen Ende der fünfziger Jahre gründete er »Igelak« (Die Frische), eine Publikation, die sich selbst »Zeitschrift der andersgläubigen Basken« nannte und nur sehr kurze Zeit existierte. Im Jahre 1970 erschien sein einziger Roman, *Haur besoetakoa* (Die Pflegetochter). Später verursachte er einen mittleren Skandal, als er öffentlich erklärte, nicht mehr in ›euskera‹ schreiben zu wollen. Weihnachten 1972 schied er freiwillig aus dem Leben. Nach seinem Tode sind verschiedene Sammlungen seiner Arbeiten veröffentlicht worden.

Mirande war Faschist und erklärter Antisemit und verfügte über eine literarische Bildung, die der seiner Generationsgenossen weit überlegen war. Ohne Unterlaß attackierte er die verschiedenen Gruppierungen und Tendenzen in der baskischen Literatur und Politik seiner Zeit. Er vertrat eine heidnische Utopie, einen Kult der Gewalt und der Erdverbundenheit, der an den der deutschen Nationalsozialisten erinnert. Sein Werk charakterisiert sich durch eine finstere Erotik mit zahlreichen sadistischen Ingredienzen. Mit Hilfe seiner an Obszönitäten reichen Lyrik versuchte er, einem unwiderstehlichen Drang zur Gewalt und Selbstzerstörung ein Ventil zu schaffen. Überraschenderweise sind seine formalen Innovationen nur gering. Seine Lyrik hält sich an die metrischen Formen und die Sprache der ›Olerkariak‹, auch wenn sie sich in ihren Inhalten, voll von pornographischen und eschatologischen Elementen, radikal von diesen unterscheidet. Die Verherrlichung der Gewalt als höchstem Wert, die von seinen Zeitgenossen durchweg abgelehnt wurde, hat ihm die Sympathien weiter Kreise des antidemokratischen Nationalismus eingebracht. Tatsächlich ist Mirande der meistgelesene Autor der schwierigen Übergangsperiode zur Demokratie gewesen, und vielleicht hat er am stärksten die Herausbildung der Subkultur der Gewalt und der Todesbegeisterung beeinflußt, die heute noch für den radikalen Nationalismus kennzeichnend ist.

Der Guipuzcoaner José Luis Alvarez Emparanza, (Txillardegi; * 1929), ist der einzige Akademiker seiner Generation. Er gehörte 1959 zu den Gründungsmitgliedern der ETA, der terroristischen Vereinigung, die sich von der Nationalistischen Baskischen Partei abgespalten hatte. Unter dem Einfluß des französischen Existentialismus begann Alvarez Emparanza ein literarisches Werk zu schaffen, dessen Schwerpunkt in der Erzählkunst und im Essay liegt. Die Problematik des politischen Engagements des Intellektuellen bestimmt das Thema aller seiner Romane, von *Leturiaren egunkari ezkutua* (Das geheime Tagebuch von Leturia), erschienen 1956, bis zu seinem letzten, wenig interessanten *Haizeaz bestaldetik* (Am anderen Ende des Windes). Der ideologische Ballast der Romane von Txillardegi ist zu offensichtlich. Ein zeitgenössischer Kritiker hat das folgendermaßen ausgedrückt: »In *Leturiaren engunkari ezkutua* ist fast alles funktional, alles wird direkt der These, besser gesagt der Botschaft, untergeordnet. Es ist ein zu funktionaler Roman, d. h. zu funktional, um ein Roman zu sein.«[*] Diese Mängel verschärfen sich noch in seinem zweiten Werk, *Peru Leartza-Ko* (Pedro von Learza; 1960), der ebenfalls in der ersten Person geschrieben ist. In seinem dritten und zweifellos besten Roman, *Elsa Schleen* (1969), der während seines Exils in Brüssel veröffentlicht wurde, nimmt Txillardegi die Position des allwis-

---

[*] Ibon Sarasola, *Txillardegi eta Saizar Sitoniaren nobelagintza*, Haran Suru-Altuna, San Sebastian 1975.

senden Erzählers ein, um eine Geschichte mitzuteilen, die im Bereich der ethnischen Konflikte Belgiens während der sechziger Jahre angesiedelt ist. Trotz der konstruktiven und stilisierten Mängel des Werkes bedeutet *Elsa Schleen* die endgültige Überwindung des traditionellen baskischen Romans – stets historisch oder kostumbristisch – und legt die Grundlagen für die moderne Erzählkunst in ›euskera‹.

Gabriel Aresti Segurola (1933-1975) aus Bilbao war der wichtigste Autor der baskischen Literatur während der Franco-Ära. Sein erstes bedeutendes Werk ist ein in 21 Teile gegliedertes Epos von fast zweitausend Versen, *Maldan Behera* (Hangabwärts). Die metrische und symbolische Vielfalt sowie der Reichtum der literarischen Bezüge machen aus *Maldan Behera* einen Text, der mehrfache Interpretationsmöglichkeiten bietet. Der epische Held, eine Nachbildung von Nietzsches Übermenschen, durchläuft eine Bahn, die jener gleicht, welche Lewis Mumford für die Geschichte der Zivilisation entwirft, von der ›Äopolis‹ bis hin zur ›Nekropolis‹. Als ein nihilistisches Epos spiegelt das Werk gleichzeitig die Entwicklung der baskischen Volksgemeinschaft und ihrer Literatur wider.

Mit *Harri eta Herri* (Stein und Volk; 1964), leitet Aresti einen Zyklus sozial engagierter Lyrik marxistischer Prägung ein, offenbar unter dem Einfluß des spanisch schreibenden Dichters aus Bilbao, Blas de Otero. Diesem Zyklus gehören auch die beiden späteren Gedichtsammlungen an, die überschrieben sind *Euskal Harria* (Der baskische Stein; 1967) und *Harrizko Herri Hau* (Dieses Volk aus Stein; 1970). In der Lyrik Arestis wechselt der freie Vers mit metrischen Formen der mündlichen baskischen Dichtung sowie mit klassischen Formen wie der Sestine oder dem Sonett. Er versuchte sich auch, mit weniger Glück als in der Poesie, im Drama und in der Erzählkunst und war zweifellos der entschiedenste Verfechter des Gebrauchs des vereinheitlichten ›euskera‹ oder ›euskera batua‹ in der Literatur seiner »Generation«.

Im Jahre 1969 förderte Aresti die Veröffentlichung einer Anthologie junger Autoren, ›Euskal Elerti 69‹ (Baskische Literatur 69). Unter den Schriftstellern, die darin vertreten waren (in der Mehrzahl zwischen 1945 und 1955 geboren), sollten sich in den folgenden Jahren der Romancier Ramón Saizarbitoria (* 1944) und Autoren wie Patri Urkizu und Ibon Saralosa besonders auszeichnen. Saizarbitoria veröffentlichte im selben Jahr seinen ersten Roman *Egunero hasten delako* (Warum jeder Tag beginnt). Wie Sarasola in seinem Vorwort zu dem Buch bemerkte, ist dieses Werk eine deutliche Reaktion gegen den existentialistischen Roman von Txillardegi (genauer gesagt handelt es sich um die baskische Version der Auseinandersetzung zwischen dem objektivistischen Realismus und dem Existentialismus). Die objektivistische Linie hatte jedoch nicht die erwartete Lebensdauer. Nur Ibon Sarasola schloß sich mit einer sehr kurzen Erzählung *Jon eta Ane zigarro bat erretzen* (Jon und Ane rauchen eine Zigarre) der Richtung an, die Saizarbitoria gewiesen hatte. Zwischen 1970 und 1977 tauchten neue Tendenzen in der Erzählkunst auf, denen allen gemeinsam war, daß sie die im spanischen Sprachraum vorherrschenden Schulen imitierten. Am stärksten verhinderte jedoch die Verschlechterung der politischen Situation die Erneuerung der baskischen Literatur in den siebziger Jahren.

1968 wurden bei einem zufälligen Zusammenstoß ein Mitglied der Guardia Civil und ein Führer der ETA getötet. Aus Rache ermordete die ETA wenig später einen Kommissar der franquistischen Polizei. Im Jahre 1969 wurden dann verschiedene Angehörige der Organisation verhaftet, denen man vorwarf, den Mord befohlen zu haben. Ein Kriegsgericht verurteilte im Jahre 1970 sechs von ihnen zum Tode. Obwohl Franco die Strafen umwandelte, geriet das Baskenland in einen Strudel politischer Gewalttätigkeiten, der seinen Höhepunkt im Jahre 1973 erreichte, als ETA den Präsidenten der franquistischen Regierung, Luis Carrero Blanco, ermordete. Die polizeiliche Repression traf unterschiedslos die gesamte baskische Bevölkerung. Die harte und äußerst ungeschickte Reaktion des Franco-Regimes provozierte ein Wiederaufleben des radikalen Nationalismus und eine entsprechende Mobilisierung der Literatur.

Im Jahre 1976 begannen einige Autoren die Freiheit des künstlerischen Schaffens von experimentellen Positionen aus zu fordern. Drei Romane, die in jenem Jahr erschienen – *Ene, Jesús* (Ach, Jesus mein) von Ramón Saizarbitoria, *Ziutateaz* (Aus der Stadt) von Bernardo Atxaga und *Zergatik bai* (Warum ja) von Koldo Izagiurre – entfernten sich von der militant realistischen Strömung, um die irrationale Sprache, den Diskurs des Wahnsinns und der Kindheit auszuloten. Einer der im Jahre 1970 zum Tode Verurteilten, Mario Onaindia, schrieb 1976 ebenfalls einen Roman, der ein Jahr später veröffentlicht wurde, nachdem man den Autor begnadigt und aus der Haft entlassen hatte: *Elurtzan dautzan zuhaitz enborrak* (Die Baumstämme im Schnee). In diesem Werk behandelte Onaindia das Problem der Schizophrenie. Angesichts der Exzesse der »revolutionären Vernunft« klammerte sich die Freiheit des Schriftstellers an den Rettungsanker der Irrationalität.

Saizabitoria, Atxaga und Izaguirre gründeten im Jahre 1976 ihren eigenen Verlag, von dem aus sie die literarische Opposition gegen die neue Orthodoxie führen wollten. Gleichzeitig begannen sie mit der Herausgabe einer Zeitschrift – »Ustela« (Verfault) –, die trotz ihrer kurzen Lebensdauer (insgesamt erschienen nur vier Nummern) entscheidenden Einfluß auf den Richtungswechsel der ganz jungen Schriftsteller genommen hat.

1977 ließ sich Atxaga in Bilbao nieder und gründete dort eine neue Zeitschrift, »Pott« (Irrtum). Um diese Publikation scharte sich eine neue Generation von Schriftstellern, die sich bald an die Spitze der baskischen Literatur setzte. Innerhalb dieser Gruppe behauptete Atxaga die Führungsrolle.

Bernardo Atxaga (Pseudonym für Joseba Irazu) ist im Jahre 1951 in Asteasu (Guipúzcoa) geboren. Er studierte Wirtschaftswissenschaften in Bilbao und stand vorübergehend der Kulturorganisation der ETA nahe. Seine ersten Werke (Dramen und Romane) litten an einer übertriebenen Experimentierfreude. Im Jahre 1978 veröffentlichte er *Etiopia,* eine Sammlung von Gedichten und Erzählungen, die in der baskischen Literaturszene wegen ihrer Freiheit im Umgang mit der Sprache und wegen der Frische und Originalität ihrer lyrischen und erzählerischen Themen Aufsehen erregte. Das spätere Werk Atxagas, im wesentlichen erzählerischer Natur, spielt in der imaginären Welt Obabas, eines Dorfes des baskischen Hinterlandes, das gewisse Ähnlichkeiten mit dem Geburtsort des Verfassers aufweist. Die tragenden Elemente der Erzählkunst Atxagas sind die Grausamkeit oder die Wehrlosigkeit seiner Figuren, die dem täglichen Überlebenskampf in einer abgelegenen Landzone ausgesetzt sind; daneben finden wir die Betonung des Phantastischen. Im Jahre 1985 veröffentlichte er einen Roman mit dem Titel *Bi anai* (Zwei Brüder). Seine Kurzgeschichten sind unlängst in einer umfangreichen Sammlung unter dem Namen *Obabakoak* (Die Menschen von Obaba; 1988) erschienen und mit dem Spanischen Nationalpreis für Literatur ausgezeichnet worden.

Weitere Mitglieder der Generation von »Pott« sind der Guipuzcoaner Joxemari Iturralde, geboren 1951 in Tolosa und zweifellos der vielseitigste Erzähler der baskischen Gegenwartsliteratur, Verfasser eines Romans *Nafarroaka artizarra* (Der Stern von Navarra; 1984) und verschiedener Erzählbände, von denen vor allem erwähnenswert sind *Dudular* (1984) und *Pic-nic zuen arbasaoekin* (Picknick mit den Vorfahren; 1985); auch Joseba Sarrionandia gehört zu dieser Generation, geboren 1958 in Durango (Vizcaya). Nachdem er wegen Teilnahme an terroristischen Verbrechen inhaftiert worden war, floh Sarrionandia im Jahre 1985 aus dem Gefängnis von San Sebastián und schreibt seitdem aus dem Untergrund. Sein Werk aus den Jahren vor 1985, die Gedichtsammlung *Izuen gordelekuetan barrena* (In der Truhe des Schreckens; 1981); der Erzählband *Narrazioak* (Erzählungen; 1984) und die Essays des Buches *Ni ez naiz hemengoa* (Ich bin nicht von hier; 1985) kontrastieren in ihrer melancholischen Zartheit mit der rauhen und barschen Bitterkeit seiner letzten Bücher, der Gedichtsammlung *Mariñel zaharrak* (Die alten Seefahrer; 1987) und *Marginalia*, einer Sammlung von Essays, die 1988 erschien. Das letzte gemeinsame Werk der Mitglieder von »Pott« ist ein interessantes dramatisches Gedicht: *Henry Bengoa, inventarium* (1988).

Unter den anderen Gegenwartsschriftstellern wären zu erwähnen der Romancier Arantza Urretavizkaya und weitere Prosaisten wie Angel Lertxundi und Mario Onaindia. Ein junger Dichter aus Guipúzcoa, Felipe Juaristi, der Verfasser zweier herausragender Bücher – *Denbora, nostalgia* (Zeit, Heimweh; 1986) und *Hiriaren melankolia* (Die Melancholie der Stadt; 1987) hat der baskischen Lyrik der letzten Jahre neue und originelle Themen gegeben. Es darf behauptet werden, daß das Panorama baskischer Literatur heute lebendiger und vielfältiger ist als je zuvor und daß berechtigte Hoffnungen auf eine bescheidene Blüte existieren.

# Bibliographie

## Clarín

*Deutsche Übersetzungen:*

Clarín: *Die Präsidentin,* üb. von E. Hartmann. Insel, Frankfurt/Main 1985.

idem: *Der Rabe und andere Erzählungen,* üb. von Monika Bosse, Insel, Frankfurt/Main 1991.

*Ausgewählte Sekundärliteratur:*

Alarcos Llorach: »Notas a *La Regenta*«, in: *Ensayos y estudios literarios,* Madrid 1976.

Bécarud, J.: »*La Regenta* de Clarín y la Restauración«, in: *De »La Regenta« al Opus Dei,* Madrid 1977.

Beser, S.: *Clarín y »La Regenta«,* Barcelona 1978.

Martínez Cachero: Prólogo a la edición de *La Regenta,* Clásicos Planeta, Barcelona 1963.

idem: *Leopoldo Alas ›Clarín‹,* Taurus (Serie: El escritor y la crítica), Madrid 1978.

Rutherford, J.: *Leopoldo Alas: »La Regenta«,* London 1974.

Sobejano, G.: *Clarín en su obra ejemplar.* Ed. Castalia, Madrid 1985.

idem: Introducción bibliográfica y crítica a la edición de *La Regenta,* Clásicos Castalia, Madrid 1981.

Sondernummern von *Insula* (1984) und *Cuadernos del Norte* (1981, 1984); desgleichen Katalog zu *Clarín y »La Regenta«,* Ministerio de Cultura, Madrid 1985.

## Benito Pérez Galdós

*Deutsche Übersetzungen:*

*Der Roman in der Straßenbahn,* üb. von K. Dufner, Langewiesche-Brandt, Ebenhausen 1961.

*Misericordia,* üb. von F. R. Fries und R. Vollrath-Wirth, Dieterich, Leipzig 1962.

*Doña Perfecta,* üb. von E. Hartmann, Aufbau, Berlin 1963.

*Amigo Manso,* üb. von K. Kuhn, Manesse, Zürich 1964.

*Fortunata y Jacinta,* üb. von K. Kuhn, Manesse, Zürich 1983.

*Miau,* üb. von W. Muster, Suhrkamp, Frankfurt/Main 1983.

*Tristana,* üb. von E. Pfeiffer, Suhrkamp, Frankfurt/Main 1988.

*Ausgewählte Sekundärliteratur:*

Correa, G.: *Realidad, ficción y símbolo en las novelas de Pérez Galdós. Ensayo de estética realista,* Instituto Caro y Cuervo, Bogotá 1967.

idem: *El simbolismo religioso en las novelas de Pérez Galdós*, Gredos, Madrid 1962.

Gullón, R.: *Galdós, novelista moderno*, Gredos, Madrid 1966.

idem: *Técnicas de Galdós*, Taurus, Madrid 1970.

Hinterhäuser, H.: *Los »Episodios nacionales« de Pérez Galdós*, Gredos, Madrid 1963.

Montesinos, J. F.: *Galdós*, Ed. Castalia, 2 Bde., Madrid 1968.

Ricard, R.: *Aspectos de Galdós*, Presses Universitaires de France, Paris 1963.

Río, A. del: *Estudios Galdosianos*, Las Américas, New York 1969.

Rogers, D. M.: *Benito Pérez Galdós*, Taurus (Serie: El escritor y la crítica), Madrid 1973.

Sackett, Th. A.: *Pérez Galdós. An Annotated Bibliography*, The University of New Mexico Press, Albuquerque 1968.

Ynduráin, F.: *Galdós, entre la novela y el foletín*, Taurus, Madrid 1970.

Zambrano, M.: *La España de Galdós*, Taurus, Madrid 1959.


# Miguel de Unamuno

*Deutsche Übersetzungen:*

Der Selinka-Verlag, Ravensburg, bereitet eine Neuausgabe der Werke Unamunos vor. Erschienen sind bislang:

*Abel Sánchez*, üb. von W. von Wartburg, Ravensburg 1987.

*Ein ganzer Mann*, üb. von W. Muster, Ravensburg 1989.

*Nebel*, üb. von O. Buek, R. de Hollanda, S. Weidle, Ravensburg 1988.

In alten Übersetzungen liegen vor:

*Drei exemplarische Novellen und ein Prolog*, München 1925.

*Abel Sánchez*, München 1925.

*Das Leben Don Quijotes und Sanchos*, München 1926.

*Tante Tula*, München 1928.

*Die Agonie des Christentums*, München 1928.

*San Manuel der Gute*, Insel, Frankfurt/Main 1961.

*Nebel*, dtv, München 1968.

*Ausgewählte Sekundärliteratur:*

Eine Bibliographie mit 5087 Arbeiten, Rezensionen, Artikeln, Interviews, Doktorarbeiten etc. (von 1888-1975) wurde erstellt von Pelayo H. Fernández, Ed. Porrúa Turanzas, Madrid, 1976. Weitere Angaben finden sich in den *Cuadernos de la Cátedra Miguel de Unamuno,* Salamanca, gegründet und geleitet von M. García Blanco.

Der Verlag Alianza in Madrid gibt eine Gesamtausgabe der Schriften Unamunos mit kritischen Einführungen und Bibliographie heraus.

Abellán, J. L.: *Unamuno a la luz de la Psicología*, Ed. Tecnos, Madrid 1964.

Blanco Aguinaga, C.: *Unamuno, teórico del lenguaje*, Ed. Colegio des México, México 1954.

idem: *El Unamuno contemplativo*, Ed. Colegio de México, México 1959; Neuauflage Ed. Laia, Barcelona 1975.

Clavería, C.: *Temas de Unamuno*, Gredos, Madrid 1953.

Curtius, E. R.: *Über Unamuno*, in: *Kritische Essays zur europäischen Literatur*, Kap. II, A. Francke, Bern 1950.

Díaz, E.: *Revisión de Unamuno. Análisis crítico de su pensamiento político*, Ed. Tecnos, Madrid 1968.

Egido, L. G.: *Salamanca, la gran metáfora de Unamuno*, Ed. Universidad de Salamanca, 1983.

idem: *Agonizar en Salamanca*, Alianza Editorial, Madrid 1986.

Ferrater Mora, J.: *Unamuno. Bosquejo de una filosofía*, Ed. Losada, Buenos Aires 1944.

Garagorri, P.: *Introducción a Miguel de Unamuno*, Alianza Editorial, Madrid 1986.

García Blanco, M.: *Don Miguel de Unamuno y sus poesías*, Ed. Universidad de Salamanca, 1954.

idem: *En torno a Unamuno*, Taurus, Madrid 1965.

Gullón, R.: *Autobiografías de Unamuno*, Gredos, Madrid 1964.

Meyer, F.: *L'ontologie de Miguel de Unamuno*, Ed. Presses Universitaires de France, Paris 1955. (Traducción castellana, Gredos, Madrid 1962.)

Palley, J.: *Unamuno: The Critique of Progress*, The University of Alabama Press, 1976.

Paris, C.: *Unamuno. Estructura de su mundo intelectual*, Ed. Península, Barcelona 1968.

Renart, J. G.: *El Cristo de Velázquez de Unamuno. Estructura. Estilo. Sentido*, University of Toronto Press, 1982.

Rudd, M. T.: *The Lone Heretic. A Biography of Miguel de Unamuno*, University of Texas Press, Austin 1963.

Salcedo, E. S.: *Vida de Don Miguel*, Ed. Anaya, Madrid 1964.

Sánchez Barbudo, A.: *Estudios sobre Unamuno y Machado*, Ed. Guadarrama, Madrid 1959.

idem: *Miguel de Unamuno*, Taurus (Serie: El escritor y la crítica), Madrid 1974.

Schürr, F.: *Miguel de Unamuno. Der Dichterphilosoph des tragischen Lebensgefühls*, Francke, Bern/München 1962.

Wiers, F.: *Miguel de Unamuno: the Contrary Self*, Tamesis Book, London 1976.

Zavala, I. M.: *Unamuno y su teatro de conciencia*, Ed. Universidad de Salamanca, 1963.

# Ramón del Valle-Inclán

*Deutsche Übersetzungen:*

*Tyrann Banderas,* Roman, üb. von A. M. Rothbauer, Suhrkamp Verlag, Frankfurt/Main, 1975; neue Übersetzung von F. Vogelgsang, Fischer, Frankfurt/Main 1991.

*Frühlingssonate,* üb. von A. Botond, Suhrkamp, Frankfurt/Main 1980.

*Sommersonate,* Die Waage, Zürich 1958.

*Wintersonate,* üb. von F. Vogelgsang, Klett-Cotta, Stuttgart 1985.

*Der Karlistenkrieg,* üb. von F. Vogelgsang, Roman-Trilogie, Klett-Cotta, Stuttgart 1981.

*Barbarische Komödien. Silbergesicht. Wappenadler. Wolfsballade,* üb. von F. Vogelgsang, Klett-Cotta, Stuttgart 1982.

*Wunderworte. Glanz der Bohème.* Zwei Theaterstücke, üb. von F. Vogelgsang, Klett-Cotta, Stuttgart 1983.

*Karneval der Krieger.* Drei Schauerpossen, üb. von F. Vogelgsang, Klett-Cotta, Stuttgart 1984.

*Ausgewählte Sekundärliteratur:*

Barbeito, C. L.: *Epica y tragedia en la obra de Valle-Inclán,* Ed. Fundamentos, Madrid 1985.

Cardona, R. y Zahareas, A. N.: *Visión del esperpento. (Teoría y práctica del esperpento de Valle-Inclán),* Ed. Castalia, Madrid 1970.

Díaz-Plaja, G.: *Las estéticas de Valle-Inclán,* Gredos, Madrid 1965.

Domenech, Ricardo: *Ramón del Valle-Inclán,* Taurus (Serie: El escritor y la crítica), Madrid 1988.

Gómez de la Serna, R.: *Don Ramón del Valle-Inclán,* Espasa-Calpe, Madrid 1959.

Guerrero, O.: *América en Valle-Inclán,* Ed. Albar, Madrid 1984.

Gullón, R. (Hg.): *Valle-Inclán. Centennial Studies,* University of Texas, Austin 1968.

Lyon, J.: *The Theatre of Valle-Inclán,* Columbia University Press, Cambridge-New York 1972.

Mainer, José Carlos: »Libros sobre Valle-Inclán«, in: *Revista de Occidente,* no. 59, April 1986, S. 79-92.

March, M. E.: *Forma e idea de los esperpentos de Valle-Inclán,* Estudios de Hispanófila, Valencia 1970.

Risco, A.: *El demiurgo y su mundo. Hacia un nuevo enfoque de la obra de Valle-Inclán,* Gredos, Madrid 1977.

Sender, J. R.: *Valle-Inclán y la dificultad de la tragedia,* Gredos, Madrid 1965.

Smith, V.: *Ramón del Valle-Inclán,* Twayne, New York 1973.

Ynduráin, F.: *Valle-Inclán. Tres estudios.* Ed. Sur, Santander 1969.

Zamora Vicente, A.: *Valle-Inclán, novelista por entregas.* Taurus, Madrid 1973.

idem: *Las »Sonatas« de Ramón del Valle-Inclán. Contribuición al estudio de la prosa modernista.* Gredos, Madrid 1955.

# Pío Baroja

*Deutsche Übersetzungen:*

*Spanische Trilogie.* Roman. Büchergilde Gutenberg, Zürich 1948.

*Jahrmarkt der Gescheiten,* üb. von E. Wacker. Roman. Knaur, Berlin 1962.

*Der Baum der Erkenntnis,* üb. von W. Hals. Roman. Winkler, München 1963.

*Shanti Andía, der Ruhelose,* üb. von I. Reiss. Roman. Suhrkamp, Frankfurt/Main 1972.

*Ausgewählte Sekundärliteratur:*

Arbó, S. J.: *Pío Baroja y su tiempo,* Planeta, Barcelona 1963.

Baeza, F.: *Baroja y su mundo,* Arion, Madrid 1961.

Benet, J.: »Barojiana«, in: *Otoño en Madrid hacia 1950,* Alianza, Madrid 1987, S. 15-51.

Blanco Aguinaga, C.: *Juventud del 98,* Siglo XXI, Madrid 1970.

Caro Baroja, J.: *Los Baroja,* Taurus, Madrid 1972.

Corrales Egea, J.: *Baroja y Francia,* Taurus, Madrid 1969.

Granjel, L. S.: *Retrato de Pío Baroja,* Barna, Barcelona 1953.

Laín Entralgo, P.: *La generación del 98.* Guadarrama, Madrid 1959.

Martínez Palacio, J.: *Pío Baroja,* Taurus (Serie: El escritor y la crítica), Madrid 1974.

Moral, C. del: *La sociedad madrileña fin de siglo y Baroja,* Turner, Madrid 1974.

Nora, E. de: *La novela española contemporánea,* Gredos, Madrid 1958.

Pérez Ferrero, M.: *Pío Baroja en su rincón,* Editora Internacional, San Sebastián 1941.

idem: *Vida de Pío Baroja,* Editorial Magisterio Español, Madrid 1972.

Puértolas, S.: *El Madrid de »La lucha por la vida«,* Helios, Madrid 1969.

# Ramón Gómez de la Serna

*Deutsche Übersetzungen:*

*Greguerías,* üb. von M. Mies, Limes, Wiesbaden 1958.

*Greguerías.* Die poetische Ader der Dinge, üb. von R. Wittkopf, Straelener Manuskript 4, Straelen 1986.

*Greguerías,* hg. u. üb. von Marlene Mies, Silver & Goldstein, Berlin 1989.

*Die Wahrheit über Picasso und den Kubismus,* üb. von E. Wehr. Wagenbach, Berlin 1990.
In Vorbereitung:
*Sechs falsche Novellen,* üb. von M. López, Suhrkamp, Frankfurt/Main 1992.

*Ausgewählte Sekundärliteratur:*

a) Monographien

Camón Aznar, J.: *Ramón Gómez de la Serna en sus obras,* Espasa-Calpe, Madrid 1972.

Gómez de la Serna, G.: *Ramón. Obra y vida,* Taurus, Madrid 1963.

Granjel, L.: *Retrato de Ramón. Vida y obra de Ramón Gómez de la Serna,* Guadarrama, Madrid 1963.

Nicolás, C.: *Ramón y la greguería: morfología de un género nuevo,* Ediciones Universidad de Extremadura, Cáceres 1988.

Ramos, J. I.: *Mi amigo Ramón,* Editorial Temas Contemporáneos, Buenos Aires 1980.

Umbral, F.: *Ramón y las vanguardias,* Espasa-Calpe, Madrid 1978.

b) Artikel

Bonet, J. M.: »El caligrama y sus alrededores«, in: *Poesía* 3 (1978), S. 8-26.

Borinsky, A.: »Correspondencia de Macedonio Fernández a Gómez de la Serna«, in: *Revista Iberoamericana* 36 (1970), S. 101-123.

Cernuda, L.: »Ramón Gómez de la Serna«, in: *Poesía y literatura I y II,* Seix Barral, Barcelona 1971, S. 393-395.

Delay, F.: »Ramón à Paris«, in: *Quinzaine Littéraire* 16.-31. 10. 1984, S. 15-17.

García de la Concha, V.: »La generación unipersonal de Gómez de la Serna«, in: *Cuadernos de Investigación Filológica* III (1977), S. 63-68.

Hoyle, A.: »The Politics of a Hatless Revolutionary, Ramón Gómez de la Serna«, in: Nigel Glendenning, (Hg.), *Studies in Modern Spanish Literature and Art presented to Helen F. Grant,* Tamesis, London 1972, S. 79-96.

Illie, P.: »Cuentos de hadas intelectuales (Gómez de la Serna, Jarnés, Arderius«), in: *Los Surrealistas españoles,* Taurus, Madrid 1972, S. 221-252.

Sofovich, B.: »Ramón en Buenos Aires«, in: *Cuadernos Hispanoamericanos* 137, 410 (1984), S. 51-54.

Torrente Ballester, G.: »Teatro de Ramón«, in: Insula 18, 196 (1963), S. 15.

Ynduráin, F.: »Sobre el arte de Ramón«, in: *Revista de Ideas Estéticas* XXI, 81 (1963), S. 37-45.

Sondernummer der Zeitschrift *Revista de Occidente* 1, Nr. 80, Madrid, Januar 1988.

Sondernummer *Ramón* aus Anlaß der Ausstellung »La Revue Parlée«, Centre Georges Pompidou, Paris 1983.

# Antonio Machado

*Deutsche Übersetzungen:*

Juan de Mairena. Sentenzen, Späße, Aufzeichnungen und Erinnerungen eines apokryphen Lehrers, üb. von G. R. Lind, Suhrkamp, Frankfurt/Main 1956.

Gedichte, üb. von F. Vogelgsang. Insel, Frankfurt/Main 1964.

*Ausgewählte Sekundärliteratur:*

Oreste Macrí: Introducción, A. M. Poesía y prosa, Band 1, Espasa-Calpe/Fundación Antonio Machado, Madrid 1988 (mit allgemeiner Bibliographie).

Aguirre, J. M.: A. M., poeta simbolista, Taurus, Madrid 1973.

Cerezo Galán, P.: Palabra en el tiempo. Poesía y filosofía en A. M., Gredos, Madrid 1975.

Cano, J. L.: A. M., Biografía ilustrada, Destino, Barcelona 1975.

idem: A. M., su vida y su obra, Ministerio de Educación y Ciencia, Madrid 1976.

Cobb, C. W.: Antonio Machado. Twayne, New York 1971.

García Bacca, J. D.: Invitación a filosofar segun espíritu y letra de A. M., Anthropos, Barcelona 1984.

Gil Novales, A.: Antonio Machado, Fontanella, Barcelona 1966.

González, A.: Aproximaciones a A. M., UNAM, México 1962.

González Ruiz, J. M.: La teologia de A. M., Fontanella-Marova, Madrid 1976.

Gullón, R.: Una poética para A. M., Gredos, Madrid 1970.

Gullón, R. y Philips, A. W. (Hg.): Antonio Machado, Taurus (Serie: El escritor y la crítica), Madrid 1975.

Gutiérrez Girardot, R.: Poesía y prosa de A. M., Guadarrama, Madrid 1969.

Sánchez Barbudo, A.: Los poemas de A. M., los temas, el sentimiento y la expresión, Lumen, Barcelona 1967.

Sésé, B.: Antonio Machado (1875-1975). El hombre, el poeta, el pensador, Gredos, Madrid 1975.

Tuñón de Lara, M.: A. M., poeta del pueblo, Nova Terra, Barcelona 1967.

Valverde, J. M.: Antonio Machado, Siglo XXI de España, Madrid 1975.

Antonio Machado hoy, 4 vols., Ed. Alfar, Sevilla 1990. (Notas del Congreso Internacional Conmemorativo del Cincuentenario de la muerte de A. M.).

# Juan Ramón Jiménez

*Deutsche Übersetzungen:*

*Wesen der Tiefe,* üb. von L. Hüsch-Pfleger, Atharva, Frankfurt/Main 1963.
*Platero und ich. Andalusische Elegie,* üb. von F. Vogelgsang, Insel, Frankfurt/Main 1985.
*Herz, stirb oder singe.* Gedichte, üb. von L. Davi, Diogenes, Zürich 1977.
*Falter aus Licht.* Gedichte, üb. von E. Schönwiese, Limes, Wiesbaden 1979.
*Stein und Himmel.* Gedichte, üb. von F. Vogelgsang, Klett-Cotta, Stuttgart 1982.

*Ausgewählte Sekundärliteratur:*

Albornoz, Aurora: *Juan Ramón Jiménez,* Taurus (Serie: El escritor y la crítica), Madrid 1980.
Broggini, N. E.: *Platero y yo. Estudio estilístico,* Ed. Huemul, Buenos Aires 1963.
Crespo, Angel: *J. R. J. y la pintura,* Ed. Universitaria, Puerto Rico 1974.
Díez-Canedo, Enrique: *J. R. J. en su obra,* El Colegio de México, México 1944.
Fogelquist, D. F.: *Juan Ramón Jiménez,* Twayne, New York-Boston 1976.
Gicovate, B.: *La poesía de J. R. J. Obra en marcha,* Ariel, Barcelona 1973.
González, Angel: *Juan Ramón Jiménez. Estudio,* Júcar, Madrid 1974.
Gullón, R.: *Conversaciones con J. R. J.,* Taurus, Madrid 1958.
idem: *Estudios sobre J. R. J.,* Losada, Buenos Aires 1960.
idem: *El último J. R. J.,* Alfaguara, Madrid 1968.
Palau de Nemes, G.: *Vida y obra de J. R. J. La poesía desnuda,* 2 Bde., Gredos, Madrid 1974.
Sánchez-Barbudo, A.: *La segunda época de J. R. J. (1916-1953),* Gredos, Madrid 1962.

# Die »Generation von 27«

*Deutsche Übersetzungen:*

*Generation von 27,* Gedichte. (R. Alberti, V. Aleixandre, L. Cernuda, G. Diego, F. García Lorca, J. Guillén, P. Salinas), in: J. M. Castellet und Pere Gimferrer (Hg.), verschiedene Übersetzer, Suhrkamp, Frankfurt/Main 1984.
*Spanische Dichter. Die Generation von 27.* (Alberti, Aleixandre, Alonso, Altolaguirre, Cernuda, Diego, García Lorca, Guillén, Prados, Salinas) in: E. Brandenburger (Hg. u. Übers.), dtv, München 1980.
Rafael Alberti: *Zu Lande und zu Wasser.* Gedichte, üb. von E. W. Palm, Suhrkamp, Frankfurt/Main 1960.

idem: *Der verlorene Hain*. Erinnerungen, übersetzt von J. A. Frank, Insel, Frankfurt/Main 1976.

idem: *Über die Engel*. Gedichte, übersetzt von F. Vogelgsang, Klett-Cotta, Stuttgart 1981.

idem: *Ich war ein Dummkopf, und was ich gesehen habe, hat mich zu zwei Dummköpfen gemacht*. Gedichte, üb. von F. Vogelgsang, Klett-Cotta, Stuttgart 1982.

Vicente Aleixandre: *Nackt wie der glühende Stein*. Gedichte, hg. und üb. von E. Arendt, Rowohlt, Hamburg 1963.

idem: *Die Zerstörung oder die Liebe*, üb. von F. Vogelgsang, Klett-Cotta, Stuttgart 1978.

idem: *Gesicht hinter Glas*. Gedichte/Dialoge, üb. von F. R. Fries, Fischer, Frankfurt/Main 1980.

Dámaso Alonso: *Söhne des Zorns*. Gedichte, hg. und üb. von K. A. Horst, Suhrkamp, Frankfurt/Main 1954.

idem: *Spanische Dichtung. Versuch über Methoden und Grenzen der Stilistik*, üb. von Chr. Eich und O. Reiss, Francke, Bern 1962.

idem: *Essays zur spanischen Literatur*, hg. und üb. von G. Haensch und T. Lepsius, Hueber, München 1974.

Luis Cernuda: *Gedichte*, ausgewählt und übertragen von M. Marschall von Bieberstein, Suhrkamp, Frankfurt/Main 1992.

Gerardo Diego: *Gedichte*, üb. von B. Vesper-Triangel, Neue Literatur, Berlin 1964.

García Lorca: *Werke in drei Bänden*, ausgewählt und übertragen von Enrique Beck, Neuauflage, Insel, Frankfurt/Main 1986.

idem: *Bilder und Texte*, üb. von Enrique Beck, hg. von H. Meier und P. Ramírez, Insel, Frankfurt/Main 1986.

idem: *Briefe an Freunde*. Briefe, Interviews, Äußerungen über Dichtung und Theater, üb. von Enrique Beck, mit Anmerkungen und Quellenhinweisen des Übersetzers, Insel, Frankfurt/Main 1966.

idem: *Dichter in New York*. Spanisch und deutsch, üb. von Enrique Beck, Insel, Frankfurt/Main 1976.

idem: *Dichtung vom Cante Jondo*, Neuauflage von »Dichtung vom tiefinnern Sang«, üb. von Enrique Beck, Suhrkamp, Frankfurt/Main 1984.

idem: *Die dramatischen Dichtungen*, üb. von Enrique Beck, Text nach den kritisch bereinigten Madrider Ausgaben, Insel, Frankfurt/Main 1963.

idem: *Diwan des Tamarit/Sonette der dunklen Liebe*, Gedichte spanisch/deutsch, üb. von Rudolf Wittkopf und Lothar Klünner, Insel, Frankfurt/Main 1986.

idem: *Gedichte*, ausgewählt und übertragen von Enrique Beck, Suhrkamp, Frankfurt/Main 1977.

idem: *Das Publikum. Komödie ohne Titel*, Zwei Stücke aus dem Nachlaß, üb. von Rudolf Wittkopf, Suhrkamp, Frankfurt/Main 1986.

idem: *Über Dichtung und Theater*, üb. von Enrique Beck, Suhrkamp,

Frankfurt/Main 1974.

Jorge Guillén: *Lobgesang,* ausgewählt und übersetzt von E. R. Curtius, Arche, Zürich 1952.

idem: *Berufung zum Sein.* Ausgewählte Gedichte, üb. von H. Baumgart, Limes, Wiesbaden 1963.

idem: *Sprache und Poesie,* üb. von R. Specht, hg. von K. May und W. Höllerer, Suhrkamp, Frankfurt/Main 1965.

idem: *Mein Freund Federico García Lorca.* Ein Briefwechsel, üb. von E. Beck und H. Baumgart, Suhrkamp, Frankfurt/Main 1974.

idem: *Ausgewählte Gedichte,* ausgewählt und üb. von H. Baumgart, Suhrkamp, Frankfurt/Main 1974.

Pedro Salinas: *Die Rätsel-Bombe.* Eine Fabel vom Weltuntergang und Glauben, üb. von E. Frey, Limes, Wiesbaden 1959.

idem: *Verteidigung des Briefes.* Ein Essay, üb. von W. Muster, Klett-Cotta, Stuttgart 1978.

idem: *Gedichte,* ausgewählt und übertragen von Rudolf Wittkopf, Suhrkamp, Frankfurt/Main 1990.

*Ausgewählte Sekundärliteratur:*

Folgende Bände existieren in der Reihe: *El escritor y la crítica* (jeweils mit ausführlicher Bibliographie), Taurus, Madrid:

*Rafael Alberti.* Hg. von Manuel Durán, 1975.

*Vicente Aleixandre.* Hg. von José Luis Cano, 1977.

*Luis Cernuda.* Hg. von Derek Harris, 1977.

*Federico García Lorca.* Hg. von Ildefonso-Manuel Gil, 1973.

*Jorge Guillén.* Hg. von Biruté Ciplijauskaité, 1975.

*Pedro Salinas.* Hg. von Andrew P. Debicki, 1976.

Alonso, D.: *Poetas españoles contemporáneos,* Gredos, Madrid 1952.

Aub, M.: *La poesía española contemporánea,* México 1947.

Bodini, V.: *Los poetas surrealistas españoles,* Tusquets, Barcelona 1971.

Cano, J. L.: *La poesía de la generación del 27,* Guadarrama, Madrid 1970.

Cernuda, L.: *Estudios sobre poesía española contemporánea,* Guadarrama, Madrid 1969.

Debicki, A.: *Estudios de poesía española contemporánea. La generación de 1924-1925,* Gredos, Madrid 1968.

Diez de Revenga, F.: *Poesía y senectud, Guillén, Diego, Aleixandre, Alonso y Alberti en sus mundos poéticos terminales,* Anthropos, Barcelona 1988.

Gaos, V.: *Claves de la literatura española,* Guadarrama, Madrid 1971.

González Muela, J.: *El lenguaje poético de la generación Guillén-Lorca,* Insula, Madrid 1955.

Guillén, J.: »Lenguaje de poema: una generación«, in: *Lenguaje y poesía,* Revista de Occidente, Madrid 1961.

Ilie, P.: *Los surrealistas españoles,* Taurus, Madrid 1972.

Salinas, P.: *Literatura española Siglo XX*, Alianza, Madrid 1970.

Vivanco, L. F.: *Introducción a la poesía española contemporánea*, Guadarrama, Madrid 1957.

Zardoya, Concha: *Poesía española contemporánea. Estudios temáticos y estilísticos*, Guadarrama, Madrid 1961.

idem: *Poesía española del 98 y del 27*, Gredos, Madrid 1968.


# Fünfzig Jahre spanischer Lyrik: 1939-1989

*Deutsche Übersetzungen:*

Hernández, M.: *Gedichte*, üb. von E. Arendt und K. Hajek-Arendt, Kiepenheuer und Witsch, Köln 1965.

Ansonsten existieren nur vereinzelte Gedichte in diversen Anthologien oder Zeitschriften.

*Ein Schiff aus Wasser.* Spanische Literatur von heute, Hg. von F. Boso und R. Bada, Kiepenheuer und Witsch, Köln 1981.


*Ausgewählte Sekundärliteratur:*

*Miguel Hernández*, Edición de María de Gracia Ifach, Taurus (Serie: El escritor y la crítica), Madrid 1975.

Carme Riera: *La escuela de Barcelona (C. Barral, J. Gil de Biedma, J. A. Goytisolo)*, Anagrama, Barcelona 1988.

Alarcos Llorach, E.: *La poesía de Blas de Otero*, Universidad de Oviedo, 1956; Anaya, Salamanca 1966.

Alonso, D.: *Poetas españoles contemporáneos*, Gredos, Madrid 1952, 1963.

Aub, M.: *La poesía española contemporánea*, Era, México 1969.

Barral, C.: *Años de penitencia*, Alianza, Madrid 1975.

idem: *Los años sin excusa*, Barral, Barcelona 1978.

Batlló, J. (Hg.): *Antología de la nueva poesía española*, Lumen, Barcelona 1977.

idem: *Poetas españoles poscontemporáneos*, El Bardo, Barcelona 1974.

Cano, J. L.: »Revistas españolas de poesía 1939-1945«, in: *Insula* (15. 11. 1946).

idem: *El tema de España en la poesía contemporánea*, Taurus, Madrid 1964.

idem: *Poesía española contemporánea. Las generaciones de posguerra*, Guadarrama, Madrid 1974.

Castellet, J. M. (Hg.): *Veinte años de poesía española (1939-1959)*, Seix Barral, Barcelona 1962.

idem (Hg.): *Un cuarto de siglo de poesía española (1939-1964)*, Seix Barral, Barcelona 1966.

idem (Hg.): *Nueve novísimos*, Barral, Barcelona 1970.

Celaya, G.: *Exploración de la poesía*, Seix Barral, Barcelona 1964.

Ciplijauskaité, B.: *El poeta y la poesía. Del Romanticismo a la poesía social,* Insula, Madrid 1966.

*Cuadernos Hispanoamericanos,* Nr. 187-188 (Juli-August 1965), extraordinario dedicado a Leopoldo Panero.

*Cuadernos Hispanoamericanos,* Nr. 257-258 (Mai-Juni 1971), extraordinario dedicado a Luis Rosales (con trabajos de R. Lapesa, L. F. Vivanco etc.).

*Cuadernos para el Diálogo,* Nr. 87 (Dezember 1970), S. 53-60, *Mesa redonda: poesía.*

Ferraté, J.: *Dinámica de la poesía,* Seix Barral, Barcelona 1968.

García de la Concha, V.: »Espadaña. Biografía de una revista de poesía y crítica«, in: *Cuadernos Hispanoamericanos,* Nr. 236 (August 1969), S. 380-397.

idem: *La poesía española de posguerra,* Prensa Española, Madrid 1973.

García Hortelano, J. (Hg.): *El grupo poético de los años 50,* Taurus, Madrid 1978.

García Sánchez, J., y Millán, F. (Hg.): *La escritura en libertad,* Alianza, Madrid 1975.

Gil de Biedma, J.: *Diario del artista seriamente enfermo,* Lumen, Barcelona 1974.

idem: *El pie de la letra.* Ensayos 1955-1979, Crítica, Barcelona 1980.

Gimferrer, P.: *Notas parciales sobre poesía española de posguerra, 30 años de literatura en España,* Kairós, Barcelona 1971.

Giner de los Ríos, F.: *Las cien mejores poesías del destierro,* México 1945.

Grande, F.: *Apuntes sobre poesía española de posguerra,* Taurus, Madrid 1970.

Ifach, M. a de Gracia (Hg.): *Cuatro poetas de hoy: José Luis Hidalgo, Gabriel Celaya, Blas de Otero, José Hierro,* Taurus, Madrid 1960.

*Insula* XVII, Nr. 193 (Dezember 1962), extraordinario dedicado a la generación de 1936.

*Insula,* Nr. 224-225 (Juli-August 1965), extraordinario dedicado a la generación de 1936.

Jiménez, J. O.: *Diez años de poesía española (1960-1970),* Insula, Madrid 1972.

Mainer, J.-C. (Hg.): *Falange y literatura,* Labor, Barcelona 1971.

Mangini González, S.: *Jaime Gil de Biedma,* Júcar, Madrid 1980.

Otero, B. de: *Verso y prosa,* mit einem Vorwort des Autors, Cátedra, Madrid 1978.

*Papeles de Son Armadans,* Nr. 254-255 (Mai-Juni 1977), homenaje a Blas de Otero.

Ridruejo, D.: *Primer Libro de amor. Poesía en armas. Sonetos,* mit einem Vorwort des Autors, Castalia, Madrid 1976.

Rubio, F.: *Las revistas poéticas españolas (1939-1975),* Turner, Madrid 1976.

Sánchez Barbudo, A.: *Leyendo y recordando a Juan Gil-Albert. Ensayos y recuerdos,* Laia, Barcelona 1980.

Siebenmann, G.: *Los estilos poéticos en España desde 1900,* Gredos, Madrid 1973.

Vivanco, L. F.: *Introducción a la poesía española contemporánea,* Vol. II, Guadarrama, Madrid 1974.

Ynduráin, F. (Hg.), Fuertes, G.: *Antología poética 1950-1969,* Plaza & Janés, Barcelona 1972.

## Der realistische Roman 1940-1960

*Deutsche Übersetzungen:*

Cela, C. J.: *Pascual Duartes Familie,* üb. von G. Leisewitz, Die Arche, Zürich, 1960; idem: Piper, München 1990.

idem: *Mrs. Caldwell spricht mit ihrem Sohn,* üb. von G. Theile-Bruhns, Die Arche, Zürich, 1961; idem: Piper, München 1989.

idem: *Der Bienenkorb,* üb. von G. Theila-Bruhns, Walter, Olten, 1964; idem: Piper, München 1989.

idem: *Neunter und letzter Wermut.* 28 Geschichten aus dem spanischen Leben, üb. von G. Haefs, Wagenbach, Berlin 1990.

idem: *Geschichten ohne Liebe,* üb. von R. Specht, Piper, München 1990.

idem: *Der Vagabund im Dienste Spaniens,* üb. von H. Moral, Piper, München 1990.

Delibes, M.: *Und zur Erinnerung Sommersprossen.* Roman, üb. von A. von Benda, Bachem, Köln 1960.

idem: *Wie der Herr befehlen.* Roman, üb. von A. von Benda, Bachem, Köln 1961.

idem: *Tagebuch eines Jägers,* üb. von S. Felkau, Bachem, Köln 1964.

idem: *Auf Niederwild in Spanien,* üb. von Ch. Hirner, Ulmer, Stuttgart 1966.

idem: *Die heilligen Narren.* Roman, üb. von C. Meyer-Clason, Piper, München 1987.

idem: *Das rote Blatt,* üb. von A. v. Benda, Piper, München 1988.

idem: *Fünf Stunden mit Mario.* Roman, üb. von F. R. Fries, Piper, München 1989.

idem: *Das Holz, aus dem die Helden sind,* üb. von H. Zahn und C. von Enzenberg, Piper, München 1990.

Sánchez-Ferlosio, R.: *Abenteuer und Wanderungen des Alfanhui.* Roman, üb. von H. Frielinghaus. Insel, Wiesbaden, 1959; idem: Bibliothek Suhrkamp 875, Frankfurt/Main 1985.

idem: *Am Jarama.* Roman, üb. von H. Frielinghaus, Insel, Wiesbaden 1960.

Aldecoa, I.: *Bitter wie eine Zitronenschale und andere Erzählungen,* üb. von E. E. Keil, Bitter, Recklinghausen 1969.

Fernández Santos, J.: *Die tapferen Toten.* Roman, üb. von D. Schollert, Bachem, Köln 1961.

idem: *Die Zypressen.* Roman, üb. von E. Schollert, Bachem, Köln 1962.

García Hortelano, J.: *Sommergewitter.* Roman, üb. von G. von Uslar, Rowohlt, Hamburg 1962.

Gironella, J. M.: *Die Zypressen glauben an Gott.* Roman, üb. von D. Niebuhr, List, München 1957.

Goytisolo, L.: *Auf Wegen ohne Ziel.* Roman, üb. von D. Deinhard, Bachem, Köln 1960.

idem: *Vom Schein des Feuers.* Roman, üb. von H. J. Hartstein, Elster, Bühl-Moos 1987.

Laforet, C.: *Nada.* Roman, üb. von R. Lackenbucher, Bachem, Köln 1959.

Matute, A. M.: *Die Krämer. Erste Erinnerung. Nachts weinen die Soldaten. Die Zeit verlieren.* Romantrilogie, üb. von D. Deinhard, DVA, Stuttgart 1963, 1965 und 1971.

Quiroga, E.: *Eine Stunde der Wahrheit.* Roman, üb. von S. Felkau, O. Müller, Salzburg 1965.

Zúnzunegui, J. A.: *Die dunklen Straßen von Madrid.* Roman, üb. von R. Hoffmann, Neff, Wien 1959.

*Ausgewählte Sekundärliteratur:*

Alborg, J. L.: *Hora actual de la novela española,* Taurus, Madrid 1958 (Bd. I) und 1962 (Bd. II).

Aranguren, J. L.: »El curso de la novela española contemporánea«, in: *Estudios literarios,* Gredos, Madrid 1976, S. 212-310.

Barrero Péres, O.: *La novela existencial española de posguerra,* Gredos, Madrid 1987.

Basante, A.: *40 años de novela española. Antología 1939-1979,* Estudio preliminar y notas de Cincel, 2 Bde., Madrid 1979.

Bertrand de Muñoz, M.: *La guerra civil española en la novela.* Bibliografía comentada, Porrúa Turanzas, 2 Bde., Madrid 1982.

Bonet, L.: »Narrativa: primera postguerra«, in: De la Concha, Nora et al., *Literatura contemporánea en Castilla y León,* Junta de Castilla y León, Valladolid 1986, S. 301-327.

Buckley, R.: *Problemas formales en la novela española contemporánea,* Península, Barcelona ²1973.

Cardona, R. (Hg.): *Novelistas españolas de postguerra I.,* Taurus (Serie: El escritor y la crítica), Madrid 1976.

Corrales Egea, J.: *La novela española actual,* (Ensayo de ordenación), Edicusa, Madrid 1971.

Esteban Soler, H.: »Narradores españolas del medio siglo«, in: *Miscellanea di Studi Ispanici a cura dell'Istituto di Lingua e Letteratura Spagnola dell'Università di Pisa,* 1971-1973, S. 217-370.

Gil, A., und Scherer, H.: *Physis und Fiktion. Kommunikative Prozesse und ihr literarisches Abbild in »El Jarama«*, Edition Reichenberger, Kassel 1984.

Gil Casado, P.: *La novela social española (1920-1971)*, Seix Barral, Barcelona ²1973.

Giménez Frontín, J. L.: *Camilo José Cela. Texto y contexto*, Montesinos, Barcelona 1985.

Gullón, A.: *La novela experimental de Miguel Delibes*, Taurus, Madrid 1981.

Herzberger, D. K.: »An Overview of Postwar Novel Criticism«, in: *Anales de la Novela Española Contemporánea* 5 (1980), S. 27-38.

idem: *Jesús Fernández Santos*, Twayne, Boston 1983.

idem: »The Spanish Novel and Its Critics: 1936-1986«, in: *Anales de la Literatura Española Contemporánea* 13/1-2 (1988), S. 13-24.

Ilie, P.: *La novelística de Camilo José Cela*, Gredos, Madrid 1963.

Joly, M., Soldevila, I., Tena, J.: *Panorama du roman espagnol contemporain (1939-1975)*, Université Paul Valéry, Montpellier 1979.

Lasagabaster, J. M.: *La novela de Ignacio Aldecoa. De la mímesis al símbolo*, SGEL, Madrid 1978.

Martínez Cachero, J. M.: *La novela española entre 1936 y 1980. Historia de una aventura*, Castalia, Madrid 1971.

Morán, F.: *Novela y semidesarrollo*, Taurus, Madrid 1971.

Pérez, J. W. (Hg.): *Novelistas femininas de la postguerra española*, Porrúa Turanzas, Madrid 1983.

Pope, R. D.: *Novela de emergencia, España 1939-1954*, SGEL, Madrid 1984.

Rey, A.: *La originalidad novelística de Delibes*, Universidad de Santiago de Compostela, 1975.

Roberts, G.: *Temas existenciales en la novela española de postguerra*, Gredos, Madrid ²1978.

Sanz Villanueva, S.: *Historia de la novela social española (1942-1975)*, Alhambra, 2 Bde., Madrid 1980.

Sobejano, G.: *Novela española de nuestro tiempo*, Epesa, Madrid ²1975.

idem: »Testimonio y poema en la novela española contemporánea«, in: *Actas del VIII Congreso de la Asociación Internacional de Hispanistas*, Istmo, Madrid 1986, Band I, S. 89-115.

Soldevila-Durante, I.: *La novela desde 1936*, Alhambra, Madrid 1980.

Spires, R.: *La novela española de posguerra*, Cupsa, Madrid 1978.

Troncoso Durán, D.: *La narrativa de Juan García Hortelano*, Universidad de Santiago de Compostela, 1985.

Truxa, S.: *Die Frau im spanischen Roman nach dem Bürgerkrieg. Camilo José Cela, Carmen Laforet, Ana María Matute, Juan Goytisolo*, Vervuert, Frankfurt/Main 1982.

Urrutia, J.: *Cela: La familia de Pascual Duarte*, SGEL, Madrid 1982.

Villanueva, D.: *»El Jarama« de Rafael Sánchez Ferlosio. Su estructura y* *significado*, Universidad de Santiago de Compostela, 1973.

idem: *Estructura y tiempo reducido en la novela*, Bello, Valencia 1977.

idem (Hg.): *C. J. Cela, La colmena*, eingeleitet und kommentiert von Darío Villanueva, Noguer, Barcelona 1983.

idem: »La novela social. Apostillas a un estado de la cuestión«, in: De la Concha Nora et al., *Literatura contemporánea en Castilla y León*, Junta de Castilla y León, Valladolid 1986, S. 329-348.

## Die spanische Exilliteratur

*Deutsche Übersetzungen:*

Arroyo, E.: *Panama. Das Leben des Boxers Al Brown*. Roman, üb. von A. Kamp. Claassen, Düsseldorf 1984.

Arrabal, F.: *Der Architekt und der Kaiser von Assyrien*. Vier Stücke, Kiepenheuer und Witsch, Köln 1971.

idem: *Kloaken der Macht. Brief an den General Franco. Brief an die spanischen Kommunisten*, üb. von H. Becker, Kramer, Berlin 1981.

idem: *Baal Babylon*, üb. von E. Tophoven, Luchterhand, Darmstadt 1964.

Aub, H.: *Der Aasgeier*. Erzählungen, üb. von S. Felkau, Suhrkamp, Frankfurt/Main 1966.

idem: *Die bitteren Träume*. Roman, üb. von H. Frielinghaus, Piper, München 1962.

idem: *Die Schuld des ersten Anglers*. Erzählungen, üb. von H. Baumgart und G. Siebenmann, Piper, München 1963.

idem: *Meines Vaters Sohn*. Roman, üb. von E. Helmlé, Limes, Wiesbaden 1965.

idem/Luis Buñuel: *Die Erotik und andere Gespenster*. Nicht abreißende Gespräche, üb. von B. Böhme, Wagenbach, Berlin 1984.

Barea, A.: *Hammer oder Amboß sein*. Romantrilogie, üb. von J. Kalmer, Europ. Verlagsanstalt, Frankfurt/Main 1955.

Sender, R. J.: *Der Verschollene*. Roman, üb. von W. Boehlich, Suhrkamp, Frankfurt/Main 1984.

idem: *Die Brautnacht der schwarzen Trinidad*. Roman, üb. von W. Muster, Suhrkamp, Frankfurt/Main 1964.

idem: *Requiem für einen spanischen Landmann*, Erzählung, üb. von W. Boehlich, Suhrkamp, Frankfurt/Main 1964.

idem: *Die fünf Bücher der Ariadne*, Roman, üb. von W. Muster, Suhrkamp, Frankfurt/Main 1966.

idem: *Der König und die Königin*. Roman, üb. von M. von Wevell, Suhrkamp, Frankfurt/Main 1972.

Semprún, Jorge: *Der zweite Tod des Ramón Mercader*. Roman, üb. von G. Steinmetz, Suhrkamp, Frankfurt/Main 1974.

idem: *Federico Sánchez. Eine Autobiographie,* üb. von H. Mahler Knirsch, Knaus, Hamburg 1978.

idem: *Die große Reise*. Roman, üb. von A. Christaller, Suhrkamp, Frankfurt/Main 1981.

idem: *Was für ein schöner Sonntag*. Roman, üb. von J. Piron, Suhrkamp, Frankfurt/Main 1981.

idem: *Algarabia oder Die Geheimnisse von Paris*. Roman, üb. von T. König und Ch. Delory-Momberger, Suhrkamp, Frankfurt/Main 1985.

idem: *Der weiße Berg*. Roman, üb. von E. Moldenhauer, Suhrkamp, Frankfurt/Main 1987.

idem: *Yves Montand. Das Leben geht weiter*, üb. von U. Aumüller, Insel, Frankfurt/Main 1984.

idem: *Netschajew kehrt zurück*. Roman, üb. von E. Moldenhauer, Rotbuch, Berlin 1989.

Vgl. dazu für die Lyrik: *Generation von 27*

*Ausgewählte Sekundärliteratur:*

Abellán, J. L.: *El exilio español de 1939*. (6 Bde.), Madrid 1977/8.

Alborg, J. L.: *Hora actual de la novela en España*, Madrid 1968.

Albornoz, A. de: »Poesía de la españa peregrina«, in: *El exilio español de 1939*. Madrid 1977.

Bertrand de Múñoz, M.: *La guerra civil española en la novela*, Madrid 1987.

Cano, J. L.: *Poesía española contemporánea*, Madrid 1974.

Conte, R.: *La novela española del exilio*, Ed. Cuadernos para el Diálogo, Madrid 1968.

idem: *Narraciones de la España desterrada* (Antología), Madrid 1970.

Corrales Egea, J.: *La novela española actual*, Madrid 1971.

Domingo, J.: *La novela española del Siglo XX*, Barcelona 1973.

García de la Concha, V.: *La poesía española de 1935 a 1975*, Madrid 1978.

Marra López, J. R.: *Narrativa española fuera de España*, Madrid 1962.

Martínez Cachero, J. M.: *La novela española (1939-1969)*, Madrid 1979.

Nora, E. de: *La novela española contemporánea*, (vol. III), Madrid 1970.

Pérez Minik, D.: *Novelistas españoles de los siglos XIX y XX*, Madrid 1957.

Rubio, F.: *Poesía española contemporánea (1939-1980)*, Madrid 1981.

Salaun, S.: *Romancero de la guerra de España*, Paris 1971.

Sanz Villanueva, S.: *Tendencias de la novela española actual*, Madrid 1972.

idem: *Literatura actual. (Historia de la literatura española*, vol. 6), Barcelona 1984.

Sobejano, G.: *Novela española de nuestro tiempo*, Madrid 1970.

Soldevila, I.: *La novela desde 1936*, Madrid 1980.

## Luis Martín-Santos, Juan Goytisolo, Juan Benet

*Deutsche Übersetzungen:*

Martin-Santos, Luis: *Schweigen über Madrid*. Roman, üb. von Eugen Helmlé, Eichborn, Frankfurt/Main 1991.

Goytisolo, Juan: *Identitätszeichen*. Roman, üb. von J. A. Frank, Suhrkamp, Frankfurt/Main 1978.

idem: *Rückforderung des Conde don Julián*. Roman, üb. von J. A. Frank, Suhrkamp, Frankfurt/Main 1976; 1986.

idem: *Johann ohne Land*. Roman, üb. von J. A. Frank, Suhrkamp, Frankfurt/Main 1981; 1988.

idem: *Spanien und die Spanier*. Essay, üb. von F. Vogelgsang, Suhrkamp, Frankfurt/Main 1982.

idem: *Dissidenten*. Essays, üb. von J. A. Frank, Suhrkamp, Frankfurt/Main 1984.

idem: *Landschaften nach der Schlacht*. Roman, üb. von G. Haefs, Suhrkamp, Frankfurt/Main 1990.

idem: *Trauer im Paradies*. Roman, üb. von G. von Uslar, Rowohlt, Hamburg 1958.

idem: *Die Falschspieler*. Roman, üb. von G. von Uslar, Rowohlt, Hamburg 1958.

idem: *Das Fest der anderen*. Roman, üb. von G. von Uslar, Rowohlt, Hamburg 1960.

idem: *Sommer in Torremolinos*. Roman, üb. von G. von Uslar, Rowohlt, Hamburg 1963.

idem: *Spanische Gewissenserforschung*, üb. von S. Felkau. Langewiesche-Brandt, München 1966.

Benet, Juan: *Rostige Lanzen. Bücher I-VI,* üb. von G. Poppenberg, Suhrkamp, Frankfurt/Main 1986.

idem: *Ein Grabmal/Numa, eine Legende*. Zwei Erzählungen, üb. von G. Poppenberg, Suhrkamp, Frankfurt/Main 1989.

idem: *Du wirst es zu nichts bringen*. Erzählungen, üb. von G. Poppenberg, Suhrkamp, Frankfurt/Main 1990.

idem: *Im Halbschatten*. Roman, üb. von G. Poppenberg, Suhrkamp, Frankfurt/Main 1991.

*Ausgewählte Sekundärliteratur:*

1. Luis Martín-Santos:

Eoff, S. und Schreibman, J.: »Dos novelas del absurdo: *L'étranger* y *Tiempo de Silencio*,« in: *Papeles de Son Armadans* 168 (1970), S. 213-241.

Grilli, G.: »Libertá vs. coazione: per una lettura distanzata di *Tiempo de silencio*«, in: *Annali del Istituto Universitario Orientale,* 20 (1978), S. 409-427.

Gullón, R.: »Mitos órficos y cáncer social«, in: *El Urogallo,* 17 (1972), S. 80-94.

Labany, J.: *Ironía e historia en »Tiempo de silencio«,* Madrid 1983.

Palley, J.: »The Periplus of Don Pedro«, in: *Bulletin of Hispanic Studies,* 58 (1971), S. 240-254.

Rey, A.: *Construcción y sentido de »Tiempo de silencio«*, Madrid 1980.
Talahite, C. und Tena, J.: *Luis Martín Santos, »Tiempo de silencio«*, Co-Textes I, Montpellier 1980.

2. Juan Goytisolo:
Gimferrer, P.: »El nuevo Juan Goytisolo«, in: *Revista de Occidente*, 137 (1974), S. 15-39.
Gimferrer, P. (Hg.), *Voces: Juan Goytisolo*. Montesinos, Barcelona 1981.
Lázaro, J.: *La novelística de Juan Goytisolo*, Madrid 1984.
Levine, L. G.: *Juan Goytisolo: la destrucción creadora*, México 1976.
Meerts, C.: »Technique et vision dans *Señas de identidad* de Juan Goytisolo«, in: *Analecta Romanica* 31, Frankfurt/Main 1972.
Navajes, G.: *La novela de Juan Goytisolo*, Barcelona 1977.
Ortega, J.: *Juan Goytisolo: alienación y agresión*, New York 1972.
Pérez, J. C.: *La trayectoria novelística de Juan Goytisolo*, Zaragoza 1984.
Ríos, J. (Hg.), *Juan Goytisolo*, Madrid 1975.
Robatto, M.: *La creación literaria de Juan Goytisolo*, Barcelona 1977.
Sanz Villanueva, S.: *Lectura de Juan Goytisolo*, Barcelona 1977.
Schwartz, K.: *Juan Goytisolo*, Twayne, New York 1970.
*Juan Goytisolo (Estudios sobre la obra)*, Anthropos. Revista de Documentación científica y cultural, 60/61, Barcelona/Madrid 1986.
*Escritos sobre Juan Goytisolo*, II. Seminario Internacional sobre *Las virtudes del pájaro solitario*, Instituto de Estudios Almerienses, Almeria 1989.

3. Juan Benet:
Cabrera, V.: *Juan Benet*, Twayne, Boston 1979.
Compitello, M., Herzberger, D., Manteiga, R., (Hg.): *Critical Approaches to the Writings of Juan Benet*, Hannover 1984.
Gullón, R.: »Esperando a Coré«, in: *Revista de Occidente*, 145 (1975), S. 16-36.
Herzberger, D.: *The Novelistic World of Juan Benet*, Clear Creek, Indiana 1977.
Vernon, K. M. (Hg.), *Juan Benet*, Taurus (Serie: El escritor y la crítica), Madrid 1986.
Villanueva, D.: »La narrativa de Juan Benet«, in: A. Amorós (Hg.), *Novela española actual*, Madrid 1977, S. 133-172.

## Ana María Matute und Juan Marsé

*Deutsche Übersetzungen:*
Matute, A. M.: *Die Krämer. Erste Erinnerung. Nachts weinen die Soldaten. Die Zeit verlieren.* Romantrilogie, üb. von D. Deinhard, DVA, Stuttgart

1963, 1965, 1971.

idem: *Die Rettung.* Erzählungen, üb. von L. Davi, Reclam, Stuttgart 1977.

idem: *Seltsame Kinder.* Erzählungen, üb. von G. Theile-Bruhns, Die Arche, Zürich 1961.

Marsé, J.: *Wenn man dir sagt, ich sei gefallen.* Roman, üb. von A. Uppenkamp und H. J. Hartstein, Elster, Baden-Baden 1986.

idem: *Letzte Tage mit Teresa.* Roman, üb. von A. Rossler, Elster, Baden-Baden 1988.

idem: *Ronda del Guinardo,* üb. von E. Müller, Elster, Baden-Baden 1989.

*Ausgewählte Sekundärliteratur:*

Alborg, J. L.: *Hora de la novela española,* 2 Bde., Taurus, Madrid 1962-1963.

Bosch, R.: *La novela española del siglo XX,* 2 Bde., Las Americas Publ. Co., New York 1970.

Buckley, R.: *Problemas formales de la novela española contemporánea,* Editorial Península, Barcelona 1968.

Farreras, J. I: *Tendencias de la novela española actual, 1931-1969,* Ediciones Hispanoamericanas, Paris 1970.

Gil Casado, P.: *La novela social española,* Seix Barral, Barcelona 1973.

Iglesias Laguna, A.: *Treinta años de novela española, 1938-1968,* Editorial Prensa Española, Madrid 1969.

Nora, E. G. de: *La novela española contemporánea,* 3 Bde., Gredos, Madrid 1962-1963.

Sanz Villanueva, S.: *Tendencias de la novela española actual,* Cuadernos para el Diálogo, Madrid 1972.

Schwartz, R.: *Spain's New Wave Novelists, 1950-1974. Studies in Spanish Realism,* The Scarecrow Press, Metuchen (N. J.) 1976.

Vidal, H.: *Fascismo y experiencia literaria: reflexiones para una recanonización,* Institute for the Study of Ideologies and Literature, Minneapolis (Minnesota) 1985.

## Der spanische Roman seit 1975

*Deutsche Übersetzungen:*

Vgl. Juan Goytisolo, Juan Benet, Mercè Rodoreda et alia, die bereits erwähnt wurden.

Die folgende, unvollständige Liste berücksichtigt vor allem jene Romanciers, die erst in den 70er Jahren zu publizieren begannen.

Chirbes, Rafael: *Mimoun.* Roman, üb. von E. Wehr, Wagenbach, Berlin 1990.

Fernández-Cubas, Cristina: *Das geschenkte Jahr.* Robinsonade, üb. von E. Schikorski, Suhrkamp, Frankfurt/Main 1989.

Gándara, Alejandro: *Die Mittelstrecke.* Roman, üb. von E. Schikorski,

Suhrkamp, Frankfurt/Main 1990.

García Morales, Adelaida: *Der Süden/Bene,* üb. von A. Sorg-Schumacher und I. Bergmaier, Suhrkamp, Frankfurt/Main 1989.

idem: *Das Schweigen der Sirenen.* Roman, üb. von A. Sorg-Schumacher, Suhrkamp, Frankfurt/Main 1991.

Guelbenzu, José María: *Der Blick.* Roman, üb. von P. Schwaar, Suhrkamp, Frankfurt/Main 1990.

Llamazares, Julio: *Wolfsmond.* Roman, üb. von W. Böhringer, Suhrkamp, Frankfurt/Main 1991.

idem: *Der gelbe Regen.* Roman, üb. von W. Böhringer, Suhrkamp, Frankfurt/Main 1991.

Madrid, Juan: *Der Schein trügt nicht.* Kriminalroman, üb. von H. J. Hartstein, Elster, Baden-Baden 1989.

idem: *Ein Geschenk des Hauses.* Kriminalroman, üb. von H. Hartstein, Elster, Baden-Baden 1988.

idem: *Ein freundschaftlicher Kuß.* Kriminalroman, üb. von H. Hartstein, Elster, Baden-Baden 1989.

idem: *Nichts zu machen.* Kriminalroman, üb. von H. Hartstein, Elster, Baden-Baden 1990.

Marías, Javier: *Alle Seelen.* Roman, üb. von Elke Wehr. Piper, München 1991.

Martín, Andreu: *Aus Liebe zur Kunst.* Kriminalroman, üb. von M. Lütke, Elster, Baden-Baden 1990.

idem: *Barcelona Connection.* Kriminalroman, üb. von E. Müller, Elster, Baden-Baden 1989.

Mendoza, Eduardo: *Die Stadt der Wunder.* Roman, üb. von P. Schwaar, Suhrkamp, Frankfurt/Main 1989.

idem: *Das Geheimnis der verhexten Krypta.* Roman, üb. von P. Schwaar, Suhrkamp, Frankfurt/Main 1990.

idem: *Die Wahrheit über den Fall Savolta.* Roman, üb. von P. Schwaar, Suhrkamp, Frankfurt/Main 1991.

Merino, J. M.: *Das Gold der Träume.* Roman, üb. von E. Urban, Thienemann, Stuttgart 1990.

Millás, Juan José: *Dein verwirrender Name.* Roman, üb. von P. Schwaar, Suhrkamp, Frankfurt/Main 1990.

Montero, Rosa: *Geliebter Gebieter.* Roman, üb. von S. Ackermann, Peter Hammer, Wuppertal 1989.

idem: *Ich werde dich behandeln wie eine Königin.* Roman, üb. von S. Ackermann, Peter Hammer, Wuppertal 1990.

Múnoz Molina, Antonio: *Beatus ille.* Roman, üb. von H. Adler, Rowohlt, Hamburg 1989.

Pombo, Alvaro: *Der Held der Mansarden von Mansard.* Roman, üb. von E. Wehr, Piper, München 1988.

idem: *Leichte Vergehen,* üb. von E. Wehr. Piper, München 1991.

Tomeo, Javier: *Der Marquis schreibt einen unerhörten Brief.* Roman, üb. von E. Wehr, Wagenbach, Berlin 1984.

idem: *Mütter und Söhne. Roman über Monster,* üb. von E. Wehr, Wagenbach, Berlin 1986.

idem: *Der Mensch von innen und andere Katastrophen. In vier Abteilungen,* üb. von E. Wehr, Wagenbach, Berlin 1988.

idem: *Der Löwenjäger,* üb. von E. Wehr, Wagenbach, Berlin 1988.

Tusquets, Esther: *Aller Sommer Meer.* Roman, üb. von M. López, Rowohlt, Hamburg 1981.

idem: *Die Liebe ist ein einsames Spiel.* Roman, üb. von M. López, Rowohlt, Hamburg 1982.

Vila-Matas, Enrique: *Dada aus dem Koffer,* üb. von O. Grossegesse, Popa, München 1988; mit einem Nachwort von Karl Riha, Suhrkamp, 1991.

idem: *Ein Haus für immer.* Roman, üb. von O. Grossegesse, Popa, München 1989.

Vázquez Montalbáu, Manuel: *Carvalho und der Mord im Zentralkomitee,* üb. von Bernhard Straub, Rowohlt, Hamburg 1985.

idem: *Carvalho und die tätowierte Leiche,* üb. von Bernhard Straub, Rowohlt, Hamburg 1985.

idem: *Der fliegende Spanier.* Drei Carvalho-Stories, üb. von Bernhard Straub, Rowohlt, Hamburg 1991.

idem: *Ich tötete Kennedy,* üb. von Bernhard Straub, Rowohlt, Hamburg 1989.

idem: *Lauras Asche.* Drei Carvalho-Stories, üb. von Bernhard Straub, Rowohlt, Hamburg 1988.

idem: *Die lustigen Jungs von Atzavara.* Roman, üb. von Willi Zurbrüggen, Rowohlt, Hamburg 1990.

idem: *Manche gehen baden,* üb. von Bernhard Straub, Rowohlt, Hamburg 1988.

idem: *Der Pianist.* Roman, üb. von Maralde Meyer-Minnemann, Rowohlt, Hamburg 1989.

idem: *Die Rose von Alexandria,* üb. von Bernhard Straub, Rowohlt, Hamburg 1987.

idem: *Schuß aus dem Hinterhalt,* üb. von Bernhard Straub, Rowohlt, Hamburg 1990.

idem: *Die Vögel von Bangkok,* üb. von Bernhard Straub, Rowohlt, Hamburg 1987.

idem: *Zur Wahrheit durch Mord,* üb. von Bernhard Straub, Rowohlt, Hamburg 1989.

idem: *Zweikampf,* üb. von Bernhard Straub, Rowohlt, Hamburg 1990.

*Ausgewählte Sekundärliteratur:*
*La situación de las letras españolas,* in: *República de las Letras,* Nr. 22 und

23, Madrid, Juli 1988 und Januar 1989.

*El año literario español,* hg. von A. Amorós, Ed. Castalia, Madrid (1974, 1975, 1976, 1977, 1978, 1979, 1980, 1981).

*Letras Españolas 1976-1986,* Castalia/Ministerio de Cultura, Madrid 1987.

*Letras Españolas 1987,* Castalia/Ministerio de Cultura, Madrid 1988.

*Letras Españolas 1988,* Castalia/Ministerio de Cultura, Madrid 1989.

*Letras Españolas 1989,* Castalia/Ministerio de Cultura, Madrid 1990.

*Las nuevas letras. Revista de arte y pensamiento,* No. 3/4, Barcelona, Invierno 1985 (»Diez años de Cultura«, 1975-1985).

*Livres d'Espagne. Dix ans de création et de pensée,* Katalog aus Anlaß der Ausstellung im Centre Pompidou, April/Juni 1988, Ministerio de Cultura, Madrid.

*El Urogallo.* Jährliche Sondernummer »Los libros del año«, Madrid, Oktober 1988, 1989, 1990.

*Narrativa española actual,* in: *Revista de Occidente,* No. 98-99, Madrid, Julio-Agosto 1989.

*Ultima hora de la novela española* (1960-1990), von Maria Dolores de Asis Garoote, Endema, Madrid 1990.

## Katalanische Literatur

*Deutsche Übersetzungen:*

Espriu, Salvador: *Die Stierhaut.* Gedichte, üb. von F. Vogelgsang, Vervuert, Frankfurt/Main 1985.

idem: *Ende des Labyrinths.* Gedichte, üb. von F. Vogelgsang, Vervuert, Frankfurt/Main 1986.

Foix, J. V.: *Krtu und andere Prosadichtungen,* üb. von E. Geisler, Vervuert, Frankfurt/Main 1988.

Perucho, Joan: *Der Nachtkauz,* üb. von S. Ehrhart, Hanser, München 1990.

Rodoreda, Mercè: *Auf der Plaça del Diamant.* Roman, üb. von H. Weiss, Suhrkamp, Frankfurt/Main 1979.

idem: *Der Fluß und das Boot.* Erzählungen, üb. von A. Maass, Suhrkamp, Frankfurt/Main 1986.

idem: *Reise ins Land der verlorenen Mädchen.* Poetische Prosastücke, üb. von A. Maass, Suhrkamp, Frankfurt/Main 1981.

idem: *Der zerbrochene Spiegel.* Roman, üb. von A. Maass, Suhrkamp, Frankfurt/Main 1982.

idem: *Aloma.* Roman, üb. von A. Maass, Suhrkamp, Frankfurt/Main 1991.

Hösle, J. und Pous, A.: *Katalanische Lyrik im 20. Jahrhundert.* Eine Anthologie, Hase & Koehler, Mainz 1970.

Hösle, J.: *Katalanische Erzähler,* üb. von J. Hösle, Manesse, Zürich 1978.

Maas, A.: *Und laß als Pfand, mein Liebling, Dir das Meer.* Erzählungen, üb. von A. Maass, Vervuert, Frankfurt/Main 1988.

Stegmann, T. D.: *Ein Spiel von Spiegeln. Katalanische Lyrik des 20. Jahrhunderts*, Beck, München 1987.

idem: *Diguem no – Sagen wir nein*. Lieder aus Katalonien, Rotbuch, Berlin 1975.

*Katalanische Märchen*, hg. und üb. von F. Karlinger und J. Pögl. Diederichs, München 1989.

## Ausgewählte Sekundärliteratur:

*Actes del Simposi Carles Riba*, Institut d'Estudis Catalans, Barcelona 1986.

Ackermann, G.: *Von Carles Riba zu Bertolt Brecht. Die Rezeption der deutschen Literatur in Katalonien während der Franco-Zeit*. Romanischer Verlag, Bonn 1990.

Aranguren, J. L.: *La filosofía de Eugenio d'Ors*. Aymà, Barcelona 1967.

Arnau, C.: *Marginants i integrats en la novel·la catalana (1925-1938)*, Ed. 62, Barcelona 1975.

idem: *Introducció a la narrativa de M. Rodoreda. El mite de la infantesa*, Ed. 62, Barcelona 1979.

idem: *Miralls màgics. Aproximació a l'ultima narrativa de M. Rodoreda*, Ed. 62, Barcelona 1990.

Bath, A.: *Pere Calders: ideari i ficció*, Ed. 62, Barcelona 1987.

Bou, E.: *Poesia i sistema. La revolució simbolista a Catalunya*, A. Bosch, Barcelona 1983.

Bordons, G.: *Introducció a la poesia de Joan Brossa*, Ed. 62, Barcelona 1988.

Castellet, J. M.: *Iniciació a la poesia de Salvador Espriu*, Ed. 62, Barcelona 1971.

idem: *Josep Plá o la raó narrativa*, Ed. Destino, Barcelona 1978.

Castellanos, R.: *Raimon Casellas i el Modernisme*, 2 vols., Curial Ed. Catalanes/Abadia de Montserrat, Barcelona 1983.

Castillo, D.: *Ser del segle. Antología del nous poetes catalans*, Ed. Empúries, Barcelona 1989.

Fàbregas, X.: *Aproximació a la història del teatre català modern*, Curial, Barcelona 1972.

Ferraté, J.: *Carles Riba, avui*, Ed. Alpha, Barcelona 1955.

Friese, B.: *Carles Riba als Übersetzer aus dem Deutschen*, Peter Lang, Frankfurt/Main 1985.

Gimferrer, P.: *La poesia de J. V. Foix*, Ed. 62, Barcelona 1974.

Guillamon, J. G.: *Joan Perucho i la literatura fantàstica*, Ed. 62, Barcelona 1989.

Manent, A.: *Josep Carner i el Noucentisme. Vida, obra i llegenda*, Ed. 62, Barcelona 1969.

Marfany, J. LL.: *Aspectes del Modernisme*, Curial, Barcelona 1975.

Marco, J./Pont, J.: *La nova poesia catalana*, Ed. 62, Barcelona 1980.

Molas, J.: *Die katalanische Literatur*, in: *Handbücher der Auslandskunde. Spanien. Bd. II: Sprache und Literatur*. Hg. von G. Hänsch und P. Hartig, Diesterweg, Frankfurt/Main 1975, S. 159-172.

idem: *La literatura catalana d'Avantguarda. 1916-1938.* A. Bosch, Barcelona 1983.

idem: *Antologia de contes catalans,* 2 vols., Ed. 62, Barcelona 1982/1983.

Molas, J./Castellet, J. M.: *Poesia catalana del seglo XX,* Ed. 62, Barcelona 1963.

Riquer, M. de/Comas, J./Molas, J.: *História de la literatura catalana,* 11 vols., Ed. Ariel, Barcelona 1984-1988.

Terry, A.: *La poesia de J. Maragall,* Ed. Barcino, Barcelona 1963.

Tur, J.: *Maragall i Goethe. Les traduccions del Faust,* Univ. de Barcelona 1974.

Turull, A.: *Pere Quart, poeta del nostre temps,* Ed. 62, Barcelona 1984.

Yates, A.: *Una generació sense novel·la? La novel·la catalana entre 1900 i 1925.* Ed. 62, Barcelona 1975.

## Galicische Literatur

*Deutsche Übersetzungen:*
Castro, R. de: *An den Ufern des Sar.* Gedichte, üb. von F. Vogelgsang, Insel, Frankfurt/Main 1987.

Cunqueiro, A.: *Merlín und Familie,* üb. von Elke Wehr, Insel, Frankfurt/Main 1992.

*Ausgewählte Sekundärliteratur:*
VV.AA.: *Los Gallegos,* Ed. Istmo, Madrid 1976.

VV.AA.: *Literatura Galega,* Vigo 1973.

Carballo Calero, R.: *Historia da Literatura Galega Contemporánea,* Ed. Galaxia, Vigo 1973.

Fernández del Riego, F.: *Poesía Galega,* Ed. Galaxia, Vigo 1976.

Gonzáles Garcés, M.: *Poesía gallega contemporánea,* Plaza & Janés, Barcelona 1974.

Méndez Ferrín, X. L.: *De Pondal a Novoneyra,* Edicions Xerais, Vigo 1984.

Vázquez Cuesta, P.: *Literatura Gallega,* in: *Historia de las Literaturas Hispánicas no castellanas,* Ed. Taurus, Madrid 1980.

## Baskische Literatur

*Deutsche Übersetzungen:*
*Wie man den Teufel und andere Menschen überlistet. Baskische Legenden,* hg. von P. Frey und G. Brettschneider, Pendo, Zürich 1982.

*Ausgewählte Sekundärliteratur:*
Juaristi, J. *Literatura vasca,* Taurus, Madrid 1987.

Landa, J.: *Gerraondoko poesiaren historia*, Elkar, Bayonne 1983.
Michelena, L.: *Historia de la literatura vasca*, Minotauro, Madrid 1960.
Sarasola, I.: *Historia social de la literatura vasca*, Akal, Madrid 1976.
Torrealday, J. M.: *Los escritores vascos, hoy*, Jakin, Oñate 1977.
Villasante, L.: *Historia de la literatura vasca*, Aránzazu, Oñate 1979.

## Allgemeine Bibliographie

*Anthologien:*

*Rose aus Asche.* Spanische und spanisch-amerikanische Lyrik seit 1900. Hg. und üb. von E. W. Palm. Suhrkamp, Frankfurt/Main 1981.

*Spanische Lyrik des 20. Jahrhunderts*, hg. von G. Siebenmann und J. M. López. Reclam, Stuttgart 1985.

*Erzähler der Welt. Bd. 3. Geschichten und Novellen aus Spanien. 20. Jahrhundert*, hg. von K. A. Horst, Herder, Freiburg 1971.

*Moderne Erzähler in Spanien*, hg. und üb. von E. Brandenberger, dtv, München 1974.

*Spanische Erzähler im Exil*, hg. und üb. von E. Brandenberger, Langewiesche-Brandt, München 1971.

*Spanien erzählt.* Auswahl und Einleitung von Hilde Domin, Fischer, Frankfurt/Main 1977.

*Spanische Märchen*, hg. und üb. von H. Meier und F. Karlinger, Diederichs, München 1961.

*Spanische Volksmärchen*, hg. und üb. von L. Gaertner, dtv, München 1984.

*Wie Felix Muriel auf die Welt kam.* Zwölf Erzählungen, Suhrkamp, Frankfurt/Main 1990.

*Meine Schwester Elba.* Neue spanische Erzählerinnen, hg. und üb. von M. Born, Suhrkamp, Frankfurt/Main 1988.

*Frauen in Spanien.* Erzählungen, hg. von M. Alcántara, dtv, München 1989.

*Spanien. Im Schatten der Sonne.* Eine literarische Reise in 26 Etappen, hg. von E. Hackl und M. Lara García, Luchterhand, Darmstadt 1989.

*Spanische Reise. Literarischer Führer durch das heutige Spanien*, hg. von I. Echeverría, C. López de Lamadrid und H. v. Berenberg, Wagenbach, Berlin 1987.

*Die Orange ist eine Frucht des Winters.* Spanisches Lesebuch, hg. von Mercedes Figueras, Piper, München 1991.

*Geschichte. Literaturgeschichte:*

Bernecker, W. L.: *Sozialgeschichte Spaniens im 19. und 20. Jahrhundert*, Suhrkamp, Frankfurt/Main 1990.

idem: *Spaniens Geschichte seit dem Bürgerkrieg*, Beck, München 1984.

Broué, P./Témime, E.: *Revolution und Krieg in Spanien. Geschichte des Spanischen Bürgerkrieges*, 2 Bde. Suhrkamp, Frankfurt/Main 1968.

Cebrián, J. L.: *La España que bosteza. Apuntes para una historia crítica de la transición*, Taurus, Madrid 1980.

Franzbach, M.: *Plädoyer für eine kritische Hispanistik*, Vervuert, Frankfurt/Main 1978.

idem: *Abriß der spanischen und portugiesischen Literaturgeschichte in Tabellen*, Athenäum, Frankfurt/Bonn 1968.

Gumbrecht, H. U.: ›*Eine‹ Geschichte der spanischen Literatur*, Suhrkamp, Frankfurt/Main 1990.

Haubrich, W./Moser, C. R.: *Francos Erben auf dem Weg in die Gegenwart*, Kiepenheuer & Witsch, Köln 1976.

Hoffmeister, G.: *Spanien und Deutschland. Geschichte und Dokumentation der literarischen Beziehungen*, Erich Schmidt, Berlin 1976.

Jackson, G.: *Annäherung an Spanien. 1898-1975*, Suhrkamp, Frankfurt/Main 1982.

Maravall, J. M.: *La política de la transición. 1975-1980*, Taurus, Madrid 1981.

Tamames, R.: *Una idea de España. Ayer, hoy y mañana*, Plaza & Janés, Barcelona 1985.

Tuñón de Lara und andere: *Der Spanische Bürgerkrieg. Eine Bestandsaufnahme*, Suhrkamp, Frankfurt/Main 1987.

Tuñón de Lara und andere: *Historia de España*, Labor, Barcelona 1991.

*El Postfranquismo. Balance de 5 años*, Sondernummer von *Tiempo de Historia*, Año VI, no. 72, Madrid, Nov. 1980.

*Franco. Diez años después.* Sondernummer von *Historia 16*, Año X, no. 115, Madrid, Nov. 1985.

Vilar, Pierre: *Kurze Geschichte zweier Spanien. Der Bürgerkrieg 1936-1939*, üb. von W. Kaiser. Wagenbach, Berlin 1987.

idem: *Spanien*. Wagenbach, Berlin 1990.

Wittschier, H. W.: *Geschichte der spanischen Literatur vom Kubakrieg bis zu Francos Tod (1898-1975)*, Schäuble, Rheinfelden 1982.

*Der Kulturdialog zwischen Spanien und Deutschland im Rahmen Europas. Ein Symposium.* Fundación Santillana/Bertelsmann Stiftung, Gütersloh 1989.

*Spanisch-deutscher Kulturdialog: Ein Handbuch deutscher Aktivitäten.* Bertelsmann Stiftung/Fundación Santillana, Gütersloh 1990.

*Spanische Literatur des 20. Jahrhunderts in deutschen Übersetzungen*, hg. von M. Strausfeld. Stadtbücherei Dortmund 1984.

Siebenmann, G./Cassetti, D.: *Bibliographie der aus dem Spanischen, Portugiesischen und Katalanischen ins Deutsche übersetzten Literatur 1945-1983*. Niemeyer, Tübingen 1985.

*Iberoamericana*. Literatur Spaniens, Portugals und Lateinamerikas in Hamburg (1986). Redaktion: K. Meyer-Minnemann, 1986.

*Spanien – Kultur, Gesellschaft, Politik*, in: *Die neue Gesellschaft. Frankfurter Hefte*, 34. Jahrgang, 1987/1.

*Auch Spanien ist Europã.* Rowohlt Literaturmagazin 23, Hamburg 1989.

*Historia y crítica de la literatura española,* hg. von F. Rico. 8 Bde., Ed. Crítica/Grijalbo, Barcelona 1980ff.:
*Edad Media,* hg. von A. Deyermond;
*Siglos de Oro: Renacimiento,* hg. von F. López Estrada;
*Siglos de Oro: Barroco,* hg. von B. W. Wardropper;
*Ilustración y Neoclasicismo,* hg. von J. Caso González;
*Romanticismo y Realismo,* hg. von I. M. Zavala;
*Modernismo y 98,* hg. von J. C. Mainer;
*Epoca contemporánea: 1914-1939,* hg. von V. García de la Concha;
*Epoca contemporánea: 1939-1980,* hg. von D. Yndurain.

*La cultura bajo el Franquismo,* varios autores. Ediciones de bolsillo No. 500, Barcelona 1977.
*Diez años de represión cultural. La censura de libros durante la Ley de Prensa 1966-1976,* hg. von G. Cisquella, J. L. Erviti, J. A. Sorolla. Barcelona 1977.
Abellán, M. L.: *Censura y creación literaria en España (1939-1976),* Península, Barcelona 1980.
Gubern, R.: *La censura. Función política y ordenamiento jurídico bajo el Franquismo (1936-1975),* Península, Barcelona 1981.

## Cano, José Luis

\* 1911 in Algeciras (Cádiz). Cano verbrachte seine Kindheit in Málaga, wo er García Lorca und Emilio Prados kennenlernte. 1930 zog er nach Madrid, und dort freundete er sich mit anderen Lyrikern der *Generation von 27* an: Alberti, Aleixandre, Cernuda, Diego, Guillén. Nach dem Bürgerkrieg wurde er aufgrund seiner sozialistischen Ideen inhaftiert. 1946 gründete er die Zeitschrift für Poesie *Adonais,* wurde Mitarbeiter und später Direktor der Literaturzeitschrift *Insula,* der während langer Jahre einzigen interessanten Literaturzeitschrift Spaniens. Desgleichen hielt er Vorlesungen an verschiedenen Universitäten über spanische Dichtung.

Zahlreiche Publikationen (in Auswahl):

Lyrik: *Sonetos de la bahía, Voz de la muerte, Luz del tiempo, Otoño en Málaga, Poesías Completas.*

Memoiren: *Los cuadernos de Velintonia.*

Essays und Studien: *Poesía española del Siglo XX, La poesía de la ›generación del 27‹, Heterodoxos y prerrománticos, Poesía española contemporánea: las generaciones de posguerra, Españoles de dos siglos.* Dann Biographien über Antonio Machado, García Lorca, Vicente Aleixandre.

Anthologien: *Antología de los poetas del 27, Antología de los poetas andaluces contemporáneos, Antología de la nueva poesía española, Antología del tema de España en la poesía española contemporánea.*

## Casares, Carlos

\* 1941 in Orense (Galicien), Studium der Romanischen Philologie, Abgeordneter im ersten galicischen Parlament als unabhängiges Mitglied der PSOE (1981-1985). Leiter des Verlages La Galaxia (Vigo). Mitglied der Real Academia Gallega.

Casares hat mehrere Bände mit Erzählungen und Romane publiziert: *Vento ferido* (1967), *Cambio en tres* (1969), *Xoguetes para un tempo prohibido* (1975), *Os escuros soños de Clío* (1979), *Ilustrísima* (1980), *Os mortes daquel verán* (1987). Desgleichen schrieb er Essays und Kinderbücher. Die meisten seiner Bücher liegen in spanischen Übersetzungen vor.

*Castellet, José María*

\* 1926 in Barcelona. Studium von Philosophie und Rechtswissenschaften an der Universität von Barcelona. Erster Präsident der katalanischen Schriftsteller (1978-1983), Mitglied des Internationalen Literaturkritikerverbandes, Verlagsleiter seit der Gründung von Edicions 62 und Ed. Península (Barcelona). Für seine vielfältigen kulturpolitischen Aktivitäten erhielt er nationale und internationale Auszeichnungen; mehrere seiner Essays wurden prämiert.

Zahlreiche Publikationen (in Auswahl):

*Notas sobre literatura española contemporánea* (1955); *La hora del lector* (1957); *Veinte años de poesía española* (1960); *Un cuarto de siglo de poesía española* (1966); *Nueve novísimos poetas españoles* (1970); *Iniciación a la poesía de Salvador Espriu* (1970); *Literatura, ideología y política* (1976); *Josep Plá o la raó narrativa* (1978); *Per un debat sobre la cultura a Catalunya* (1983); *La cultura y las culturas* (1985); »Memóries poc formals d'un director literari«, in: *Edicions 62. Vint-i-cinc anys (1962-1987); Los escenarios de la memoria* (1988).

In Zusammenarbeit mit J. Molas: *Poesía catalana del segle XX* (1963); *Ocho siglo de poesía catalana* (1969); *Antología general de la poesía catalana* (1979).

*Conte, Rafael*

\* 1935 in Zaragoza. Studium der Rechtswissenschaften. Journalist und Literaturkritiker seit 1960, u. a. langjähriger Korrespondent in Paris, später Leiter der Literaturbeilage von *El País* und jetzt von *El Sol*. Vorlesungen an verschiedenen spanischen und amerikanischen Universitäten. Jurymitglied diverser Literaturpreise. Vizepräsident der spanischen Literaturkritiker. Conde übersetzte Werke von M. Blanchot, M. Tournier, J. Semprún und J. Gracq.

Zu seinen Publikationen zählen ein Buch über Valle-Inclán, zwei über lateinamerikanische Literatur, eins über den spanischen Roman des Exils. Eigene literarische Veröffentlichungen: *Yo, Sade* (Roman-Biographie) und *Robinson o la imitación del libro*.

*Egido, Luciano G.*

\* 1938 in Salamanca. Studium der Philosophie und Literatur, Universitätsprofessor in Salamanca. 1983 publizierte er seinen ersten Essay über Unamuno, *Salamanca, la gran metáfora de Unamuno*; 1986 eine größere Arbeit über die letzten und tragischen Monate des Philosophen, *Agonizar en Salamanca. Unamuno: julio-diciembre, 1936*. Mitarbeiter zahlreicher akademischer und literarischer Publikationen. Egido arbeitet z. Zt. an dem Buch *El estudiante de Salamanca,* unter besonderer Berücksichtigung der literarischen, historischen, folkloristischen und semantischen Aspekte. Er ist ebenfalls Kulturredakteur im Spanischen Fernsehen.

### Goytisolo, Juan

\* 1931 in Barcelona geboren, emigrierte 1957 nach Frankreich und lebt heute in Paris und Marrakesch.

Seine ersten Romane, geprägt von einem starken politisch-moralischen Engagement, erschienen bereits Mitte der 50er Jahre *(Juegos de manos, Duelo en el paraíso).* Es folgten viele weitere Werke, sowohl Romane wie Essays. 1966 erschien *Identitätszeichen,* der erste Band einer Trilogie, die einen Bruch mit dem vorherigen Werk des Autors bedeutete und ihm größte internationale Aufmerksamkeit einbrachte (die beiden anderen Werke dieser losen Trilogie heißen *Rückforderung des Conde don Julián* [1970] und *Johann ohne Land* [1975]). In den achtziger Jahren folgten wiederum drei als lose Trilogie zusammenfaßbare Romane, die diesmal besonders die spanisch-arabische Welt thematisieren: *Makbara, Paisaie después de la batalla, Las virtudes del pájaro solitario.* Goytisolo publizierte desgleichen zwei autobiographische Bücher: *Coto vedado* (1985) und *En los reinos de Teifa* (1986). Er drehte 1989 und 1990 mehrere Features über islamische Kulturen für das spanische Fernsehen und bereiste aus diesem Grunde alle arabischen Länder oder islamische Provinzen. Sein letztes Buch trägt den Titel: *Aproximaciones a Gaudí en Capadocia* (1990).

### Gullón, Ricardo

\* 1908 in Astorga. Als überzeugter Republikaner mußte er unmittelbar nach Ende des Bürgerkrieges ins Exil fliehen. Nahezu drei Jahrzehnte lehrte er als Professor für spanische Literatur an verschiedenen nordamerikanischen Universitäten, vor allem in Chicago, Texas und Puerto Rico. Sein unermüdlicher Arbeitseifer, seine gewissenhaften Forschungen, seine umfassenden Kenntnisse vor allem der Literatur des ›zweiten Goldenen Zeitalters‹ (1898-1936) trugen ihm internationale Anerkennung und Ehrungen ein. Sein Gesamtwerk umfaßt zweiunddreißig Bücher, etwa 900 Aufsätze und 2000 Vorträge. Sein besonderes Interesse galt immer dem Romancier Pérez Galdós sowie dem »Genie« J. R. Jiménez. 1989 erhielt Gullón als erster Literaturkritiker den angesehenen Preis »Príncipe de Asturias«, 1990 wurde er Mitglied der Real

Academie Española. In seiner Antrittsrede hielt er eine Eloge auf Juan Ramón Jiménez. Ricardo Gullón starb 1991 in Madrid.

## Juaristi, Jon
\* 1951 in Bilbao. Professor für Literatur an der Baskischen Universität in Bilbao.

Zu seinen Publikationen zählen:

*La tradición romántica* (1986), *El linaje de Aitor* (La invención de la tradición vasca, 1987), *Literatura vasca* (1987), *Euskararen ideologiak* (1976). Desgleichen hat er Gedichtbände veröffentlicht *(Diario del poeta recién cansado, Arte de marear, La sal de la culpa)* und Werke von T. S. Eliot und H. von Kleist ins Baskische übersetzt. Er leitet die Zeitschrift »Cuadernos de Alzate. Revista vasca de la cultura y de las ideas«.

## Losada, Basilio
\* 1930 in Lugo (Galicien). Professor für galicisch-portugiesische Philologie der Universität Barcelona. Gastprofessor der University of California und der von Illinois. Mitglied des internationalen Literaturkritikerverbandes. Losada hat zahllose Artikel, Aufsätze, Vorworte und kritische Einführungen zu Werken der galicischen, portugiesischen und brasilianischen Literatur publiziert. Desgleichen hat er zahlreiche Romane sowie Lyrik ins Spanische übersetzt, u. a. von A. Cunqueiro, C. Casares, J. Saramago, A. Bessa-Luis, J. Cardoso Pires, J. Amado, A. Dourado, L. Fagundes Telles, S. Espriu, G. Kunert, B. Cendrars, G. Simenon.

Zu seinen Publikationen zählen:

*Poesía gallega contemporánea, Poesía gallega de posguerra, Goya, Galicia, Los Gallegos.*

## Mainer, José-Carlos
\* 1944 in Zaragoza. Professor für spanische Literatur an der Universität von Zaragoza; Schwerpunkt seiner Forschungen ist die Literaturgeschichte des 19. und 20. Jahrhunderts. Mainer rezensiert regelmäßig die Neuerscheinungen spanischer Autoren in diversen Zeitungen.

Zahlreiche Publikationen (in Auswahl):

*Falange y literatura* (1971), *Literatura y pegueña burguesía en España* (1972), *Regionalismo, burguesía y cultura* (1973), *La Edad de Plata* (1975, erw. Ausgabe 1982), *La doma de la quimera* (1987), *La corona hecha trizas* (1989), *Historia, literatura, sociedad* (1988).

*Molas, Joaquím*
\* 1930 in Barcelona. Lehrte Spanisch und Katalanisch als Lektor an der Universität von Liverpool (1959-61). Seit 1969 Professor für katalanische Literatur an der Universität von Barcelona; in den letzten Jahren ist die zeitgenössische Literatur Schwerpunkt seines Interesses. Mitglied des *Institut d'Estudis Catalans* und der *Reial Acadèmia de Bones Letras* in Barcelona. Herausgeber von *De la poesía heroico-popular castellana*, der Poesie von Joan Salvat-Papasseit, Apel·les Mestres und anderen. Er leitete die Serien *Antologia catalana* (100 Bände, 1965-1984) sowie *Les millors obres de la literatura catalana* (100 Bände, 1978-1984). Desgleichen verantwortete er die Bände VII-XI der *História de la literatura catalana* (hg. von Martín de Ricquer und A. Comas) und verfaßte mehrere Artikel (Jacint Verdaguer, Las Vanguardias, Poesía postromántica etc.).

Zu seinen Publikationen zählen folgende Titel:
*Una cultura en crisi* (1971), *Lectures crítiques* (1975), *La literatura catalana d'Avantguarda. 1916-1938* (1983), *Paisatges de Catalunya/ Landschaften Kataloniens* (1990). Dazu Gemeinschaftsarbeiten mit J. M. Castellet, wie *Poesía catalana del Segle XX*.

*Puértolas, Soledad*
Geb. in Zaragoza, seit ihrem 14. Lebensjahr dann in Madrid mit zwei Unterbrechungen: sie verbrachte ein Jahr in einer kleinen Stadt in Norwegen und drei in Santa Barbara, California. Studium der Literatur (ihre Staatsarbeit hatte Pío Baroja zum Thema) und des Journalismus. Soledad Puértolas arbeitete in einem Verlag, erteilte Literaturunterricht und publiziert unregelmäßig Artikel in Zeitungen und Zeitschriften. Ihr erstes Buch *El bandido doblemente armado* (1979) erhielt nach Erscheinen einen Preis. Es folgten weitere Erzählungen und Romane: *Una enfermedad moral* (1981), *Burdeos* (1986), *Todos mienten* (1988) und *Queda la noche* (Premio Planeta 1989).

*Sobejano, Gonzalo*
\* 1928. Er lehrte von 1951-1962 spanische Literatur an deutschen Universitäten (Heidelberg, Mainz, Köln), von 1963 bis heute unterrichtet er an nordamerikanischen Universitäten (Columbia, Pittsburgh, Philadelphia und z. Zt. wieder in Columbia, New York). Er verantwortete kritische Ausgaben von Werken von Clarín und Miguel Delibes.

Zu seinen Publikationen zählen:
*Moderne spanische Erzähler* (Köln 1963), *Nietzsche en España*

(1967), *Novela española de nuestro tiempo* (1970, 1975), *Clarín en su obra ejemplar* (1985).

## Strausfeld, Michi

Geb. in Recklinghausen. Studium der Romanistik, Anglistik und Hispanistik. Promotion über García Márquez und den neuen lateinamerikanischen Roman. Lebt seit 1968 in Barcelona, seit 1983 in Madrid. Verantwortlich im Suhrkamp Verlag seit 1974 für die Beziehungen zu lateinamerikanischen, spanischen und portugiesischen Autoren.

Herausgeberin von *Lateinamerikanische Literatur. Materialien* (1976); *Aspekte von Lezama Lima ›Paradiso‹* (1979); *Horizonte '82. Zweites Festival der Weltkulturen. Dokumente zur Literatur, Malerei, Kultur und Politik,* die horen 129, Band 1, 1983; *Brasilianische Literatur. Materialien* (1984); *Der Frauenheld. Geschichten der Liebe aus Lateinamerika* (1986); *Der rote Mond. Phantastische Erzählungen vom Río de la Plata* (1988).

## Torrents, Nissa

Geb. in Barcelona. Studium der Anglistik und Germanistik an der Universität von Barcelona. Lebt seit 1959 in London, wo sie über nordamerikanische Literatur promovierte. Dann entdeckte sie die Literatur und den Film Lateinamerikas. Seit 1970 lehrt sie beides an der Universität von London. Sie verbringt jedes Jahr einige Monate in Lateinamerika.

Zu ihren Publikationen zählen:

*Spain, Conditional Democracy* (1984); *Martí, Revolutionary Democrat* (1986); *Argentinian Cinema: The Garden of Forking Paths* (1988); *La Habana* (1989).

Nissa Torrents veröffentlicht regelmäßig Artikel über Kunst und Literatur in einer barcelonesischen Zeitung sowie Aufsätze in akademischen Zeitschriften Europas und beider Amerikas.

## Valverde, José María

\* 1926 in Alcántara (Cáceres). Studium in Madrid. Seit 1956 Professor für Ästhetik an der Universität von Barcelona. Lebte lange Jahre in Kanada.

Zu seinen Veröffentlichungen zählen Gedichtbände, die 1990 zusammengefaßt wurden in *Poesías reunidas (1945-1990);* mehrere Studien und Untersuchungen zur Literatur und zur Philosophie, wie *Historia de la literatura universal* (in Zusammenarbeit mit Martín de

Ricquer), die Bände 4 bis 10 (1982-1986); *Vida y muerte de las ideas. Pequeña historia del pensamiento occidental* (1980); *Viena, fin del imperio* (1990). Er schrieb Biographien von Azorín, Antonio Machado u. a. Desgleichen hat er zahlreiche Werke übersetzt, wie *Ulysses* von Joyce, das gesamte Theaterwerk von Shakespeare, Gedichtzyklen von Rilke, Hölderlin und deutschen Romantikern.

*Zlotescu Simatu, Ioana C.*
Geb. in Bukarest, Rumänien, und seit 1976 spanische Staatsbürgerin. Studium der Hispanistik und Promotion in Madrid (1974). Unterrichtete an den Universitäten von Bukarest, Madrid und Pittsburgh. Ioana Zlotescu leitet zur Zeit als Staatsbeamtin die Veranstaltungen des Patrimonio Nacional in Madrid. Sie organisierte 1983 Ausstellungen über Ortega y Gasset (in Madrid) und Ramón Gómez de la Serna (in Paris).

Zu ihren Publikationen zählen die Übersetzungen ins Rumänische (in kritischen Ausgaben) von *La colmena* von C. J. Cela und *Tres novelas ejemplares y un prólogo* von Unamuno. In Spanien verantwortet sie die jetzt beginnenden kritischen Ausgaben des Gesamtwerks von Gómez de la Serna. Bislang erschienen: *El libro mudo* (1988); *Seis falsas novelas* (1989).

## Italienische und spanische Literatur
## in der edition suhrkamp und
## in den suhrkamp taschenbüchern

# Italienische und spanische Literatur
## in der edition suhrkamp und
## in den suhrkamp taschenbüchern

Juan Goytisolo: Johann ohne Land. Roman. Aus dem Spanischen von
Joachim A. Frank. Nachwort von Karsten Garscha. st 1541
– Rückforderung des Conde don Julián. Roman. Mit einem Nachwort
von Carlos Fuentes. Aus dem Spanischen von Joachim A. Frank.
st 1278
– Spanien und die Spanier. Aus dem Spanischen übertragen von Fritz
Vogelgsang. st 861
José Guelbenzu: Der Blick. Roman. Aus dem Spanischen von Peter
Schwaar. es 1596
Luigi Malerba: Salto mortale. Roman. Aus dem Italienischen übersetzt
von Alice Vollenweider. st 1363
Meine Schwester Elba. Neue spanische Erzählerinnen. Mit einem Nach-
wort von Michi Strausfeld. Herausgegeben und übersetzt von Marga-
rete Born. st 1532
Juan José Millás: Dein verwirrender Name. Roman. Aus dem Spani-
schen von Peter Schwaar. es 1623
Elsa Morante: Lüge und Zauberei. Roman. Mit einem Nachwort von
Dominique Fernandez. Aus dem Italienischen übersetzt von Hanne-
liese Hinderberger. st 701
Guido Morselli: Liebe einer Tochter. Roman. Aus dem Italienischen von
Arianna Giachi. st 1568
Mercè Rodoreda: Auf der Plaça del Diamant. Roman. Aus dem Katala-
nischen von Hans Weiss. Mit einem Nachwort von Gabriel García
Márquez. st 977
– Der zerbrochene Spiegel. Roman. Aus dem Katalanischen von Ange-
lika Maass. st 1494
Alberto Savinio: Neue Enzyklopädie. Aus dem Italienischen von Chri-
stine Wolter. st 1253
Jorge Semprun: Algarabía oder Die neuen Geheimnisse von Paris.
Roman. Aus dem Französischen von Traugott König und Christine
Delory-Momberger. st 1669
– Die große Reise. Roman. Aus dem Französischen von Abelle Christal-
ler nach der Originalausgabe. st 744
– Was für ein schöner Sonntag. Aus dem Französischen von Johannes
Piron. st 972
– Der weiße Berg. Roman. Aus dem Französischen von Eva Molden-
hauer. st 1768
– Yves Montand: Das Leben geht weiter. Aus dem Französischen von
Uli Aumüller. st 1279

114/2/10.90

## Italienische und spanische Literatur
### in der edition suhrkamp und
### in den suhrkamp taschenbüchern

Jorge Semprun: Der zweite Tod des Ramón Mercader. Roman. Aus dem Französischen von Gundl Steinmetz. st 564

Ramón José Sender: Der Verschollene. Roman. Deutsch von Walter Boehlich. st 1037

Wie Felix Muriel auf die Welt kam. Zwölf Erzählungen aus Spanien. Aus dem Spanischen übersetzt von Dietrich Eckhard Groth und Wilhelm Muster. st 1764

# Lateinamerikanische Literatur
## in der edition suhrkamp und
## in den suhrkamp taschenbüchern

*»Imagination, Sensibilität, Liebenswürdigkeit, Sinnlichkeit, Melancholie, eine gewisse Religiosität und ein gewisser Stoizismus gegenüber dem Leben und dem Tode, ein tiefes Gefühl für das Jenseitige und ein nicht weniger ausgeprägter Sinn für das Hier und Jetzt … Lateinamerika ist eine Kultur.«* Octavio Paz

Ciro Alegría: Die hungrigen Hunde. Roman. Deutsch von Wolfgang A. Luchting. Mit einem Nachwort von Walter Boehlich. st 447

Isabel Allende: Das Geisterhaus. Roman. Aus dem Spanischen von Anneliese Botond. st 1676

Reinaldo Arenas: Wahnwitzige Welt. Ein Abenteuerroman. Aus dem Spanischen von Monika López. st 1350

José María Arguedas: Die tiefen Flüsse. Roman. Aus dem Spanischen von Suzanne Heintz. st 588

Miguel Barnet: Alle träumten von Cuba. Die Lebensgeschichte eines galicischen Auswanderers. Roman. Aus dem Spanischen von Anneliese Botond. st 1577

Der Cimarrón. Die Lebensgeschichte eines entflohenen Negersklaven aus Cuba, von ihm selbst erzählt. Nach Tonbandaufnahmen herausgeben von Miguel Barnet. st 346

– Das Lied der Rahel. Mit einem Nachwort von Miguel Barnet. Aus dem Spanischen von Wilhelm Plackmeyer. st 966

Adolfo Bioy Casares: Die fremde Dienerin. Phantastische Erzählungen. Aus dem Spanischen von Joachim A. Frank. PhB 113. st 962

– Liebesgeschichten. Aus dem Spanischen von René Strien. st 1701

– Morels Erfindung. Roman. Mit einem Nachwort von Jorge Luis Borges. Aus dem Spanischen von Karl August Horst. PhB 106. st 939

– Schlaf in der Sonne. Roman. Aus dem Spanischen von Joachim A. Frank. st 691

– Der Traum der Helden. Roman. Aus dem Spanischen von Joachim A. Frank. st 1185

Augusto Boal: Theater der Unterdrückten. Übungen und Spiele für Schauspieler und Nicht-Schauspieler. Aus dem Brasilianischen von Henry Thorau und Marina Spinu. es 1361

Ignácio de Loyola Brandão: Kein Land wie dieses. Aufzeichnungen aus der Zukunft. Aus dem brasilianischen Portugiesisch von Ray-Güde Mertin. es 1236

– Null. Prähistorischer Roman. Aus dem Brasilianischen und mit einem Nachwort von Curt Meyer-Clason. st 777

Brasilianische Literatur. Herausgegeben von Michi Strausfeld. stm. st 2024

# Lateinamerikanische Literatur
## in der edition suhrkamp und
## in den suhrkamp taschenbüchern

Héctor Pérez Brignioli: Mittelamerika. Aus dem Spanischen von Willi Zurbrüggen. es 1449

Guillermo Cabrera Infante: Drei traurige Tiger. Roman. Aus dem kubanischen Spanisch von Wilfried Böhringer. st 1714

Alejo Carpentier: Explosion in der Kathedrale. Roman. Aus dem Spanischen von Hermann Stiehl. st 370

– Die Harfe und der Schatten. Roman. Aus dem Spanischen von Anneliese Botond. st 1024

– Krieg der Zeit. Sieben Erzählungen und ein Roman. Aus dem Spanischen von Anneliese Botond. st 552

– Stegreif und Kunstgriffe. Essays zur Literatur, Musik und Architektur in Lateinamerika. Aus dem Spanischen von Anneliese Botond. es 1033

– Die verlorenen Spuren. Roman. Aus dem Spanischen von Anneliese Botond. st 808

José Cândido de Carvalho: Der Oberst und der Werwolf. Roman. Aus dem Brasilianischen von Curt Meyer-Clason. st 1092

Gregorio Condori Mamani: »Sie wollen nur, daß man ihnen dient ...« Autobiographie. Aus dem Spanischen von Karin Schmidt. es 1230

Julio Cortázar: Album für Manuel. Roman. Aus dem Spanischen von Heidrun Adler. st 936

– Alle lieben Glenda. Erzählungen. Aus dem Spanischen von Rudolf Wittkopf. st 1576

– Bestiarium. Erzählungen. Aus dem Spanischen von Rudolf Wittkopf. st 543

– Ende des Spiels. Erzählungen. Aus dem Spanischen von Wolfgang Promies. st 373

– Das Feuer aller Feuer. Erzählungen. Aus dem Spanischen von Fritz Rudolf Fries. st 298

– Die geheimen Waffen. Erzählungen. Aus dem Spanischen von Rudolf Wittkopf. st 672

– Letzte Runde. Aus dem Spanischen von Rudolf Wittkopf. es 1140

– Das Observatorium. Aus dem Spanischen von Rudolf Wittkopf. Mit Fotos von Julio Cortázar unter Mitarbeit von Antonio Gálvez. es 1527

– Oktaeder. Erzählungen. Aus dem Spanischen von Rudolf Wittkopf. st 1295

– Passatwinde. Erzählungen. Aus dem Spanischen von Rudolf Wittkopf. st 1370

– Rayuela. Himmel und Hölle. Roman. Aus dem argentinischen Spanisch von Fritz Rudolf Fries. st 1462

112/2/9.89

# Lateinamerikanische Literatur
## in der edition suhrkamp und
## in den suhrkamp taschenbüchern

# Lateinamerikanische Literatur
## in der edition suhrkamp und
## in den suhrkamp taschenbüchern

Octavio Paz: Der menschenfreundliche Menschenfresser. Geschichte und Politik 1971–1980. Aus dem Spanischen von Rudolf Wittkopf und Carl Heupel. es 1064

– Suche nach einer Mitte. Die großen Gedichte. Spanisch und deutsch. Übersetzung Fritz Vogelgsang. Nachwort Pere Gimferrer. es 1008

– Zwiesprache. Essays zu Kunst und Literatur. Aus dem Spanischen von Elke Wehr und Rudolf Wittkopf. es 1290

Elena Poniatowska: Lieber Diego. Aus dem mexikanischen Spanisch von Astrid Schmitt. st 1592

– Stark ist das Schweigen. Vier Reportagen aus Mexiko. Übersetzt von Anna Jonas und Gerhard Poppenberg. Mit Abbildungen. st 1438

Manuel Puig: Die Engel von Hollywood. Roman. Aus dem Spanischen von Anneliese Botond. st 1165

– Herzblut erwiderter Liebe. Roman. Aus dem brasilianischen Portugiesisch von Karin von Schweder-Schreiner. st 1469

– Der Kuß der Spinnenfrau. Roman. Aus dem Spanischen von Anneliese Botond. st 869

– Der schönste Tango der Welt. Ein Fortsetzungsroman. Deutsch von Adelheid Hanke-Schaefer. st 474

– Verraten von Rita Hayworth. Roman. st 344

Horacio Quiroga: Geschichten von Liebe, Irrsinn und Tod. Aus dem Spanischen von Wilfried Böhringer, Hans-Otto Dill, Astrid Schmitt und Erna Stoldt. st 1711

Graciliano Ramos: Karges Leben. Aus dem Brasilianischen von Willy Keller. st 667

José Revueltas: Eingelocht. Erzählungen. Aus dem Spanischen von Monika López. es 1155

Darcy Ribeiro: Unterentwicklung, Kultur und Zivilisation. Ungewöhnliche Versuche. Aus dem Portugiesischen von Manfred Wöhlcke. es 1018

– Wildes Utopia. Sehnsucht nach der verlorenen Unschuld. Eine Fabel. Aus dem brasilianischen Portugiesisch von Maralde Meyer-Minnemann. es 1354

João Ubaldo Ribeiro: Sargento Getúlio. Roman. Aus dem brasilianischen Portugiesisch übersetzt und mit einem Nachwort versehen von Curt Meyer-Clason. es 1183

Der rote Mond. Phantastische Erzählungen vom Rio de la Plata. Vorwort von Adolfo Bioy Casares. Herausgegeben von Michi Strausfeld. Deutsch von René Strien und anderen. PhB 213. st 1536

112/4/9.89

# Lateinamerikanische Literatur
## in der edition suhrkamp und
## in den suhrkamp taschenbüchern

112/5/9.89

## suhrkamp taschenbücher materialien

251/1/8.90

## suhrkamp taschenbücher materialien

# suhrkamp taschenbücher materialien

251/4/8.90

# Literaturwissenschaft
## in den suhrkamp taschenbüchern

259/1/8.90

# Literaturwissenschaft
## in den suhrkamp taschenbüchern

# Literaturwissenschaft
## in den suhrkamp taschenbüchern

259/3/8.90